中國古代史學叢書

建炎以来繫年要録

【宋】李心傳 撰
辛更儒 點校

壹

上海古籍出版社

點校前言

一

建炎以來繫年要録二百卷，宋李心傳撰，是記載南宋高宗朝中興三十六年歷史的一部著名編年體史書。作者李心傳（一一六七——一二四四），字微之，號秀巖野人、雪濱病叟，成都府路隆州井研人。其父李舜臣，嘗任宗正寺簿，以文名。三子，「性傳、道傳、心傳，皆以家學顯，世有陵陽李氏、東窗李氏、井研李氏之稱，褎然爲一代儒宗」①。

李心傳受家學傳承和影響，自少年時期開始，即決心以繼承和發揚宋代史學爲平生志願。他在建炎以來朝野雜記甲集序中寫道：

心傳年十四五時，侍先君子官行都，頗得竊窺玉牒所藏金匱石室之副，退而過庭，則獲剽聞名卿才大夫之議論。每念渡江以來，紀載未備，使明君、良臣、名儒、猛將之行事猶鬱而未彰。至於七十年間，兵戎財賦之源流，禮樂制度之因革，有司之傳，往往失墜，甚可惜也。

李心傳十四歲爲淳熙七年（一一八〇），其父李舜臣於行在所任幹辦諸司審計司，遷宗正寺主簿，故李心傳得以在行在「竊窺玉牒所藏金匱石室之副」，爲日後所撰史著奠定了堅實的資料基礎。

建炎以來繫年要録的寫作，在李心傳居喪期間，就已經付諸準備，不久便開始了正式的撰著②。

據此書前幾卷中文句，大致可以考證李心傳開始寫作要録的年代。如此書卷一追述重和元年（一一一八）夏記事有云：「詔武義大夫馬政與其子承節郎廣，及平海軍指揮使呼延慶航海往使。」馬廣後有注：「字犯御名，今改。後準此。」按：馬廣原名馬擴，宋寧宗名擴，即位後擴字因避諱，皆改爲他字。這似乎表明，此書之寫定，必在寧宗在位期間。而此書卷三載靖康元年（一一二六）三月癸丑，馮澥歸自金營條，有「秘書著作佐郎沈晦、鴻臚寺主簿鄧肅亦因得歸。……晦，文通孫。」其後作者有注：「文通，錢塘人。治平中翰林學士，名犯太上嫌名。」沈晦，宋史無傳，而其祖父沈遘字文通，因犯宋高宗趙構嫌名，故要録以字代其名。作者在此注中提及高宗，謂之太上，不及其廟號。宋高宗淳熙十四年十月逝世，明年三月上謚號、廟號，此處不稱其高宗，而謂之太上，不知是否表明其時尚還在宋孝宗的淳熙末年③。

宋寧宗慶元元年（一一九五），李心傳以明經薦於鄉，明年試進士則不利，遂絶意不復應舉，閉門著書。建炎以來朝野雜記甲集與建炎以來繫年要録之撰寫，當皆正式開始於明年考試罷黜之後。而至嘉泰二年（一二〇二）冬，雜記甲集撰成，又五六年，繫年要録遂告完成，經臣僚奏請，有旨給札，宣取繫年要録浄本投進。其時，李心傳尚在壯年。

李心傳於宋理宗寶慶二年（一二二六），以崔與之、許奕、魏了翁等前後二十三人薦舉，布衣補官，召入史館，賜進士出身，專修中興四朝帝紀。未及成書而罷。後又添差通判成都府，於端平元年（一二三四）除著作佐郎兼四川制置司參議官，踵修十三朝會要，三年書成。召赴闕，任工部侍郎，以言者罷，居湖州。

李心傳平生著述甚多，宋史卷四三八本傳記載有專著十一種，文集一百卷，今所存者，除建炎以來繫年要録、建炎以來朝野雜記外，還有舊聞證誤、道命録、丙子學易編等。

二

宋代南渡以後學者，切身感受到中原淪喪的痛苦，萌生總結歷史教訓的責任心，激發撰寫本朝歷史的積極性，形成了當代人撰寫當代史的優良傳統。李燾撰寫續資治通鑑長編，熊克撰寫中興紀事本末，而李心傳撰寫建炎以來繫年要録，都是以薈萃朝野見聞，形成一朝大典爲其宗旨的。

李心傳在本書卷一追述靖康之變的禍起之源，曾有「政和七年（一一一七）春，尚書司封員外郎陶悦使遼而歸。……悦，節夫子」的記載，并在注語中寫道：

> 節夫，宣和間爲龍圖閣學士，應姓名已見建隆以來繫年要録者，此不别出。

陶節夫是北宋人，故首次出現應在北宋史中。我以爲，這一建隆以來繫年要録的書名，作者特在此隆重拈出，實在是開宗明義地表明，李心傳在寫作南宋高宗中興歷史建炎以來繫年要録之初，就已經爲自己製訂了編寫北宋開國至南宋時期全部歷史的宏偉計劃，他首先開始寫作的是中興第一朝的歷史，然而他并不僅僅只想完成高宗朝歷史爲止。其時正當南宋第四代皇帝寧宗即位的第一個十年。此書有的抄寫者不知李心傳的計劃，故往往把「建隆以來」改爲「建炎以來」，一字毫釐之差，已經謬以千里。另從建炎以來朝野雜記所附幾件宣取高宗皇帝繫年要録指揮看④，李心傳在完成本書後，還曾繼續撰寫孝宗朝、光宗朝繫年要録，孝宗朝且已完成，只因蜀地爲南侵的蒙古軍攻取而致喪失，故此無傳。而北宋的繫年要録則未及撰寫作者便去世了。

由此看來，李心傳計劃中的北宋歷史可總稱爲建隆以來繫年要録，而中興以後各朝歷史則以建炎以來繫年要録爲名，其中各朝史前則冠以某朝字樣，故嘉定三年宣取本書時稱之爲高宗皇帝繫年要録。因宋高宗重建南宋政權，類似於光武重建東漢，故高宗朝又被當時人們視爲宋朝中興，涉及這段歷史的書籍又往往冠以中興之名，所以高宗繫年要録又被稱作皇朝中興繫年要録。這是歷經元明而至清初未曾改變的。所以，當清乾隆間開四庫全書館，薈萃歷代書籍，從永樂大典中輯録本書時，四庫館臣經過審慎思索，還是根據永樂大典的題名，以及李心傳朝野雜記的自序，把宋中興歷朝史的總名定爲高宗一朝史的書名，而不用高宗朝或中興的字樣，以避免混淆朝代，這是十分確當的。

四庫館臣還撰寫了建炎以來繫年要録的提要，對此書的體例、流傳、學術價值、是非評價及書名等有關問題作了扼要的説明和考證。其中涉及此書體例内容和學術價值有云：

> 是書述高宗朝三十六年事跡，仿通鑑之例，編年繫月，與李燾長編相續。……
>
> 其書以國史、日曆爲主，而參之以稗官野史、家乘志狀、案牘奏議、百司題名，無不臚採異同，以待後

來論定。故文雖繁而不病其冗，論雖歧而不病其雜，在宋人諸野史中，最足以資考證。心傳獨於淮西、富平之僨事，曲端之枉死，岳飛之見忌，一一據實直書，雖朱子行狀，亦不據以爲信，初未嘗以鄉曲之私，稍爲回護。則宋史之病是書者，殆有不盡然矣。大抵李燾學司馬光，而或不及光；心傳學李燾，而無不及燾。其宏博而有典，要非熊克、陳均諸人所能追步也。⑤

宋史本傳稱其重川蜀，而薄東南。然如宋人以張栻講學之故，無不堅持門户，爲其父張浚左袒。

建炎以來繫年要録一書，表面上看，雖然與續資治通鑑長編分述南北宋歷史，但其自成體系，原意是要自北宋太祖建隆元年起始寫起，下至李心傳生存的時代，成一代之信史。其編年繫月，乃以資治通鑑爲效仿的典範，却并非續資治通鑑長編的續編。館臣的理解，稍有差誤。

高宗一朝的繫年要録，李心傳著述的主要依據，在官史中主要是當時已經編寫完成的高宗皇帝日曆。其次才是中興會要。據裴汝誠先生建炎以來繫年要録索引的統計⑥，全書小注中提及史實出自日曆的就達九百五十九處之多，爲全書引用書目之冠。而會要則僅爲八十二處。另有實録五十六處。故付出高宗皇帝繫年要録指揮稱李心傳「纂輯科條，編年記載，專以日曆、會要爲本」。其中并未提及高宗朝國史。蓋南宋高、孝、光、寧四朝國史，在宋理宗淳祐二年（一二四二）才完成帝紀⑦，距李心傳辭世僅二年，李心傳生前未及得見。且繫年要録一書完成於嘉定元年（一二〇八）之前，李心傳當時并無從參閱⑧。故四庫提要的提法是錯誤的。

至於李心傳所參據的私家野史，提要所言有「以稗官野史、家乘志狀、案牘奏議、百司題名，無不臚採異同，以待後來論定」之記載，語之則甚確。其中參據最多的當屬熊克所著中興紀事本末一書，在此書中是名爲中興小曆的⑨。據索引統計，全書共引用五百三十一處。小曆一書，成於孝宗末年，全書亦以中興日曆爲主要依據，間引私家著述以證成之。其記載高宗一朝史，記事以編年體爲主，輔以紀事本末體，故李心傳寫作要録時，凡小曆的記事無誤者，必全文引用到本書中。至其所考記事失誤處，則多於小注中予以駁正。

李心傳所引用的其他書目，大致在四五百種之間，除一部分公文案牘外，多爲私家野史。而引用稍多的還有趙甡之的中興遺史、朱勝非的秀水閑居録、王明清的揮麈録以及林泉野記和徐夢莘的三朝北盟會編，從二百餘處到數十處不等。

關於建炎以來繫年要録一書的内容和學術價值，四庫全書提要并未做出全面評價。李心傳在序朝野雜記甲集時所指出的「渡江以來，紀載未備，使明君、良臣、名儒、猛將之行事猶鬱而未彰。至於七十年間，兵戎財賦之源流，禮樂制度之因革，有司之傳，往往失墜，甚可惜也」諸語，應是最好的概括。這裏也不再過多予以討論。四庫提要認爲本書「文雖繁而不病其冗，論雖歧而不病其雜，在宋人諸野史中，最足以資考證」語，也十分精到確當。而且，對於本書的不足之處，提要徵引宋史李心傳本傳的話，對李心傳以蜀人常重川蜀而薄東南的批評予以駁斥，舉張浚的記事爲例，認爲李心傳未嘗對張浚稍爲回護。我也可以另舉一事，即李心傳記述紹興末年的宋金采石磯之戰中，對同樣是蜀人的虞允文，詳盡引録時人的不同記述，也并未回護虞允文誇大采石戰功的缺失。這也表明，李心傳維護鄉間聲譽的傾向并不明顯。

對於繫年要録一書的缺點和失誤，前此研究此書的學者則論述較少。大家都以爲，對中興史實和重要人物的評價，李心傳所持立場基本上是公正的，頗能經得起後世的考驗。然而我以爲，此書并不是十全十美。主要是此書大量引用了存世的正反兩方面資料，主觀上欲避免對中興以來的人和事的評價上有所偏激，而欲持公正的立場，而實際上，做到這一點很難。高宗在位三十六年來，主和投降派把持政壇之日多，抗金派主政之日少，加上前者長期主宰史院，所存史料又多偏袒前者。例如中興四將，則相對於張俊和韓世忠，岳飛戰功明顯記載缺失較多，不能有所補充。甚或承襲了秦檜父子在日曆中對岳飛的誣陷之辭，不能辨正。

在紹興十二年八月宋高宗生母韋皇后自金還朝後，本書附録了所謂史臣秦熺的大段贊美對金和議，醜化誣蔑抗金的言論⑩，被四庫提要稱爲「是非顛倒，是不待再計而删者」的瑕纇。此一大段的評論文字，其爲作者李心傳原著還是永樂大典的編者所擅加，目前尚有争論。但史書援引私家著述，本爲「網羅散失，率多取焉，否則參稽互質焉」。繫年要録一書，援引私家著述時，往往并行羅列，不敢有所偏私，要作持平之論。然而正如元人牟巘所説：「開寶之末，建、紹以後，曾布日録、蔡絛後補，初不以人廢；而秀水閑居之類，繫年要録亦頗及之。然皆隨事考析，或爲疑詞，故不足以累其書。」⑪但像秦熺這樣顛倒是非的惡札公然闌入書中，如果是作者的所爲，又不作考析，顯然是不負責任的。而如果是永樂大典編者所加，則不知從何書可以截取這樣的言論，亦難免爲後人所譏刺。

另外，女真人名字的記載，李心傳亦有多處失誤。如把黏罕的漢名宗翰誤作宗維，把斡離不的漢名宗望誤作宗傑。并説作宗維「今從苗耀神麓記」。要録卷一亦有小注，謂金太祖實録云：「二太子名宗望。」而作者却又説：「宗望乃爲撻懶子，恐誤，今從苗耀記。」⑫相信私家記述的錯誤記載，却不相信金朝國史的記載，這是李心傳致誤的主要原因。

三

有關建炎以來繫年要録一書的版本和流傳，歷來亦鮮有確切的記載和研究。四庫全書總目的提要首次提出：

永樂大典別載賈似道跋，稱寶祐初曾刻之揚州，而元代修宋、遼、金三史時，廣購逸書，其目具見袁桷、蘇天爵二集，並無此名，是當時流傳已絶，故修史諸臣均未之見。至明初，始得其遺本，亦惟文淵閣書目載有一部二十册，諸家書目則均不著録。今明代秘府之本又已散亡，其存於世者，惟永樂大典所載之本而已。

四庫館臣謂繫年要録一書，自宋代嘉定初編成之後，曾有揚州刻本流布於世⑬，而整個元代則未見此書的流傳。明初亦僅見於文淵閣書目及永樂大典所載者。其所引證及其結論不完全符合實際情況。

查蘇天爵的三史質疑⑭，乃是僅就正在編寫中的宋遼金三史中的闕疑，提出質正，謂當搜集史料，以補所闕。而史官當據實增補，不當於舊史中的可疑之處有所避就。這本是探討治史的原則問題，文中并未就應徵集的史書提出具體建議。而袁桷本人因是史官，故於修宋遼金史搜訪遺書條列事狀中列出所應搜訪的書目一百三十八種⑮。然而袁桷所列諸項闕疑的歷史事件，所要搜訪的歷史書籍，全都是針對北宋九朝的史實，從宋太祖開國到徽欽二宗的圍城受辱、北行遭幽，未嘗涉及宋高宗中興以後史實。故所開書目，雖有三朝北盟會編、中興遺史等記載高宗行實的史書，但也只因二書涉及到靖康之變的緣故。而專門記載高宗中興史及其繼承者孝、光、寧以下各朝公私史著，全然不曾列入書目。則中興小曆、建炎以來繫年要録、中興會要、朝野雜記等高宗一朝以及南宋史籍之不列入書目，只能説明，當時這些書籍或者已經在藏書之列，或者暫時并無需求。怎能因此便證明繫年要録當時流傳已絶，故修史諸臣均未之見呢？

元代至正二十年（一三六〇），浙東道宣慰使都元帥楊瑀曾作山居新話一書，其卷三就有「余觀中興繫年録載」云云。中興繫年録就是建炎以來繫年要録的别稱，可知在元末，此書依然在社會上流傳。

明初，此書被收入永樂大典，但這不表明只有皇宫中藏有此書。文淵閣書目載有此書的全本或殘闕本，表明此書或未闕佚。山堂肆考是一部二百二十八卷補遺十二卷的明代類書，其編纂者彭大翼於萬曆二十三年（一五九五）編成此書，其中十五處引用中興繫年録的史實和文字，其卷一二三專設中興繫年録的條目，且謂李心傳著高宗中興繫年録。則是否證明繫年要録一書在明末仍然流傳呢？

清人著作，如陳元龍的格致鏡原刊於康熙四十六七年間，八處引用中興繫年録的史實和文字，而康熙四十九年編刊的御定淵鑑類函，亦有八處涉及中興繫年録的史實和文字，這些記載，都出現於清人編輯建炎以來繫年要録一書之前後，是否認爲都是轉抄前人類書，仍需深入研究。

中國古代典籍大量毁滅於清初，乃是不争的歷史事實。建炎以來繫年要録一書的命運亦必如此。當乾隆三十六年(一七七一)之頃，清朝統治者自以爲統治已固，乃興文運，有安徽學政朱筠上奏，徵集古書整理收藏。次年，納其建議，徵集歷代遺書，開四庫全書館。至三十八年，四庫全書的編纂正式開始。而建炎以來繫年要録一書的輯録整理，乃是有莫大功績的一件事情，對於宋代這一歷史巨著的流傳，具有無可辨駁的劃時代意義。然而，它的輯録整理，事實上却早於乾隆三十六年。

按據文淵閣本四庫全書的建炎以來繫年要録提要所署時間和題名，此書的整理完成，是在乾隆三十八年十一月[16]，乃是四庫館臣從永樂大典輯出的所有佚書的第一部。從大部分文淵閣本四庫全書輯書的提要看，其他輯本的完成大都在乾隆四十六年到四十九年之間，惟獨繫年要録在三十八年，下距文淵閣本全書的完成提前近十年之久。而今南京圖書館所藏的建炎以來繫年要録清抄本，前有清代學者柳詒徵光緒二十四年手書跋語數行：

此係據乾隆三十一年閣本抄録，與仁壽蕭氏刻本多有不同。蕭書係據乾隆三十九年四庫未定本抄出，不知付刊時何以未求得最後定本一校。

柳抄本不知是否爲現流傳的清抄本的年代最早者，如果柳詒徵所記確實無誤，則繫年要録一書自永樂大典抄出并整理删改完畢，尚在四庫全書開館前若干年。繫年要録并不是符合清人統治需求的前代史書，南宋人反抗女真人侵略統治的史實，以及書中充滿的强烈民族感情，都爲滿族統治者所忌，故抄録之後的删改工作非常繁重，非大量人力時間不可。而乾隆三十一年即已有閣本可供傳抄，表明其整理删改工作皆已完成，自認可以無害流傳。四庫館臣在此書提要中所以認定此書在元代即早已絶跡於天地，違背史實，一方面乃藉以掩飾其毁滅古籍的罪行，另一方面則是利用此書的輯録，表白其繼承傳統文化的主觀意願。所以，此書輯出不久，就允許士大夫予以傳抄，廣泛流傳。今國内尚有上海、南京、無錫、瀋陽、重慶等七家圖書館和大學圖書館就藏有此書的清代抄本，足見當時傳抄本之多，可以説是藏書史上一個非常奇怪的現象。

四庫館臣對繫年要録一書的所謂整理，既以删削其中不符合清朝統治利益的内容爲主要目的，則其對此書的摧殘破壞是不言而喻的。各閣本的繫年要録雖頗有差異，但其對原書的篡改，則共同集中在以下幾個方面：一是依照清朝最高統治者製訂的欽定金史國語解，竄改了書中所有南宋人譯爲漢文的女真、契丹人姓名、地名和官稱，以致從此書中無法了解南宋人對北方民族中人的習慣稱謂，其所謂改譯完全破壞了遼、金、元三史的權威（清人又編寫了其他二史的國語解），造成了閲讀三史的混亂，毫無學術貢獻可言。二是，原書除李心傳本注之外，不知由何人補入的留正兩朝中興聖政、吕中大事記、何俌龜鑑等不關史實的議論，已是畫蛇添足（此事大多數人認爲是永樂大典編者所爲）。而四庫館臣以書中有與宋史互異者，則各爲辨證，附注下方。這類館臣補注，未見其學力見解之超越，更是形同雞肋。其三，最屬蠻横無理者，是四庫館臣對此書無所不至的篡改删削。有關這一點，提要中并未提及。然而在宋金的百年對峙中，積累於南宋軍民心中對金國和女真族的仇視，所體現在書中的醜化詆毁語言，實際上成爲四庫館臣全力删削篡改的主要目標。書中涉及虜、胡、酋、賊以及戎狄、犬羊等字樣，被四庫館臣竄改之處何啻成千上萬，有些不能改動的索性數十字一併删除。只是由於本書文字達二百萬，需要修改的文字數量龐大，館臣力所不及，則無論在文淵閣本、文津閣本還是手抄各本的繫年要録一書中，甚至在清末的刻印本繫年要録一書中，都多少不同地存在着漏删漏改的現象。

光緒五年（一八七九），四川仁壽人蕭藩抄得張之洞家藏本繫年要録一書，以上海海山仙館抄本校讎，補正張本錯訛數萬字，乃以三年之力，刊刻於蜀中，其書次頁署題「光緒己卯中冬仁壽蕭氏刻」，而書成之後跋文所署爲光緒八年壬午冬十有二月。這是本書抄出以來的首次付印。

光緒二十六年，廣雅書局重刊了繫年要録一書。此書未見前言或跋語，書前附了署有「乾隆三十八年十一月恭校上」字樣的文淵閣四庫全書的提要，這同蕭藩刻本是一樣的，表明此書是蕭氏本的重刻本。

廣雅書局本繫年要録流傳廣泛。民國時期商務印書館排印的叢書集成本、國學基本叢書本繫年要録都是以廣雅書局本爲底本重印的。新中國成立後，最流行的是中華書局一九五六年以國學基本叢書紙型重印的本子。一九九二年上海古籍出版社影印了文淵閣四庫全書本。二〇一三年中華書局又出版了胡坤的點校本。

四

這次出版新一版的建炎以來繫年要録，我們仍然選取了文淵閣四庫全書本爲底本，以中華書局重印國學基本叢書本和宋刻皇朝中興繫年要録節要爲重要校本。點校的從違原則是部分地恢復繫年要録的本來面貌，以及盡可能地糾正此書在流傳過程中産生的失誤。

以文淵閣四庫全書本爲底本，是研究者的普遍認同。因爲此本相對於蕭藩的蜀本以及廣雅書局、國學叢書等同系列刻印本、手抄本稍顯完整。例如，刻印本卷一八六只存半卷，各抄本也大都如此，而閣本却全卷完整，猶自保存各本闕失的七千餘字。因此，雖然刻本系列也有多出閣本的闕文，且部分卷帙删削不如閣本那樣徹底，我們還是依多數專家的意見，確定閣本爲底本。至於以中華書局重印國學基本叢書本和宋刻皇朝中興繫年要録節要爲重要校本的緣故，那是因爲中華書局重印的國學基本叢書本本來就是蕭本和廣雅本的傳本，後二本都經過學人的校改，中華書局再次重印時也有部分校正，故可以直接改正閣本的地方不在少數。而皇朝中興繫年要録節要是南宋末年刻印的一部繫年要録節要本，該書雖是坊間印本⑰，現存後十卷，只占原書的十分之六，相當於繫年要録卷一〇二以後各卷，但經我逐字逐句核對，此書對原書的節録，是只節抄原文，而不增加一字，極爲忠實於原書⑱。故可以放心用以校正閣本。至於可供參校的其他書籍，如中興小曆即中興紀事本末，雖是李心傳撰寫此書前惟一撰寫完成的高宗一朝編年史，且其文字大都被繫年要録直接引用書中，但畢竟因其非繫年要録之原文，只能作爲校改的參考。而中興兩朝聖政和宋史全文等宋元人編寫的史書，雖高宗一朝記事大體上皆録自繫年要録，但終因其爲後世所纂成，利用此類書籍來改動繫年要録，仍恐有誤改之嫌，故其大量存在的不爲清人避諱所改的文字也是不適合全部照改的。對待其他校改所參用的書籍如三朝北盟會編、揮麈録等，也都類此。

我們校改此書的重點在以下兩個方面。

其一，從繫年要録一書目前的現狀看，要完全恢復宋刻本的原面目幾乎是不可能完成的事。因爲繫年要録的原刻本在明代或清初佚失了，而目前的本子是清四庫館臣從永樂大典中輯出來的。歷來研究此書的學者都認爲，繫年要録經歷了永樂大典和四庫全書編纂中兩次較大的竄亂和增删，已經面目全非。我們的工作是依據此書現狀，盡可能把四庫館臣的增删加以糾正和清除，對永樂大典的竄亂則根據情況適當予以改正。

其二，再就繫年要録一書的現狀看，作者因其受時代和個人識見的限制，故爾在本書中，亦不能無誤，這雖不需要我們改正原書，對此却須有清醒的認知。

先説糾正和清除四庫館臣的增删問題。四庫館臣在此書中增加了大量按語，館臣在提要中曾説，書中「與宋史互異者，則各爲辨證，附注下方」。這些所謂的辨證，有些并不需要特予説明，也未見有多高的參考價值。今一律予以删除，但在校語中保留原文，以備讀者參閲。書中還有些并不屬於與宋史等習見史籍參校，而是館臣任意增補的注語，例如卷一九二記載高宗倖臣王繼先謫居福州的注語之後，插入了宋史全文闕於後省繳駁劉堯臣、韓彦直的記事，雖未標明爲四庫館臣所加，但宋史全文一書成於元代，很可能係四庫館臣的行爲，理所當然地被删除了。

四庫館臣對繫年要録一書的竄改，主要在於書中記述女真、契丹、蒙古等少數民族族羣的稱謂、地域、習俗方面所使用的敵視用語上，今書中凡是叙及遼、金、女真、敵、敵帥等字樣，大都是虜、胡、戎、狄、虜軍、虜酋的改寫，凡此，在書中隨處可見，回改不勝其改。我們除了保留刻本繫年要録殘留未及改正的記載之外，還據中興繫年要録節要改正了這些被清人避諱的字。另外，本書大量引用了東京留守宗澤的請還汴京奏疏，我們據原書改正了其中被清人避諱的字。至於宋史全文所載的清人避諱字，雖爲數甚多，但我們爲慎重起見，并未完全照改。而閣本繫年要録某些因遭忌的文字量大，無法簡單竄改，四庫館臣乃對其文字大段删削。如本書卷一九三於記載紹興末年親征詔的内容時，有「吠堯之犬，謂秦無人。朕姑務於含容，彼尚飾其奸詐。嘯厥醜類，驅吾善良。妖氣寖結於中原，烽火遂交於近甸」諸語皆因難以改動，全部被删，今則據繫年要録節要一書悉數予以恢復。

對四庫館臣竄改的女真、契丹等少數民族中人的姓名、官稱，現依據金人地名考證，一律回改爲南宋時人的習慣稱呼。

對於書中所載秦熺、張匯諸論，以及留正中興聖政草、吕中大事記、何俌龜鑑等書，四庫提要謂秦、張諸論，「是非顛倒，是不待再計而删者，而并存以備參稽，究爲瑕纇」。留正諸書「似爲修永樂大典者所附入，然今無別本可校，理貴闕疑，姑存其舊」。近來也有不少學者堅持此論。李心傳在記述一些較有分歧、争論未能遽定是非的歷史事實方面，往往采取不持立場的態度。鄧廣銘先生在岳飛傳的後記中曾指出：

李心傳既不敢以官方記載否定私人的有關著作，也不敢用私人著述否定官方記載，其用心自是要作持平之論；然而，對於紹興十年六月朔日的日曆之不載岳飛的除命，李心傳能察知那是秦熺削之的，而獨對於郾城班師的記載未能稍加警惕，且竟把秦熺們之所編造的誣枉不實之詞全部襲用，這説明，經過奸黨們的變亂竄改之後，辨誣的工作也是存在着大量困難的。⑲

準此，李心傳既不敢在南宋初年的投降派和抗金派間正確表達自己的是非觀，也未能認定或清除經秦檜一黨所肆意而爲的變亂竄改，所以，對編入流行於世間的一些評論性文字，是永樂大典編者所爲，還是原書所固有，尚可繼續討論認定。李心傳既對李綱、趙鼎、張浚、岳飛、虞允文等抗金派人士的行事頗有非議，往往引録類似秀水閒居録那樣的書籍，則在小注之中，或許還有非其所引用的書證與大典的援引相混淆之處。例如本書卷五一，載紹興二年正月宋高宗自紹興還臨安，李心傳在小注中引録了臣僚三篇賀表：播芳大全集的趙彦端賀車駕回鑾起居表、曹夢良橘林集的代嚴州賀回鑾表和張孝祥于湖集的代方務得賀回鑾表。這三篇表文，大概都是紹興三十二年宋高宗自建康回臨安時所作⑳，與紹興二年之回鑾毫無關係。如果不是李心傳失於考證，把它們作爲紹興二年的史料，那就是四庫館臣不察，把大典的注語當成原書原注了。

至於繫年要録一書的卷末接續收入了中興聖政的紹興三十二年下半年的文字，那確實是永樂大典所爲。大典出於使紹興三十二年記事完整的考慮，收入了中興聖政孝宗即位以後到年底的記事。其著眼點在存史（使此年記事較爲完整），而非認爲此書應編至年底。四庫館臣不解此意，把此年下半年記事附在全書之後，欲使繫年要録有一個完整的結尾，反成累贅。故此次點校，徑直删去這半卷記事，而把它附録在全書之後。

繫年要録一書本身還存在著一些史實史料兩方面的錯誤，相信這都是在流傳的過程中，因抄寫者印行者不察所致，因此也必須認真對待。例如本書卷八九有一條紹興五年五月記事云：

丁丑，右迪功郎万俟雅言、攝廉州助教成藻並補下州文學。言在東都，以白衣充大晟府製撰，滿歲得官。藻，朱勔館客，嘗爲越州司儀曹事，以罪廢。至是，依討論，例改授。

此諸語中的万俟雅言，本書各抄本印本都作「万俟卨言」，如此一來，本條記事就變成了万俟卨彈劾成藻，這不僅明顯與万俟卨事跡不符，且與下文「並補下州文學」文意不相銜接。經查，此爲記載万俟雅言之事。直齋書録解題卷二一載：「大聲集五卷，万俟雅言撰。嘗遊上庠不第，後爲大晟府製撰，周美成、田不伐皆爲作序。」此與下文「白衣充大晟府製撰」語同，可以斷定，必是因万俟雅言事跡不彰，傳抄者無所知聞，妄以爲誤，而擅改其字。

我對本書的校點，所采取的從違標準，大體就是如此。

本書的點校，經始於二〇一〇年前後，由杭州市社會科學院南宋史研究中心主持其事。其初是由三個不同單位的老師組成了一個點校小組。後來由於工作關係，那兩位先生并未繼續做下去，點校工作全交給我來做。歷經五六年，至今方始完成。其間，爲了弄清此書的流傳過程，曾多次訪書，在上海、南京、無錫圖書館查閲了此書的清代抄本。這些抄本我雖未能充分運用到此書的校勘中，那是因爲，此書卷帙龐大，就抄本逐字校對，時間與精力皆不允許，故而舍去了這種想法，只是在本書卷一二兩卷中，曾運用上海圖書館的清抄本對個别字句有所校正，但查閲這些抄本，對弄清本書的流傳却極有意義。另外就是對本書點校中遇到的若干疑點，也參校了部分抄本，另外也參考了一些已有的成果，如中華書局的點校本。

但點校者受限於史學史才，以一人之力，完成這部巨著的點校，實在能力有所不逮。在承擔這項工作中，不可避免有所缺欠和錯誤，凡有此類問題，以及在這篇前言中提及的意見，所有不當，都希望得到專家和讀者的指正。

辛更儒　二〇一六年十月五日於哈爾濱市寓所。

① 見明曹學佺蜀中廣記卷九九。心傳居長，道傳爲其仲弟，性傳爲其季弟。

② 宣取高宗皇帝繫年要録指揮，見廣雅書局刊武英殿聚珍本建炎以來朝野雜記卷首。

③ 如果李心傳開始寫作繫年要録的時間確在孝宗末年，那卷一的爲寧宗避諱，就是後來寫定時的注釋。

④ 宣取高宗皇帝繫年要録指揮，見廣雅書局刊武英殿聚珍本建炎以來朝野雜記卷首。

⑤ 此所引用見四庫全書總目，中華書局一九六五年版。

⑥ 見影印文淵閣四庫全書本建炎以來繫年要録第四册，上海古籍出版社一九九二年版。

⑦ 玉海卷四六、宋史卷四〇九高斯得傳。

⑧ 要録一書的定稿完成，並無確切年份記載，今取大多數學者的意見，定爲嘉定元年。

⑨ 中興小曆一書又名皇朝中興紀事本末，見玉海卷四七乾道續資治通鑑長編舉要條：「熊克中興紀事本末一名中興小曆。」又景泰建陽縣志卷三熊克小傳載：「公所著書，九朝通略一百六十八卷，中興曆一百卷。」歷來記載中興小曆爲四十一卷，而清抄本中興紀事本末現存七十六卷，記事已至紹興二十年底，則此書足本應爲一百卷無疑，亦可證二者必同爲一書。

⑩ 秦熺所謂史論，見本書卷一四六。

⑪ 元牟巘陵陽集卷一二周公謹齊東野語序。

⑫ 宗翰、宗望之名，均見金史各卷所載。金朝帝王宗室之訓名，出自漢人韓企先，多取儒家經典上的詞句。如宗翰之名應出自詩大雅板：「大邦維屏，大宗維翰。」則宗翰之名不可易以宗維也。而金太祖諸子如宗幹、宗望、宗輔、宗弼等名字亦必如此。

⑬ 均見文淵閣四庫全書本建炎以來繫年要録賈似道跋，謂刻於揚州者所據乃其所藏蜀本。

⑭ 滋溪文稿卷二五。

⑮ 修遼金宋史搜訪遺書條列事狀見清容居士集卷四一。

⑯ 諸閣四庫全書於所收諸書前的提要，亦與四庫全書總目各書提要不完全相同。閣本諸書提要大都在提要之後署有整理完成的時間和總纂官總校官的姓名官職，總目一書却把這些都删除了。

⑰ 是書現有國家圖書館出版社二〇〇四年影印的中華再造善本叢書本。

⑱ 有關皇朝中興繫年要録節要一書的介紹，請參拙作皇朝中興繫年要録節要考一文，見南宋史及南宋都城臨安研究（續）下册，人民出版社二〇一三年版。

⑲ 岳飛傳（增訂本），人民出版社一九八三年版。

⑳ 高宗回鑾是紹興二年事，而趙彦端紹興八年登第時僅十七歲，張孝祥此年方始出生。可見此注之失考。

凡例

一、本書係作者李心傳所著宋高宗南渡重建宋朝至其傳位於太子昚之一朝三十六年歷史事實的編年體史書，以建炎以來繫年要録爲名。「建炎以來」四字，僅標明此書記載歷史的起點，未明確終止的時間，不爲確切。然而李心傳完成此書時，年僅四十二三歲，尚在中年（他一生則活了七十八歲）。他本意要續寫中興以後孝、光、寧三朝史，且孝宗繫年要録亦已完成。故後人特以此四字爲書名，也是可以理解的。所以，儘管南宋末期，此書或稱爲高宗繫年要録，或稱中興繫年要録，建炎以來繫年要録之名仍然流行於世，而不可廢。至清開四庫館，竟以之爲書名，後世學者宗之，深入人心，至今不變。本書沿襲這段歷史，亦無所更變。

二、建炎以來繫年要録一書雖是清代前期重新從永樂大典中所輯出的一部佚書，但對它的版本情況我們一直瞭解不夠。雖然大家都知道目前所傳世的各種抄本、刻本都是源自清乾隆間的從大典中抄出的一個祖本，即所謂翰林院抄本，但這個抄本直到目前還没有被發現和確認。而存於國内各大圖書館的七個傳抄本我目前也還有三個未嘗寓目。因此，我們姑以稍微完整的文淵閣四庫全書本的建炎以來繫年要録作爲柳詒徵所謂的「定本」，而把諸抄本和由抄本刻印的兩種刻本作爲傳抄過程中的未定本，經過比對，最終確定以文淵閣本爲本書的底本。這樣，凡是文字的闕佚問題，例如卷一八六闕佚的半卷，卷九三紹興五年九月己丑以後所缺佚的半卷，還有若干個别字句的缺佚，如卷一四九小注所引南宋答書的闕佚處，皆基本得以補齊。

三、清末以來，建炎以來繫年要録出現了兩個重要的刻本，即光緒八年的仁壽蕭氏本和其後的廣雅書局本。民國以後，商務印書館國學基本叢書本和新中國成立以來的中華書局重印本都是它的傳本。而在遞印的過程中，各本都進行了一些校勘工作。因此，以一九八八年中華書局重印國學基本叢書本作爲此書的第一對校本，是完全必要的。這個中華重印本，在本書的校勘記中是寫作叢書本的，因其繼承了清末兩個刻本的校勘成果，且因其流傳最爲廣泛，故用作最主要的校本。其最優於各本之處，是可以補充文淵閣本的闕失，如卷一四九，洪皓歸自燕山條，正文與小注各二百餘字爲閣本所無，併據叢書本補齊。另一優點則是其所保存較多閣本未徹底竄改的文字，更多地保存了原本的面貌。

四、本書還有許多重要的校本值得一提，首先是宋末由民間書坊刊印的皇朝中興繫年要録節要一書，雖然只是一個節要本，雖然已經闕失一半的篇幅，但我們由此本還是可以窺見建炎以來繫年要録一書的原貌。而其中也確有一些可以補正今本被清人所删除竄亂的地方。至於被本書作者視爲重要參據本的熊克中興小曆（亦即皇朝中興紀事本末一書）、三朝北盟會編，以及由宋人編寫的皇宋中興兩朝聖政和元人編寫的宋史全文續資治通鑑，由於高宗一朝史大都抄録於本書，故爾也具有重要參校作用。這些就不一一列舉了。

五、回改清四庫館臣所竄亂的避諱文字，是本書點校的重點之一，也是點校的難點。因爲其竄亂幾乎到了無所不至的地步，故完全的恢復在此書原本發現之前是無法做到的。我們所做的，一是把清人依據其所謂金人地名考證所竄改的契丹、女真、蒙古人名字、地名、官稱全部改回宋人的舊名舊稱。二是部分改正了在奏議、上書等奏札類文字中被清人删改的文字。比如宗澤要求回鑾的奏札，據其原集加以恢復；卷二七胡寅所上萬言書，文淵閣本竄改堪稱徹底，今據叢書本、歷代名臣奏議、宋史全文部分恢復了其原貌。三是對於清人深惡痛絶的胡、虜、戎、賊、犯、寇、夷狄、異類、猾亂等字，如有校本可以依據，則隨手予以回改。而對於皇朝中興紀事本末、宋史全文續資治通鑑等書，雖其中文字與本書頗具淵源，却未能據此改正本書被竄亂的避諱文字。

六、本書雖是編年體史書，但在記事中却往往闌入大段議論文字，如秦熺、張匯諸論，以及留正中興聖政草、吕中大事記、何俌龜鑑等書的議論，其中多數以小注的形式出現，四庫全書提要以爲，這些議論文字或爲修永樂大典時所附入。這些議論，既反映了南宋高宗朝的臣僚或稍後人士對高宗一朝歷史是非的認識，流傳至今，皆可爲研究提供歷史資料，故本書皆按原狀予以保留。

七、本書各本於原注之外，還附有四庫館臣注，提要謂「有與宋史互異者，亦各有辨證，附注下方」。就是指館臣注。這些附加於原書的小注，多數是不必要加注的，有些還有錯誤。如卷七建炎元年七月丙辰，黄潛善令李成率兵渡河事，李心傳小注引王明清揮麈後録，有句云：「方滋誤記之，明清又弗深考耳。」四庫館臣加注云：「此注但引王明清之説，而無方滋之説，蓋傳寫脱耳。」查王明清之原記事謂此爲「外舅云」，外舅即其岳父方滋，館臣有所不知，妄謂傳抄本文字有闕，顯然是十分錯誤的。因此，本書將凡能考證出來的四庫館臣小注一律删除，并將其附入校勘記中，以備對照參閲。

八、永樂大典於卷一二七五九開始用一百七十二卷按年記載宋高宗一朝事跡，繫年要録一書必出自上述卷帙中。其紹興三十二年記事至高宗傳位孝宗而止，大典爲使此年記事完整，引用中興兩朝聖政的記載以補充所闕記事。而原書則必至是年六月丙子即已終止。故今次點校此書，乃將全書最後所附中興兩朝聖政的記事从正文移除，附録於書末。

九、本書的標點工作，大體上遵循通用的點校原則。其專名綫的使用亦如此。然宋代職官極其複雜，官、職、差遣往往相聯并見，今多以頓號相斷，以清眉目。如「徐州觀察使、御營使司中軍統制張俊引兵入秀州，前知州事、中大夫趙叔近爲所殺」。而有些并列的語句無法點斷者則仍舊相連而下。如「朝奉大夫知臨江軍康倬、朝奉郎通判臨江軍丘鄄並貶秩一等」，差遣和官階之間皆不得隔斷是也。此外，男女官名、稱謂等一律不劃專名綫，不僅如皇帝、文武百官如此，皇后、公主、郡主、夫人、淑人之類女官也如此。

十、本書有兩卷附録，一是把全書正文之後删掉的中興兩朝聖政紹興三十二年六月以後記事編入，以備讀者查閲。二是附入有關作者李心傳和建炎以來繫年要録的詩文。其中包括嘉定間宣取此書的指揮、公牒，南宋和後世涉及作者及此書的詩文，目録書的著録以及諸刻本、抄本的跋文。

目録

第一册

第二册

第三册

第四册

第五册

卷一百五十四

卷一百五十五

卷一百五十六

卷一百六十一

卷一百六十二

卷一百六十三

卷一百六十四

卷一百六十五

卷一百六十六

卷一百六十七

卷一百七十七

卷一百七十八

卷一百七十九

卷一百八十

卷一百八十一

第八册

卷一百八十二

建炎以來繫年要録卷一

1 建炎元年歲次丁未。金太宗晟天會五年。春正月辛卯朔，臣謹按：建炎改元，在五月之朔。今爲所載乃中興事始，故依資治通鑑及累朝實録歲中改元例①，即於歲首書之。或謂建炎元年無春，當依舊文，用靖康二年紀事，臣謂不然。春秋魯定公以六月即位，是六月以前，國人必稱昭公三十三年矣；而孔子書之曰：「元年春王三月，晉人執宋仲幾於京師。夏六月戊辰，公即位。」孰謂定公元年之無春乎？故臣此書以元加春，蓋亦竊取春秋之義。淵聖皇帝朝道君太上皇帝於延福宫。

是日，兵馬大元帥康王軍行次陽穀縣。

王名構，字德基，道君皇帝第九子。母曰韋賢妃。謹按實録體制，當云顯仁皇后韋氏，則紹興三十年以後所書也；日曆則云宣和皇后韋氏，建炎元年五月以後所書也。今臣此書，以事繫日，此時顯仁未正尊名，則書法當如此。大觀元年五月乙巳夜，生於東京大内之宫中，紅光照室。八月丁巳，賜名，拜定武軍節度使、檢校太尉，封蜀國公。二年正月庚申，徙鎮海軍節度使、開府儀同三司，封廣平郡王。宣和三年十二月壬子，拜太保、遂安慶源軍節度使，進封康王。日曆四年正月封康王，會要及熊克中興小曆並云四年三月封王，誤也。蓋三年冬進封，明年春乃出閤耳。今從汪藻所編元符庚辰以來詔旨。識明彊記，日誦千餘言，挽弓至一石五斗。

七年冬，金人入犯②。張匯節要云③：「阿骨打爲帝④，以本土阿禄祖爲國號⑤。阿禄祖，女真語金也。以其水生金而名之，猶遼人以遼水名國也。」金太祖實録云：「太祖以遼天慶五年建國，曰遼以鑌鐵爲國號，鑌鐵雖堅剛，終有銷壞，惟金一色，最爲真實，自今本國可號大金。」二説不同，未知孰的也。靖康元年正月庚辰，被命使軍前議和。

金國者，在遼之東北，蓋古肅慎氏之地。其國在漢稱挹婁，南北之間稱勿吉，隋唐稱靺鞨⑥。至五代，始稱女真。祖宗時，嘗通中國。後臣屬於遼。建中靖國元年，遼海濱王耶律禧立，號天祚皇帝，立十五年，女真完顏旻始叛⑦。女真姓與廟諱同音，今依張匯節要進本例，爲字不成。⑧。旻即阿骨打。其先新羅人也。金太祖實録云：「太祖生於戊申七月，其先爲完顏部人，後因以爲氏。」洪皓松漠記聞云：「女真君長乃新羅人，號完顏氏。完顏猶漢言王也。」苗耀神麓記云：「女真始祖掯浦，出自新羅，奔至阿觸胡，無所歸，遂依完顏，因而氏焉。後女真衆酋結盟⑨，推爲首領。七傳至兀古達，乃大聖武元皇帝。侍中韓企先訓名曰旻。」⑩張匯節要云：「阿骨打即位，以王爲姓，以文爲名。」鍾邦直舊帳行程録云：「虜主名文，小字阿古忽。」按此諸書，阿骨打姓名及小字皆不同。然趙良嗣奉使録、馬擴茅齋自叙、洪皓記聞等書並作阿骨打。三人皆身至虜廷⑪，此必不誤。惟史愿金人亡遼録作阿姑打，疑語音之訛也。洪皓記聞又云：「武元初只諱旻，後有武臣申請云『旻，閔也』，遂併『閔』字諱之。」臣按紹興二十六年朝旨，令國信所避旻字。又紹興講和録載兀朮書，其送李正民還朝，避旻嫌名，改作正文矣。而三十年十月，虞允文出使，乃去文字，權改名允，不知何故？豈非戎主嘗名文，而又易爲旻耶⑫？遠事不可詳，姑附此，以竢續考⑬。先是，宦者武康軍節度童貫持命使遼⑭，政和元年九月辛巳。爲遼主禧所辱，貫怒。會燕人馬植得罪於其國，間道邀貫，説以取燕之策，貫納之。

政和四年秋，女真既叛。四年八月。五年夏，植自雄州來奔⑮，更姓名曰李良嗣。欽宗實録童貫附傳云：「馬植得罪於其國，間道邀貫，説以取燕之策，貫納之，約以來歸，至則藏之家，奏賜名爲趙良嗣。」鄭昺卮史云⑯：「政和二年，燕人馬植者來歸，匿於童貫家。植能文辭，數上書，上喜，賜姓名李良嗣。」熊克中興小暦：「政和二年，童貫爲遼國生辰副使。貫還，有燕人馬植者，密邀於路，爲言取燕之策。貫挾以歸，奏賜姓名李良嗣。」王偁東都事略契丹附録云：「貫回至盧溝河，夜召見植，擁之以歸，易姓名曰趙良嗣，薦之於朝。」按三國謀謨録：「良嗣以政和五年三月壬申上蠟書，雄守和詵以聞。辛巳，蔡京、童貫奏許之。四月庚子，入界。壬寅，至雄州。丁卯，入見。」蓋貫與之約而後納之，非攜以歸也。附傳及諸書皆差誤。或謂貫、植既已相約，不當更涉三年有餘而後至，恐亦不然。按良嗣降書云「天慶五年三月」，而中有「天祚親征女真，軍無鬭志」之語。天祚以辛卯歲改乾統十一年爲天慶，時當政和元年。四年秋，女真始叛；五年春，天祚下詔親征女真，與此書合。謂貫擁之以歸者，恐誤。仕諸朝，始有謀燕之意。遼人既爲女真所破，其勢寖微。六年冬，貫干預樞密院事，遂謀出師。七年春，尚書司封員外郎陶悦使遼而歸，二月癸未。具言敵未可圖。會知樞密院事鄧洵武亦不以爲然，事得暫止。此以陶悦奉使録參修。録云：「二月中旬，貫北伐，前軍發。悦歸，奏敵未可圖。事乃寢。」建炎末，悦以此贈秘閣修撰。

其年夏，薊州人高藥師見遼國亂，自海道奔登州，言女真攻遼，奪其地大半。守臣王師中以聞。良嗣，霍陰人，涉獵書傳，有口才。先是，師中聞朝廷經略用兵，全家來忻代，詔令赴朝，質以並邊衆事。師中謀與良嗣同，遂令知登州，以伺其事。事聞，太師蔡京總三省，童貫領樞密院，命師中募人持詔，以市馬爲名，伺其實。八月戊辰。女真不納。蔡絛北征紀實：「高藥師等還奏，謂雖已到彼薊州界⑰，望見岸上女真兵甲多，不敢近而回。於是上爲赫怒，頗疑外廷臣寮承望大臣旨意，因詔元募借補人并將校一行並編配遠惡。又降御筆：『通好女真事，監司帥臣並不許干預。』是歲，童貫又上其平燕策，魯公不報。一日留身，劾貫壞邊事，上乃議除貫司徒致仕。貫大懼，爲伯氏置酒甚厚，以二犀帶遺伯氏，伯氏力救解。一日，童師敏持讖緯兩幅紙來，讀之誠如近事。魯公曰：『爲奏知，此非本朝美事，乃讖五代石晉出帝爾。』仍謂師敏曰：『更待用兵，若使如圖讖言好模樣。』自此議遂寢。」重和元年春，還青州。正月丙戌。

夏，詔武義大夫馬政與其子承節郎擴，字犯御名，今改。後準此⑱。及平海軍指揮使呼延慶航海往使。四月己卯。悦，節夫子；節夫，宣和間爲龍圖閣學士，應姓名已見建隆以來繫年要録者⑲，此不別出，止注其爵里於下，以便稽考。洵武，雙流人；京，仙遊人；政，狄道人也。

秋，旻用遼秘書郎楊璞計，張匯節要作楊朴。趙良嗣奉使録、馬擴自叙並用此璞字，今從之。即皇帝位。重和元年八月。遣南海人李善慶與政偕來。廣安軍進士安堯臣疏論遠隙不可開，詔補堯臣承務郎，實不用其議。堯臣以五月上書，十一月補官。冬，遼主禧册金主旻爲東懷國皇帝，割長春、遼東兩路地，且議和，旻不聽。元年十二月。

宣和元年春，善慶至京師，正月丁巳。詔京、貫召問，諭以夾攻遼人取燕地之意。遣直秘閣趙有開持詔書往賜。三月甲子。璞，鐵州人；有開，燕人趙秉直也。秉直以政和七年正月丙申賜名。按武臣趙秉淵，易州人，未知與秉直同族否？當考。蔡絛北征紀實云：「李善慶來見，魯公但衩衣，臨堂廡待之。善慶再拜於堂下，魯公曰：『歸語汝主，中國所守信義也。兩國盟誓重，未得便如汝主所請。汝主苟能興立，則朝廷當自有禮遇。』善慶首肯，再拜而退。即具奏其辭，上悵然。魯公私嘗謂絛曰：『北事只我了得，他人做着必鑿脱⑳。雖然，我功名能有甚底？日夜着身不得，更好了却燕山耶？』伯氏密以白上，於是上意大寢，遂議罷魯公矣。」絛所云如此，恐非其實。夏，有開至登州而死。諜報遼人與女真議和，朝廷聞之，遣呼延慶送善慶歸。呼延慶至女真，六月戊寅。金主旻以本朝賜詔爲非禮，怒拘之，冬始遣歸。十月戊戌。

二年春，至京師。二月丁酉。時李良嗣已賜姓，政和七年正月丙申賜姓。遂命良嗣以右文殿修撰再使，三月丙寅。面約夾攻遼，以燕地歸我，金主旻許燕京七州而不許雲中及平灤地。秋，遣良嗣與其臣斯剌曷魯以國書來㉑，且言歲幣。七月丙辰自上京遣還，九月壬寅至京師。詔登州兵馬鈐轄馬政持國書及事目報聘。九月壬辰。於是童貫已有出師意，乃命河北軍與陝西、河東更戍。九月己未。蔡絛北征紀實乃載更戍事於政和五年，與史不同。又遣西兵宿將會京師。冬，睦寇方臘作亂。十月丙子。

三年春，童貫南征。正月丙午。夏，曷魯復至京師。五月丙午。遼上京路副統耶律餘覩以讒得罪㉒，遂奔女真。松漠記聞云：「余都姑之降，金人以爲西軍大監軍。」即餘覩也。邵伯温辯誣作俞覩，亦誤。今從實録。蔡絛北征紀實：「政和五年，遼主遣九大王爲元帥，征女真。方臨敵而大臣余堵强立之，因脱身投遼主。余堵降女真。」與此異㉓，當考㉔。秋，上皇以貫未還，用太宰祥符王黼議，授曷魯書歸，不遣使。八月壬子。冬，曷魯至金。十一月。金主旻意朝廷絶之，乃悉其衆渡遼而西，以餘覩爲前鋒。

四年春，破中京。正月癸酉。遼主禧棄燕京去，三月庚午。國人立其從父秦晉國王淳爲帝。三月丙子。餘覩引金人入雲中地。三月乙酉入西京。邊吏以聞，詔太師童貫爲河東北宣撫使。三月丁亥。貫自江浙還，以諫取花石事與黼有隙，貫造京坐深語，黼大懼，遺貫書曰：「若北行，願盡死力。」貫大喜。此據蔡絛紀實附入。紀實又稱：「上將命鄆王爲元帥，魯公密扣中宮力争，又梁師成力阻，貫因得且止。及魯公請對，力諫北伐事。」文多不録。將行，上皇以三策授貫，上策取燕，中策耶律淳稱藩，下策全師而還。夏，童貫發京師。四月戊戌。復以少傅蔡攸爲宣撫副使。五月丙寅。攸，京長子，爲上皇所信愛，使監其軍。吳曾漫録云：「宣和四年，金人攻大遼，使王緯來乞師。宰相王將明主其議，以童貫爲宣撫使，蔡居安副之。」按史，金人止檄代州不得受逃亡人，未嘗遣使，諸書亦無王緯乞師事，今不取。貫至雄州，五月乙亥。遣閤門宣贊舍人馬擴入燕招諭，又遣都統制保静軍節度使种師道將兵十餘萬隨之。耶律淳大懼，欲稱藩。五月辛巳。會師道進兵，與西都統林牙耶律大石遇㉕，松漠記聞作大實林牙。按：諸書多用此「石」字，今從之㉖。敗於白溝，五月癸未。遂已。始，貫、攸之出師也，其參謀官中書舍人宇文虛中論此事乃安危存亡之所繫，願罷將帥還朝，毋開邊隙。黼不聽。師道，世衡孫；世衡，洛陽人，終環慶路兵馬鈐轄。大石，遼宗室；虛中，廣都人也。未幾，耶律淳死，六月辛亥。妃蕭氏權主國事。貫以遼尚盛，遂班師。六月癸巳次高陽關。起復延康殿學士詹度時守中山，言燕人無主，願納土。上皇疑未決，王黼力主再興師之議。秋，詔貫、攸毋歸，異議者斬。益發諸路兵二十萬，會三關。七月壬午。朝散郎安陽宋昭提舉江西茶鹽公事還，上疏論女真決先敗盟。其言切至，朝廷怒，械送連州編管。九月辛酉。金人聞貫出師，恐我師先入關，不得歲幣，遣通議使烏歇、高慶裔來議夾攻㉗，責以不先示起兵月日。九月乙丑入見。詔趙良嗣、馬擴報聘。朝議始傾心倚金人以取燕地。既而遼易州將高鳳以城來附，九月辛未。常勝軍管押郭藥師亦以涿州地及所部詣宣撫司降。九月己卯。蕭太后懼，命乾文閣待制韓昉奉表稱臣，貫、攸不受。九月甲申。冬，貫使藥師道諸將以輕騎襲燕㉘，入之。諸將甫入燕，軍無紀律。遼樞密使蕭幹以兵來援，諸將遁歸。七月己酉。良嗣至奉聖州。本古新州。金主旻口不言而心許雲中地。十月辛亥。都統制鎮海軍節度使劉延慶自盧溝焚其營，夜遁。十月甲寅。童貫不得燕而懼，遣使臣王瓌密禱金主，使圖之。瓌十一月辛未至奉聖州。金主先遣國信使李靖、計議使烏陵撒母來㉙，許山前七州漢地漢民，且言平營灤三州雖貴朝克復，不在許與之限。上皇諾之。十二月戊子。後三日，金主旻入燕。林牙大石以七千騎奔夾山，蕭太后偕行，爲遼主禧所殺。蕭幹亡入奚，十二月丁酉。自號大奚國皇帝。獨遼興軍節度副使張覺繕兵守營平地，金人遣故遼參知政事康公弼招諭，十二月戊戌。授覺同中書門下平章事，建平州爲南京。趙良嗣至燕，十二月庚子。金主責之，復遣李靖、撒母來議，以本朝不夾攻，欲得燕地租賦。十二月甲辰。慶裔，渤海人，本東京户部司繙譯吏，稍知書。藥師，鐵州人；昉，燕人；幹，奚人；延慶，保大軍人，其先西蕃熟户；瓌，師中子；靖，賓州人；撒母，女真人也。張覺，賈子莊陷燕記作張瑴，曹勛北狩聞見録作張珏㉚，國史及諸書多作此覺字㉛，今從之。撒母，馬擴自叙作撒盧拇，今從張匯節要㉜。

五年春，金人求燕地租賦，使者三返，遂命龍圖閣直學士趙良嗣持御筆誓書至軍前，許歲賂銀絹五十萬匹兩，代租貨一百萬緡，而請燕山地。三月丁巳。蔡絛紀實云：「劉延慶師潰，王黼因入言曰：『二帥不足仗，臣當自主之。』上意屢欲罷，反爲羣小所持激。鄭居中時在樞府，梁師成從中秉權㉝，數進不便之語。黼既專任其事，因降旨，飭二帥不得動，以聽約束，乃使趙良嗣奉使。」金用事者及契丹舊臣猶持不可，金主旻獨許之。前已得涿易二州。夏，金人以燕京及檀順景薊四州漢地漢民歸我。四月辛卯。後九日，貫、攸以全軍入燕。初曰交割，後曰撫定。未踰月，金太祖旻卒於白水泊。五月乙丑。其國相宗維遥册旻弟吴乞買爲帝㉞，更名晟。宗維，旻伯父劾闍孫黏罕也㉟。金太祖實録云：「太祖生於戊申，天輔七年八月己未終於布圖濼，在位九年，享年五十有六。」與諸書皆不同。史愿金人亡遼録云：「吴乞買名慎。」鍾邦直行程録云：「金主名慎，小字吾克埋。」與諸書亦不同，今不取。洪皓記聞云：「黏罕者，吴乞買三從弟，名宗幹，其庶弟名宗憲。」靖康日曆、欽宗實録亦云：「阿骨打以其弟吴乞買、黏罕爲謀主。」張匯節要云：「天會四年夏，以皇弟黏罕爲左副元帥。」此諸書皆同。按：阿骨打子侄名皆連「宗」字，黏罕兄弟亦然，則決非其弟也。史愿亡遼録云：「阿骨打有弟侄曰吴乞買、黏罕輩。」蓋吴乞買乃其弟，而黏罕乃其侄，此爲得之。

然宋王宗幹，乃武元之子、海陵之父。紹興二十六年朝旨，令國信所避旻、晟、亮、幹四字，則宗幹決非黏罕名。張棣金志云：「黏罕爲撒改子。」恐亦不然，今從苗耀神麓記㊱。自黏罕擅兵，愈不欲交雲中地，而蔚朔武三州守將以城來附，金南京留守張覺亦上表歸命。六月丙戌。上皇疑未聽。燕山宣撫使真定王安中以營平形勝，勸上皇受之。覺邀回金人所遷燕京職官户口，乃拜覺泰寧軍節度使，世襲平州。金主旻之未死也，議取燕北人民。童貫以常勝軍爲重，乃奏以燕地六州富民與之對換，蓋利其田宅以贍常勝軍。比富民歸，而貲産已散，皆流離困躓，遂重失燕人心。然常勝軍月費縣官糧猶十餘萬斛，率自山東、河朔運至燕，由是齊、趙、晉、代之間，民力皆竭，而羣盜蠭起。太傅王黼大懼，遂令天下皆出免夫錢，凡六千二百餘萬緡。此並據蔡絛北征紀實。上皇以貫無功，命貫致仕。十月己未。黼與少保梁師成共薦太尉譚稹爲河東北宣撫使。師成、稹皆宦者，使之圖雲中。冬，金人克平州。五年十一月。張覺奔燕山，金人檄疏我罪而取之，朝廷不得已，命太尉同知燕山府郭藥師斬首以送，繇是常勝軍皆解體。是歲，奚人饑，其部曲殺蕭幹，傳首於我。十二月甲辰。

譚稹知常勝軍不可制。六年春，乃募雲朔漢兒數萬，號義勝軍。初，燕之未得也，趙良嗣許貸金人糧，稹不與，金人怒，秋，取蔚州及飛狐、靈丘兩縣。六年八月。稹坐是貶，復命童貫總師。八月乙卯。孫覿撰章綡墓誌云：「譚稹爲宣撫使，朝廷命公爲參謀官。時金人納夏羌之請，割雲中以北三千餘里遺之，止以朔武歸我。夏人駸駸河朔州境，詔稹發兵討之。太上皇親筆督戰至八九。公益持不可，曰：『金人以我納叛渝盟，藉爲争端。今困竭天下，盡於燕山，訖無善後之策，況議雲中乎？』退而疏燕雲決不可守之狀，反覆數千言，皆社稷安危之決，趣稹上之。稹讀奏大驚，曰：『安得此不祥之言？』公言擇禍莫若輕，極論數日，稹不得已，擇取一二上之。書奏，稹罷，公落職，還吏部。更命童貫出師，遂敗績。」按此所云，與諸書不同，姑附此，當考。綡，楶子，時爲右文殿修撰。

遼主禧與林牙大石猶在夾山。夾山者，在沙漠之北，有泥潦六十里，獨契丹能達，他國所不能至。羣小共謀，遣一蕃僧，齎御筆絹書誘禧，約使來歸，待以殊禮。禧大喜，尅期相接，貫以是落致仕出使。金人每以力不能入夾山爲恨，會帛書屢返，金伺知之。冬，貫遣武功大夫和州防禦使馬擴見金將完顔希尹，議交雲中，十一月壬寅。希尹不許。是月，王黼致仕。十一月丙子。蔡京領三省事。十二月癸亥。貫上疏經畫雲中，京進呈。尚書右丞宇文粹中持不可，乃畫旨留侯。粹中，虚中兄也。

七年春，遼主禧略山後地，希尹遇之於歸化州，本舊武州。以兵遮其歸路，遣孛堇婁宿擊而俘之㊲。天祚被擒，國史載之宣和七年正月末，蓋因馬擴自叙及汪藻背盟録所記兀朮獻捷年月㊳，蔡絛北征紀實亦同。然元符詔旨童貫賀表乃云：「契丹昏主以二月十九日北走，二月二十七日準大金牒，昏主已出首前來。」則在七年二月矣。諸書皆誤。亡遼録云：「保大四年秋，兀朮擒天祚。」保大四年乃宣和七年，若繫之是秋，尤甚誤，今不取㊴。大石以殘衆奉其子梁王北奔。洪皓松漠記聞云：「遼亡，大實林牙亦降。與黏罕雙陸争道，黏罕心欲殺之，而口不言。大實懼，歸帳，即棄其妻，携五子宵遁，深入沙子，立天祚之子梁王爲帝而相之。」㊵按三國謀謨録、兩國編年皆云：「大石諫不聽，稱病不行。」若大石亦降，則梁王何以得免？皓所記恐誤也。諸書皆云，天祚四子，趙晉秦許四王，而無梁王，當是其後一王改封也。今從之。希尹，晟之從子，誤音悟室㊶。悟室名希尹。據洪皓記聞，天眷二年希尹加恩制云：「屬爲諸父。」故知爲晟從子也。實録作兀室，然皓嘗爲其館客，必不誤。苗耀神麓記云：「悟室母孕三十箇月而生，名曰悟生，乃三十也。」今從之㊷。婁宿，女真人也。秋，虜益兵雲中㊸，頗經營南寇㊹。九月。詔廣陽郡王童貫往太原宣撫，速行毋留。九月壬辰。初，遼海濱王既廢，其貴臣劉彦宗、蕭慶之徒，朱邦基靖康餘録云：「劉彦宗，本河北人，奔大遼，上東侵中原計。天祚惡其敗盟覆好，流於錢監。金人克之，召入帳計事，大説其謀，以爲樞密使，節制諸軍。」按馬擴自叙：「阿骨打抵燕京，北朝兩府漢兒官左企弓、劉彦宗等開門迎降。」張匯節要：「金人立漢兒劉彥宗、時立愛爲相。二人皆燕人，以墳壠田園之故，愈勸敵入侵。」蓋彥宗非河北人，又天祚時已知樞密院事，非金人始用之。邦基所聞皆誤，今不取。復入金用事，故内外合謀，共勸南侵，且言中國無人，因兵就糧可也。冬，國相宗維檄宣撫司問罪，遂侵河東。大邑耿氏有書號痛哭流涕編，載此檄文，云天會三年十一月二十七日，蓋起兵日也。國史黏罕寇邊在十二月内㊺。都經略處置使宗傑自檀州入河北㊻。斡離不犯檀州在十二月朔，其使名，耿編斡離不上淵聖書有之㊼。義勝軍之在河東者，執其守將以叛，童貫聞之，遁。十二月甲辰。常勝軍亦囚其宣撫使保和殿大學士餘杭蔡靖，十二月乙巳。以燕降。十二月丙午。邊遽聞，十二月辛丑。宦官猶秘其事。後五日，輔臣共議，十二月丙午。命陝府西路轉運判官鉅野李鄴持萬金及三省樞密院牒，詣金軍迎獻太原、中山、河間三鎮地以和，且言内禪。十二月己未。宗傑，旻仲子斡離不㊽。金太祖實録云：「二太子名宗望。」按宗望乃撻懶子㊾，恐誤。今從苗耀記。斡離不，一作窩里孛。按敵上淵聖書用此三字，今從實録㊿。於是上皇意已決，乃用給事中直學士院揚子吴敏計，禪位於皇太子，是爲淵聖皇帝。十二月庚申。

明年，改元靖康。保和殿大學士蔡翛請駕幸長安，會兵以圖收復。詔以翛知京兆府。正月丁卯。翛兄攸忌其成功，改知鎮江府。金人聞内禪，大驚，欲引去。郭藥師言：「南朝未必有備。」乃遣藥師先渡河。武泰軍節度使宦者梁方平、河東北副都統制武康軍節度使祥符何灌皆潰。正月戊辰。太保、領樞密院事蔡攸夜奉上皇乘舟東幸。正月己巳。童貫與殿前都指揮使開封高俅繼領勝捷軍及禁衛三萬五千人扈從。太宰開封白時中等請幸襄陽，淵聖皇帝用新除尚書兵部侍郎邵武李綱計固守，正月辛未。且召諸道兵入援。金攻城不下，乃遣孛堇吴孝民來議和，正月癸酉。自言奉其主命，如趙皇悔過，再乞懽盟，仰就便酌中施行。此爲紹興十五年六月戊戌秦檜奏上語張本，其書北盟會編有之。始稱少帝。詔遣尚書駕部員外郎彭城鄭望之、同知樞密院事臨沂李梲往使。望之以癸酉，梲以甲戌出使。梲等與金議割三鎮，以宰相交地，親王送大軍過河。太宰河内李邦彦亟請如虜約以紓禍[51]。王慷慨請行，遂與少宰東光張邦昌乘一栰渡濠，自午及夜分，始達敵寨。辛巳，上皇次鎮江府。淵聖皇帝以王黼首禍，流之湖外。庚寅，又使盜殺之。黼之死，實録、長編係於壬辰。按靖康别録：「開封府奏，據捉事使臣韓膺狀，王黼二十四日至雍丘縣永豐鄉，爲盜所殺，取到首級申。」比他書最詳，庚寅二十四日，今從之。江淮發運副使盧宗原以行宫之命，遏漕舟與郵傳，俾不得西趣京師，又留浙兵。泗州司録事詹大和言：「童貫且爲變。」甲午，以户部尚書聶山爲發運使、黔州觀察使權主管侍衛馬軍司公事薛安爲副，往誅貫。尚書右丞李綱固諫，乃罷行。黜梁師成爲彰化軍節度副使，行一日，追殺之。趙甡之中興遺史陳東奏疏：「未及行，會有姚平仲之敗，繼有毆擊中官、太學生伏闕事，再貶循州安置。師成知其不免，遂自殺。」蔡絛國史後補：「師成得罪，縊殺之，但以其自縊聞，贈太師。」按史，師成之貶，在平出師之前，亦無再貶循州及贈官事，今不取。宗原，秉子；秉，德清人，龍圖閣直學士。大和，遂安人；山，臨川人也。王留金軍踰旬日，意氣閑暇。

二月丁酉朔，京畿等路宣撫司都統制、隴干姚平仲夜以西兵萬人襲虜寨[52]，不克，亡去。戊戌，遂罷尚書右丞親征行營使李綱，以謝虜[53]。命尚書左丞蔡懋爲守禦使代之。辛丑，遣資政殿大學士宇文虚中持割地詔至敵軍。是日，太學生陳東等伏闕上疏，請留李綱。士民喜，至者十餘萬。淵聖皇帝大驚，復以綱爲守禦使。平仲，保静軍節度使古養子；懋，確子；確，晉江人，元豐右僕射。東，丹陽人也。始，姚平仲之襲金營也，金以用兵責使者，張邦昌恐懼涕泣，王不爲動。金人因憚王，不欲留，更請肅王。乙巳，王還。詔割三鎮以北二十州地，遣皇弟肅王樞，遷張邦昌太宰以爲質，又許金繒銀帛五千七百萬匹兩以和。李綱争，不聽。丙午，王以勞遷太傅。是日，金人退師。同知樞密院事种師道請薄諸河而擊之，又不聽。庚申，斬梁方平於都市，罷諸道勤王之師。辛酉，遣將將兵援三鎮。始，上皇留鎮江未返，幸臣寧遠軍節度使吴縣朱勔邀上皇幸其里第，朝廷憂之。少宰吴敏請令蔡攸勸上皇北歸以贖罪。

四月己亥，上皇還京師。金國相宗維在雲中，聞宗傑獲金幣不貲，而己無所得，遣使者蕭仲恭來求賂。大臣以勤王之師踵至，有輕敵意，初命尚書度支員外郎邢倞館客，邵伯温辨誣云：「倞爲司農少卿，奉詔館客。」按仲恭以四月離京師，而倞五月戊辰始自員外郎遷光禄少卿，伯温誤記也。既而拘之。都管趙倫懼不得歸，給告倞以元帥府右都監耶律餘覩貳於金人，願歸大國。欽宗實録云：「初斡離布軍還，黏罕遣使數輩來求賂。大臣以肅王未還，留金使與之相當。有都管趙倫者，燕人，狡獪，懼不得歸，乃詐以情告邢倞」云云。所謂使者數輩，史無其名。王偁東都事略、熊克九朝通略並從實録，作趙倫。李燾長編：「徐處仁、吴敏共議釋蕭慶，持餘覩書遣還。」注：「此據李綱辨餘覩事劄子。蕭慶當作蕭倫。按實録所書，全據宣和録。惟沈良靖康餘録作蕭慶。」此亦不然。靖康要盟録有黄絹詔本云「比者使人蕭仲恭、趙倫之來」云云，蓋仲恭乃使命，而倫其都管也。宣和録脱仲恭名，今載詔書全文於後，以補實録諸書之闕焉。其書云：「靖康元年四月日，大宋皇帝致書於左金吾衛上將軍右都監耶律太師：昔我烈祖章聖皇帝與大遼結好澶淵，敦信修睦，百有餘年邊境晏安，蒼生蒙福，義同一家，靡有兵革戰鬭之事。通和之久，振古所無。金人不道，稱兵朔方，拘縻天祚，剪滅其國。在於中國，誓好之舊，義當興師，以拯顛危。而奸臣童貫等迷國擅命，沮遏信使，結納仇讎，搆以金繒，分據燕土。金匱之約，藏在廟祧，委棄弗遵，人神恫怨。致金人之强暴，敢肆陸梁，俶擾邊境，達於都畿。則惟此之故，道君太上皇帝深悼前非，因成內禪。肆朕初即大位，惟懷永圖。念烈祖之遺德，思大遼之舊好，輟食興念，無時敢忘。凡前日大臣先誤國搆禍，皆已竄逐。思欲重體先時親仁善鄰，以爲兩國生靈之福。此志既定，未有以達，而使人蕭仲恭、趙倫之來，能道遼國與燕雲之遺民不忘耶律氏之德，冀假中國詔令，擁立耆哲。衆望所屬，宜於國人，無若金吾者。實諧至意，良用忻懌。昔聞金吾前爲遼國將兵，數有大功。謀立晉王，實爲大遼宗社之計。不幸事不克就，避禍去國。向使前日之謀行，晉王有國，則天祚安享榮養，耶律氏不亡。然則於天祚不害其爲忠，而於耶律氏則至忠矣。宗室之英，天人所相。是宜繼有遼國，克紹前休，以慰遺民之思。方今總兵於外，且有西南招討太師同姓之助，雲中留守尚書顯忠之佐，一德協心，足以共成大事。以中國之勢，竭力擁衛，有何不成？謀事貴斷，時不可失。惟金吾圖之。書不盡言，已令蕭仲恭、趙倫面道曲折。天時蒸溽，更冀保綏。」宰相徐處仁、吳敏共議，甲辰，以蠟書授倫，厚賜之金錢，使結餘覩。倞，恕子；恕，原武人，紹聖御史中丞。處仁，穀熟人；熊克小曆云：「處仁，宋城人。」今從本傳。仲恭、倫，皆燕人也。倫歸，白其書，宗維大怒。趙甡之遺史：「先是，麟府折可求獻言，夏國之北，有天祚子梁王與林牙蕭太師，統兵十萬，出榜稱金人不道，南朝奸臣結納，毀我宗社。今聞南朝天子悔過遜位，嗣君聖明，如能合擊金人，立我宗社，則前日敗盟之事當不論也。吳敏以爲然，乃奏上，令致書梁王，由河東入麟府，爲黏罕遊兵所得。」按：此與實録諸書全不同，疑傳聞之誤，今不取。辛亥，宗傑至燕山府。此據許採陷燕記。癸亥，斬趙良嗣。趙甡之遺史在三月癸巳，與史不同，當考[54]。

五月甲戌，河東北制置使种師中戰死於榆次。後十日，制置使姚古敗於盤陀。丙子，用門下侍郎耿南仲議，以知樞密院事李綱爲河東北宣撫使，將卒萬二千人以援太原。

七月辛未，罷諸道防秋之師。綱爭，不聽。乙酉，蔡京南遷至長沙而死。辛卯，誅童貫。趙甡之遺史云：「童貫以八月乙卯誅於南雄州之使院。」是日，河東制置使解潛進軍南關，居四日，潛潰。李綱猶在懷州。

八月丙申，召綱赴闕。命太尉种師道代行邊。既而亦不用。師中，師道弟；南仲，開封人也。金人既不得三鎮地，癸卯，以書來責叛盟，復引兵深入。耿編二帥再問罪書云：「天會四年八月十日。」

九月丙寅，左副元帥宗維陷太原。十月丁酉，右副元帥宗傑破真定。淵聖皇帝數蔡攸罪，甲辰，與朱勔並殺之。攸之死，實録無月日，附於九月壬申責萬安之後。攸附傳云：「攸行至嶺外，上以著作佐郎宋齊愈爲御史，即所在斬攸。齊愈辭，乃改命陳述。」按述先爲御史，而齊愈以十月甲辰除察官，今參酌附此，俟考。刑部尚書高平王雲、秘書省著作佐郎曲周李若水再見二帥而歸，言金人堅欲得地，不然，進兵取汴都。

十一月己巳，集百官議於延和殿。右諫議大夫鄧城范宗尹等七十人請與之，左司諫江寧秦檜等三十六人持不可。乙亥，兩軍分道渡河。實録：「斡離不以十四日自魏縣泛舟渡河。」北盟編有黏罕上淵聖書云：「所遣先鋒，今月十四日已過黄河。」蓋二軍尅期同日而濟。是日，復用王雲計，亟遣王使河北止師，奉衮冕玉輅以行，尊金主爲皇伯，上尊號十八字。上尊號表，國史無之。臣家藏雜書一編，乃圍城中人手記排日文字。其間謂淵聖爲少帝，邦昌爲新主，蓋未返正以前所記也。紙背皆宇文虚中帥青社時監司郡守所通書尺，而所記事亦全與丁特起泣血録中語同，不知果何人書耳。此表褁記中有之，今録於後：「大宋攝太尉、光禄大夫少宰兼中書門下侍郎臣唐恪等，謹再拜稽首上言：臣聞德之隆者，禮必尊；心之誠者，文必至。矧光奉三靈之眷，交通千載之懽。既和好之克成，豈欽崇之可後？伏惟大金皇帝陛下，聰明生禀，神武誕昭。承天命以勃興，協人謀而克濟。若乃側躬而戒，内恕及人，能崇天也；克承前烈，仍善後圖，能繼序也；念保疆之重，推愛物之誠，能昭德也；開朔漠之區，疏燕雲之境，能定功也。輕地重民，體仁可見；睦鄰修好，惇信無疑。制禮不曰修文，弭兵得非成武？裒茲衆美，總以鴻稱。臣等不勝大願，謹奉玉册，上尊號曰大金崇天繼序昭德定功體仁惇信修文成武光聖皇帝。伏惟大金皇帝陛下，膺受彝章，永綏福履。表雍和於南北，揚威烈於邇遐。長保兩朝之盟，允爲萬世之則。

臣等誠惶誠恐，稽首頓首謹言。」靖康別録云：「先是，都堂集議，加金主徽號十八字，太常博士華初平力争，以爲不可。二府怒，罷之。汪藻爲太常少卿，草定册文。去冬，遣馮澥等爲奉册寶使，及河，敵騎大入，乃還。至是，遂親上之。」別録繫此事於今年正月車駕再出城時，今附見此，但以「崇天、繼序」四字爲「繼天、集統」，與裸書差不同[55]，當考。

王以耿南仲主和議，請與俱，乃拜其子中書舍人延禧爲龍圖閣直學士，與知東上閤門事高世則並爲參議官。耿延禧中興記：「十六日出門，是日，臣南仲奏事内殿，淵聖顧問：『康王辟卿之子爲官屬，不辭而往，朕甚嘉之。』南仲奏曰：『臣雖此一子，當國家艱難，豈敢辭？』因泣下。淵聖皇帝曰：『宣回奏事如何？』臣南仲奏曰：『康王既往，而臣子獨宣回，無此理。』退而奉御批：『耿延禧速宣回奏事。』臣南仲繳御批，奏之云：『康王爲國出使，臣之子不肖，得奉左右，幸也。若獨宣回，臣何面目？』遂已。」按實録：「王請南仲偕行，上曰：『南仲老矣，令其子延禧代行。』南仲奏：『臣老，止有一子，乞免行。』上曰：『姑令往渡至河即召回矣。』」據此，則延禧所記似其飾説，今不取。王府都監入内東頭供奉官藍珪、康履、黎楶、西頭供奉官楊公恕、内知客修武郎韓公裔從。世則，公繪子；公繪，蒙城人，韓烈武王瓊元孫，仕至保静軍節度使。公裔，開封人也。王入辭，淵聖皇帝解排方玉帶以賜。朝議欲拜王爲元帥，又欲擁駕南巡，猶豫未決，而敵掩至。

辛巳，王行至磁。磁守義烏宗澤曰：「肅王一去不返，今敵騎已迫，大王去無益於事，不如且留。」王未之聽。磁人以王雲爲不誠，將奉王入金。壬午，執雲殺之。汪伯彦建炎中興日曆云：「磁守宗澤與王雲有隙，誣奏雲奉使賣國[56]，及是，又以細作誣雲。都人承風旨作亂，澤略不彈壓。雲懇澤甚哀，澤弗顧。及出，遇害。」耿延禧中興記云：「雲至磁，訐宗澤之誕。澤憾，因磁人之怨，聲言雲果細作，將邀親王入金。磁人遂有殺雲之謀。」宗澤遺事云：「公語雲曰：『外頗喧亂。』約與之同行，雲易之，及出，遂遇害。發雲行橐，得皂裘一，番巾三，綾羅各一。王曰：『必有人見此，故謂雲爲細作也。』」遺事與二書所記不同。欽宗實録全據澤遺事。按澤雖與雲不協，然是時特不欲雲奉王入金，故邦人殺之而不救，恐非以私憾故也。伯彦、延禧與澤議論不同，辭多毀澤。今但云磁人殺雲，庶不失實。

朝廷聞金人渡河，遣同知樞密事聶昌與耿南仲分使金軍，許盡割河東北地。昌即山也。趙甡之遺史云：「淵聖嘗夢爲兩日所逼，乃改聶山爲昌以壓之。」與實録附傳不同。 時知相州、祁門汪伯彦亦以蠟書請王還相。 癸未，王以所部千人抵相州。 丙戌，右副元帥宗傑犯京師57，太宰錢塘唐恪請幸長安，門下侍郎仁壽何㮚不可。

閏月壬辰朔，以㮚爲尚書右僕射。 丁酉，副元帥宗維犯京師。 耿南仲至衛州，衛人不受，南仲馳至相。 辛丑，見王，辭以面受睿旨，盡起河北一路將兵入衛。 王乃同南仲召募勤王之師。 殿中侍御史胡唐老見京城危，議以王爲元帥，何㮚是之。 己酉，遣閤門祇候秦仔等八人持親筆蠟書縋城詣相州，拜王河北兵馬大元帥。趙甡之遺史載帛書云：「奉聖旨，訪知州郡糾合軍民，共欲起義，此祖宗涵養之裕58，天地神祇所當佑助。 檄到日，康王可充兵馬大元帥，同力協謀，以濟大功。」其辭與汪伯彦日曆不同。 淳熙十三年九月壬申，翰林學士兼修國史洪邁奏：「竊以靖康之難，諸王皆留京師，唯太上皇帝持節受使，獨在河北，用能光啓中興，符一馬化龍之兆。 然霸府肇開，事出倉卒。 一時潛藩諸臣，不能得其始末。 近忽傳欽宗遺翰石刻一紙於故相何㮚家，然後當時事蹟皦如日星，可以垂示天下後世。 蓋靖康元年閏十一月，敵騎攻都城，中外不復可通，太上奉使斡離布軍，至磁州，而有王雲之變。 中夕還相州，迤邐東如濟鄆。 當是時，㮚爲開封尹，首建元帥之請。 及在相位，遂擬進書之文。 其語云：『訪知州郡糾合軍民，共欲起義，此皆祖宗百年涵養忠厚之裕，天地神神所當佑助。 檄到日，康王可充兵馬大元帥，陳亨伯充元帥，宗澤、汪伯彦充副元帥，同力協謀，以濟大功。』欽宗批云：『依奏施行。』又批云：『康王指揮已黄帛書訖。』又批云：『康王指揮已付卿。 係黄帛書，必已到。』蓋閏月十三日所行也。 欽宗真蹟今猶在㮚弟榘之子處，欲乞聖慈，行下蜀中，於隆州何㮚家取索以上，布之史館，編於太上中興日曆59，以彰示萬世，爲火德復輝之符。 奉聖旨依。」案此與甡之所云全同，然是時汪伯彦同被除，且耿延禧爲參議，不知二人何以乃不見此御筆，或者㮚雖擬入，而後來淵聖又自刪潤也。「兵馬大元帥」上有「河北」字，亦與㮚所擬不同。 今並附此，以備參考。 資政殿學士、中山府路安撫使知中山府陳亨伯爲元帥，直龍圖閣知相州主管真定府路安撫司公事汪伯彦、秘閣修撰知磁州河北義兵總管宗澤爲副元帥，俾率兵入援。唐老，宿曾孫；宿，晉陵人，治平樞密副使。亨伯，零陵人也。亨伯，名與上同音，今以字行[60]。金之再圍城也，何㮚等得殿前司剩員郭京，擢爲大將，使募市井游惰爲六甲神兵。丙辰旦，京盡屏守城兵，獨率神兵七千餘人以出，未幾，京敗，金人登城。士卒以無賞不肯戰，殿前副都指揮使河南王宗濋引衛兵下城，傳呼救駕，四壁兵遂大潰。及午，城陷。敵下令縱火屠城。何㮚率都民巷戰，聞者皆奮，敵由是不敢下，復僞唱議和。辛酉，淵聖皇帝幸敵營。秦仔至相州，於頂髮中出蠟書黄絹三寸，王讀之嗚咽，軍民感動。

十有二月壬戌朔，王開元帥府，有兵萬人，蓋樞密院將官劉浩即相州所募義士，及信德府勤王兵、大名府救河東兵，與所招太原、真定府、遼州潰兵而已，分爲五軍。是日，淵聖皇帝將還宮，而金帥宗維未得見，欲先得表，乃命中書舍人晉陵孫覿秉筆，而何㮚輩潤色之。此表實録不書。按孫覿紹興末有書與朱倬云：「淵聖幸青城，金人索表。翰林學士吴幵、莫儔皆稱病。淵聖召覿面諭曰：『朕歸心如飛，煩卿草一表，不可辭。』[61]時覿承乏西掖，奏曰：『雖非臣職事，君父在難，不敢辭。』表去却回，要説南朝劫寨覆我軍，結餘覩滅我國，遂如其説叙二事，以爲『大臣誤國，致北朝興兵如此』。又却回，令作四六體來。於是宰相何㮚、刑部侍郎程振、起居郎胡交修與覿四人同撰，而覿下筆。表至，淵聖詣端誠殿，黏罕設飲別。是日，大駕還内。建炎初，上駐蹕維揚，言官馬伸論覿草表之罪，上曰：『大臣誤國至此，教他怎奈何？』」又覿建炎初辭待制奏狀，與此略同。其末云：「表往不合，淵聖諭臣曰：『朕欲亟歸耳，卿勿計空言可也。』㮚亦不從，遂自操筆爲之。」宣和録、趙甡之遺史略載表語，與丁特起孤臣泣血録亦同，其實皆誤。表本具靖康要盟録。癸亥，帝還宮。金遣官檢視庫藏。此據三國謀謨録。二帥上淵聖書，附見耿氏編，有檢相數云：「絹五千四百萬匹，大賜表段一千五萬匹，金三百萬鋌，銀八百萬鋌。」珍寶未見實數。又令寧昌軍節度使蕭慶入居尚書省，朝廷動靜並先關白。此據實録。是日，王以便宜，命河北都轉運使龍圖閣直學士張慤、京東轉運副使直顯謨閣黃潛厚並兼大元帥府隨軍應副。汪伯彥中興日曆作直龍圖閣黃潛厚，誤也。潛厚除小龍在今年三月戊午。慤，樂壽人；潛厚，邵武人也。王之至相也，河北西路提點刑獄公事王起之、提舉常平等事王淵、提舉茶鹽公事秦伯祥被旨守黎陽，皆馳至相。王訝之，汪伯彥悉薦以爲幹辦公事。又以王府都監藍珪、康履、内知客韓公裔等並主管機宜文字，武顯大夫陳淬都統制五軍兵馬。

甲子，閤門祗候侯章自京師至，傳命盡起河北一路兵，守臣自將。時有使臣劉定，亦持蠟書趣王入援，且言京城且破。王憂之，命耿延禧草詔，布之諸郡。左副元帥宗維聞王在河北，丙寅，遣甲士三千人，與簽書樞密院事沙縣曹輔賫詔書召。王與諸將議引兵渡河。康履等言相州守禦嚴備，宜留相。王叱之。秦仔、侯章、劉定請自濬州以帛索攀援渡河，轉載而南。汪伯彥以李固渡賊壘可虞[62]，乃議往北京，會兵而進。

乙亥，王率五軍離相。丙子，履冰渡河。丁丑，發元水鎮，迷失道。汪伯彥得羊羹炊餅而進。晚泊大名府。初，副元帥宗澤在磁，屢乞會兵奪李固渡，斷敵歸路，衆議不可。澤自遣其將秦光弼等領兵趨渡[63]，斬數百級，獲其齎糧。耿延禧建炎中興記云：「時金寨據李固渡，宗澤屢乞會兵破之。衆議以爲小而堅，勝之不武，不勝爲笑；且敵歸路不可遏。澤不聽，自以磁人攻之。王麟爲先鋒[64]，澤爲中軍，集烏合之衆，遏李固渡，爲敵所破，市井無賴先遁，抱王麟馬足乞性命，澤亦僅得脱。」與實録所載不同，今不取。會帥府約赴大名。

癸未，澤以所部二千人先諸軍至。日曆：「丁丑，王至大名。癸未，梁揚祖至自信德府。同日，宗澤至自相州。初，揚祖引兵至磁，澤謁軍中，請揚祖同復真定。揚祖曰：『奉大元帥檄書，保衛過河，豈敢違王命而從公乎？』即上馬趨子城渡。澤倉卒收聚民兵僅二千人，踵揚祖後，同日而至。」與澤遺事不同。耿延禧中興記云：「上至大名，河北守臣將兵漸集，宗澤、王麟兵不滿三千人。梁揚祖將邢州兵後至，幾萬人。」此足明澤先諸軍至也，今從之。中大夫知信德府梁揚祖以兵萬人、馬千匹繼至。兵官張俊、苗傅、楊沂中、田師中皆在麾下，王壯之。時中山受圍，將士請以揚祖代爲元帥，揚祖辭，乃以爲秘閣修撰、隨軍轉運使。揚祖，子美子；子美，須城人，適孫，道君朝中書侍郎。俊，成紀人，本河東宣撫副使劉韐部曲；傅，授孫；授，上黨人，元豐殿前副都指揮使。傅乃履之子。熊克中興小曆以傅爲授子，蓋誤也。沂中，崞縣人；師中，秀容人；韐，崇安人也。曹輔至興仁，守臣徽猷閣待制贛縣曾楙詰之，輔乃裂衣襟，出御筆蠟封及樞密院礬書以遺楙，楙告於王。甲申，破蠟封，乃淵聖皇帝手詔，略曰：「金人登城不下，見議通和，仰大元帥康王將天下兵分屯近甸，毋得輕動。」汪伯彥等皆以議和爲可信，宗澤獨曰：「女真狂譎，事勢如此[65]，是必欲欵我師。今即信之，後悔無及。」丙戌，澤請直趨澶淵爲壁，次第解圍。衆曰：「金兵十倍圍京城，控守要害，吾當量力，何論解圍？」澤曰：「京都圍閉日久，君父相望入援，何啻饑渴？今但進屯近畿，設敵有他謀，則吾兵已在城下矣。」王然之。是日，金人犯相州。幕府聞曹輔已還，輔以是月癸未入城。恐金人知王所在，且再至。

戊子，命澤以萬人進屯澶淵，宗澤遺事云：「命公提兵二萬先行。」誤也。按中興日曆，此行實以帥府先鋒、右軍、後軍共五千人，及招到常景二千人、王麟千人隸之。明年春，乃益以孔彥威所部萬人爾。遺事恐誤。揚聲王在軍中。自是，澤不復與府中謀議。建炎中興日曆云：「宗澤渡河而來，本欲憩歇數日，乃詭辭趣王進發。王語伯彥等曰：『宗澤渡河方到，趣行言不由衷。』次日，下令限一日起發。澤詣王告曰：『一行人兵且乞令歇脚三五日，要備辦乾糧，置買草履。』澤退，王笑曰：『遂我謀矣。』按澤以癸未至大名，甲申乃聞城陷。丙戌澤始請解圍，丁亥分軍，戊子進發。伯彦謂澤趣行而又止者，恐妄也，今不取。伯彦等請王如山東。庚寅，發大名府。至是，次陽穀縣。是日，澤以所部至開德府，時遣精鋭與敵挑戰。初，京城圍久，號令不通，王軍在相州，天下不得聞動静。及是渡河駐軍，天下申陳四集，取決霸府矣。臣謹按：編年之體，不當追録前書已載之事。今以金人和戰、帥府建立，皆中興已後事蹟張本，故詳著之，以備其始末。

命濟王栩、景王杞出賀二帥。左副元帥宗維亦遣其子珍珠大王入賀。

2 壬辰，延康殿學士高伸落職，左金吾衛大將軍高傑降充左衛率府率。傑、伸，皆俅兄，坐根括犒軍金銀而相與隱匿，爲婢所告也。金人二十一人詣國子監謁宣聖。此據趙甡之遺史。

3 癸巳，王次東平府。顯謨閣待制孫觱卒，謚通靖。觱，江都人，事上皇爲殿中少監。

4 甲午，詔諭河東北諸州守臣，令趣降。初，朝廷既割兩河地，累旬日，惟知石州席秩以郡降，餘皆不下。金人患之，復以爲請，乃下是詔焉。

太常少卿汪藻兼權起居舍人。藻，婺源人也。

蕭慶在都堂聽講月令、洪範。此據趙甡之遺史。

是日，武翼大夫、閤門宣贊舍人、元帥府先鋒統制楊青爲濮人所殺。青，大名人，去爲盜。先是，磁相間有盜常景者，聚衆二千人，據天平山。青自衛濬趨天平，破之。青有衆萬人，左右使令稱宣贊，行移稱閤門，最爲兇狡。既而青、景以其衆詣相州降，王以青爲先鋒統制，景爲宗澤右軍統領。去年十二月丙戌。王去大名，命青以所部屯柏林鎮，青行至濮州，需糧，辱郡守藺中謹，濮人擊殺之。耿延禧中興記云：「青至濮州，微服入，欲殺守臣。」蓋據中謹所云[66]，非其實也。汪伯彥中興日曆：「正月七日濮州申，今月三日，楊宣贊來城下，待應副錢糧。次日早，親自帶領二十餘人，安打木橛，攀援上城，直至州衙。上廳便擄押知州藺中謹至瓮城裏，被守禦軍兵用亂石打殺楊宣贊。」據此，則青纔以二十人入城，恐無殺郡守之意。中謹所云，不無飾說，當以實録爲正。但實録以爲丁酉，青至濮州須糧，却誤。蓋丁酉乃濮州申至之日耳。王擢其將常謹代青，謹疑懼，欲復叛還西山，帳下承信郎孔彥威以計斬謹。王因命彥威爲宣贊舍人、統制軍馬，屯澶淵，受宗澤節制。實録云：「常景疑懼，欲復叛，彥威斬之。」按叛者乃青部將常謹，自是一人，所謂常景者，已先撥隸宗澤軍中，姓名偶同音，史臣誤也。宗澤事實作常景，亦誤。代青在此月乙酉，彥威斬謹在二月丙寅，命彥威在辛巳，今聯書之。

5 丙申，以徽猷閣待制董耘爲元帥府參議，位耿延禧下、高世則上，日赴軍中謀議。耘，須城人也。王在軍中，率與延禧、耘、世則共飯，夜設酒果延僚屬，不過一再行，詢問古今治亂，軍中情實而已。

初，金人同撫諭使臣齎詔至南京取金帛，權府事直龍圖閣、東道副總管汝陽朱勝非疑不與，復遣使臣入京審其故。丁酉，詔守臣根括供納，凡得金百兩，銀帛三萬九千匹兩，盡予之。敕應天府守臣等：「忽覽來奏，知撫諭詔書已到，又知南京蒙大金存全，更不攻城，喜極出涕。所須金銀匹帛，當極力應副，一匹一兩不可存留。可根括係官及官吏民庶之家，盡數借納，以謝恩德。京城見今收拾犒軍，務在罄竭。已降詔書，朕苟可以報大金者，雖膚髮不惜，亦可以此意曉諭官吏民庶，勿更執迷，恐誤大事。故茲示諭，想宜知悉。春寒，汝等比各安好，遺書指不多及。」

6 戊戌，何㮚使軍前，乞減金銀表段之數。左副元帥宗維不從。於是令御史臺置籍，自宰執以下，未納金銀人指名督索，不以官職高下，例加械掠，人不聊生。

7 己亥，車駕詣延福宮，以將出郊也。

尚書吏部侍郎李若水兼權開封尹。

8 庚子，淵聖皇帝再幸青城。初，金人將挾二帝北遷，乃督犒軍金銀益急，欲縱兵入城。時蕭慶居尚書省，淵聖皇帝以問慶，慶曰：「須陛下親見元帥乃可。」前一日，左副元帥宗維以書來約車駕出城，議加其主徽號。淵聖皇帝難之。簽書樞密院事曹輔請毋行，吏部侍郎李若水使金歸報，力勸出幸，以爲必無他。右僕射何㮚主其說，帝疑焉。金使兵部尚書高慶裔者奏曰：「陛下不必親出城，但遣親王大臣可也。」帝欲毋往，恐敵縱兵殘民，遂決計出城。南壁統制官閤門宣贊舍人吴革聞之，入白㮚曰：「天文帝座甚傾，車駕若出，必墮敵計。」㮚曰：「二太子止欲加金主徽號，必不留也。」革固争，不聽。時㮚自謂折衝有術，在都堂對金使歌曰：「細雨共斜風，作輕寒。」左右及金使皆笑。翌旦，車駕再詣金營。先是，門下侍郎耿南仲既走相州，而同知樞密院事聶昌爲絳人所殺，去年閏月癸卯。朝廷遣中書侍郎陳過庭割河東北地。閏月丙寅。宰執見在者，惟何㮚、曹輔與尚書左丞馮澥、同知樞密院事孫傅、簽書樞密院事張叔夜。至是，㮚、澥、輔從行，乃以傅兼太子少傅，輔皇太子諶監國。叔夜時彈壓於外，不與謀，遇於太學前，叩馬諫。帝曰：「朕爲生靈，勢不得已。」即策馬行。叔夜控其勒，不能止，則號慟再拜，帝猶回首，字之曰：「嵇仲努力。」遂行。衆皆哭。革，開封人，國初樞密使延祚七世孫[67]；過庭，山陰人；澥，安岳人；傅，東海人；叔夜，耆曾孫也。耆，開封人，天聖中樞密使[68]。日晚，命內侍邵成章衛太子赴宣德門，自是並稱制行事。傳雱建炎通問録：「館伴李侗嘗云：京城初下，二太子曾與國相商量，自古北兵到南朝，未嘗不破其國，携其主而歸，此只是兵强而已，德不足也。孰若立其主，刻大碑於梁宋間，使天下後世知行兵有名，且不絶人後，亦使南兵自此數百年不敢動，這個功績甚大。他日若趙氏自立，即更無立主一段恩義。國相遂然其説，差監軍悟室送少帝入城。悟室辭免，不曾入去。後來其議復變，却稱國家事大，不可不爲長久之計。二太子亦曾力争，言不惟無一段恩義，兼恐兵端未已。然累日商議不成，遂從悟室郎君之言。」臣按斡離布於本朝素號有善意。侗所云理或有之，他書皆不見，今略采掇，附淵聖再出城時，以補史闕。命閤門宣贊舍人符彬持詔書詣北道總管司，諭河北軍民。自金再圍城，四方師帥望風不進。時敵以兵五萬守潼關，扼西兵來路。陝西制置使錢蓋乃將十萬衆由商虢而東至潁昌，去年十二月己卯。聞敵登城，遂棄軍奔湖北。江淮等路發運使兼江浙福建經制使翁彦國亦將東南六路兵與峒丁槍仗手合數萬人，徘徊泗上。始議置四道都總管，俾召天下兵勤王，惟南道張叔夜以三萬人援京師，因留不去。閏十一月己丑。東道胡直孺爲金生得，既而歸之。十一月丁丑。西道王襄棄河南，走襄漢。去年閏月。北道趙野自大名亂後，提其兵往南京，與河東北宣撫使范訥合，自號宣總司。淵聖皇帝奪野職，提舉西京嵩山崇福宮。十一月丙戌。而以河北都轉運使張慤爲延康殿學士、大名尹。至是，將出城，遣彬持詔至北道總管司，略曰：「金人圍城已及一季，援兵尚爾稽遲，使社稷生靈坐以待盡。比已登城，不獲已，許帝姬和親，立大河爲界，而金人實未斂兵，欲質我太上皇帝，又欲使朕南遷。咨爾河北之民，與其陷於蕃敵，孰若抱孝懷忠，更相推立總首，保守疆土，天下安平，與汝等分土共享？朕言及此，痛若碎首。」實録無「和親」至「南遷」等語，蓋節文，今依宗澤遺事增入。蓋，惟演曾孫；惟演，吴越王子，仁宗朝樞密使。彦國，崇安人；直孺，南昌人；襄，南陽人；野、訥，皆開封人也。是夕，帝留宿青城。實録李若水附傳云：「二月丙寅，敵謀中變。」按二帝北狩，乃金本謀。時驛召張邦昌，將使僭位，遲留彌月，蓋俟金主詔書之至也。附傳因若水失計而抆拭之耳。實録云：「金使高尚書者奏上云：『不必親出。』」而不言其名。按耿氏編，二帥與邦昌書有云「兵部尚書高慶裔」，即此人也。今增入。

9 辛丑，淵聖皇帝在青城，遣人通謁，二帥不見，禮數迥異於前。蕭慶風李若水留儀衛三百，命侍衛親軍馬軍副都指揮使郭仲荀統之。仲荀，逵孫也。逵，河南人，治平末同簽書樞密院事。於是鄆王楷、景王杞、濟王栩、祁王模、莘王植、徐王棣、沂王㮙、和王栻、信王榛等九人，與宰執何㮚、馮澥、曹輔，翰林學士承旨吴幵、學士莫儔、中書舍人權直學士院孫覿、禮部侍郎譚世勣、太常少卿汪藻皆留城外，餘悉令入城。幵，清流人；儔，歸安人；世勣，長沙人也。帝再幸青城也，舍於親王位，供帳蕭然，饋餉皆不至，羣臣相顧失色。於是敵人以數輩持兵守闔，謹誰何。日將入，掩闔外向，以鐵繩維之。然薪擊柝，傳呼達旦。帝不堪幽閉之辱，往往出涕。此據實録及宣和録、孫覿奏狀參修。

右文殿修撰、知冀州樂壽權邦彦以勤王兵千人至帥府，王命進屯澶淵。

10 壬寅，高陽關路安撫使黄潛善自將本路兵二萬五千人至東平，王軍益振。潛善，潛厚弟也。

軍賊祝進、王在攻德安府，通直郎、權府事陳規率軍民拒之。初，京城之破也，鎮海軍節度使劉延慶奪萬勝門，率班直長入祗候西兵萬餘人而出，皆護駕選鋒也。甫過普安院，爲金人所邀，延慶死。其徒李孝忠、党忠、祝進、薛廣、曹端、王在之徒，皆去爲盜。党忠、王在引衆數千犯隨州，守臣朝請郎陸德先亟遁，官吏居民悉走大洪山。在掠强壯爲兵，取其財而去。薛廣繼至，劫掠罄盡。廣又攻郢、復二州，守臣直龍圖閣舒舜舉、中大夫趙縱之亦遁。忠遂往來隨州、德安之間。先是，規知安陸縣，率民兵數千援京師，至蔡州，道梗不能達，還及境上。會祝進攻德安府，守臣李公濟遁，父老請規攝府事。規辟進士韓之美及寓居十餘人爲屬官，遣射士張立率民禦進，却之，人心稍固。時府城壞，規植竹編木，横門扉於上，代女牆以捍矢石而施守具焉。是日，王在遣人持檄諭規開門，規不答。翊日早，游騎至城下，與祝進軍合，又翊日，引衆攻城。規乃遣人出城縱火，佛舍與居民皆盡，懼其藏賊也。在又以砲石鵝車之屬進攻城東，規登樓問之曰：「何故至此？」在曰：「京城已破，我等皆爭門而出，所以至此。」德安人聞之，莫不墮淚。蓋時未知敵已登城也。規謂此皆詭辭亂語，叱退之。在圍城十有七日而去。自是党忠亦時復出没。張立者，規常用以出戰，後擢爲將官。德先，嘗爲御史中丞；規，安丘人；之美，安陸人也。熊克小曆云：「規，臨沂人，通判郢州，捍賊有勞。」誤也，今從規行狀。

11 癸卯，樞密院編修官胡珵以駕久不歸，爲書上左副元帥宗維[69]，略曰：「優禮我寡君，則康王懷恩；惠恤我都城，則河北慕義。」書凡千餘言。珵，晉陵人也。是日，太學諸生余覺民等數百人並詣南薰門，上書請車駕還內，朝廷恐生事，令樞密院轉遣彈壓官止之。

金遣兵百人衛司馬光墳。

12 甲辰，再括金銀。初，帝幸金營，約五日必還。至是，金以犒軍金帛未足爲詞，邀留不已。留守孫傅以民間所有已竭，乃取上皇旨，凡宗廟供器及諸王公主第盡括之。尚書省正月十三日奉御批，累見大金高尚書傳元帥台令，爲金銀表段數少，且拘留在此，俟見數足，方可放還。可速依下項，并仰據所有數目，明批上曆，限至十五已前送納。如有吝惜隱藏，却因搜檢告首發覺，便行軍令。時帝在齋宮無聊，何㮚奏宜賦詩以遣興，夜遣中使劉當時召孫覿賦即事詩，詩成賜酒，仍召馮澥、曹輔、吴幵、李若水、譚世勣、汪藻同賦，皆以歸、回二字爲韵。羣臣見帝意所在，不覺欷歔。此以孫覿奏狀、吕本中痛定録參修。本中又云：「上詩曰：『噬臍有愧平燕日，嘗膽無忘在莒時。』藻詩曰：『虜帳夢回驚日處，都城心切望雲時。』有以此達金，金帥及見『在莒』之句[70]，又斥其爲『虜帳』，因摭此爲名，遂遲留車駕。」按金人留駕，乃其素議。至是，始以金銀不足爲詞，非因此詩也。據覿所奏，當時亦不用時字韵，蓋本中得於傳聞。夏少曾朝野僉言云：「上在齋宮，高尚書、郭少傅與吴幵、孫覿等對上吟詩唱和。」恐高慶裔輩未必果能吟詩，今不取。

13 乙巳雪，籍梁師成家。支百官俸。

金人將易代，懼民不聽，欲以中原地擇人君之，度大臣無肯任者，乃議即軍中取前太宰張邦昌立之。始，邦昌既渡河，遥罷爲觀文殿大學士、中太一宫使。靖康元年二月己巳。城始破，金驛召邦昌於燕。至是，邦昌與肅王至城外。按邦昌上王書云：「臘月二十日還闕，正月十五日至城外。」乙巳，十五日也。耿氏編：「金人曉諭諸路節文云：『城破之後，驛召而至。』」是金人立邦昌之意已定於去冬矣。今參考修入。是日上元節，二帥即劉家寺張燈，宴設甚盛，凡景龍門所用金燈、瑠璃珠瓔、翠羽飛仙之屬皆取去。統制官吴革以駕久不回，請往軍前計議，不則死之，孫傅不許。趙甡之遺史云：「乙巳，金人於劉家寺放上元，請帝觀燈，宴設甚盛。有致語云：『七將渡河，潰萬屯之禁旅；八人登壘，摧千仞之堅城。』」宣和録云：「自帝蒙塵，二帥既不許見，日遣蕭慶須索城中物，脅帝傳旨取之。」此與甡之所云「請帝觀燈」不同，今並附此，當求他書參考。

14 丙午，降授通奉大夫劉韐死於金營。韐守真定，有威名，金人知之，欲用爲尚書僕射，許以家屬行。韐不可，手書片紙，遣使臣陳瓘持遺其子曰：「金人不以予爲有罪，而以予爲可用。夫忠臣不事二君，此予所以必死也。」乃沐浴更衣，酌巵酒，以衣絛自經於城南壽聖院，年六十一。中興，贈資政殿大學士，贈官在六月丁卯，今因其死節併書之，後準此。謚忠顯。中興姓氏録云：「京城陷，韐自縊而死。」誤也。靖康小雅劉韐篇云：「時金樞密使韓正年高，黏罕欲用公代之，公力辭，闔户自經。」此亦誤。按實録附傳，韓正時爲尚書僕射，不爲樞密使也。

太學生徐揆出見金帥，請車駕還宫，爲所殺。始，城中傳金人以張燈留上駕，燕罷即歸。至是不還，揆與諸生丁特起、汪若海、何烈等各爲書，欲遺二帥，留守司不許。揆獨詣南薰門，詭云獻金銀，守門者白之，俄遣騎取揆赴軍中。揆出其書，略曰：「曩者都城失守，民無一生之望。蒙再造之仁，圖報無地。況金銀外物，豈復有靳？第自去歲以來，根括殆盡，恐京邑之藏，不足以償抛降之目，雖以天子爲質，猶無益於事也。願元帥存始終之惠，反其君父，班師振旅，緩以時月，使求之四方，然後遣使入獻，則中國之人德元帥之仁，豈敢弭忘？」二帥見書詰難，揆厲聲抗論，爲所殺。揆，江山人，舉進士爲開封第一，待試省闈，遂逢國難。後贈宣教郎，官其家一人。實録附傳云：「揆詣南薰門，白守門者，乞達二帥，請車駕還闕。二帥遣騎取揆赴軍中詰難，揆厲聲抗論，爲所殺。」按遺史，揆始以詭敵得出，故敵怒而殺之。附傳删修，遂失其實。靖康小雅徐揆篇云：「駕再幸金營，被留未歸。君以太學生具書極諫，以謂爲元帥之計，莫若親宋，則大金獲無窮之利。苟吾君不歸，則中原必自此亂，亂則豪傑既出，豈大金之利哉？委曲千餘言，祈必歸吾君而後已。」此與附傳及遺史所載揆書全不同，今不取。特起，合肥人；若海，歙縣人；烈，潭州人也。

15 丁未，霧氣四塞，人對面不相視。敵下含輝門剽掠，焚五嶽觀。

16 戊申，留守司輦景靈宫供具納軍前，敵退太祖皇帝殿什物，令張設如初。宣和録。

初，高陽關路安撫使黃潛善至東平，見董耘除參議官，欲效之，謁康履，不遂，乃獻言於王，請貽書斡離布辯曲直，大略謂「捧登城不下之詔，今踰時矣。士大夫信大金之有義，而戰士憤大金之不還，萬一賈勇而前，有傷和好」。耿南仲恐敵得書，知王所在，力折之。此據耿延禧中興記。但延禧記南仲語有云：「自曹輔、張澂之歸，敵方以不見大王爲恨。」則恐誤。蓋澂此時未至澶淵，今不取。潛善怏怏，乞進兵興仁，王許之。是日，潛善發東平。時高陽關路馬步軍副總管楊惟忠、知霸州辛彦宗將所部與潛善偕來，會元帥府都統制陳淬戍澶淵，遂以惟忠爲元帥府都統制。惟忠，環州人，西戎部族；彦宗，長安人，故將叔獻從子也。

17 己酉，詔權住納金銀。徐夢莘北盟會編：壬子，「御批付徐秉哲：『打毬畢便還，金銀並限來日交納軍前盡絶。』」在此後三日，當考。敵從城中人買酒，軍民持溲水與之，敵怒。辛亥，開封府榜：「自今以諸雜物博易者，從軍法。」

18 壬子，軍民以車駕還延未回，詣留守司，請軍器以備緩急，不許。即相率私造。留守司慮其生事，得李寶等十七人戮於市，梟其首。

19 甲寅，陝西宣撫使范致虛以勤王兵次華州。初，西道都統王襄既南走，淵聖皇帝擢水部員外郎孫昭遠爲秘閣修撰、西道副總管。去年十一月乙亥。昭遠以三騎出國門，道招潰卒，得數百人，由南陽入商洛，遂至京兆。會陝西制置使錢蓋兵潰，致虚檄諸路合兵勤王，昭遠督之，詞氣慷慨，聞者感動。於是環慶經略使王似、熙河經略使王倚各以兵來會。而涇原經略使席貢、秦鳳經略使趙點、鄜延經略使張深皆不至。昭遠凡二十八疏劾之，貢竟不行。點亦纔遣將官李安領兵入援。秦州州學教授周良翰見點，責以京城危急，勸點自行，點不聽。致虛合六路兵，得十餘萬，以右武大夫成州團練使知西寧州馬昌祐統之。昌祐官職他書不見。按史，宣和六年五月，以右武成團除西寧州。建炎二年二月丙寅，自右武成團知西寧州，除熙河副總管，故知今爲此官也。先是，致虛在長安，繕兵爲守河計，河西沿流壁壘相望。致虛不曉軍事，往往取獻陳者利便，按文施設，州縣軍民不勝其擾。有萬花寺僧宗印者，孝義人，本姓趙，避亂過河中，題詩佛寺，守臣徽猷閣待制席益見而奇之，薦於致虛。致虛喜其口辯，善談兵，即以便宜假宗印中散大夫、直龍圖閣，充宣撫使參議官兼節制軍馬奇兵軍正，以統制官王偉等隸之。宗印請築長城，起潼關，迄龍門，雖致虛行移峻急，而上下皆不以爲是，築城及肩，應命而已。宗印以僧爲一隊，謂之尊勝隊，以行者爲一隊，謂之凈勝隊。致虛以大軍遵陸，而命宗印以舟師趨西京。天章閣待制、知同州唐重聞之，爲書遺致虛，爲言：「今日之事，可爲朝廷慮者三，可爲關中慮者五。」大率謂：「中都倚秦兵爲爪牙，諸夏恃京師爲根本。今京城圍久，人無鬬志，若五路之師逡巡未進，則所以爲爪牙者不足恃，而根本搖矣。然潰卒爲梗，禁谷通行，關中公私之積已盡，甲馬全無。又聞西夏侵掠鄜延，爲腹背患。今莫若移檄蜀帥及川陝四路使者[71]，輸財用，輦軍器，市戰馬，以資關中守禦之備，合秦蜀以衛王室。」初，京城既破，敵遣修武郎包某、閤門宣贊舍人董某持登城不下之詔，以止援師。致虛即斬之。重又遺致虛書，言和議已定，不當抗詔出師。致虛不聽，劉岑撰唐重墓誌云：「范致虛提六路兵勤王，留陝州不進。公自同州遺書責之，曰：『金人犯京師半年，王室存亡未可知，臣子憂國，宜何如哉？且京城以秦兵爲爪牙，四方以京城爲根本。今擁秦兵，坐視不前，是爪牙不足恃而根本搖矣。』其言累千，皆切至，讀者感涕，而致虛竟不能前也。」按此乃重第一書，謂可爲朝廷憂者三事，然其全書大指，則止致虛之行。岑斷章取之，蓋以抆拭其事，要非其實也。

京城二使不見於他書，此以重第二書增入。遂引而東。及是次華陰，軍勢大振。昭遠，抃曾孫；抃，眉山人，嘉祐參知政事。致虚，建陽人；似，安陽人；貢，河南人；深，華陰人；益，旦子；旦，河南人，故御史中丞。重，眉山人也。

20 乙卯，金人來索内侍、伶官、醫工、妓女，後苑作、文思院、修内司、將作監工匠，廣固搭材役卒、百工伎藝等，凡數千人。

初，元帥府統制官劉浩遣裨將承信郎丁順先渡河，爲金人所敗，聚衆三千人圍濟州。時汪伯彦等已有奉王居濟州意，中興日曆載伯彦議討李昱事云：「濟州姑存，大元帥駐泊之地，豈容殘破？」蓋伯彦引軍而東之意，久已先定，今參取附見。乃以順爲武翼大夫閤門宣贊舍人，將其兵屯廣濟軍，受黄潛善節制。

是日，大雪數尺，京城死者甚衆。

21 丙辰，金人來索法駕仗衛，自帝蒙塵，二帥日遣蕭慶須索城中物，脅帝傳旨取之。至是殆盡，又遣鴻臚卿康執權、秘書省校書郎劉才邵、國子博士熊彦詩等，押監書及道釋經板、館閣圖籍納敵營。執權，開封人；才邵，廬陵人；彦詩，本孫也。本，鄱陽人，元豐吏部侍郎。徐夢莘北盟會編：「癸未[72]，御批付徐秉哲：『朕於土床之上睡者，凡二十餘日矣，不敢憚勞，凡有所須，卿等且竭力應副。』」今附見此，實録無之。龍圖閣待制、鄜延路經略安撫使張深以勤王兵八千餘人發延安。

22 丁巳，太學諸生爲書，欲詣軍前，不得進。淵聖皇帝以手札諭都人云：「此事豈口舌所能下？」

金人取内庫香藥犀象、司天監陰陽官、大晟樂工等。

初，左副元帥宗維聞王在開德，遣甲士與中書舍人張澂持詔召王。戊午，至澶淵。副元帥宗澤怒，命壯士射之，澂乃去。澂，舒城人也。

濮州民兵首領王善以其兵千人隸帥府，王命進屯興仁。

兖賊李昱、張遇破任城縣，勢甚張。元帥府遣中軍統制張俊討之，俊至任城[73]，遇伏幾殆，小校趙密連射數賊，統制苗傅扼其前，遂大敗之，斬千餘級。密，太原人也。

23 己未，金人索朝服祭器、尚方藥餌，下至博奕之具，車載而往者，不可勝計。

24 庚申，金人索九鼎八寶、天下圖籍、本朝開國登位赦書、西夏進貢書本。於是皇帝殿玉寶十四、金寶九、皇后皇太子妃金寶印各一，盡予之。靖康要盟録云：「金人又取皇帝殿白玉之寶十四，承天休延萬億永無極，一也。受命於天，既壽永昌，二也。天子之寶，三也。天子行寶，四也。天子信寶，五也。皇帝之寶，六也。皇帝行寶，七也。皇帝信寶，八也。御書之寶，九也。御書之印，十也。無字寶，十一也。皇帝恭膺天命之寶，十二也。宣和御筆之寶，十三也。又皇帝恭膺天命之寶，十四也。青玉之寶二，其一傳國寶，其二受命於天，既壽永昌，所謂秦璽者。金寶九，御前之寶一，宣和殿寶二，御書之寶三，天下同文之寶四，天下合同之寶五，又御前之寶六，御前錫賜之寶七，書詔之寶八，皇帝欽崇國祀之寶九。銀印一，尚書内省出納之印。皇后殿金印一，皇后之寶。太子殿金印一，皇太子寶。太子妃金印一，太子妃印。」惟上皇所作定命寶在。

校勘記

① 故依資治通鑑及累朝實録歲中改元例　「故」，中華書局重印國學基本叢書本（以下簡稱叢書本）作「改」。「歲」，叢書本作

「載」。此小注，原在「春正月」之後，今據上海圖書館藏清抄本改置於此。此類書法，蓋四庫館臣所改，全書甚多。

②金人入犯　「犯」，原本作「侵」。按：叢書本較接近原文，故改從之。

③張匯節要　本卷下文有「今依張匯節要進本例」語，清抄本作阿禄祖節要。按：節要一書，三朝北盟會編卷首書目作金虜節要，「金虜」二字爲清人所諱，遂删之。今因無版本依據，故不回改。

④阿骨打爲帝　「阿骨打」，原作「阿古達」，據本書所附金人地名考證回改，下同，不另出校。

⑤以本土阿禄祖爲國號　「阿禄祖」，原作「愛新」，叢書本同，金人地名考證作「阿辛」，此據清抄本改。按：金史卷二四地理志上：「上京路即海古之地，金之舊土也。國言金曰按出虎，以按出虎水源於此，故名金源。」四庫本金史改「按出虎」爲「愛新」。

⑥在漢稱挹婁南北之間稱勿吉隋唐稱靺鞨　「挹婁」，原作「伊掄」；「勿吉」，原作「和奇」；「靺鞨」原作「默爾赫」。應即後漢書卷一一五東夷傳之「挹婁」，魏書卷一〇〇勿吉傳之「勿吉」，金史卷一世紀之「靺鞨」。金人地名考證未載原名。李心傳作高宗中興史，不應用清人所改之名，故從三史及三朝北盟會編卷三改。

⑦女真完顔旻始叛　「始叛」，原作「起兵」，據叢書本改。

⑧爲字不成　此句後原有按語：「宋法，嫌名皆避。欽宗諱桓，故完字亦闕末筆。今已全寫本字，則此注爲贅，然原本所有，姑存其舊。」此諸語非原文，乃四庫館臣所注，今删。

⑨後女真衆酋結盟　「酋」，原作「人」，據清抄本改。

⑩「女真始祖揹浦」至「侍中韓企先訓名曰旻」，「揹浦」，原作「堪布」，即金史卷一世紀之「函普」。「阿觸胡」，原作「安春」，叢

書本同，即金史之「按出虎」。「兀古達」，叢書本作「阿古達」，即金史之「阿骨打」。今據清抄本、三朝北盟會編卷一八所引神麓記原文改。

⑪ 三人皆身至虜廷　「虜」，原作「金」，據叢書本改。

⑫ 自「鍾邦直舊帳行程録」至「而又易爲旻耶」　此一大段文字，爲四庫本竄亂刪除甚多，不如叢書本尚保存原書面貌，如「虜」、「戎」字皆爲原狀，故改從叢書本。而此大段之後，原本有四庫本按語：「按金太祖名阿固達，今已譯定。李心傳不知漢文錯互由於譯音之訛舛，復加辨訂，實屬支贅。但原注乃臚考異同之文，未可概加改正，姑仍其舊。後倣此。」因阿骨打三字已回復舊本，故刪。

⑬ 遠事不可詳姑附此以竢續考　以上十二字，各本俱闕，據清抄本補。

⑭ 宦者武康軍節度童貫持命使遼　「持」，叢書本作「特」。

⑮ 植自雄州來奔　「雄」，叢書本作「雍」。宋史卷四七二趙良嗣傳謂「政和初，童貫出使，道盧溝，植夜見其侍史，自言有滅燕之策，因得謁童貫，與語大奇之，載與歸」。雄州在燕京南，故云。而雍州則在陝西，太平寰宇記卷二五關西道：「雍州京兆郡，今理長安、萬年二縣。」

⑯ 鄭昺卮史云　「卮」原作「危」，據叢書本改。「昺」又作「昂」。按：曾敏行獨醒雜志卷五「燕山招納之舉多出於蔡攸」條自注：「鄭昺卮史作『老慣人間不解愁，愁身帷幄若爲籌』。昺，京之客，宜得其真。」同書卷八予嘗傳登瀛圖本條謂：「嘗見鄭昺彦明所賦長句。」

⑰ 謂雖已到彼薊州界　「薊」，原誤作「蘇」，據叢書本改。

⑱ 字犯御名今改後準此　此後原有四庫館臣按語：「『廣』字今俱改從原名『擴』字，而原注姑存其舊。」此注爲四庫館臣所加，今删，而保留所改原名「擴」字以方便讀者。按：擴爲宋寧宗諱。李心傳著書於寧宗在位之時，故涉及「擴」字，不能闕末筆以避，而改爲「廣」。

⑲ 已見建隆以來繫年要録者　「隆」，叢書本作「炎」。按：陶節夫既仕宣和間，其姓名事跡并不見本書，故四庫本作「隆」爲是。按：所謂建隆以來繫年要録者，此殆李心傳計劃中擬作之書，其中必涉及節夫之事，故先於此處書之。

⑳ 北事只我了得他人做着必鑿脱　「北」，叢書本作「此」；「做着」，叢書本作「造著」。

㉑ 遣良嗣與其臣斯剌曷魯以國書來　「斯剌曷魯」，原作「錫琳赫嚕」。金史卷二太祖紀：「天輔三年，復遣孛堇斯剌曷魯等如宋。」三朝北盟會編卷四作「斯剌習魯」。今據金史改。又，中華點校本金史卷二太祖紀辭列、曷魯作二人，恐誤。下同。

㉒ 遼上京路副統耶律餘覩以讒得罪　「餘覩」，原作「伊都」，據本書金人地名考證所載原名改。下同，不另出校。

㉓ 與此異　以下原有按語：「按伊都名今改正，姑存原注。」今删。

㉔ 當考　二字原闕，據清抄本補。

㉕ 與西都統林牙耶律大石遇　「大石」，原作「達實」，據本書金人地名考證改。下同。此名之後原載四庫本按語：「按耶律達實名今改正，姑存原注。」今删。又，三朝北盟會編卷七：「燕王遣使王子班耶律大石林牙充西南路都統。」此西都統或闕「南路」二字。

㉖ 松漠記聞作大實林牙按諸書多用此石字今從之　此小注原作「大石一作大實」，據清抄本改。

㉗ 遣通議使烏歇高慶裔來議夾攻　「歇」，原作「色」，叢書本同。據清抄本改。

㉘ 貫使藥師道諸將以輕騎襲燕　「道」，叢書本作「師道」。按：宋史卷二二徽宗紀四謂宣和四年十月己酉，「郭藥師與高世宣、楊可世等襲燕」。無關師道事，「道」意當爲「導」。

㉙ 金主先遣國信使李靖計議使烏陵撒母來　「烏陵撒母」，原作「烏凌阿色呼美」，據金人地名考證改。下同。

㉚ 曹勛北狩聞見録作張玨　「曹勛」、「聞見」，原闕，據叢書本補。

㉛ 國史及諸書多作此覺字　底本、叢書本作「諸書多作覺」，據清抄本改補。

㉜ 今從張匯節要　此下原有按語：「按色呼美名今改正，姑存原注。」今刪。

㉝ 梁師成從中秉權　「從中」，此二字前原有「萬」字，按：梁師成權盛時無萬從中之人，知「萬」爲衍字，徑刪。

㉞ 其國相宗維遥册旻弟吴乞買爲帝　「宗維」，金史作宗翰，即黏罕是也。李心傳誤作宗維，金史無此人。然原文既誤作此字，故本書一仍舊文，不做回改。「吴乞買」，原作「烏奇邁」，據金人地名考證改。下同。

㉟ 旻伯父劾闍孫黏罕也　「劾闍」，原作「和卓」，據三朝北盟會編卷一八改。「黏罕」，原作「尼瑪哈」，據本書金人地名考證改。下同，不另出校。

㊱ 則宗幹決非黏罕名張棣金志云黏罕爲撒改子恐亦不然今從苗耀神麓記　「撒改」，原作「薩哈」，據金人地名考證改。此後按語爲四庫館臣所加：「金太宗名烏奇邁，及尼瑪哈名今改正，姑存原注。」逕刪。按：黏罕漢名爲宗翰，見於金史。宗幹爲金太祖庶長子名，固非宗翰。翰與幹音近，故李心傳力辨宗幹非黏罕，却不知宗翰即其名，而謂其名宗維。其誤殊甚。以本書原文皆如此，故不改宗維之名。

㊲ 遣孛堇婁宿擊而俘之　「孛堇婁宿」，原作「貝勒羅索」，據金人地名考證改，下同。

㊳ 蓋因馬擴自叙及汪藻背盟録所記兀朮獻捷年月　「兀朮」，原作「烏珠」，據金人地名考證改，下同。

㊴ 今不取　此下原有四庫館臣按語：「案：文獻通考：『北征紀實二卷，蔡絛撰。』此書或作紀録，或作紀實，今俱改從通考，以歸畫一。」

㊵ 本節注文中，「大實」，即「大石」。四庫原本作「達實」，叢書本作「達錫」，此據洪皓松漠紀聞改。「深入沙子」，原作「入商安」，清抄本作「深入沙十」，「十」當爲「子」之誤。紀聞原即作「深入沙子」，據改。「商安」意義不明。

㊶ 晟之從子誤音悟室　「悟室」，原作「烏舍」，據金人地名考證及小注改。叢書本作「固新」。「誤音」二字原闕，據清抄本補。

㊷ 名曰悟生乃三十也今從之　此後原有四庫按語：「烏舍名今已改正，姑存原注。」今删。又，「生」，原作「室」，據清抄本改。

㊸ 虜益兵雲中　「虜」，原作「金」，據清抄本改。

㊹ 頗經營南寇　「寇」，原作「犯」，據清抄本改。

㊺ 黏罕寇邊在十二月内　「寇」，原作「犯」，「内」原闕，據清抄本改補。

㊻ 都經略處置使宗傑自檀州入河北　「宗傑」，應即金史之「宗望」，女真名斡離布。李心傳誤作宗傑。下同，此係作者之誤，故一仍舊文不改。

㊼ 小注中二「斡離不」原闕，據清抄本補。

㊽ 旻仲子斡離不　「斡離不」，原作「斡里雅布」，據金人地名考證改，下同。

㊾ 按宗望乃撻懶子　「撻懶」，原作「達蘭」，據金人地名考證改，下同。謂宗望乃撻懶子，此語亦誤。

㊿ 按敵上淵聖書用此三字今從實録　此後原有四庫按語：「斡里雅布名今改正，姑存原注。」今删。又，「敵」，原作「金」，「實

錄」原作「之」，據清抄本改。

(51) 太宰河内李邦彦亟請如虜約以紓禍　「虜」，原作「敵」，據清抄本改。

(52) 京畿等路宣撫司都統制隴干姚平仲夜以西兵萬人襲虜寨，「虜」，原作「敵」，據清抄本改。

(53) 以謝虜　「虜」，原作「敵」，據清抄本改。

(54) 當考　原闕，據清抄本補。

(55) 本段注文中之「雜書」、「襍記」、「襍書」，底本原文如此。

(56) 誣奏雲奉使賣國　「雲」，原作「澤」，此處謂宗澤誣奏王雲，故據改。

(57) 右副元帥宗傑犯京師　「犯」，原作「至」，據叢書本改。下閏月「副元帥宗維犯京師」同此。

(58) 此祖宗涵養之裕　「裕」，原作「俗」，據叢書本改。下同。

(59) 編於太上中興日曆　「興」，原作「天」，叢書本同。汪伯彦有中興日曆五卷，見宋史卷四七三汪伯彦傳，據改。

(60) 名與上同音今以字行　「今以字行」，原闕，據叢書本補。此後原有四庫按語：「史名遘。」今删。按，宋史卷四四七陳遘傳：「陳遘字亨伯，其先自江寧徙永州，登進士第。」

(61) 淵聖召覲面諭曰朕歸心如飛煩卿草一表不可辭　此數語原闕，據叢書本補。「可」，原作「予」，據清抄本改。

(62) 汪伯彦以李固渡賊壘可虞　「賊」，原作「敵」，據叢書本、清抄本改。

(63) 澤自遣其將秦光弼等領兵趨渡　「趨」，原作「走」，據叢書本、清抄本改。

(64) 王麟爲先鋒　「王麟」，原作「應王」，不通，據叢書本改。下同。

⑥⑤ 女真狂譎事勢如此　「狂譎」，原作「破城」，據叢書本改。

⑥⑥ 蓋據中謹所云　「謹」，原誤作「興」，據叢書本改。

⑥⑦ 國初樞密使延祚七世孫　「延」，吴延祚之名，宋史卷二五七本傳作「延」，續資治通鑑長編及他書或作「延」，或作「廷」。故據而不改。

⑥⑧ 天聖中樞密使　「使」，原作「相」，據叢書本改。

⑥⑨ 爲書上左副元帥宗維　「左」，原作「右」，據本書前文多處及宋史卷三七一王倫傳改。

⑦⓪ 有以此達金金帥及見在莒之句　「金金」，原作「敵」。「及」，原作「敵」，據清抄本改。

⑦① 今莫若移檄蜀帥及川陝四路使者　「川陝四路」，武英殿本宋史卷四四七唐重傳作「川陝西路」，中華書局點校本改作「川峽四路」。作「四路」不誤，作「川峽」則甚誤，又不云所據爲何。峽州屬荆湖北路，與川陝無涉。

⑦② 癸未　四庫全書文淵閣本三朝北盟會編卷七七作「二十三日癸丑」。

⑦③ 後至任城　「後」，原作「後」，據叢書本改。

建炎以來繫年要録卷二

1 建炎元年二月按是月辛酉朔。壬戌，金人索后妃服、渾天儀、琉璃、玉器等。

2 乙丑，再括金銀。時開封言，根括金銀盡絶。而内侍藍忻等在軍前言，家有窖藏，乞搜取。二帥大怒。進士黄時偁、段光遠遺金人書，言忻等皆前日倖濫渠魁，今挾怨生事，罪不可赦，宜斬首以徇。又言不當以金帛久留乘輿。不報。時偁等書，實録無之，以趙甡之遺史、王明清揮麈後録增入。但遺史係光遠上書於正月丙午，恐太早，今併附見。

鄜延經略使張深引兵次朝邑縣。先是，本路副總管、威武軍承宣使劉光世將步騎三千援京師，至唐鄧間，道梗不得進，聞范致虚傳檄諸路，光世與其將喬仲福等議引兵會之。會淵聖皇帝遣使臣黄深持御札，以和議已定，止勤王兵。光世曰：「不可以詔示衆，宜速圖進發。」既而潰兵踵至，具聞城中事，衆心惶惑。光世矯以蕃官山嘍來自京城①，云二聖決圍南幸矣。乃遣使臣葛宗賁密奏往荆襄江浙間尋二聖所在，衆情稍安。光世因引兵入關。及是，與深會。光世，延慶子也。此以趙甡之遺史及李觀靖康勤王紀行録參修。

是日，淵聖皇帝赴二帥擊毬之集。何㮚、馮澥、曹輔、郭仲荀從。帝爲主，左副元帥宗維爲客，酒九行，帝起謝曰：「某久留軍前，都人顒望，欲乞早歸。」宗維問：「帝去，將何之？」帝失色，不復言。罷歸，右副元帥宗傑聯騎至行宫門外，曰：「天命如此，無可奈何。」帝悵然不怡，而㮚亦有憂色。

3 丙寅，金左副元帥宗維傳其主之命，議立異姓。平旦，遣蕭慶邀淵聖皇帝詣端誠殿，從官皆喜，謂果得歸矣。才出門，忽有撤黄屋者，衆方驚愕，洎至門外，則已望北設一香案，隨駕官於百步外排立，帝獨前下馬。已上據宣和録。兵部尚書高慶裔宣金主晟詔書，其書略曰：「賂河外之三城，既而不與；結軍前之二使，本以間爲。既爲待罪之人，盍爲異姓之事？所有措置條件，並已宣諭元帥府施行。」慶裔讀詔已，慶迫帝易御服。實録李若水附傳云「敵遣蕭太師」，即慶也。李若水事跡云：「武節郎張玠説，圍城中作横門，第二次從駕出郊，親見黏罕先在殿上，高尚書讀詔罷，詔使蕭慶脱御服。侍郎向前，左手抱帝，右手指而罵之。」丁特起孤臣泣血録云：「金人迫上脱去赭袍，盡皆擰裂。」蔡絛國史後補所謂「國家破辱皆在端誠殿」，即指此也。金主詔本見於耿氏編，今不録。時事出不意，㮚等皆震懼不知所爲。吏部侍郎李若水獨前，持帝曰：「陛下不可易服。」敵命數人曳以去，復大呼曰：「吾君華夏真主，若輩欲加無禮耶？」敵擊之，面目爲傷。若水氣結仆地，良久乃蘇。於是每執政監以二金兵，每侍從監以二燕兵，各分散，獨留鐵騎數十，傳宗維令曰：「必使李侍郎無恙。」遂掖至青城門廡下，日三飯飲之。若水絶不食，病如中風狀。㮚亦伏地固請，敵怒囚之。若水母張氏聞變，哭且言曰：「吾子死難必矣。」已而果然。沈良靖康餘録云：「二月六日夜半，宗維請上相見，何㮚、李若水、孫覿並從，火炬如晝。宗維令人宣金主僞詔，㮚、若水伏地固争，㮚雖争而不罵，乃髠之。覿不争，得免。」靖康野録云：「若水抱持上，罵賊不已②，黏罕令持若水去，生褫碎以爲號令，囚何㮚於土堀中數日。」按：若水被殺在半月之後，野録誤也。何㮚伏地被髠，本傳及他書皆不見。然金人立主詔云：「惟何㮚、李若水不許與議。」則二人同争必矣。何烈靖康草史亦云：「何㮚髠鉗，爲女真營軍校。」足明㮚得禍亦酷，但不能强争耳，今併附見。

是日，夜漏下二鼓，金人以檄來議立異姓，且令遷都。詔書略云：「宋之舊封，理宜混一。然念舉兵本非貪土，請前宋在京臣僚一面請上皇併后妃兒女、親眷王公之屬出京，仍集耆老、軍民共議，薦舉堪爲人主者一人，不限名位高卑，所貴道德隆茂，衆所推服，長於治民者，從軍前備禮册命。」淵聖皇帝亦附手札，略云：「今於元帥府拜受大金皇帝詔書，以屢變盟誓，别立異姓。自惟失信，固當如此。猶許舊地，别立賢人。其於萬姓，爲幸非細。幸早請上皇以下舉族出京，無拘舊分，妄爲禍福，速招連累。」時執政侍從集内東門，見敵書，讀之皆號哭。兵部尚書吕好問曰：「今計無所出，但當率衆懇告耳。若其不從，上皇出城亦未遲也。」入内内侍省都知李石出帝手札，好問曰：「此乃不得已而書也。」夜半不能決。

初，左副元帥宗維與諸軍帥議，欲留蕭慶居汴京，以守河南地。慶不敢當，衆又推漢軍都統制劉彦宗，彦宗亦不敢當。右副元帥宗傑語於衆曰：「他日趙氏必復興，今吾務廣地，而兵力不能周，是自貽患也，不若以河爲界。」宗維是之，遂有就城中别擇賢人之議。此據傅雱通問録附見。好問，希哲子也。希哲，公著子，元祐崇政殿説書。

僞楚録載金檄云：「大金元帥府近以降表申奏，今回降旨：『先皇帝有大造於宋人，而宋人悖德，故去歲有問罪之師。乃因遣使軍前祈請，遂許自新。既而變渝愈速，是致攻討。擊城摧破，方申待罪之禮。況近尋載書，有違斯約，子孫不紹，社稷傾危。今既伏罪，宜從誓約。宋之舊封，頗亦廣袤。既爲我有，理宜混一。然念舉師止爲弔伐，本非貪土。宜别擇賢人，立爲藩屏，以王兹土。其汴都人民，願隨主遷居者聽。』右所降聖旨在前，今請宋宰相、文武百官、在京臣寮，一面共請上皇以下后妃兒女、親眷王公之屬出京，仍勾集耆老、僧道、軍民，遵依聖旨，共議薦舉堪爲人主者一人。不限名位尊卑，所貴道德隆茂，勳業耆舊，素爲衆所推服，長於治民者。雖無衆善，有一於此，亦合薦舉。當依聖旨，備禮册命。趙氏宗人不預此議。應宋之百司，並事新君，其國候得姓氏，隨册建號，所都之地，臨日共議。天會五年二月六日，右金吾衛上將軍右都監押，右監軍押，王子右副元帥押，移賚勃極烈左副元帥押③，諳班勃極烈都元帥押④。」臣家圍城雜書載此手札云：「『今月六日，於元帥府拜受大金皇帝詔書，以屢變盟誓，別立異姓。仍依聖旨，專俟上皇以下后妃諸王公主以次内族出京，俾令團聚。自惟失信，固當如此。猶許舊地，別立賢人。其於萬姓，爲幸非細。今因元帥府差人賫文字入城，附此誠意，幸爲曉悉。早請上皇已下舉族出京外，諸事並從元帥府指揮，方是長計。無拘舊分，妄爲禍福，速招連累。』右備録皇帝御書在前，今曉示官員耆老等，各令知悉。二月七日。」按此手札，丁特起泣血録中亦有之。邦昌上康邸書亦云「尋奉御筆，令依元帥指揮」云云，蓋指此也⑤。

4 丁卯，道君太上皇帝出詣金營。時敵令翰林學士承旨吴幵、學士莫儔邀上皇出郊。上皇疑不聽，敵以其事付京城四壁巡檢温州觀察使范瓊。平旦，金人大啓南薰門，鐵騎極望，闔門而陳。瓊與幵、儔及内侍李石偕至延福宫，請上皇與寧德皇后同詣軍前懇告。上皇未應，瓊以言逼之，遂御犢車出宫。至南薰門，敵自甕城以鐵騎擁之而去，都人望之皆慟哭。此以欽宗實録及宣和録、幼老春秋、三國謀謨録參修。曹勛所進北狩聞見録云：「徽宗在蘂珠宫，李石、吴幵、莫儔入見，石奏請到南薰門徽舍拜表，乞皇帝歸。聞金人意欲成本朝一段懇情，亦無他意。石又道淵聖語云：『不可緩，恐失事機。』徽宗欲索道服出，姜堯臣曰：『敵情詐僞不測，更宜聖裁。』徽宗將行，内人皆哭。徽宗曰：『若以我爲質，得官家歸保宗社，亦無所辭。』又取常所御佩刀，令丁孚佩之，乃出。至南薰，徽宗頓足輿中曰：『事乖變矣。』呼孚取佩刀，已被敵人搜去。申初到南郊齋宫，止於大王位，從人皆不許隨。後三日，惟呼勛、孚、堯臣、徐中立在左右。」幼老春秋云：「吴幵、莫儔持元帥府文字入城，見孫傅、王時雍、徐秉哲，謂之曰：『軍前有旨，如上皇已下申時不出，即縱兵四面入來殺人。』傅與時雍徑見太上皇，乞與諸王后妃詣軍前懇告。上皇未應，范瓊以言逼之，上皇涕泗横流，不得已，乃乘竹轎而出。」按諸書，孫傅未嘗見上皇，此所云恐誤。然傅畫一狀亦云：「太上皇已下不敢有違令旨，見起發赴軍前，同伸懇告。」則傅亦必預聞矣。今併附此，庶不失實。

時肅王樞已出質，鄆王楷等九人從淵聖皇帝在青城，於是安康郡王楃、相國公梃、瀛國公樾、建安郡王楧、嘉國公椅、温國公棟、儀國公桐、昌國公柄、潤國公樅等九人，及龍德宫王貴妃、喬貴妃、韋賢妃、王婉容、閤婉容、任婉容、王婕妤、喬婕妤、小王婕妤、崔夫人、康王夫人邢氏，與諸王夫人、帝姬，曁上皇十四孫皆出。靖康要盟録有取宗族數云：「鄆王并夫人朱氏，男二人，女宗姬六人；肅王夫人任氏，男二人，女宗姬二人；景王夫人田氏，女宗姬二人；濟王并夫人曹氏；康王不在京，夫人邢氏；祁王并夫人曹氏；莘王并夫人嚴氏；徐王并夫人王氏；沂王、和王、信王，已上係蕃衍宅未出閤郡王。國公十人，係在諸閤分。已出降嘉德帝姬，都尉曹寅；安德帝姬，都尉宋邦光；崇德帝姬，都尉曹晟，出使；茂德帝姬，都尉蔡鞗，押赴軍前；成德帝姬，都尉向子房；洵德帝姬，都尉田丕；順德帝姬，都尉向子扆；顯德帝姬，都尉劉文彦。未出降華福帝姬、惠福帝姬、令福帝姬、純福帝姬、寧福帝姬、永福帝姬、柔福帝姬。諸妃嬪。」欽宗實録云：「上皇詣青城，鄆王已下三十餘王皆從。」誤也。按九王正月辛丑已留青城，從上皇出者，乃未出閤諸王耳。上皇三十一子，自淵聖、肅王、康王及先已薨外，亦不應有三十餘人，實録甚誤。賢妃，開封人；邢氏，祥符人，朝請郎瓊女也。

日將午，父老邀上皇不及，道逢燕王俁、越王偲，哭而邀之。燕王泣曰：「金人欲之，將安所避？」民曰：「願與王俱死，若何？」開封尹永嘉徐秉哲捕斬爲首者，益兵衛上皇出南薰門。左副元帥宗維令其禮部侍郎劉思易御服。靖康忠臣第二番語録云：「二月六日，金人令蕭慶、劉思脱二帝龍袍。李若水擁抱徽宗，王履擁抱淵聖，令不得脱。」按上皇出京在蕭慶宣詔之次日，時若水等已被囚，語録誤也。王履事迹云：「履隨行翰林司兵士鄭福歸云：『當月初六日，讀了金人詔，黏罕令蕭太師、劉尚書脱二帝龍衣。是時，觀察抱定少帝，令蕃人不得近前。』」此得其實，但誤以兩事爲一日耳。今略删潤，令不牴牾。靖康要録云：「上皇初到青城，黏罕、斡里布坐於端誠殿，上皇東向，黏罕南向，斡里布西向，聞上皇玉音甚厲：『汝稱先皇帝有大造於宋，反是我有大造於汝也。若大遼伐我，當所甘心。汝去年興師，吾傳位與嗣君，遂割地犒軍，汝等乃還。今興兵稱嗣君失信，汝等曾記誓書否？汝不自言，乃蕭慶、王汭等教汝曹爲之，可呼蕭慶等來，與我面證，吾豈畏一死？』二帥皆無言，蕭慶等亦皆不出。少頃，上皇起行東廊，見上，扶上皇，號泣久之。上皇謂上曰：『汝若聽老夫之言，不遭今日之禍。』蓋上皇初欲與帝出幸，何㮚苦諫乃止。」此所云，諸書皆無之，今且附見。

初，敵遣玗、儔邀上皇出，并取諸王。留守孫傅欲匿不遣，玗示以真定府路走馬承受宦者鄧述等所供名字，乃盡發焉。獨恭福帝姬才周晬，不爲敵所知，與賢德懿行大長帝姬、淑慎長帝姬不與遣。燕、越王，神宗子；二帝姬，仁宗、哲宗女也。廣平郡王楗，年十六，給使何義奉楗及乳母隱民間。後數日，敵檄徐秉哲取之，楗遂不免。此據汴都記及何烈草史。二書皆稱韓國公而無名。臣謹按，四朝國史：「韓國公楗，靖康元年封廣平郡王。」蓋進封月日淺，故都人但以韓國呼之耳。草史又云：「公與阿保同日被害。」則恐不然。按靖康皇族數，似是紹興十二年太母南歸日，隨行内侍所具云：「廣平郡王見在。」足明楗未嘗爲金人所害也，今不取。瓊，開封人，自卒伍補官，屢平河北山東諸盜，金人入寇⑥，瓊以所部援京師，因留不去，至是，遽爲敵用。

是日，同知樞密院事孫傅率文武百寮、僧道、耆老爲畫一狀詣軍前云：「準大金皇帝指揮，傅等聞命震越，義當即死。然念世被本朝德澤至深至厚，嗣君皇帝親政才及朞年，恭儉憂勤，無所不至，遽蒙廢絶，實非臣子所敢聞知。謹忍死陳詞，上干台聽：一、太上皇已下不敢有違令旨，見起發赴軍前，同伸懇告。一、嗣君即位以來，並無失德，惟是失信一事，上累譴訶。蓋緣觀政之初爲謀臣所誤，繼已盡行竄責。顯是嗣君悔悟前失，非有他心。一、嗣君在東宫即有德譽，比既即位，中外歸仰。今若未加廢絶，尚可以歲修臣事之儀，如抛降金銀表段之數，雖日下未能數足，將來下外路取索，分歲貢納，實爲大金無窮之利。若一旦廢棄，遂同匹夫，雖有報恩之心，何緣自效？一、伏詳來旨，令別擇賢人以主茲土，許汴都人民隨主遷居，具見仁慈存恤之至。據今中外異姓，實未有堪充選舉者。若倉卒册立，四方必不伏從，緣此兵連禍結，卒無休息之期，非所以上副元帥愛惜生靈之意。一、今日之事，生殺予奪，全在元帥。雖大金皇帝詔有廢立，然將在軍，君命有所不受。則閫外之事，元帥可專行。一、汴京兩經根索，公私所有，各已罄竭。顯見將來難以立國，乞班師之後，退守偏方，以備藩屏。如蒙大恩，特許嗣君已廢復立，所有稱呼位號，一聽指揮。」敵不報。傅又自爲狀云：「伏覩詔書，宜擇賢人，立爲藩屏。竊見國主自在東宫，恭儉著聞。若欲選擇賢人，必無出其右者。兼本國自太祖皇帝以來，累世並無失德，惟上皇信聽姦臣。國主年幼新立，爲大臣所誤，以致違盟失信，上干國典。伏望元帥許其自新，復主社稷，以責後效。再念趙氏祖宗德澤在民未泯，或未允從前懇，亦望哀憫，許於國主子弟中擇一賢者立之；或不欲立上皇之子，乞於神宗皇帝二子中，選擇建立，使得北面，永爲藩屏。非惟不滅趙氏，亦使一國生靈蒙被恩澤，永有依歸。」又不報。

5 戊辰，吴幵、莫儔復以檄來督舉異姓。孫傅等以狀答曰：「本國將相多是日前誤國之人，將帥率敗亡之餘，其他臣僚悉皆碌碌。若舉於草澤之間，亦非聞望素著，人心必不歸向，孰肯推戴？兼趙氏德澤在人至厚，若別立異姓，城中立生變亂，非所以稱皇帝及元帥府愛惜生靈之意。若自元帥府選立趙氏一人，不惟恩澤有歸，城中及外方立便安帖。或天命改卜，曆數有歸，即非本國臣民所敢預議。乞自元帥府推擇。」金人報書曰：「自昔運數既衰，必有繼興者。若言敗亡之世必無可繼，則三王之後，迄至於今，安有君臣之道、人倫之序？何不詳道理之深也！今垂諭丁寧，而輒言及趙氏，雖不忘舊，其違命之罪亦已深矣。此後不宜更復若此。如或必欲元帥府推擇，則在軍皆北地漢兒，既舉北人，與混一無異。若欲推擇見在軍前南官，亦請具姓名申報，惟不許何㮚、李若水預此議。如或在京内外俱難自舉，各具名銜，管依元帥府所舉推戴狀申。」書中所謂「在軍前南官」，蓋屬張邦昌也。元帥府劄子：「據文武臣僚、軍民、僧道、耆老、中大夫孫樞密等狀申，事已洞悉。朝廷所以廢趙氏者，豈徒然哉？以不守信誓，不務聽命也。非天命改卜，豈有如比之甚哉？皇上猶以寬度，別立賢人而已，真可謂大義矣。今垂諭丁寧，而輒言及趙氏，雖不忘舊，其違命之罪亦已深矣。此後不宜更復若此。又狀申，前日將相多是罪廢敗亡之餘，其他臣僚皆碌碌無聞，若舉於草澤之間，孰肯推戴者？夫運數既衰，亦必有繼興者。若言敗亡之世必無可繼，則三王之後，迄至於今，安有君臣之道、人倫之序？何不詳道理之深也！再請恭依已降聖旨，早舉堪爲人主者一人，當依已去劄子施行。如或必欲元帥府推擇，緣會驗在軍前，皆係北地漢兒，若舉北人，即與混一無異，實違所降聖旨。若欲推擇南人，其見在軍前南人，亦樞密等之所共知也。未審果有可舉者否？若果有，則請具姓名見示，亦與依應，惟不許何㮚、李若水等預此議。如或在内及外俱難自舉，仍請諸官各叙名銜，連署速具，管依元帥府所舉推戴狀申。天會五年二月八日。」

初，南壁統制官吴革聞上皇已出，入白孫傅，請力留皇后、皇太子。至是引見，革頓首請太子堅避以固國本。傅許諾，且問策焉，革爲畫計，乃於啓聖院置局名賑濟所，募士就食，一日之間至者萬計。革陰以軍法部勒，且告急於王及在外諸大臣，約日大舉。實録革附傳云：「上皇后妃盡出，革入白孫傅，請留太子。明日引見。」而三國謀謨録載之此月庚午。按，上皇以丁卯出南薰門，革在南壁，不應三日後乃入白孫傅，録誤也，今移附戊辰。

取光禄少卿范寅敷等四人赴軍前。寅敷，致虛子也。是日，上皇在青城，自製發願文，祈天請命。諭景王杞曰：「適來密詞罪己損壽，以全趙氏。自登位之後，過失甚多，敢不自陳，以回天譴？」杞頓首稱贊。此據王若沖北狩行録，曹勛所進聞見録亦有之。

6 己巳，内前揭示長榜，坐金人檄書及孫傅等議狀，都人始知欲立異姓，相顧號絶。孫傅復爲百官軍民狀遺金人云：「本國趙氏祖宗德澤，在人日久。今來渝盟失信，止是上皇與前主，其子及支屬並不干預。尚冀恩造，更賜詳酌，庶得中外帖然，不致生事。若不容傅等死請，必欲推擇異姓，自中及外，委無其人，兼實難於自舉。伏乞元帥府推擇，敢不一聽台命？」傅又與張叔夜別具狀云：「伏以前主皇帝違犯盟約，既已屈服，服而舍之，全在元帥。不然，則有監國太子，自前主恭命出郊以來⑦，鎮撫軍民，上下帖然。或許就立，以從人望。若不容傅等申臣子之情，改立異姓，天下之人必不服從，四方英雄必至雲擾，生靈塗炭，卒未得安。傅等自知此言罪在不赦，然念有宋祖宗以來，德澤在人，於今九世。天下之人，雖匹夫匹婦，未忍忘之，況傅等世食君禄？方主辱臣死之時，上爲祖宗，下爲生靈，苟有可言，不敢愛死。」時在京士民郭鐸等，亦詣善利門，以狀白金帥云：「上雖失信，其於天下萬姓，略無過失。若立異姓，恐民心無統，姦雄竊發。望元帥垂天地之恩，復立今上，以主此土。若元帥以失信廢之，則監國太子、肅王、景王皆有賢德，人所共知，乞賜選擇。」不報。

7 庚午，孫傅復爲狀遺金人：「乞軫恤趙氏，存全社稷，許國主歸國，降號稱藩；或立監國太子，以從人望；或選立趙氏近屬，使本國生靈有主，中外安帖，以全大國弔伐之義。傅等今在南薰門拜泣俟命。」遂率百官父老集門下，號泣數刻。吏部尚書王時雍獨不預。

是日，右副元帥宗傑親至左副元帥宗維營中，共議軍民告立趙氏事。宗維不許。吴幵、莫儔復至，督舉異姓，催取皇族甚峻。金檄略云：「若謂廢舊立新，衆難服從，緣向因推戴尚可，今依聖旨，擇賢共立，孰云不可？」又云：「行府於在京官僚未諳可否，但想目下爲首管勾者，必是可舉，欲立本官。」幵、儔云：「黏罕大怒，明日二事不了，即舉兵入城。」遂會百官議，侍從已下乞致仕者四十人。時兵部尚書呂好問在禁中，亦乞致仕。孫傅謂好問曰：「尚書畏死耶？傅以執政留守，當死軍前。尚書世受國恩，當任興復之責。」好問乃止。時雍，仁壽人也。張叔夜爲狀遺金人云：「奉令旨，令立見今爲首管事之人，緣本官非衆所推，乞自元帥府於嗣子或趙氏支屬擇立一人，所貴恩歸元帥府，永爲藩輔，而趙氏宗廟尚得血食。」此據叔夜家傳。淵聖皇帝以手札付徐秉哲云：「我以失德，爲金人所廢，公可彈壓京師，毋使喧擾，反爲我累。」上札據丁特起泣血録。吴幵、莫儔所賫元帥府劄子云：「吴承旨回，賫文武百官、軍民、僧道、耆老、孫樞密等狀二道，并初七日狀二道，備已洞悉。右勘會朝廷詔旨，丁寧務在恤民，今來堅執迷惑，累日祈請復立趙氏，甚不應理。若謂廢舊立新，果難服從，緣推戴尚可，何況遵依聖詔，擇賢共立，孰謂不可？兼早有文字，惟貴道德，不限名位高卑，本欲利民。今諸官、軍民、僧道、耆老既乞行府選擇，行府於在京官僚未諳可否，但想在京目下爲首管勾者，必是可舉，所以行府欲立本官，請在京文武百官、軍民、僧道、耆老照會此意。若所指在京目下爲首管勾官員可以共立，早具本官名銜狀申。如亦未可，即依已去文字，須得共薦一人，限不過今月十一日狀申。趙氏支屬，不過今日發遣出城。如此度不見舉薦，及不發遣，必當別有悔吝，無得有違。天會五年二月十日。」又大金元帥府牒：「今月十日，右副元帥親到左副元帥麾下，共議宋人告請復立趙氏事。至晚到本營，方有善利門下軍員送到汴京軍民、僧道、耆老郭鐸等告乞立趙氏文狀，并孫樞密等今月七日、八日、九日三次共五道録白，爲言此事。已經共議，差官入京，須得別行薦舉外，善利門下人員以輒受文狀，嚴切懲戒訖。慮在京人猶以投狀爲詞，別致住滯，今請在京諸官孫樞密等照會，依吴承旨、莫學士等賫去文字日限施行，不得住滯。」

城之始破也，行門指揮使蔣宣、李福率衆叩祥曦殿，請扈駕突圍以出。何㮚恐其爲亂，執而殺之。及是，帝命賜其家各三百縑，以旌忠義。

8 辛未，監國皇太子諶出詣敵營。初，留守孫傅議以五千金匿太子於民間，殺狀類太子者送之，紿以都人遮留，誤擊太子。居五日，無肯當之者。統制官吳革請以所募士微服潰圍以出，傅不從。時金以淵聖皇帝手札諭傅，上皇亦札云：「尚賴元帥寬仁，使我父子團聚，速令太子出來。」此據丁特起泣血録。始，幵、儔督脅不已，傅未聽。至是，事益急。傅在皇城司，其子來省，傅叱之曰：「吾已分死國矣，汝曹速去，勿亂人意。」其子亦曰：「大人以身徇國，某尚何言哉？」范瓊恐變生，先以危言讋衛士，是晚，以兵衛皇后、太子，共約一車中，詣敵營。此據丁特起泣血録。從車凡十兩。百官軍民奔隨號哭，太學諸生擁拜車前，哭聲振天。時已薄暮，將近門，猶聞車中呼云：「百姓救我！」金人在門下者迫行。此據宣和録。傅言於人曰：「上蒙塵，託孤於傅，豈可自脫？」分付與人，請從太子往，死生以之。遂以留守事付王時雍而出，守門人不許。是夕，傅留宿門下。靖康野録：「初，上以太子監國，孫傅爲留守。及金人邀太子出，人皆望傅以死節，傅與張叔夜但送至門而已。繼而又取傅及家屬，人以是非傅不能守節，而自取辱。」與史不同，今不取。

吏部尚書王時雍等請立張邦昌以治國事。初，金人定立邦昌，然未顯然言之也。至是，趣百官議立異姓，不即屠城。時雍在皇城司，令中書舍人李會預爲議狀曰：「自古受命之主，必上膺圖籙，下有勳德在民。今本國臣僚如孫傅等，被用日淺，率皆駑下，迷誤趙氏至亡國。在內官僚，委無其人。乞於軍前選命某人，以治國事。」時幵、儔微言：「金有立邦昌意。」時雍疑未定，左司員外郎依政、宋齊愈適自外至⑧，時雍問以敵意所主，齊愈取片紙書張邦昌三字示之，與所傳同。此據欽宗實録，與張栻私記不同。趙甡之中興遺史，有「齊愈欵狀甚詳」，雖當時置對之詞，不無鍛鍊，然栻所記，似以爲齊愈告鄉人於道，而爲李綱所中，則亦恐不盡然。餘見七月癸卯注。時雍遂以邦昌姓名入議狀，付幵、儔以出。獨張叔夜不可。實録云：「是日不書議狀，惟孫傅、張叔夜。」按此時傅已解留守事，在南薰門，故王時雍得主其議。傅不但不書狀而已。

9 壬申，傅、叔夜坐堅違詔旨，告立趙氏，押赴軍前。叔夜至敵營，抗論如初，不少屈。敵拘之。沈良靖康遺録云：「孫傅既遣皇族，爲黏罕召至青城，令見舊主。上見謂曰：『無煩重相公斷送我一門家眷。』傅無對而退。」趙甡之遺史云：「張叔夜赴軍前，黏罕召叔夜紿之曰：『孫傅不立異姓，已殺之。公年老大，家族繁盛，豈可與孫傅同死邪？可供狀。』叔夜曰：『累世荷國厚恩，誓與國家俱存亡，實不願立異姓。』迫之數四，終不從，唯請死而已。金人皆義之。」敵散檄城中，令軍民共舉張邦昌，連名申上。有異議者，令別具狀，惟不許引惹趙氏。有敢逗遛，當按軍法。夜，幵、儔復入城。留守司榜⑨：「今月十二日吴承旨、莫内翰自軍前來賫到大金元帥府指揮，請疾速勾集在内大小官員不限已未共議，并僧道、耆老、軍民等⑩，更乞説諭商議，如並舉張邦昌，即便連署，各於本衙親書其名，背後名下押字，仍於年月紙縫用在上官印，限十三日申上，便與册立入京。如別有異見，別具狀申，只不許引惹趙氏。若舉賢人者，亦許不阻。有敢違留不赴議所者，當按軍令。」是夜三鼓，御史臺告報：「文武百官，不限大小使臣，雖致仕、在京宫觀，僧道、耆老、軍民等，限十三日絶早並赴宣德門集議。內有官員不來，具狀申元帥府，依軍法，無許住滯。右録二月十二日夜元帥府指揮在前，今曉示，各令知悉。」

10 癸酉，王時雍行留守事，揭榜通衢云：「金人許推擇趙氏賢者，集百官秘書省共議。」何烈靖康草史云：「范瓊詐言金許立哲宗之後陳王子爲君。」按哲宗無後，而上皇之兄吴榮穆王佖⑪，嘗封陳王，有奕，其子也，今附見。既至，即閉省門，環以兵，令范瓊以舉邦昌事説諭軍民，皆唯唯而退。有太學生對曰：「某等所見，意殆不然。」瓊慮軍民視效，即抗聲折之。時雍恐百官不肯書，乃先自書以率之，百官亦隨以書。於是文武數百人，以大卷相授，若州縣胥吏書卯曆者，略無留滯，不終朝而畢。其間亦有飲泣悲吁而不敢出辭者。忽下坐一朝士面目嚴冷者厲聲曰：「二百年趙氏天下，豈可付他姓？吾乃異議者，請如所令。」其右汴士大慟曰：「吾請同行。」時雍詰之，自列名氏曰：「奉直大夫寇庠、朝請郎高世彬。」庠，山東人；世彬，瓊裔孫也。此據夏少曾朝野僉言及孫偉跋靖康野史修入。監察御史馬伸言於衆曰：「吾曹職爲争臣，豈可坐視，不吐一辭？當共入議狀，乞存趙氏。」中丞秦檜以爲然，即具單狀曰：

檜身爲禁從，職當臺諫。荷國厚恩，甚愧無報。今大金擁重兵臨已拔之城，操生殺之柄，必欲易姓，檜盡死以辨，非特忠其主也，且明兩國之利害耳。趙氏自祖宗以至嗣君，百七十餘載。頃緣奸臣敗盟，結怨鄰國，謀臣失計，誤主喪師。遂至生靈被禍，京都失守，皇帝至躬出郊，求和於軍前。兩元帥既允其議，已布聞中外矣。且空竭帑藏、居民之所積，追取鑾輿、御服之所用，割兩河之地，恭爲臣子。今乃變易前議，人臣安忍畏死而不論哉？且宋之於中國，號令一統，綿地數萬里，德澤加於百姓，前古未有。興亡之命，雖在天有數，焉可以一城而決廢立哉？昔西漢絶於新室，而光武乃興。東漢絶於曹氏，而劉備王蜀。唐爲朱温簒奪，李克用猶推其世序而繼之。蓋繼世之久，德澤在人者深。基業雖陵遲，英雄猶畏而不敢窺其位。古所謂基廣則難傾，根深則難拔之謂也。晉武帝因宣、景之權以竊魏之神器，德澤在人者淺，加以惠帝昏亂，五王争柄，自相戮害，故劉淵、石勒得以據中原。猶賴王導、温嶠輩輔翼元皇，江左之盛踰於西京。石晉欺天罔人，交結外邦以簒其主，得之以契丹，失之亦以契丹。況少主失德，任用非人，曾無德澤以及黎庶，特舉中國藩籬之地以賂戎人，天下其何思之哉？此契丹所以能滅晉也。宋有天下九世，比隆漢、唐。竊觀今日計議之士，多前日大遼亡國之臣，畫策定計，所以必滅宋者，非忠於大金也，特假威以報怨耳。頃上皇誤聽奸臣，因李良嗣父兄之怨，滅契丹盟好之國，乃有今日之難。然則因人之怨以滅人之國者，其禍可勝言哉？彼必曰滅宋之策，在絶兩河懷舊之思，除鄰國復仇之志而已。

又曰：

大金兵威，無敵天下，中國之民，可指麾而定。大金果能滅宋，兩河懷舊之思亦不能亡。如其不能，徒使宗屬賢德之士倡義天下，竭國力以北向，則兩河之民將去金而歸宋矣。且天生南北之國，方域至異也。晉爲契丹所滅，周世宗復定三關，是爲晉報恨。然則今日豈必趙氏然後復仇哉？中國英雄亦將復中國之恨矣。又況禍莫大於滅人國，昔秦滅六國，而六國滅之。苻堅滅燕，而燕滅之。頃童貫、蔡攸貪士以奉主欲，營私而忘國計，屯兵境上，欲滅遼取燕雲之地。方是時也，契丹之使交馳接境，祈請於前，爲貫、攸之計者，當從其請，爲國遠慮，乃欲邀功以兼人之地，遂貽患今日。雖焚尸戮族，又何益哉？今元帥威震中原，功高在昔，乃欲用離間之論，而矜一己之功，其爲國計亦云失矣。貫、攸之爲，可不鑑哉？自古兵之强者，固不足恃。大金自去歲問罪中國，入境征戰，已踰歲矣。然所攻必克者，無他，以大金久習兵革，中國承平百年，士卒罕練，將帥未得其人也。使異日士卒精練，若唐藩鎮之兵，將相得人，若唐肅、代之臣，大金能必其勝負哉？且世之興亡，必以有德而代無德，以有道而易無道，然後皇天祐之，四海歸之。若張邦昌者，在上皇時，附會權幸之臣，共爲蠹國之政。今日社稷傾危，生民塗炭，雖非一人所致，亦邦昌爲之力也。天下之人，方疾若仇讎，若付以土地，使主人民，四方英豪，必共起而誅之，終不足以爲大金屏翰矣。如必立邦昌，則京師之民可服，而天下之民不可服；京師之宗子可滅，而天下之宗子不可滅也。檜不顧斧鉞之誅、戮族之患，爲元帥言兩朝之利害，望稽考古今，深鑑忠言，復嗣君之位，以安四方之民，非特大宋蒙福，實大金萬世之利也。王明清揮麈後録云：「秦會之靖康末議狀，乃馬先覺建議，會之不答，少焉藁就，呼臺吏連名書之。會之既爲臺長，則當列爲首，會之猶豫，先覺率同僚合辭力請，會之不得已，始肯書名。所以秦氏藏本猶云『檜等』也。紹興中，先覺甥何琬上其藁，會之大怒，竄琬嶺外。」此段實毁檜太甚。按琬録檜獨具單狀，而首詞云：「某身爲禁從，職典臺諫。」則必非連名也。後録又云：「姚宏嘗託張澄從秦會之求官，秦云：『廷暉與某，靖康末俱在臺，上書黏罕，乞存趙氏，拉其連銜，持牘去，經夕復見歸，竟不僉名。此老純直，非狡猾者，聞皆宏之謀也。繇是薄其爲人。』宏曰：『不然。先人當日固書名矣。今世所傳秦所上書，與向來者大不同，更易其語，用此誣人。以僕嘗見之，所以見忌。』語泄，宏坐事死獄中。」按此又與何琬所云不同。然當時金人獨取秦檜，而不及姚、馬，則未嘗連名可知。或者馬伸嘗慫恿之。今略修潤，令不抵牾。明清揮麈第三録載檜議狀全文，乃孫傅第三狀。明清誤也。

檜爲議狀已，即稱疾，守本官職致仕。檜致仕[12]，實録不書。按日曆，紹興元年檜乞奏薦狀云：「靖康二年二月十三日，準告，依前朝請郎守御史中丞致仕。」壬申十三日也。今增入。

始，百官既集，祠部員外郎喻汝礪聞舉邦昌事，捫其膝曰：「不能爲賊臣屈。」遂掛衣冠去。於是監察御史吴給、御史臺檢法官王庭秀皆致仕，而秘書省校書郎胡寅、太常寺主簿張浚、開封府司儀曹事趙鼎相率逃太學中以避亂，故皆不書議狀。伸、給，須城人；汝礪，仁壽人；庭秀，鄞縣人；寅，崇安人，右文殿修撰安國子；浚，咸子；咸，綿竹人，已見紹聖元年九月。鼎，聞喜人也。堂吏張僅自秘書省歸，取平生所受告牒悉焚之，遂自爲布衣。此據孫偉跋靖康野記。

金人索南班宗室，開封誤遣朝議大夫將之。敵曰：「所取宗室，無大夫名。」將之曰：「我魏王後也。」將之，魏悼王廷美五世孫。莫儔謂左副元帥宗維曰：「第取玉牒，即見實數。」户部侍郎邵溥在南薰門下，與宗正少卿黄哲共議，貯以陶器，坎而藏之。紿以爲亂兵所焚，繇是踈屬獲免。此據溥、哲墓碑參潤增入。實録：「二月癸酉，令人於宗正寺取玉牒，溥指名取南班宗室。自二王宮以近屬及官序高者先取。」而中興會要乃云：「宗藩慶系録、仙源積慶圖等四書，皆於初渡江時失之。」則是玉牒果爲所留也。王明清揮麈後録云：「秦檜嘗對方滋言：『二帥謂搜索宗室未有盡者，莫儔獻計，乞取玉牒，其中有名者，盡行搜括。檜在旁曰：「尚書誤矣，譬如人家宗族不少，有雖號同姓，而情好極疎者，平時富貴既不與共，一旦禍患，乃欲與之均，恐無此理。」黏罕曰：「中丞言是。」由此異待之。』」按，取玉牒之日，檜尚未出城，此說誤也。或是三月庚子再取宗室時。姑附此俟考。溥，雍孫；雍，共城人，元豐康節處士。哲，華陽人也。

時睦親宅嗣濮王仲理、廣親宅保寧軍節度使克暢、親賢宅晉康郡王孝騫、棣華宅永寧郡王有恭已下，舉宗北徙，惟睢、雒二都宗室得全。仲理，襄王宗愈子；克暢，魏悼王孫；孝騫，吴榮王子；有恭，楚榮憲王子也。於是太祖後宗子益踈，無至節度使者。

11 甲戌，玗、儔賚金牒「據文武百官申，乞立張相治國事。已申本國册立爲皇帝訖」。令取册寶及一行册命禮數。

12 乙亥，金人取秦檜及太學生三十人、博士正録十員。趙甡之遺史：「金人取太學生博通經術者三十人，人給三百千，俾治裝。太學生投狀願往者百餘人。比至軍前，金人謂之曰：『金國不要汝等作大義策論，各要汝等陳鄉土方略利害。』諸生有川人、閩浙人者，各爭持紙筆，陳山川險易，古人攻戰據取之由以獻。又妄指倡女爲妻，要取詣軍前。後金人覺其苟賤，復退者六十餘人。士之無守有如此者。」沈良遺録曰：「金人初取太學三十人，正録皆懼，乃私誘學中素無廉耻者以充數。即日出城，其齎糧並爲賊所奪，髡之，中路皆裸體逃歸。賊亦縱而不追。」二説不同，今並附見。何㮚已下隨駕在軍前人，並取家屬。

初，統制官吴革既募兵，後還居同文館，附者至數萬人，多兩河驍悍之士。又引太學諸生吴銖、朱夢説、徐偉等數十人與參謀議。革率衛士殺妻子，以圖迎二帝。沈良靖康遺録：「上命孫傅留守，密諭：『慮有不測，當以後事付卿，可置力士司召募敢勇必死之士，得三萬人，擁上皇、太子潰圍南去。我從金人之命，死生以之。』後傅止募得二百餘人，知事不集，乃止。」按，吴革白傅募士，在帝已行之後，恐良得於傳聞，非其實也。三國謀謨録云：「革日夜密謀迎立大元帥。」按此時二帝尚在城外，安得便立元帥？實録云：「遣人告急於康王，約擁兵近城，圖迎二帝。」革附傳所書當得其實，今從之。欲奉九廟神主以從軍，先誅范瓊等數十人，乃分兵突出十八門，期用三月八日舉事。與謀者惟兵部尚書吕好問、監察御史馬伸、張所、奉議郎致仕吴給等數人。好問欲遣人持書詣王，訪得邢煥女弟之夫閤門宣贊舍人蔣師愈，又與門下省録事張思聰謀，募效用李進縋城，以蠟書來上。進行至開德府，守臣顯謨閣直學士王棣疑之，進以實告，乃遣人伴送至帥府。夢説，桐廬人，政和末嘗上書直諫，士論推之；所，益都人；棣，雱子也。雱，安石子，元豐龍圖閣直學士。

13 丙子，金人遣曹少監、郭少傅同開封尹徐秉哲治事，先是，京師事務皆取稟軍前故也。敵又索内藏元豐、大觀庫簿籍，悉取寶貨及大内諸庫、龍德兩宫珍寶奇物，如西海夜珠、王中正、陳摶燒金之類，其它真珠、美玉、珊瑚、瑪瑙、琉璃、花犀、玳瑁之屬，各以千計。上皇平時好玩，有司所不能知者，内侍王仍輩曲奉金帥，指其所在而取之。真珠水晶繡簾、珠翠步障、紅牙火櫃、龍麝沉香、樂器、犀玉、彫鏤屏榻、古書珍畫，絡繹於路。此據宣和録及夏少曾朝野僉言。宣和録又云：「金人入内，徑取諸庫真珠四百二十三斤，玉六百二十三斤，珊瑚六百斤，瑪瑙一千二百斤，北珠四十斤，西海夜珠一百三十箇，硃砂二萬九千斤，水晶一萬五千斤，花犀二萬一千八百四十斤，象牙一千四百六十坐，龍腦一百二十斤，金磚一百四十葉，王先生燒金，陳摶燒金，高麗進奉生金甲、金頭盔各六副，金鞍、金馬杓，金杵刀，金作子四百二十五副，玉作子六百副，花犀帶、金帶、金束帶、玉束帶、鍍金帶、金魚袋等，上皇閤分金錢四十貫，銀錢八十貫，皇帝閤分金錢二十貫、銀錢四十貫，皇后閤分金錢十一貫、銀錢二十二貫，銀火爐一百二十隻，金火爐四隻，金桌子百二十隻，銀交椅二十隻，金合大小四十隻，金水桶四隻，金盤盞八百副，金注碗二十副，金銀匙筯不記數，金湯瓶二十隻，琉璃盞一千二百隻，琉璃托子一千二百隻，珊瑚托子四百隻，碼碯托子一千二百隻，真珠扇子四百合，紅扇一百合，藍扇一百合，行鸞扇三百五十合，大扇六十合，扇車一百量。」二帥左右姬侍各數百，皆秀曼光麗，紫幘、金束帶爲飾，他將亦不下數十人。

壁中珍寶山積。

初，李若水既爲金所囚，蕭慶謂若水曰：「事已爾，無可奈何，徒死無益。前日公雖詈國相，國相初無過公意。若今日順從，即明日得美官。」若水歎曰：「天無二日，若水寧有二主哉？」其從隸謝寧亦勉之曰：「侍郎父母春秋高，兄弟衆，仰侍郎以生。若少屈，萬一得復歸。」若水叱曰：「忠臣事君，有死無二。吾今不復顧家矣。雖然，吾親老，汝若歸，勿遽言，恐重傷吾親意，令兄弟輩徐言吾死國也。」是日，左副元帥宗維引若水諭意，若水不聽，囚之。

14 戊寅，王以京師久無耗，檄諸將帥伺其實，若敵未有去意，即引兵近畿。副元帥宗澤見之，謂諸將曰：「敵情如此，豈忍坐視乎？」時范訥、趙野合兵屯南京，遣使臣趙哲獻書帥府。哲，將家子，有膽略，以百騎分三隊，道與金人三四戰，獲數級，奪金人馬三匹以獻。王大悅。都監康履面責哲不當，王叱退之。野軍自大名亂後，尤無紀律，日出剽掠，甚於敵騎。澤遺書誚野、訥及知興仁府曾楙，使率所部勤王。野等以爲狂，不答。知泗州朝請大夫賈公望見經制使翁彦國，切責之曰：「京城報甚惡，天子日夜望中丞救援，今留此不進，豈欲反邪？泗小壘，錢糧俱竭，自來日更不供軍⑬。公宜斬公望以謝軍，第恐朝廷他日未遽貸公爾。」彦國慚，翼日提兵趨淮西而去。公望，昌朝孫也。昌朝，真定人，慶曆中宰相。

金人取詳通經教德行僧數十人，待遇頗厚。

15 庚辰，王發東平府。王在東平踰月，京城音問不通。副元帥汪伯彦等共議移屯濟州，以俟敵隙，王從之。是日，副元帥宗澤自澶淵移軍南華縣。先是，澤約諸帥會兵，五旬無一人至者，澤奮願擊敵，引諸將共議。都統制陳淬曰：「敵方熾，未可輕舉。」澤怒，將斬之，諸將羅拜，乞貸淬效死。會元帥府檄至，澤乃引兵屯南華境上，謂淬曰：「汝當先諸將一行，以贖前日之過。」淬曰：「願盡力。」遂進兵。未十里，與敵遇，出敵不意，敗之，即據南華縣。是時，澶、濮、濟、單、曹、亳、陳、潁、應天、廣濟諸郡皆有勤王兵。敵又犯亳州，直秘閣京畿轉運副使兼江淮發運副使向子諲遣使臣持書遺金人，以會合勤王兵馬所爲名，大略言兵勢逆順，令退保河外。敵遽以亳、宋等州守禦所牒報之，約日索戰。諸道兵畏縮不進。子諲，敏中元孫也。敏中，開封人，咸平中宰相。

16 辛巳，尚書吏部侍郎李若水爲金人所殺。時左副元帥宗維再召若水，問以不肯立異姓狀，若水言：「主上仁孝恭儉，未有過失，豈可輕議廢立？」宗維曰：「趙皇失信，使南北生靈如此，安得爲無過？」若水知敵不可以義動，即曰：「若以失信爲過，則公乃失信之尤者。」乃歷數其五事，且曰：「汝伐人之國，不務安全生民，徒掠金帛子女以自豐，汝滅亡不久矣。」因肆駡不已，宗維大怒，即圜丘下敲殺之。若水將死，監刑者復問：「侍郎服未乎？」若水奮詈愈切，敵怒以刃裂頤斷舌，然後殺之，梟其首。此據若水逸事。金人相謂曰：「大遼之破，死義者以十數，今南朝惟李侍郎一人。」咸歎重之。初，若水之出使也，淵聖皇帝擢監左藏西庫、修武郎王履爲之副使；還，遷相州觀察使。履抗敵不回，卒與俱死。履，開封人，累世右職。元符末坐上書入籍，編管新州。若水死年三十五。中興，贈若水觀文殿學士，後謚忠愍。贈履武勝軍節度使。按履事迹甚偉，而實録乃無一字及之，殊不可曉。今以履事跡及靖康忠臣三番語録修入。實録附傳：「若水臨死，爲歌詩，卒章云：『矯首問天兮，天卒不言。忠臣效死兮，死亦何愆？』」履事迹乃以爲履所賦⑭，今且附此，俟考。

金主遣諸軍都部署、英宗廟諱同音⑮。尚書左僕射、權簽書樞密院事韓正持册來立張邦昌。要盟録有册文云「尚書左僕射韓某」，而不言其名。王明清揮麈後録云：「具官韓昉。」按昉本燕人，事遼爲知制誥，庚戌年七月，册劉豫爲副使，猶居此官，此時無緣已爲僕射。實録劉韐附傳云：「金命其尚書僕射韓正館韐。」即此人也，今增入。金遣吴幵、莫儔集百官於皇城司，議遷都之地。衆以揚州、江寧爲請，敵命都江寧。

17 壬午，鄜延經略使張深引軍屯陝府。先是，宣撫使范致虚欲聚兵爲長驅河洛之計，深不敢戰，乃議各圖進取，互爲聲援，使彼罔測，且戰且前，庶有先到國門者。議久不決，深遂行。翌日，熙河經略使王倚、環慶經略使王似、西道副總管孫昭遠皆來會。

18 癸未，金令百官拜表請立張邦昌。光禄大夫、中太一宮使唐恪既書議狀，仰藥死。實録恪附傳云：「恪聞議立異姓，呼其諸子，謂曰：『吾爲大臣，而國家至此，顧力不能救，獨有死耳。』乃仰藥自殺。其後張邦昌攝位，朝士貴賤多拱手臣之，獨恪先事而死，識者推其節。」王偁東都事略云：「恪既書名，乃仰藥死。」二書不同。按議立邦昌，在此月癸酉，恪以前宰相居城中，若不書名，金人無不詰難之理。又無由經十有餘日尚不書議狀也。夏少曾僉言曰：「羣臣於秘書省議推戴張邦昌，恪大慟。一少年斥恪曰：『公爲丞相，不能爲國家計事，以至於此，況平時鬻賣官爵，習蔡京不法所爲⑯，猶厚顔赴議，舉異姓，實負國家，哭之何益？』」據此，則恪亦在議中，未嘗先事而死，明矣。汴都記曰：「是時，金人正取人，恪以前宰相恐不免，遂服大黄，作腹疾以死。」王明清揮麈後録云：「金立張邦昌，欽叟書名畢，仰藥而殂。建炎中，張達明爲中司，適欽叟家陳乞贈典，達明言：『欽叟不能抗敵之命，雖死不足褒贈。』由是恩數盡寢，迄今不能理也。」明清所云差詳，但小舛誤。紹興日曆：「二年十一月乙亥，唐恪男璪進狀：『先臣恪，任觀文殿學士、中太一宮使，以臣僚上言任少宰日不合許割三鎮事落職。乞依赦追復。』有旨：『唐恪追復觀文殿學士。』丁丑，中書舍人胡松年奏：『璪陳請其父不獲伸迎請二聖之謀，乃飲藥以死。聖恩或謂累經赦宥，特與復職。臣不敢輕議。若曰嘉其死節，臣願詔有司更加詳考實狀。』詔前降復職指揮更不施行。」明清所云，誤以松年爲張澂也。實録附傳云：「觀文殿大學士唐恪薨。」仍前不書落職事，此不惟疎略，當必有故。

是日，王次濟州。時元帥府官軍及羣盜來歸者凡八萬人，自黄河以南，分地而屯。濟州萬九千五百人，以爲王之衛，隸都統制楊惟忠。開德府萬九千人，濮州七千人，以拒敵之在衛南、韋城、臨濮者，並隸副元帥宗澤。興仁府萬九千人，廣濟軍八千人，單州六千人，柏林鎮三千人，以拒敵之在考城者，並隸節制軍馬黄潛善。大凡官軍民兵六萬四千五百人。孔彦威、常謹、丁順三盜萬五千人，分屯六州，而向子諲在宿，何志同在許，趙野、范訥在宋，趙子崧在陳，皆圍遶京都，未得進。

19 甲申，金人取太學録黄豐、楊愿赴軍前。二人托疾得免。愿，山陽人也。

敵游騎五百至濮州雷澤境上，尉向拱禦之。拱勇而有謀，先培繩桑下，敵至挑戰，已而僞遁，敵追奔，馬絓而止，悉擒斬之。元帥府以拱爲閤門祗候。

20 乙酉，大風拔木。户部尚書梅執禮、禮部侍郎陳知質、刑部侍郎程振、給事中安扶爲金人所殺。初，金人括金銀急，命執禮等八人董之。未幾，執禮等議曰：「敵所以留車駕者，爲金銀也。今欲足元數，雖銅鐵亦不給，不如結罪申絶，塞其所請。」宦者謂金人曰：「試許士庶以金銀易米麥，當有出者。」已而果然。二帥大怒。是晚，召執禮等四人，責以金銀不足，曰：「胡不賦之於民？」四人同辭對曰：「今天子蒙塵，臣民皆願前死，雖肝腦不計也。於金繒何有哉？顧誠亡以塞責。」敵大怒，問官長安在？欲加以罪而置其餘。振恐執禮坐之，遽前曰：「皆官長也。」敵不勝其忿，先取其副侍御史胡舜陟、殿中侍御史胡唐老、監察御史姚舜明、王俣，各杖之百，幾死。執禮等猶爲之請命。既而遣還，至南薰門，有呼於後者曰：「尚書且止，有元帥台令。」四人皆下馬，跪聽命，則以次敲殺之，梟其首。趙甡之遺史稱胡唐老遂死，蓋誤也。乃下令曰：「根括官已正典刑，金銀或尚未足，當縱兵自索。」執禮，浦江人；振，樂平人；扶，燾子；燾，開封人，元祐知樞密院事。舜陟，績溪人；舜明，嵊縣人；俣，宛丘人也。後贈執禮資政殿學士，知質、振端明殿學士。自城破至此，凡再納金二十一萬兩，銀七百十四萬兩，表段一百萬匹，皆有畸。敵猶以爲少，故殺之。朝野僉言：「二月二十八日，大金以金銀事，執梅執禮、陳知質、程振、安復殺之。監察御史黎確等知四人之由將欲結兵以救二聖，曾與王時雍等議，時雍不從。金人欲正其罪，恐動衆心，故以金銀事殺之。若謂金銀少，自有四壁根括官，執禮副留守，非其職也。」按實録，金銀官八人，執禮爲首，此所云誤。若四人果有結兵救二聖之事，本傳及墓誌無容不書，記事者得於傳聞，又誤以安扶爲安復也。今並不取。

是日，再括金銀。留守司差官百員，分坊巷徧加根檢。左諫議大夫洪芻等分詣懿親、蕃衍宅諸妃嬪位，所至與宮人飲，又頗匿餘金以自奉。吏部員外郎王及之至沂王府，遂坐蕃衍宅門罵諸王。此據李綱記上語修入。八月戊午行遣。芻，南昌人也。

21 丙戌，陝西宣撫使范致虚以勤王兵至陝府。初，致虚抵華陰，京西轉運副使劉汲遺書，勸以一軍自蒲中趨河陽，焚敵積聚，絶河橋，一軍自陝洛直抵鄭許，與諸道連衡，敵必解散。致虚以書謝汲，遂行。此據晁公遡所作汲傳附入。但公遡稱「致虚按兵華陰，汲以書誚責」云云，「致虚以書謝，而終亦不行」，則非也。其實致虚鋭意出師，但以無謀致敗，今略修潤之。時南道副總管高公純奉詔勤王，頓兵不進，汲誚責再三，不聽，乃取其所部兵馳入援。汲，丹稜人，嘗爲開封府刑曹掾，介直有守。至是，稍擢用之。

22 丁亥，資政殿學士、知中山府陳亨伯爲步將沙振所殺。初，金左監軍完顔昌圍中山府，亨伯冒圍入城固守，踰半年，敵不能下。至是，呼總管使盡括城中兵擊賊，以衆寡不敵辭，斬以狥，復呼振使往。振素有勇名，亦固辭。亨伯固遣之。振懼，潛衷刃入府，有妾好定者[17]，責其不待報，振立斬之，遂害亨伯於堂中。次子錫與僕妾十七人皆被禍。振出，帳下卒譟而前曰：「大敵臨城，安得殺吾父？」執而捽裂之，身首無餘。趙甡之遺史：「金人以上皇北狩，至中山府，其帥陳遘登城，上皇呼遘，遘曰：『道君皇帝也。』遂慟哭曰：『陛下何得至此？』提轄沙振曰：『此中豈有道君皇帝？必金人之詐也。』以箭射之，遂鼓衆喧鬧而殺遘。其子錫在旁，側身護遘，乃并殺之。於是振自守中山。」按，此時道君未離城下，安得過中山？若然，則亨伯死不在此時。史與甡之必有一誤。臣修此録，凡繫月日者，必以國史爲斷。但此時河北已隔絶，史臣亦是得之傳聞，容有差互。以未有他書考證，姑附見此。後城破，敵見其尸，曰：「南朝忠臣也。」斂而葬諸鐵柱寺。中興，贈特進，謚曰愍節。

昌，金穆宗楊割子撻懶也⑱。按紹興講和録，有金人復取河南詔曰：「姦臣昌等，稔心旣逆，玩寇欺君，請歸侵疆，務繼絶世。自姦臣伏罪，迹厥攸行，外侮内連，情狀甚著。」又一詔云：「撻懶等力言齊爲不道，既衰矣，不若以河南地錫與大宋。」以此知撻懶即昌也。昌於旻、晟爲從父弟，故名皆連日字耳。楊割，洪皓記聞作楊哥，今從苗耀神麓記。史愿亡遼録：「撻懶或作撻辣。」今從金人詔本。楊割廟號穆宗，此據洪皓記聞所云。張棣圖經云：「楊割廟號神祖。」疑是後來所改，今附此俟考⑲。

23 戊子，金令百官作勸進張邦昌表，禮部員外郎吴懋當草表，因稱疾求罷。汪藻撰懋墓誌云：「爲禮部員外郎，會金立張邦昌，法當郎草牋奏，公度不可拒，將引繩自裁，有幸非常者，僞曰：『僕請爲之。』公由是獲免。而王時雍用事，坐政事堂，公發憤駡時雍曰：『反賊！吾不能擊汝如段秀實耶？』時雍面頸發赤，不能對。公因以疾求罷。不聽，遂稱疾篤於家。」時執政已下咸有勸進文。此據實録。然是時執政馮澥、曹輔、前執政路允迪，皆在金營，城中前執政惟李回一人，當考。軍器監王紹獨曰：「念之久矣，何不亟爲？」因探懷出表以示衆，衆皆切齒。懋，晉陵人也。

於是，吴幵、莫儔賫司農少卿胡思所改定在京百官勸請狀詣敵營，其辭略曰：「伏惟太宰相公，名高今古，學通天人；位冠冢司，身兼衆美。伏望以蒼生爲憂，而不以細行自飭；以機政爲慮，而不以固避自嫌。上體大金擇立存撫之意，下副國人推戴爲主之望。」幵等至，二帥遣知樞密院事漢軍都統制劉彦宗、禮部侍郎劉思、兵部尚書應奉御前文字高慶裔持詣邦昌，邦昌呵責彥宗，又罵城中百官，因不食。金不聽，使人守之。百官勸請狀，金人曉諭諸路節文中有之，見四月庚申注。檄文但云「具官劉侍中」，而無其名。按邦昌上王書稱：「忽劉彥宗等賫城中文字，與吳幵、莫儔俱至。」故知劉侍中即彥宗也。胡思改勸請狀有案牘，今參考修正。耿延禧中興記云：「張邦昌至城外，金諭以欲立之意。邦昌求死不從，曰：『康王軍中有文臣耿南仲、武臣劉光世，必竭力輔之。趙氏必中興，立邦昌，徒取誅滅。』於是金人於圍城中取臣南仲家屬，并劉光世諸妾子之在城中者，皆質金營。」按是時將相之家，多爲金所取，未必因邦昌之言。兼劉光世自延安引兵東出，此時猶未至崤、澠間。三月十五日，西兵方至潼關，邦昌僭已久矣。當是金索劉延慶家屬，而及光世諸子也。況南仲非金所嚴憚，張邦昌何用言之？今不取。

元帥府以隨軍轉運使梁揚祖總領措置財用。初，王在濟州，軍食不繼。揚祖言：「京城圍久，鹽法不通，權印賣東北鹽鈔。」王許之。未踰月，商人入納至百餘萬緡，軍餉遂給。逮元帥府結局，乃止。汪伯彥中興日曆云：「王移軍東平，梁揚祖軍錢糧有後至者，大元帥既行，大名尹張慤截留弗恤。揚祖移文屢索，不報。逮聞王將即位，乃變易輕賫以還。揚祖具禀王，王發笑。」按：慤以公忠名，恐未必有此，或別有曲折。當考。

是日，延寧宮火。元祐孟皇后徒步出居相國寺前之私第。此據回天録。后去年閏月己卯自瑤華宮移延寧。先是，淵聖皇帝與李若水議更張弊政，乃尊后爲元祐皇太后。已草詔書，未及行也。事見去年十二月乙丑。至是，六宮有位號者，皆從二帝北徙，惟后以廢得存。朱勝非秀水閒居録云：「二聖皇族皆詣敵營中，議亦取后，淵聖意邦昌必不能久僭，欲留孟后以爲興復基本，因遣人入城取物，紙尾批廋語與府尹徐秉哲云：『趙氏注孟子，可相度分付。』會金人以后廢，久無預時事，故不復取。」按，金取宗族，皆據管宮閤内侍所供名字。后實以廢處外宮，故不爲敵所指名，未必欲取而復止也。沈良靖康録云：「上皇出宮數日，有手帖至開封府尹徐秉哲云：『欲得趙氏注孟子，煩爲送至。』及火發，秉哲遽至延寧宮，太后已出。」良所謂上皇手帖，恐其詞必有誤。汴都記云：「太后居道宮三十年，瑶華遺火之後，在延寧宫，今春又火。是日，太后脱身何所，都人亦不知。其無恙故，皆得遺。」臣謹按，靖康之變，舉族北遷，而元祐太后與康邸獨存，蓋天意也。故詳著之。

24 庚寅，吴幵、莫儔來報邦昌來日入城，以觀人情；仍告語城中，萬一有不虞，盡行屠戮。於是治尚書令廳及西府以待之。

校勘記

① 光世矯以蕃官山嘍來自京城　「山嘍」，原作「沙穆」，據叢書本改。

② 罵賊不已　「賊」字原闕，據叢書本補。

③ 移賚勃極烈左副元帥押　「移賚勃極烈」，原作「固倫尼伊拉齊貝勒」，叢書本作「你移齎勃極烈」，此從金人地名考證及金史卷三太宗紀改。

④ 諳班勃極烈都元帥押　「諳班勃極烈」，原作「安班貝勒」，叢書本作「諳板勃極烈」。此從金人地名考證及金史卷三太宗紀改。

⑤ 蓋指此也　此後原有四庫館臣按語：「按原本所載檄文字句脱誤，今悉依北盟會編補正。」今删。

⑥ 金人入寇　「寇」原作「犯」，據叢書本改。

⑦ 自前主恭命出郊以來　「恭」，原作「傳」，據叢書本改。

⑧ 依政宋齊愈　「依政」不可解。按本書首次出現之人，依例應書其籍貫。據皇朝中興紀事本末卷二，宋齊愈爲臨邛人，因

疑二字爲臨邛之誤。

⑨ 留守司榜　「榜」，原作「摽」，據三朝北盟會編卷八〇改。

⑩ 并僧道耆老軍民等　「民」，原作「官」，據下文及三朝北盟會編卷八〇改。

⑪ 而上皇之兄吴榮穆王佖　原作「而上之兄吴榮穆王秘」，據宋史卷二四六宗室傳補改。吴榮穆王佖，爲宋神宗第九子、宋徽宗之兄。

⑫ 檜致仕　「仕」，原作「任」，據叢書本改。

⑬ 自來日更不供軍　「軍」字原闕，據叢書本補。

⑭ 履事迹乃以爲履所賦　「以爲」後叢書本有「謂」字。按：三朝北盟會編卷八二引副使節使王履事迹，以爲矯首歌爲王履所作。應是。

⑮ 英宗廟諱同音　以下原有四庫館臣按語：「按原書避嫌名，今補，仍存舊注。」已删。

⑯ 習蔡京不法所爲　「習」，叢書本作「皆」。查三朝北盟會編卷八三引朝野僉言，亦作「習」也。

⑰ 有妾好定者　此下原有四庫館臣按語：「宋史陳遘列傳，妾名定奴。」今删。按：宋史卷四七四忠義二陳遘傳：「振怒且懼，潛吏刃入府。遘妾定奴責其輒入，振立殺之，遂害遘於堂。」

⑱ 金穆宗楊割子撻懶也　「楊割」，原作「英格」，「撻懶」，原作「達蘭」，據金人地名考證改。

⑲ 今附此詼考　此後原有四庫館臣按語：「按英格、達蘭名今改正，姑存原注。」今删。

建炎以來繫年要録卷三

1 建炎元年三月辛卯朔，范瓊率諸將陳兵以送張邦昌，金人以鐵騎送之，及門而返。晡時，邦昌入居尚書省，百官班迎，邦昌與百官交拜於道。司門郎中徐俯獨不拜，持王時雍大呼號慟，掛冠而去。俯，禧子也。禧，分寧人，元豐給事中。夏少曾僉言：「二帥知邦昌不可强，乃詭邦昌曰：『大金皇帝有詔立宋之太子，以公爲相，善爲輔助，毋使敗盟，請公入城。』」臣按邦昌上大元帥書，叙金人迫脅事甚詳，初無此説。況太子出城已久，未嘗再入城。此説妄也。呂好問開具謝克家分析因依狀云：「三月一日，邦昌入居尚書省。臣爲言：『相公曾察今日人情所向乎？今日人情畏金人兵威耳。金人去後，公保人心如今日乎？』邦昌曰：『誠如是。』臣曰：『今康王在外，元祐皇后在内，天意亦可見。』邦昌曰：『是邦昌之心也。』」按此事惟好問奏狀及秦湛回天録有之，今且附見。

2 壬辰，金人以兵部尚書呂好問、工部侍郎何昌言、給事中韋壽隆①、顯謨閣待制提舉醴泉觀李熙靖、左諫議大夫洪芻、光禄卿黄唐傳、軍器監王紹、吏部員外郎王及之、禮部員外郎董逌、户部員外郎李健②、工部員外郎李士觀、刑部員外郎吕勤、倉部員外郎曾慥、秘書省著作郎顔博文爲事務官，限三日立邦昌，不然，下城盡行焚戮。都人震恐，有自殺者。邦昌亦欲自裁。或曰：「相公城外不死，今欲以死塗炭一城邪？」衆人泣勸再三，乃止。昌言，新塗人；壽隆，餘杭人；熙靖，晉陵人；唐傳，侯官人；士觀，昉孫；昉，饒陽人，雍熙中宰相。慥，晉江人；博文，安德人也。昌言、芻、紹、及之、健、博文皆與時雍等同趣，而慥娶吴幵女，故金用之。實録稱中書舍人李熙靖爲事務官。按附傳，熙靖自西掖出守拱州，復以故官召，靖康元年除待制奉祠，此時不爲舍人，實録誤也。

3 癸巳，吏部尚書王時雍等申：「今來軍民悉願推戴張太宰，緣京城無主日久，伏望早賜遺備禮儀施行。」金復令吴幵、莫儔入城云：「以初七日行册命之禮。」

留守司以軍前劄子復須金銀元數，遂分下二十三坊，每坊金四十四萬五千兩，銀二百八十一萬四千一百五十兩，表段八萬四千三百一十六匹，下户金亦不減百，銀不減千，表段亦百餘。細民但發笑，亦不憂，曰：「金人以立主事，恐民不服，先以此脅之耳。」已而果然。徐夢莘北盟會編載開封府敷配金銀事在此月壬寅，與實録不同。夢莘所編又云：「先是，城陷之初，金人索在京户口數。開封府張大其事，報以七百萬户。至是，金人令以人户等第敷配，故雖細民下户，亦不下金三十鋌，銀二百鋌，表段五百匹，督令日下送納。士庶知所配無規，但相與戲謔而已。」

江淮發運副使向子諲遣進士李積賫金帛詣元帥府，且悉獻本司錢糧之在濟州者，以助軍費。王喜，遂以積爲承直郎。積，招信人也。欽宗實録：「以子諲爲發運判官。」蓋因汪伯彦中興日曆所書也。按紹興八年，子諲乞以靖康中拘張邦昌家屬事宣付史館。奏狀稱：「任京畿轉運副使兼發運副使。」今從之。

鄜延經略使張深自陜府將所部改塗趨虢州。初，諸帥既集，宣撫使范致虚欲盡取五路兵，與敵刻日會戰。經略司主管機宜文字李觀以敵氣方鋭，勸深取間道趨京師，其實謀避敵也。深别致虚，致虚大驚曰：「公獨異議，殆假此以歸耳。」深曰：「既不能進，其可守株以誤國事？」遂與副總管劉光世合軍而去。觀，華陰人也。深至盧氏縣，乃山行，出大和谷南，之汝州。

4 丙申，統制官閤門宣贊舍人吴革爲范瓊所殺。革將起兵，其參謀吴銖等曰：「事急矣，緩則且泄，有不測之禍。」夜漏未盡，班直甲士崔廣等數百人排闥至革寢所，曰：「邦昌以翊日受册，請舉事。」革以衆不可奪，被甲上馬。時已黎明，比行至咸豐門，四面皆瓊兵。瓊以權主管殿前司公事左言謀③，紿革至帳下議事，遂斬之。其徒百餘人併戮河上。革至死顔色不變。革天資忠勇，天文地理人事兵機無不通，死之日，知與不知皆爲泣下。夏少曾僉言云：「吴革召集壯士欲奪駕，時軍前取去醫人入城買藥材，見革説勤王兵皆在近甸，敵精軍不滿萬人。革信其詭説，初五早欲奪門。范瓊、左言詐而殺之。」按革自以邦昌僭位日迫，倉卒舉事，恐非爲人所詐也。今不取。

都省禮房告報，文武臣僚並以受册日赴文德殿立班。閤門儀制榜：「今月七日，僧道、父老於尚書省令廳下立，俟太宰上馬，導引至右掖門，先退。太宰至文德殿門下馬，仍詣殿東朵殿幄次更衣，文武百官、諸軍將校、文臣選人、武臣承信郎已上，於殿下東西間面北，并設儀仗，於殿下排立。皇帝望大金國闕設褥位於殿下，少立，俟册寶入門至位，皇帝降階詣褥位，望大金國闕拜訖，俟册寶至褥位，讀册設寶，皇帝跪受訖，再拜，皇帝陞殿，即坐，文武百官等七拜訖，起居稱賀，五拜訖，退。右曉示，各令知悉。」

是日，吴幵、莫儔至自敵營。時金人在南薰門，謂吕好問曰：「康王我眼中物，當以五千騎取之。」此據秦湛回天録。好問即遣人持書獻王，言：「大王所領之兵，度可當則邀擊之，不然即宜遠避。」又言：「大王若不自立，恐有不當立而立者。」是夕，侍從官並宿尚書令廳，以待行事。

5 丁酉，金人册張邦昌爲皇帝。册文略曰：「太宰張邦昌，天毓疏通，神資睿哲。處位著忠良之譽，居家聞孝友之名。實天命之有歸，乃人情之所徯。擇其賢者，非子而誰？是用册命爾爲皇帝，國號大楚，都於金陵。自黄河以外，除西夏封圻，疆場仍舊，世輔王室，永作藩臣。」趙甡之遺史：「邦昌册文曰：『無德而王，故天命假於我手；當仁不讓，知曆數在於爾躬。』」按僞楚録有邦昌册文，今録於此，蓋甡之傳聞之誤：「維天會五年歲次丁未二月辛亥朔二十一日辛巳，皇帝若曰：昔先皇帝肇造區夏，務安元元。肆朕纂承，不敢荒怠，夙夜兢兢，思與萬國同格於治。粤惟有宋，實乃通鄰。貢歲幣以交懽，馳星軺而講好。期於萬世，永保無窮。蓋我有大造於宋也，不圖變誓渝盟，以怨報德。」已下一百一字指斥不録。「今者國既乏主，民宜混同。然念厥初，誠非貪土。遂命帥府，與衆推賢。僉曰：太宰張邦昌，天毓疏通，神資睿哲。處位著忠良之譽，居家聞孝友之名。實天命之有歸，乃人情之所傒。擇其賢者，非子而誰？是用遣使備儀禮，以璽綬册命爾爲皇帝，以撫斯民。國號大楚，都於金陵。自黄河以外，除西夏封圻，疆埸仍舊，世輔王室，永作藩臣。貢禮時修，勿疲於述職；問音歲至，無緩於披誠。於戲，天生蒸民，不能自治，故立君以臨之。君不能獨理，故署官以教之。乃知民非后不治，后亦非賢不守，有國者可不慎歟？予懋乃德，嘉乃丕績，日慎一日，雖休勿休。欽哉，其聽朕命。」

前期，有司設褥位於宣德門外。平旦，邦昌自尚書令廳乘馬入次，慟哭久之，步至御街，望金國拜舞跪受，金使韓正退。邦昌服赭袍，張紅蓋，百官導引，步自大慶殿至文德殿前。進輦，却不御，步陞殿。於御榻西別設一椅，坐受軍員等賀訖，文武合班。邦昌乃起立，遣閤門傳令云：「本爲生靈，非敢竊位。」王時雍等懇奏，復傳旨云：「如不蒙聽從，即當引避。」時雍率百官遽拜，邦昌急回身，面東拱手而立。有衛士曰：「平日見伶人作雜劇，裝假官人，今日張太宰却裝假官家。」是日，風霾，日色薄而有暈。邦昌之受册也，百官皆慘沮，邦昌亦變色，惟王時雍、吴幵、莫儔、左言、范瓊等數人欣然若有所得。

上皇在青城，聞之曰：「邦昌若以死節，則社稷增重。今既立異姓，則吾事決矣。」因泣下霑襟。此據曹勛北狩聞見録。時上皇又遣左副元帥宗維書，乞東南一郡以奉祖宗遺祀，宗維不許。王若沖北狩行録云：「軍前已議北遷，令姜堯臣書寫劄目投黏罕國相。其劄目曰：『某素慕山林，謝事罷政之後，止管教門公事。某之罪失，固不可逃責。念茲神御，遠遷異國，欲乞東南一郡，以享祖宗血食，不勝大願之至。』」曹勛北狩聞見録云：「金人凡有計議，只在淵聖御前奏稟，隔數日一遣人起居。徽宗到寨十餘日，自製劄子一通與相國，云：『某頃以海上之盟，謂歡好可以萬世，雖嘗招收張珏，繼蒙須索，即令戮以爲報，意罪不至甚，而大兵踵來，乃指爲釁。某即遜位，避罪南去。後塊處道宮，恬養魂魄，未嘗干預朝政。而奸臣伺隙，離間父子。雖大兵南來，亦不相關報，致煩天討，宿甲臨城。至城破時，始知三關敗約所致。蓋嗣子不能奉大國之約，某亦有失義方之訓，事遂至此，咎將誰執？尚有血誠，祈回洪聽。某願以身代嗣子，遠朝闕廷，却令男某等乞一廣南煙瘴小郡，以奉祖宗遺祀，終其天年。某即分甘斧鉞，一聽大國之命。誠迫意切，顒待台令。』劄子去後二日，有番使來云：『承示文字，但三關之盟，初不恁地，止説子孫不紹，社稷傾危。雖承劄子，却不敢背元約。』」

吏部尚書王時雍乞差官分管職事。此據呂好問開具因依狀。以時雍權樞密院事，兼權領尚書省，兵部尚書呂好問權領門下省，開封尹徐秉哲領中書省，尚書左丞馮澥守舊職，延康殿學士、提舉萬壽觀李回權右丞，僞楚録：「三月八日，李回元係簽書樞密院事，權依舊。十八日，權領中書省。二十五日，自權禮部尚書乞罷尚書領省事。四月初九日，乞罷權右丞。」皆與實録不同。翰林學士承旨吳幵權同知樞密院事，吏部尚書兼翰林學士莫儔權簽書樞密院事。按實録，時雍、儔皆自吏書除，不知吏書何以有二員。據儔除吏書在去年六月癸卯，時雍不見除日，當是儔從駕往金營，而時雍併攝之耳。沈良餘録云：「邦昌既立，以時雍爲太師。」何烈草史云：「王時雍領三省事，徐秉哲權門下侍郎。」皆誤記也。今不取。大理卿周懿文爲開封尹，吏部員外郎王及之權都水使者。大抵往來議事者，幵、儔也；逼逐上皇以下者，時雍、秉哲也；脅懼都人者，范瓊也；遂皆擢用。回，江寧人，靖康初簽書樞密院事，及是，前執政在城中者，惟回一人。時馮澥、曹輔留敵營，邦昌素善澥，將歸之，而輔不在請中，故以回補其處。時雍既受命，請用二府蓋轎④，許之，都人號時雍「賣國牙郎」。按紹興中王次翁、曾統、謝祖信劾趙鼎受邦昌僞命，爲京畿提刑，退而告人，有「親奉玉音」之語，而實録不書，蓋誣之也。呂好問開具因依狀云：「初七日，王時雍乞差官分管職事。其時臣不肯承當⑤，門下省人吏來參，臣亦設椅請坐，以示堅不承當之意。邦昌自謂臣曰：『忘省中之語耶？若虛着窠闕，被軍前差將人來，如何？』臣當時已傾心陛下，再三思得利害實如此。若軍前差人，則城中束手，做事不得矣。所以含羞忍耻者，以圖大計也。」好問此説，雖以自辨，理亦有之，今併附見。

邦昌之僭立也，有司趣百官入賀。太學博士孫逢獨堅卧不屈，夜既半，同寮强起之，不從，垂泣而與之訣。事畢，有司舉不至者，以逢及駕部員外郎喻汝礪爲請，欲以復於金人。邦昌以畢至告，乃得免。逢聞之曰：「是必將肆赦遷官以重污我，我其可竢？」遂發疾而卒。逢，眉山人也。逢事迹據汝礪所作傳修入。譚纂作汝礪年譜云：「公既不屈節，乃爲主議者解赴軍前，二帥倨坐，見公責其不從軍令，公大言曰：『鉅宋恩澤在人，天命未厭。』忠義之氣，形於詞色。或欲辱公，二帥曰：『此義士，各爲其主，姑釋之。』」按史及諸書，汝礪未嘗出城，纂蓋妄也。

6 戊戌，尚書吏部侍郎謝克家、兵部侍郎盧襄、中書舍人李擢並落致仕，集英殿修撰范宗尹權右諫議大夫。克家，良佐弟子；良佐見今年八月壬申。襄，西安人；擢，歷城人也。克家以疾辭，邦昌遺之書曰：「既無由自裁，不食五七日又不能死，顧豈得已哉？公能諒此心，則共安海内，以究遠圖之事，尚可冀也。況銓綜舊職，非敢以此累公，公無以疾辭，則幸甚。」書用尚書内省之印。

龍圖閣直學士胡直孺權户部尚書，司農少卿胡思權户部侍郎，户部員外郎葉宗諤權司農少卿，顯謨閣待制李熙靖、詹乂並權直學士院。熙靖不受。宗諤，泰寧人；乂，縉雲人也。

7 己亥，王時雍權領尚書門下省事。時吕好問未就職，故時雍兼之。邦昌遣户部侍郎邵溥使左副元帥宗維，中書舍人李會使右副元帥宗傑，報以欲詣軍前致謝。二使及門，先以狀申，金答云：「皇帝不須出城，好治人民，竢要相見，自往請也。」

8 庚子，金人來取宗室。徐秉哲令坊巷五家爲保，毋得藏匿。開封少尹夏承力爭，不聽。添差少尹余大均主其事，前後凡得三千餘人，秉哲悉以使引押赴軍前，當行者皆令衣袂相聯屬而往。濟王之夫人曹氏避難他出，秉哲捕而拘之。此以欽宗實録、趙甡之遺史、李綱進退志、趙子崧家傳參修。開封府捉事使臣竇鑒曰：「我生爲大宋之臣，豈忍以大宋宗族交與敵人乎？」遂自縊而死。

權户部尚書胡直孺免權職，太府卿朱宗權尚書刑部侍郎，户部員外郎陳師尹權太府卿，庫部員外郎葉份權左司郎官，户部員外郎李健權右司郎官。宗，紱子；紱，仙遊人，嘗爲給事中。份，劍浦人也。

河東軍賊高才，以二千人歸正，出語不遜，王誅之，命右軍統制苗傅代領其衆。傅盡收才金帛子女。王曰：「傅賊耳，與才何異？」自此惡之。

金人自宛丘引衆逼興仁⑥，列寨而屯，復分兵犯開德。宗澤遣統制官孔彦威與戰，敗之。度敵必犯濮州，急戒右文殿修撰權邦彦以所部冀州兵爲之備，敵果至，與戰又敗之。

9 辛丑，金人遣慶賀使崇禄大夫兵部尚書高慶裔、副使彰武軍節度使李士遷入城，其書曰：「移賚勃極烈左副元帥、皇子右副元帥同致書於大楚皇帝：向承明詔，擇立賢人，爰及庶士之謀，已諒英聰之德。具聞天闕，優降册書，禮命初行，羣情胥悦。未遑伸於慶牘，不圖辱於華緘。幸容先導微悰，繼陪高論。」别幅遺邦昌衣著百二十段，馬四匹。既見，邦昌與慶裔等燕於禁中。

金人分兵犯濟州，至柏林鎮，距州纔百里。王聞之，命都統制楊惟忠，惟忠慍曰：「諸少將不出，首推老者。」王曰：「此遊騎伺吾虛實耳。」乃令惟忠警嚴，五軍翼擺堤上，張滿以待。又命中軍統制張俊以所部爲疑兵。夜，金拔寨遁去。是日，知冀州權邦彦與敵再戰，殺傷相當。京東轉運判官、直龍圖閣閭丘陞亦以所募民兵出戰，宗澤自南華縣遣二千騎援之。敵引去，復向開德。邦彦與澤所部統制官孔彦威夾擊，大敗之。

陝西宣撫使范致虛兵潰於千秋鎮。初，致虛率諸路兵過陝州，與敵遇，戰十數，殺傷相當，復得潼關。參議官趙宗印以舟師至三門、集津，亦累得小捷。致虛乃授宗印河東制置使，整軍出潼關。僞西京留守高世由聞之，遣使告急於左副元帥宗維，乞兵爲援。宗維謂諸將曰：「致虛儒者，豈知用兵？當使斥堠三千殺之。」⑦致虛前軍出武關，由鄧州、澠池之間，屯於千秋鎮。宗維遣孛堇婁宿將精騎，自伊陽直衝之。王師不備，遂棄輜重而奔，死者幾半。西道副總管孫昭遠、環慶經略使王似、熙河經略使王倚留居陝府，致虛收餘兵入潼關。世由，瓊孫也。致虛之離陝也，裨將李彦仙說致虛曰：「陝爲軍後，盍少遺之？兵行者利速，多爲支軍，則舍不致淹，敗不致覆。不然，衆屯聚出殽澠，一蹶於險，則敗矣。」致虛業已發傳，怒彦仙沮解，罷不用。彦仙，彭原人，後徙鞏，善騎射，喜言兵，嘗爲种師中部曲，入雲中，斬首二級，稍得遷校尉。其說致虛，不見聽，至是果敗。致虛千秋之敗，按趙甡之遺史及李觀紀行録，皆在三月十一日辛丑，而實録於三月末附書之，蓋不得其本日也。實録又稱：「自正月至三月十五日，大戰十數，既得潼關，乃引衆東出。」亦恐差誤。

10 壬寅，金遣使入景靈宮，取神御等物。此據實録，未知與宣和録正月戊申所書有無重疊，今且兩存之。

自邦昌出令之初，王時雍等皆以聖旨行下。邦昌下令曰：「夫聖，孔子不居，則予豈敢？自今議定及面陳得旨事稱面旨，内批稱中旨，傳諭所司稱宣旨，以手詔爲手書。」僞楚録：「邦昌下令曰：『予以寡陋，向逼大國之威，俾救斯民於兵火，而諸公横見推逼，不容自裁，忍死以理國事，豈其心哉？顧德弗類，實難稱塞。出令之初，有司乃以聖旨行下，載循昧陋，殊震危衷。夫聖，孔子不居，則予豈敢？自今與三省樞密院議定處分，及内外官司面陳得旨事稱面旨，内廷及批出文字稱中旨，遣官傳諭所司稱宣旨。洪惟非常之變，適遭會於斯時，尚冀有永之圖⑧，訖敉寧於區夏。庶幾多士，共識此懷。』」靖康野録云：「邦昌内批稱中旨，命於外曰命旨。」與此不同，蓋傳聞之誤，今不取。

工部侍郎何昌言請更名善言，避邦昌名也。其從弟通直郎昌辰，亦請於吏部，更名知言。時奉直大夫致仕徐俯居城中，買一婢子，名之曰昌奴，遇朝士至，即呼前驅使之。

是日，兵馬副元帥宗澤與金人戰於韋城縣，敗之。金人既爲權邦彦所却，澤因約知深州直秘閣姚鵬同進兵，鵬未至，澤自引所部至衛南，候騎報賊壘近⑨，宜少避，澤曰：「將孤兵寡，不深入重地，無以取勝。」澤揮戈直前，親冒矢石與戰，敗之。敵益濟師，官軍不利，將士傷重者什二，先鋒將果州刺史王孝忠戰死。士卒知退無所恃，人人争奮，敵大敗，斬首數千級，遂得韋城縣。敵欲夜襲澤，澤知之，日暮移軍南華，敵果夜至，得空壁，大驚，自是不復出。澤在軍中與士卒同甘苦，故人樂爲用。汪伯彦中興日曆云：「三月辛巳，開德府宗澤申：『金人十日自衛南前來侵犯，乞應援。』十六日丙午，宗澤申：『金人十日巳午間近護城堤，統制官孔彦威交兵，申酉間殺退。十一日辰巳間再向前來，本軍差權邦彦下官兵併力殺退。當夜三更，拔寨遁去。奉王旨行下，不得追襲，恐落奸便。』十九日己酉，據副元帥宗澤下敗兵五人前來，稱：『宗元帥十二日領兵追襲，待徑入京城下解圍。當日到衛南，逢伏兵殺退，東趣南華縣，兵敗，宗元帥易衣裳，隨敗兵夜走奔北。』續據澤申，如敗兵所説外，見於雷澤縣招集潰兵，乞給器械。澤先造戰車一百五十輛，大而難運，推駕者苦之。一旦遇敵，倉卒皆委而走。金人以戰車盡載澤軍實而歸。王聞之，曰：『吾見澤戰車，大不適用，徒費工料。澤不聽，今果資敵矣。』初，劉浩剏造戰車五兩，試之不可用，軍中闕衲襖，乃提軍見澤，爲車陣圖以獻。澤喜，問所闕，浩既得衲襖，不告而還。澤遂以浩所圖，妄稱見造成車一百五十輛，已募到民兵一萬五千人，謀復真定。朝廷壯之，除秘閣修撰、河北民兵總管。其實無一人一車也，方且圖之耳。逮帥府遣往開德，乃旋用浩車制剏造，而終於敗。』耿延禧中興記云：「宗澤、權邦彦自南華入，遇敵騎卒至，西將王孝忠死。澤、邦彦更士卒白布衫草履，夜走姚鵬軍。所製戰車五百兩，使民兵御之，民兵棄車走，爲敵所得，以載城下所獲金銀歸。後建炎初，河北寇皆澤麾下潰卒也。」按伯彦、延禧與澤議論不同，詞多毀澤。又二人所進書，皆出於澤死之後，恐未足信。今以欽宗實録及澤遺事參修。戰車事，今年九月乙巳注可考。先是，知博州孫振以軍民之兵二千人至冠氏縣⑩，王命屯濮州，受澤節制。去年十二月己丑。至是，聞澤與敵戰，其親兵皆懼，且懷鄉土，乃殺振，分取軍實，散而北歸。振，傅父也。耿延禧中興記云：「振墜馬死。」今從汪伯彦中興日曆，竢考。

11 癸卯，吕好問權領門下省職事。好問雖繫新銜，仍莅舊職。

太學博士朱震致仕。震，邵武人也。

元帥府寮屬聞金人立張邦昌，欲奉王至宿州駐軍，謀渡江左。先鋒輜重至山口鎮，三軍籍籍，謂不返京師而迂路，何也？王聞其語，遂罷行。欽宗實録以宿州之行爲黄潛善建議。按，中興日曆罷行在三月十三日癸卯。此時潛善在興仁，三月二十七日丁巳，潛善乃至濟州。實録誤也。蓋耿延禧中興記初不深考，附此事於潛善至濟州之後，而史臣遂因之。是時，耿南仲、汪伯彦在濟州，未知的是何人建此議。今但云帥府寮屬，竢考。宗澤自南華遣兵過大溝河，襲金人⑪，又敗之。

12 甲辰，金人遣高慶裔入内藏庫，又命歸德軍節度使王汭與慶裔偕來。汭，燕人也。是日，領門下省吕好問以私財即永慶院啓建聖壽節道場。慶裔適入城，衆皆恐懼，好問獨不顧。實録：「甲辰，金人入内藏庫。」而無其名。

三國謀謨録：「是日，慶裔等入城。」而無其事。今參取修立。汭所領節度，要盟録二帥再問罪書中有之。

邦昌以書至軍前，論根括金銀事。書曰：「比以冒膺縟禮，願展謝悰。雖瀝貢於忱辭，終未親於台表。退增感悚，豈易敷陳？載惟草昧之初，實軫阽危之慮。民志未定，故未可以得其心；事緒實繁，念將何以息其動？前朝昨奉台令，取索金銀表段以充犒軍。伏自入城以來，講究民間虛實，乃聞罄竭，悉以傾輸。嗣位之初，朝夕祇畏，戒諭官吏，罔敢弗虔。仰荷大恩，敢不論報？雖割肌體，豈足能酬？然念斯民困敝已甚，當圍城窘急之久，有比屋餓莩之多，欲撫養則無資以厚其生，欲賑給則乏粮以續其命。而催科正急，刎縊相尋。若閱日稍淹，則所存無幾。非仁何以守位？非民何以守邦？坐觀轉壑之憂，不啻履冰之懼。與其跼天蹐地，莫救於黎元；孰若歸命投誠，仰祈於大造？伏望察其懇迫，賜以矜容，特寬冒昧之誅，誕佈蠲除之惠。則終始之德，遂全億衆於死亡；報稱之心，敢憚一身之糜潰？期於没齒，以答隆恩。」又乞往謝二帥。「大楚皇帝張邦昌謹致書於國相元帥、皇子元帥：今月七日，伏奉皇帝聖旨，特降樞臣，俯加封册。退省庸陋之資，何以對揚休命？前此固嘗死避，終不獲辭。載惟選授之初，盡出薦揚之賜。尋因還使，附致感悰，願亟拜於光儀，庶少伸於謝禮。未聞台令，殊震危衷。遂遣從官，具敷勤懇。重蒙開諭，仰識眷存。然而淹日未前，撫躬無措，恐有失於稽緩，實深積於兢惶。伏望恩慈，早容趨詣。俟承報示，徑伏軍門。拳拳之誠，併留面叙。不宣，謹白。」

鄜延經略使張深引軍次魯山縣。時西道都總管王襄亦在焉，襄議與深合軍，深以襄所統皆烏合，不從，乃趨潁昌而去。

13 乙巳，邦昌詣青城謝二帥。既至，迎接殿下，揖而升，致賓主之禮。酒三行，邦昌請不毁趙氏陵廟，罷括金銀，存留樓櫓，借東都三年，乞班師，降號稱帝，借金銀犒賞，凡七事，敵皆許之。

14 丙午，邦昌下令，不御殿，不受朝，引對百官於延康殿小軒。呂好問家傳云：「或勸邦昌坐紫宸、垂拱二殿。好問曰：

『不可。』邦昌矍然而止。」按實録，初無進説者，更竢考詳。與執政、侍從以上坐議，言必稱名；飲膳起居不用天子禮；遇金人至，則遽易服。邦昌雖僭立，其處大内，多不敢當至尊之儀。有華國靖恭夫人李氏者，數以果實奉邦昌，邦昌亦厚答之。一夕，邦昌微有酒。李氏擁之，曰：「大家，事已至此，尚何言？」即衣之赭色半臂，益之以酒，掖邦昌入福寧殿，使其育女陳氏侍寢。其後，因邦昌之姊入宮，乃留其從者，而易陳氏以歸。王明清揮麈後録云：「道君在端邸，有妾彭氏，稍惠黠，上憐之。以小故出爲都人聶氏婦。上即位，頗思焉，復召入禁中，恩倖一時，舉無與比。父黨夫族頗招權，顧金錢⑫，士大夫亦有登其門而進者。二聖北狩，彭氏以無名位獨得留。一夕，邦昌有酒，彭氏衣以赭色半臂，掖之入福寧殿，使宮人之有色者侍寢。邦昌既醒，急解其衣，起就他室，固已無及矣。其後邦昌得罪者以此。」按史及李綱建炎進退志所書，乃李氏事，首尾甚詳。明清所云，疑姓氏或悮。姑附著此。今年七月丙辰行遣。王時雍每日白事，屢以陛下呼之，邦昌叱之乃退。

徽猷閣直學士、知淮寧府趙子崧聞張邦昌僭立，即以狀白王，乞遣師要擊河上，迎請兩宮，問罪僭逆，且言：「國之存亡，在此一舉。若有獻議擁兵南渡者，似未可聽。大王麾下皆西北人，孰肯渡江？渡江之後，中原豈可復收？莫如自近舉兵要擊，此爲上策。」子崧，燕懿王後，淄恭憲王世雄孫也。燕王生英國公惟忠，惟忠生韓國公從靄，從靄生世雄，世雄生贈通奉大夫令郯，令郯生子崧。

15 丁未，邦昌下令曰：「嗣位之初，宜廣推恩霈。今四方道路未通，致赦宥未能宣布，緣京城圍閉日久，下項事可以先次施行。應罪人常赦所不原者，並與釋放；文武臣僚皆遷官；特奏名三舉以上，及府監諸州解首，並與推恩；廂禁軍依例犒設；應見行法令典章，百司事任職務一切依舊。內有於民不便者，臺省寺監條具以聞。仍許諸色詣鼓院奏陳，當議參詳更定，以從民欲。」邦昌僞赦全文云：「三月十七日，三省樞密院同奉面旨：嗣位之初，宜廣推恩霈。今四方道路未通，致赦宥未能宣布，緣京城圍閉日久，下項事可以先次施行。應罪人所犯無輕重，不以已未發覺，常赦所不原者，並與釋放。應文臣承務郎、武臣承信郎以上，并内臣及致仕官，並與轉官。在職選人、循資校尉，比類施行，合磨勘者，仍並不隔磨勘。文武陞朝官，并禁軍都虞候以上，父母妻未有官封者，並與封敘；亡殁未封贈者，並與封贈；已封贈者，更與封贈；祖父母在，願回授者聽。應禁軍正副指揮使已上，各特與兒男下班祗應一名。應承務郎以上，服緑緋及十五年，不以贓私罪，並與改轉服色。開封府、國學及別試所去年秋試得解舉首，特與推恩，餘並以今年八月鎖院省試。應合特奏名人並與免試，内曾經六舉以上到省人，與補登仕郎，五舉人與補京府助教，四舉上州文學，三舉下州文學，兩舉諸州助教。錫慶院試中在學不係在學生、免廷試推恩人、諸路解到武藝合格人等，並照原降指揮分等參酌推恩。應命官除名，追降官資及勒停、終身不齒、放歸田里人等，及永不收敘人，並與敘元官；落職人與復舊職。令刑部檢舉奏聞。應停降諸色人等，未曾敘用者，並與特敘元職名。其永不收敘人，依此以次遷補，候有闕收補。應配軍因圍閉未出京人，候開門日配沙門島並配鄰州；見分配在京重役處者，仰刑部疾速具元犯，取旨放令逐便。應逃亡軍人及潰散人兵，除依累降指揮招集出首外，慮有未出首人，可特展一月首身，其存恤等事，並依已降指揮。應係官司欠負，不以名色貫伯，並行蠲免。其私債元無利息者，限一年外許理索。諸軍緣借請之類，見尅請受者，並特與除放。耆老並賜粟帛，令户部支給價錢。官私房錢，不以貫伯，並放三月。出糶米麥雜豆以濟貧民，雖已降指揮減價，尚慮民間不易，可令更與減價出糶，仍約束逐塲人民擁并。仰户部踏逐應有係官木植及空閑屋舍，添置賣塲，以濟細民，無致阻滯。掩骼王政所先，當草昧圍城之中，不忍視其横逆。應亡殁貧民，仰開封府量給官錢，充葬送之費。應細民疾病貧乏無藥者，令開封府疾速措置，差官分定坊巷，就門俵散官藥。諸軍疾病，合給官藥。緣多事之際，給散不時，仰馬軍司體度，速支官錢，廣行合藥俵散。其諸軍差發到軍兵保甲等有疾病者，令所轄官司依在京軍營法醫治。應伎術人等并家屬取赴軍前，所拋下財産，其有分人，許經開封府自陳，驗實給付。應寺院宫觀有隔下發放度牒等恩澤⑬，各令自陳，所屬保明申禮部，限三日給降度牒。應特旨還俗僧道，特與依舊爲僧道，令開封府給公據。應禁宫觀寺尼女冠，令所屬取問，願歸俗者聽從便。應見行法令典章，百司事務職任，一切並依舊。内有於民不便者，臺省寺監條具以聞。仍許諸色人經鼓院奏陳，當議參詳更定，以從民欲。牒奉敕如前，宜榜河南曉示，各令知悉。牒至準敕，故牒。」初，金人欲令邦昌肆赦。吕好問曰：「赦書日行五百里，今四郊皆敵，相公尚誰赦邪？」遂先赦城中。

延康殿學士李回辭權右丞，改權禮部尚書。僞楚録：「戊申，徐秉哲權領樞密院，李回權領中書省，吴幵權同領尚書省。」按史，邦昌訪尋大元帥僞尚書省劄子，李回押字，而吴幵無之，恐録誤也。

16 己酉，邦昌遣權國子監祭酒董逌撫諭太學諸生。

陝西宣撫使前軍統制官翟興襲西京，斬敵所命西京留守直龍圖閣高世由、大金隨軍轉運使右文殿修撰張友極。興，伊陽人，習知地利。范致虚既敗去，興間世由之怠，出其不意，與族弟進提步卒數百，卷甲夜趨，潛入洛陽，擒世由斬之。友極前爲河東轉運使，世由知澤州，金人再入，以城降，因爲敵用，事見去年十二月戊寅。至是就戮。

金人陷復州。

17 庚戌，尚書吏部侍郎謝克家、户部侍郎邵溥並權本部尚書。實録溥權户部在此月丁酉。按户書先差胡直孺，直孺辭，乃改命溥。若係之丁酉，則不應併差二員。實録恐誤，今從僞楚録。克家出而不治事，左司員外郎王琮權吏部侍郎。邦昌所除拜，皆令吏部賜告身，不書年，但繫日月。邦昌僞命出告，不見於史。光堯會要載閤門宣贊舍人宋源陳乞轉官，舊告係三月二十日下。庚戌二十日也，故因除吏部長貳附見。克家不治事，據實録所云。然宋源遷官，係尚書右選所行。是時吏書王時雍、莫儔在都堂，若克家果不治事，未知復是何人書告，此事當考。是時，邦昌雖不改元，而百司行移必去年號，獨吕好問所行文書稱靖康二年。

18 辛亥，金人以孛堇明珠爲河北路統軍，屯濬；阿里爲河東路統軍，屯河陽。諸軍有不服，並令處斬。初，金人欲留兵爲邦昌衛，邦昌辭之。呂好問謂高慶裔曰：「南北異道，恐北人不習南朝法令，或致驚擾，奈何？」慶裔曰：「留一孛堇在此節制，可也。」好問曰：「孛堇貴人，南方暑熱，即有病恙，則南朝負罪益深。」慶裔然之。此據秦湛回天録。於是命二人分屯兩河，以爲邦昌聲援。

19 壬子，權户部尚書邵溥兼提舉京城所，都水使者陳求道依舊職。

20 癸丑，淵聖皇帝以手札付徐秉哲曰：「祖宗創業幾二百年矣，宗廟社稷一朝傾危，父子宗族不能相保，皆因諸公相誤，追念痛心，悔恨何及？見已治行，闕少厨中所用什物，煩於左藏庫支三千緡，收買津發，非晚成行。勉事新君，無念舊主。某上徐尹。」士庶傳聞，血淚迸路。手札以實録及丁特起泣血録等書參修。實録云：「上三以親札付王時雍、徐秉哲。」泣血録云：「手札末云：『前宋趙某上王、徐二公。』」而臣家藏圍城中人手記，則但云：「某上徐尹。」蓋秉哲本尹開封故也。夏少曾僉言、靖康小録皆載上批，但語小異耳。少曾所記又云：「秉哲得之而泣。」恐未必然。今不取。邦昌命應文武官被旨權攝職事者，令尚書省出劄子，請給恩數，依正官法。非被旨兼舊職者並罷。

尚書左丞馮澥、簽書樞密院事曹輔、侍衛馬軍副都指揮使郭仲荀等歸自金營。時邦昌遺金書曰：「比膺詔册，獲撫邦封。載惟草創之初，方賴臣工之助。竊以左丞馮澥，國之老成；管軍郭仲荀，衆推忠謹。此外臣寮等，或因扈從前帝，或因差充在軍，如非台意欲留之人，乞示慈恩遣還之命。」左副元帥宗維許之。澥、仲荀歸，輔與譚世勣、孫覿、汪藻、秘書著作佐郎沈晦、鴻臚寺主簿鄧肅，亦因得歸。覿在烏陵撒母帳中，未與遣，有小卒教覿以姓名屬高慶裔，慶裔乃釋之。晦，文通孫，文通，錢塘人，治平中翰林學士，名犯太上嫌名。舊從肅王出質；肅，沙縣人也。輔入城，遂臥家不出⑭。

初，太常少卿劉覿在圍城中，與少卿兼權起居舍人汪藻謀，夜以栗木更刻祖宗諸后神主二十四，而取九廟神主、累朝册寶、金鐘玉磬悉埋之太廟中。覿，眉山人也。此事不得其日，據覿行狀在今春，而藻正月十日已從駕出城，恐是覿因敵入景靈宮取神御物而有此謀，故附藻入城之後，或可移附正月己亥淵聖臨出城時。

是日，罷括金銀。時邦昌致書二帥，懇其事。其書曰：「邦昌聞之先聖云：何以守位？曰仁。何以理財？曰義。人君之於天下，惟以百姓爲本。百姓之不存，則社稷無以固其重，人君不能保其尊。又況創業造始之君，惟務施德布惠，收天下之心，然後作爲事業，固其根本。由漢唐以來，率由此道。後世子孫，終必賴之，皆百代不易之理也。邦昌材質庸繆，道義無聞。仰荷大金皇帝天造洪恩，遽令軍民官吏推戴册命，畀以南土，使主斯民，以爲屏翰，以事大國。方夙夜祗懼，無以報稱。思臨士民，坐視困苦，莫之拯救，痛傷肺肝，殞身無門。見今京都百姓，自來前皇帝朝，已根括金銀數次，雖有藏匿，官吏搜索，悉皆罄盡。今又蒙元帥科降數目浩大，難以充足。雖軍前遣人搜檢，亦無所得。百姓嗸嗸，憂疾餓死者，日以萬計，復懼根括金銀數不能足。重念大金皇帝以邦昌主斯民，而從政之初，民心離散，怨謗交興。邦昌恐以此主國，必致傾仆。惟元帥慈恩洪溥，智燭高明，曲照物情，俯加矜恤，止絶再降金銀數目，庶使億兆生靈保全性命，不陷顛危。邦昌所圖，竊冀其安，仰副大金皇帝建立屏藩之德，邦昌不任哀懇惶懼之至。」金報曰：「自來所取金帛，皆係犒賞軍兵之所急用，雖不能足數，亦且期大半。今楚國肇造，本固則安。慮因根括之急，重困斯民，已議捐止。」邦昌令尚書省榜諭。

21 甲寅，從事郎胡杞爲宣教郎，權司農寺丞。此必有故，當考。

尚書考功員外郎虞謩致仕。

温州觀察使、四壁都巡檢使范瓊爲京城内都巡檢使，帶御器械鄭建雄、樞密副都承旨王瓔爲四壁都巡檢使。瓔，成紀人也。

西兵安義潰散⑮，無所歸，與其徒去爲盜，掠汝潁間，鄜延經略使張深招降之。

22 乙卯，邦昌致書左副元帥宗維，欲乘大軍未退，修城池以備寇，宗維許焉。

延康殿學士、權禮部尚書李回乞罷權尚書，以秘殿舊班暫領省事，乃以回爲資政殿學士領尚書省事，位王時雍下。

尚書刑部郎中張卿材、太僕少卿陳沖同幹辦總領起發懿親宅物色。沖等至徐王府，日呼宫人飲酒歌笑，聞者憤之。按歘在三月二十五日，故附此。八月戊午行遣。

顯謨閣待制、提舉醴泉觀李熙靖卒。始，邦昌以熙靖直學士院，熙靖拒之，因憂憤不食，疾且篤，謂友人曰：「百官何日再朝天乎？」泣數行下，至是卒。中興，贈延康殿學士。

23 丙辰，王承制以集英殿修撰、兵馬副元帥宗澤爲徽猷閣待制，賞韋城之功也。

江淮發運副使向子諲檄廬州密切關防張邦昌家屬。時邦昌之弟邦基通判廬州，奉其母以居，故邦昌之妻子咸在。至是，遣人持敕書往問，道出亳州。子諲知之，即檄郡守直秘閣馮詢、提舉淮西香鹽公事范沖使拘之，以俟王命。詢，京子；京，武昌人，元豐知樞密院事。沖，祖禹子也。祖禹，成都人，元祐翰林學士。汪伯彦中興日曆：「四月六日，元帥府勘會張邦昌家屬在淮東寄居，札發運判官向子諲行下所屬州縣，嚴爲防守。」在此後八日，蓋據子諲申到，今不別出。

24 丁巳，金右副元帥宗傑退師，道君太上皇帝北遷，自滑州路進，后妃諸王以下皆從。惟建安郡王楧先薨於青城。此據靖康皇族數。景王杞自出郊日，侍上皇衣不解帶，食不肉味，比行，鬚髪盡白。此據曹勛北狩聞見録。時金人以牛車數百乘奉諸王以下。自過滑州，即行生路，至真定乃入城云。曹勛北狩聞見録：「徽宗北狩日，乘平日宮人所乘牛車，牛五頭。次顯肅皇后，次厨傳及本殿一行内人車仗，次諸王、帝姬、妃嬪閤分内人，不限次叙。車計八百六十餘輛。自過河，經濬州城外，敵騎約攔百姓不得看。惟賣食物數人近前，勛以銀二兩許博易飲食，賣人知是徽宗，即盡以炊餅藕食之類上進，反銀而去。自過此州，即行生路，步人砍窠木，騎軍戟枝梢，水淺即填以草柴⑯，路深則疊以甬道。跋涉荒迥⑰，旬日不見屋宇，夜泊荆榛及桑林間。雖雨亦進，河北泥深没脛，車牛皆屢壞屢死，壞不容補，死即臠其肉而去。又行稍緩則落後，車馬從而剿除。至暮下程，悉以車前轅内向，繞三四匝如射帖。徽宗居其中，又砍枝梢繚以爲鹿角，持兵備外，嚴於出入。旋鑿井及打柴草，分給造飯。然近水處終不肯住坐，一行苦乏水造飯，大半委頓。是後習知，遇水處，則逐車房院内人各下車取水負薪而從，遂得趁明造飯，飯罷，支散路糧。徽宗皇帝、顯肅皇后共破一羊⑱，粟一斗，諸王、帝姬及閤分，或四位破一羊，或六位破一羊，米則計人日給二升。皇太后、皇后别有館伴二人，早暮必來，瞻見聖容而退。如未見，須候見乃退。餘房院無館伴。至真定府，方入城歇泊二日，盡换牛乃行。緣自京至真定府，牛多無草，又以疲瘁死者十有四五，至是改换。自過真定，近中山府，行少緩，日亦行五六十里。」沈良靖康遺録云：「二帝之行也，分爲四處：上皇與景、肅諸王，上與燕、越二王及皇太子，大長帝姬從鄭皇后，帝姬、諸王從朱皇后，諸駙馬别爲一處，以鐵騎驅擁而去。」按史及諸家所記，祁王從淵聖，燕、越王從上皇，大長帝姬不在北遷之數，良録誤也。

邦昌法駕縞素，率百官詣五岳觀，遥辭二帝。邦昌慟哭，百官軍民皆哭，有號絶不能起者。信王榛至慶源，亡去，變姓名匿真定境中。

是日，高陽關路安撫使黄潛善自興仁至濟州。初，潛善在興仁，募南華縣小吏李宗至京師詗事，爲邏者所獲，捕以見權領尚書省王時雍。實録以時雍爲權領三省，蓋承耿延禧所記之誤。宗具言遣來狀，時雍以邦昌事告之，且補宗承信郎，不受。實録作補修武郎，恐誤，今從汪伯彦日曆、耿延禧中興記。乞歸報，時雍縱之。宗得都城所印賣邦昌僭號文、金人僞詔、邦昌僞赦文以歸。欽宗實録云：「宗得邦昌僞號文、金人僞詔、邦昌僞赦及迎立太后書各一紙。」按宗以三月丁巳至濟州，而邦昌四月丁亥始册太后，宗自出京至興仁府，又自興仁稟命而後來濟州，必經涉旬餘，則其離京師必在三月半間，安得有此書也？蓋汪伯彦、耿延禧誤記，而史官又因之。轉運使黄潛厚聞之，入見王，哽咽不能語。王問之，潛厚曰：「二聖已去，張邦昌僭立。」王聞之痛切，即與潛厚同見耿南仲，召潛善還濟州。幕府請以都統制楊惟忠代領其衆，惟忠辭⑲。汪伯彦言：「潛善所部統領官、知廣信軍張換有將材。」乃命換節制興仁府廣濟軍軍馬。換，陝西人也。潛善持李宗書見王，耿延禧中興記云：「王時雍所以告李宗使語潛善者，人莫得盡聞也。潛善至曹州，引宗見上，高世則欲與宗屏人語，潛善隨之。潛善又引宗至臣南仲麟嘉堂，臣延禧呼李宗語，潛善亦隨之。潛善退，李宗後失所在。或云爲潛善所殺。故或謂潛善得王時雍書不知何等語，懼李宗以告人耳。」按日曆，紹興中趙鼎嘗以此事奏陳，上曰：「不然，當時措置，皆是潛善。李宗見存，自可問也。」然則宗未嘗死，特延禧怨潛善當國斥己而誣之，今不取。王讀之涕泣。

25 戊午，王以集英殿修撰、兵馬副元帥汪伯彦爲顯謨閣待制，充元帥；復潛善徽猷閣待制，充副元帥。汪伯彦中興日曆：「潛善自河間初來，已帶待制。」誤也。按潛善是時奪職未復，今始還之，當以實録爲正。參議官龍圖閣直學士耿延禧爲樞密直學士，徽猷閣待制董耘爲徽猷閣直學士，親衛大夫、明州觀察使高世則爲遥郡承宣使，隨軍轉運使中大夫梁揚祖爲集英殿修撰，中興日曆揚祖前銜係帶直徽猷閣，今從實録。隨軍應副直顯謨閣黄潛厚陞直龍圖閣，幹辦公事直秘閣王起之陞直龍圖閣，朝請大夫楊淵、朝請郎秦百祥並直秘閣。世則不受。潛厚謝王訖，以與揚祖並爲漕臣，而汪伯彦除已職獨異，不肯用新銜。中興日曆，潛厚自小龍除秘撰，亦誤。今從實録及中興記。

邦昌遺金書曰：「孫傅、張叔夜、秦檜緣請存於趙氏，遂留寘於軍中。既知徇義於前朝，必能盡心於今日，宜蒙寛宥，使遂旋歸。」不許。邦昌書云：「比瀝懇誠，仰干恩造。丐舊臣之復職，蒙英亮而遣還。已荷隆施，尚餘至悃。伏念撫封之始，尤先盡節之褒，庶靖國人，以彰名教。孫傅、張叔夜、秦檜，緣請存於趙氏，遂留寘於軍中。既知徇義於前朝，必能悉心於今日。恭惟上國，方慎宏圖，以忠孝而勵羣臣，以信義而開鴻業。宜蒙寛貸，使獲旋歸。式昭全度之仁，垂副愚衷之願。其如虔叩，曷究敷宣。」金人答書云：「早承懿諭，願還舊臣。以謂馮澥，國之老成，郭仲荀，衆推忠謹。此外臣寮，如非欲留之人，乞下遣還之令。其已旋歸者，係裨贊時政，或有未還者，俱是欲留。仰冀照知，無煩理會。」

遣資政殿學士提舉醴泉觀路允迪、中書舍人張澂還京師。允迪，宋城人，靖康初以簽書樞密院事使左副元帥宗維軍，言割地。允迪，以元年二月丙午出使，未見罷時。爲所拘，至是得釋。金人遣蕭慶來議以陝西沿邊城寨畫界與西夏。邦昌遣權吏部侍郎王琮往謝，且辭之，金不許。金又遣邦昌書，言地有分割，民有凋敝，特免歲貢錢一百萬緡、銀帛二十萬匹兩，每歲只議納三十萬匹兩，銀帛各半。邦昌書云：「比馳柔翰，冒瀆忱誠。冀還文武之官，庶裨中外之任。載惟僭率，深負兢惶。豈意台慈，曲垂鑒炤。馮澥、郭仲荀二員，既蒙矜允，曹輔、譚世勣以下，悉已獲歸。仰荷隆恩，實出望外。至於親加訓誡，俾虔臣節之修。俯念孤危，允賴臣工之助。以至金帛犒賞之數，實軍前急用之資。蒙深軫於疲羸，遂獲紓於根括。興言肇造之本，賜以安固之圖。豈惟億姓之生靈，盡歸元造；兹爲萬世之大惠，曷報鴻私？罄筆舌以難周，銘肝心而莫致。今差吏部侍郎王琮，恭詣帳前伸謝，仰惟英聰，俯見卑悃。」金人書云：「會驗宋時，除依遼國舊例，歲納銀絹五十萬匹兩、錢一百萬貫，初以代燕地所出。今若依舊例輸納，且念地有分割，民有凋敝，特免錢一百萬貫，減放銀絹二十萬匹兩，只議納三十萬匹兩，銀絹各半，其數依舊例交割。」

秘書省著作郎沈晦以所假官真拜給事中。

26 己未，金兵下城盡絶，我兵分四壁屯守。邦昌詣敵營辭，服赭袍，張紅蓋。王時雍、徐秉哲、吴幵、莫儔從。所過起居並如儀。二帥見邦昌請還孫傅等書，大怒曰：「取三人者，豈非欲講前日事邪？」遂面詰再三，且云：「今若縱兵非無名，然亦駐兵不遠，當觀釁而動。」邦昌懼不能對。及午還宫。

初，孫覿既歸，金人以覿初不與遣，復追還之。覿即舍旁從刑部郎中張卿材自匿，又間行詣權刑部侍郎朱宗。越七日，金使坐都堂，趣還甚急，而卿材從開封吏卒至門，宗以計緩之，翌日，敵引去，覿乃得免。

元帥府斬閤門祗候侯章。初，命章監丁順軍，章聞張邦昌僭立，自廣信軍馳至濟州，言曰：「事已如此，諸公别無措置，奈何？」且以言侵汪伯彦等。伯彦請於王，以章扇摇軍情，斬以徇。汪伯彦中興日曆云：「侯章本出入張邦昌門下，至是，以險語迫王，勸王急爲渡江計。自具呈，擅作大元帥府京東等路幹辦公事入銜，與丁順同共措置，招收人兵，先計會按吏，插入熟事文字帶押。王送伯彦面呈，伯彦言章外則倡言，扇摇軍情，内則懷姦，逼逐大王，聚兵作過，乞斬章以徇。潛善、延禧、耘、世則皆憤疾，曰：『可斬。』王曰：『且與送獄。』尋搜到丁順所與章戰袍頭巾，及丁順書簡，遂斬之，人情大定。」耿延禧中興記云：「侯章欲往京城，下道逢李宗，宗具以事告章，章走濟州，明言之，三軍洶洶。云事既如此，而諸公别無措置，此皆細作耳。侯章以先報事爲功，助三軍鼓倡，汪伯彦斬章以徇，人情大定。」二書所云，與實録不同。蓋伯彦已誅章而誣之，延禧所云，差近事實。

宗澤自南華移屯臨濮。

閤門宣贊舍人申彦臣自軍前復還。先是，有勤王兵至咸平縣，敵人遣使來問，欲盡殺，爲復要招安，可急將赦書來。邦昌遣彦臣賫手書往，金人以三千騎送至咸平以南七十里，不見我師而還。

初，有詔起京東土兵射士勤王，宿遷尉崔某以所部至沂州莊子城，有王嗣者，唱衆爲亂，遂縱掠城中。

校勘記

① 韋壽隆　此後有四庫館臣按語：「徐夢莘北盟會編作馬壽隆。」今删。按：宋史卷二二徽宗紀四、靖康要録卷一〇俱作「韋」。

② 吏部員外郎王及之禮部員外郎董逌户部員外郎李健　原闕，據三朝北盟會編卷八三補。四庫館臣於此有按語：「按北盟會編，王紹下尚有吏部員外郎王及之、禮部員外郎董逌、户部員外郎李健，此本無及之、健名，而後云：『皆與時雍等同趣。』當有脱文。」今删。

③ 瓊以權主管殿前司公事左言謀　「殿前司」，原作「前殿司」，據九朝編年備要卷三〇、宋史全文卷一五乙正。

④ 請用二府蓋䪅　「䪅」，原作「薦」，據九朝編年備要卷三〇改。

⑤ 其時臣不肯承當　「臣」，原作「吕」，據叢書本改。

⑥ 金人自宛丘引衆逼興仁　「丘」，原作「邱」。按：此字乃清人避孔丘諱所改，故逕行回改。下同。

⑦ 當使斥堠三千殺之　此後有四庫按語：「北盟會編作當明斥堠，使三千人破之。」今删。

⑧ 尚冀有永之圖　「圖」，原作「國」，據叢書本改。

⑨ 候騎報賊壘近　「賊」，原作「敵」，據清抄本改。

⑩知博州孫振以軍民之兵二千人至冠氏縣　此後原有四庫館臣按語：「按博州有冠氏縣，原本冠誤寇，今校改。」今删。

⑪襲金人　「人」，原闕，據叢書本補。

⑫父黨夫族頗招權顧金錢　「顧」，叢書本作「賂」，按揮麈後録卷四原亦作「顧」。

⑬應寺院宫觀有隔下發放度牒等恩澤　「度牒」原闕，據叢書本補。

⑭遂臥家不出　「出」後原有「括」字，據叢書本删。

⑮西兵安義潰散　「西兵安義」，叢書本作「西安義兵」。

⑯水淺即填以草柴　「淺」，原闕，據曹勛北狩見聞録改。

⑰跋涉荒迴　「迴」，原作「向」，叢書本作「野」，據北狩見聞録改。

⑱徽宗皇帝顯肅皇后共破一羊　「顯肅皇后」，原闕，據北狩見聞録補。

⑲幕府請以都統制楊惟忠代領其衆惟忠辭　二「惟」字原作「維」，據本書卷二癸未日記事等改。

建炎以來繫年要録卷四

1 建炎元年夏四月庚申朔，金左副元帥宗維退兵。淵聖皇帝北遷。尚書右僕射兼中書侍郎何㮚、同知樞密院事兼太子少傅孫傅、資政殿學士簽書樞密院事張叔夜、御史中丞秦檜、尚書兵部侍郎司馬朴從。朴，光兄孫也。城始破，朴詣軍前納欵，逮將北還，朴遺書二帥，請存趙氏，金人憚之，挾以北去。靖康野録云：「金人欲立司馬朴。朴云：『吾祖有大功德於前朝，朴不才，安敢作此，累吾祖之德？朴有死而已。』」按他書，金人未嘗有立朴之議，今不取。

初，淵聖皇帝以肅王樞熟敵情，僞欲與俱，王泣曰：「遠使乍歸，不願離膝下。」請甚確，遂以祁王模侍行。此據曹勛北狩聞見録。

帝在軍中，頂青氊笠，乘馬，後有監軍隨之。自鄭門而北，每過一城，輒掩面號。此據孤臣泣血録。三國謀謨録亦有之。其進序云：「編成此書，以代嘗膽之苦，庶幾會稽之耻未忘，東門之役必報。」今從之。

初，敵縱兵四掠，東及沂、密，西至曹、濮、兖、鄆，南至陳、蔡、汝、潁，北至河朔，皆被其害。殺人如刈麻，臭聞數百里。淮、泗之間，亦蕩然矣。

邦昌委范瓊交割城池。敵留檄書數百道，具言志在弔民，本非貪土，并述邦昌以死辭避不獲之意，使邦昌傳諭四方。金檄書云：「宋之道君、少主、后妃以下，並已北遷。應文武百官、僧道、耆老、軍民共議，薦舉堪爲主者一人。却準文武百僚、僧道、耆老、軍民、同知樞密院事孫傅等狀，乞自元帥府推擇賢人，永爲藩屏。又乞於軍前選立太宰張相公，以治國事者。行府會驗，本官乃去年同康王爲質者也。既許尋舊好之後，夜犯營寨，即時破滅。以其敗盟，遂臨京城。將欲進攻，本官哀泣曰：『身爲宰執，出質軍前，而不意犯於不虜，罪當萬死。然主上年少，涖事日淺，蓋由奸臣所誤，且乞緩其攻擊。』因遣使語其少主，趣迎使人，泣而謝罪。及至和成，洎從軍北行，以北州縣或有不降，每欲進擊，必自求哀，往往有可愍之意。及重兵再舉，又乞遣使理會，雖威之鋒刃，不避也。欲引而南進，曰：『豈有大臣躬親出質，不能戢兵，以致交惡，而同敵人忍觀其伐主也？頭可斷，身不可去。』城破之後，驛召而至，語及廢國之際，號泣擗踊，涕泗交流，告乞再造。既不見容，或以腦觸柱，或以首投地，幾至自絶。乃知忠孝剛毅，出於其倫。忽聞共戴，果得此人，然恐難奪其志。洎在京百官差到翰林學士承旨吴开、翰林學士莫儔賫狀勸請，曰：『聞建邦立都，必立君長；制國御俗，允賴仁賢。恭以大金皇帝道合三元，化包九有。矜從諸夏，俾建列藩。契勘雖不許存立趙氏，既擇賢人以主兹土，則於國於民，爲幸亦已深矣。伏惟太宰相公，名高今古，學通天人；位冠冢司，身兼衆美。碩德偉望，早羽儀於百工；嘉謀赤心，久勤勞於三事。敢望以蒼生爲憂，而不以細行自飾；以機政爲慮，而不以固避自嫌。上體大金擇立存撫之意，下副國人推戴爲主之望。』及别狀申行府：『今文武百僚、僧道、耆老、軍民共請太宰相公以治國事，竊慮别有辭讓。伏望元帥府更賜敦請，本官早從輿望。』尋請知樞密院事漢軍都統制劉侍中彦宗、禮部侍郎劉思、應奉御前文字高慶裔同詣，具道其由，勃然奮怒曰：『國雖破，在臣子之分，豈容聞此？』由以先有防備，不獲自絶，而閉目掩耳，背立偃蹇，終不爲聽。但罵文武百僚曰：『以諸公畏於兵威，置我於賊亂之罪。寧甘心死於此，不可活矣，耻後世被以簒奪之名也。』然行府以軍國務重，不可久曠，尋録申奏。今降到寶册，備禮以璽紱册命爲皇帝，以授斯民，國號大楚，都於金陵。自黄河以外，除夏國新界，疆場仍舊。世輔王室，永作藩臣。其間志氣屹然不動，雖多方勉諭，以事在已然，雖死無濟，何如就册，用救生靈？猶不飲食累日，幾至滅性。遂擁迫入城，乃有在京官僚、僧道、耆老等，共集勸請，於天會五年三月初七日，方受册命。諸路軍民，各令知悉。」

二帥之在城下也，遣人於民麥地内分立牌，令諸蕃部刈之。至是，諸路兵稍進，自以輜重繁多，恐不得歸，乃爲北渡。先是，邵溥應副城南蕃官頗昵，言左副元帥宗維主謀者，有高慶裔、劉思，右副元帥宗傑主謀者，有劉彦宗、閤母國王①，凡謀事者，即預事。其有密謀也，各馳馬於空迴無人之境，盤旋數刻而後返。若衆議，則不以高下，皆環坐一室，畫字於灰，可否立定，不復聞語，其密如此。

資政殿學士、提舉醴泉觀路允迪爲觀文殿學士、佑神觀使，太僕少卿陳沖權太僕卿，都水使者陳求道權太僕少卿。

簽書樞密院事曹輔請罷政，不許。

鄜延經略使張深駐軍潁昌，會其斥堠騎得吴革所遺陝西制置使錢蓋礬書，言二聖幸青城，邦昌僭立，趣使進兵。深得書，召副總管劉光世及諸將計事。趙甡之遺史曰：「張深行次魯山，聞張邦昌即僞位，召光世及諸將議事。深對將士曰：『諸公好事在目前。』以所持扇左右倒，衆莫敢應，往往偶語出異論。光世乃遣使臣王默、張景等將漢蕃弓手一百人騎，賚狀前去招安盜賊，俾深罔測。光世密諭之曰：『聞康王領大元帥，駐兵京東，汝等當詣元帥府，分明投下文字而回。』金人既退兵，深與光世進至朱僊鎮。默、景得元帥府劄子二道，一云：『仰劉光世將所部軍馬，速赴大元帥府。』一云：『仰張深將所部回興仁府，只於本府駐劄。』及差使臣劉宗偕來。深得劄子，失聲惶懼。光世即辭去，以所部至濟州。」光世乃遣使臣王默等賫狀詣元帥府。先是，敵破潁昌，焚掠無遺。及是，其去纔數日也。李觀靖康勤王紀行録云：「三月乙卯，聞金人尚有留潁昌者，戒嚴而進。丁巳，次潁昌府。敵騎聞大軍至，即去。城中盡爲瓦礫，積尸滿地。」按此時金人將欲退師，非因西軍而後去也。今不取。

是日，江寧軍亂。先是，資政殿學士宇文粹中守江寧，驕倨不法，其官屬多相從燕飲，馭下殘酷。軍校周德因人心之怨，夜鼓衆作亂，執粹中囚之，殺通判府事奉直大夫王章、東南第五將閤門宣贊舍人王宗韓、司録事朝奉大夫王巖等十一人。江東轉運判官朝請大夫薛良顯爲亂兵所傷而去。官屬之不死者，皆遁。德等遂焚舟船，掠財物，嬰城自守，公私爲之一空。此事當見於欽宗實録而不書，今以建炎元年七月十三日江東提刑司奏狀修入。但變亂所起，不能詳耳。北盟會編貢士周紫芝上書：「宇文粹中之守建康，臣生東南，親見其事。傲睨慘毒，無所不至。黥徒數百，以誅元帥爲名。至於害及平民，血流滿野，拘繫囹圄，如鞫囚徒。粹中身爲大臣，屈首下賊，處之恬然，不能抗罵以死，偷活須臾，下汚士類，上辱朝廷。」日曆：「建炎二年十月庚子，江東轉運司奏中大夫徐疇等狀：『迪功郎安誠，以諂媚得親於宇文粹中，出入其家，朝夕無間。江東帥司舊無主管機宜文字，粹中特以誠故剏置，凡府政大小，悉決於誠。粹中之喜怒予奪，惟誠所使。又擅破將兵充白直，及與倡優往還，凡所惡之人，輒誣以重罪。故周德等結衆作亂。』又，紹興二年十月十四日，臣僚上言：『靖康末，宇文粹中知江寧府，方東京圍閉之時，粹中爲大臣，不能投袂赴難，惟事燕飲，以夜繼晝。衆情共怒，兵士周德因之爲變。』」今並附此，或可修潤增入。

2 辛酉，邦昌降手書曰：「天下承平幾二百載，百姓安業，豈復知兵？乃者奸臣首結邊難，招致禍變，城守不堅，嗣君皇帝越在郊野。予以還歸，横見推迫。有堯舜之揖讓，無湯武之干戈。四方之廣，弗通者半年；京城之大，無君者三月。從宜康濟，庶拯艱危。此文據僞楚録及鄧肅劾顔博文疏修入。肅疏又云：「至於廟諱，更不復顧。」蓋濮安懿王諱也。欽宗實録所載「海内承平」至「終究遠圖」，乃邦昌撫諭四方手書耳，非赦文也。肅在城中，當得其詳。但僞楚録係赦書於初四日，恐誤。今用其文，而移其日，庶不牴牾。沈良靖康遺録云：「初四日，邦昌肆赦，略云：『可大赦天下，諸道勤王人兵，當國家危急，不能進援，京師失守，乃欲偷安，雖無誠節，亦已勤勞。宜歸本貫，別聽中旨。』」此恐非邦昌本文，今不取。可依下項：應手書到日，昧爽以前，罪無輕重，常赦所不原者，並特釋放；遣官省視陵寢，諸州天慶觀天寧節仍舊行香；官吏並與推恩；勤王之師令管押歸元來去處；存恤諸處宗室；除放租税；招免賊盜等事，令禮部徧牒施行。」赦與覃恩同，但改赦字爲手書而已。時四方勤王兵大集，吴幵、莫儔爲邦昌謀，令散還諸路，故僞赦首及之。其文，秘書省著作郎顔博文所草也。初，江淮發運司遣吴樞者至京師探事，王時雍薦上殿見邦昌，陳利害，具言在外兵數，請遣使止之。辭語不順。邦昌乃授樞文林郎，用其策選郎官，爲四方密諭使。侍御史黎確嘗陳三事，勸邦昌罷東南貢獻，以收人心，有「憂勤恭儉，過於前王」之語，又請邦昌修德以應天。及邦昌求奉使止勤王者，確請行，遂奉邦昌手書，擁黃旗以詣趙野。黎確事，以紹興二年三月癸丑江躋論確章疏，及紹興八年十月己卯張燾乞遣追奪確職名奏狀修入。確，邵武人，野甥也。邦昌又遣范訥、范致虛、錢蓋、翁彥國、劉光世等手書計事。其書略云：「國家之變，千古未聞。昧陋所遭，可謂奇禍。」又云：「幸今敵騎已退，道路可通，即遣使東州，具伸夙志。」其書外題云：「付某人。」又内云：「邦昌上某官。」仍用内侍省印。僞楚録云：「邦昌以手書與翁彥國等，俱有止兵、問勞褒用之詞，皆斥其名，仍用國寶。」按趙甡之遺史，邦昌與彥國書封皮云：「付翁彥國。」其中仍云：「上端明中丞。」書云：「國家之變，千古未聞。昧陋所遭，可謂奇禍。誠以保存廟社，拯救生靈，使京城免於焚蕩，以濟遠圖，其心明於皎日。今幸敵騎已退，道路可通，即遣使東州，具伸夙志。想在端明，必諒此心。今差李左司賫手書，具道曲折。惟中外相與戮力，共濟艱難，迄成康功，以永丕祚，是所望於公也。初夏薄暑，軍務良勞，未晤間，更惟尚謹。邦昌上聞。」朱勝非秀水閒居録云：「趙子崧等會於襄邑，邦昌皆以手書與之。予時留守南都，亦得一封，其外用内侍省印，不書名，内只一幅云：『國家之變，可謂非常。昧陋所遭，亦云奇禍。』又稱予『堅守南都，力保鴻慶宮』。其末叙時令云『某上』。」據此，則録所云「用國寶」等語，皆非也。今不取。

元帥府統兵官劉浩、孔彥威、張換以下，仍各進官五等。此據欽宗實録附入。

權左司郎官李健乞使翁彥國，遂與奉議郎陳戩偕行。又遣水部郎官李革、京畿提點刑獄公事汪長源使張深、劉光世。戩，松溪人，彥國甥婿；革，深鄉人；長源，光世客也。李觀紀行録：「四月庚午，邦昌遣李革、汪長源以太后之命，勞軍爲名，先遣人通耗。深怒，囚來人於軍中。」按諸書，四月庚午，元祐皇后方垂簾聽政。革等出使，蓋在此前。觀所記恐誤。欽宗實録稱以汪湘使光世，又與觀所云不同。亦當考。

發運副使向子諲在亳州，邦昌遣其甥劉達賫手書以往，子諲不啓封而焚之，械繫達於獄，遣使勸進於王。

邦昌手書至虹縣，縣令已下迎拜，宣讀如常式。武尉徐端益獨不屈膝而走。事定，子諲言於朝，易文資。端益，金華人也。向子諲、徐端益事，並據王明清揮麈録附入。然明清云：「子諲時爲淮漕。」又云：「遣官奉表勸進於河北。」皆小誤，今删潤，令不牴牾。

遣武義大夫同恩、李興、潘謹纛持僞尚書省劄子往濟、鄆等州訪尋康王所在，令逐州守臣等具軍法文狀申省。劄子不書年，後有王時雍、李回二押字。按：馮澥時爲左丞，不知何以不書劄子。若澥元不供職，與吕好問相類，則後來何以坐事僞朝謫官？當考。

徽猷閣待制、提舉醴泉觀、權直學士院詹乂罷，從所請也。先，權直學士院、中書舍人孫覿令日下供職。

元帥府以檄書諭四方。自京都受圍，不通朝命，參議官耿延禧、高世則建請布檄諸路，以定人心，王然之，命延禧面草檄以行。

是日，敵營始空，其行甚遽，以勤王兵大集故也。華人男女驅而北者，無慮十餘萬。營中遺物甚衆，秘閣圖書狼籍泥土中，金帛尤多，踐之如糞壤。二百年積蓄，一旦掃地。凡人間所須之物，無不畢取以去，皆宦者國信所提舉鄧珪導之。命范瓊領兵出城搜空，得金人所遺寶貨、表段、米麥、羊豕之屬不可勝計，又有遺棄老弱病廢及婦女等，至是皆遷入城。敵之圍城也，京城外墳壠發掘略遍，出屍取槨爲馬槽，城内疫死者幾半。物價踴貴，米升至三百，猪肉斤六千，羊八千，驢二千，一鼠亦直數百。道上横屍，率取以食。間有氣未絶者，亦剜剔以去，雜猪馬肉貨之。蔬菜竭盡，取水藻芼之以賣。椿槐方芽，採取唯留枯枝。城中猫犬殘盡，游手凍餒死者十五六，遺骸所在枕籍。

時河東北宣撫使范訥屯雍丘，真定府路馬步軍副總管王淵爲先鋒。是晚，方遣三十騎抵城下②，邦昌遣人持帛勞之，且令諭訥速來，議復辟事。淵，福津人也。

3 壬戌，邦昌置修城司，命權户部尚書邵溥總領其事。

副元帥宗澤引兵次大名府。澤得金所掠人，始知二帝北去。澤聞之，謀引兵渡河，據賊歸路，而對壘諸寨一夕解去。澤號慟，即自臨濮引兵趨滑州。及是，抵大名城下，欲帥師渡河，而勤王之兵無一人至者。又知張邦昌僭立，擬先行誅討，乃將所部復還屯衛南。

是日，徽猷閣學士京西北路安撫使知潁昌府何志同、徽猷閣直學士知淮寧府趙子崧、徽猷閣直學士江淮等路發運使兼經制使翁彦國、按實録，去年十一月甲戌，已除彦國寶文閣直學士充經制使，募兵入援。不知此時何以尚帶徽猷閣直學士，當考。都水使者榮薿同盟於淮寧之教場。

初，永昌陵既復土，司天監苗昌裔私謂内侍王繼恩曰：「太祖之後當再有天下。」太宗大漸，繼恩與參知政事李昌齡謀立燕懿王之子冀康孝王惟吉③，事泄，以貶死。熙寧中，昌齡孫逢爲臨沂簿④，與方士李士寧導懿王之曾孫右羽林衛大將軍、秀州防禦使世居謀不軌，復坐誅。子崧在邸中，習聞其説。至是，適天下大亂，子崧傳檄中外，語頗不遜。時彦國在壽春，聞敵漸還，引兵至陳，與子崧會。二人争長，子崧曰：「周之宗盟，異姓爲後。」彦國曰：「我奉王命入衛，公陳守耳。」子崧方築壇告上帝，殺三牲，歃血，而推盟主未定。

先是，敵犯潁昌，志同棄城走。去年十二月丁丑。至是，引所部亦至，曰：「大元帥康王在濟州，吾輩何主盟之推？」乃同上書帥府。然彦國卒爲誓文，行登壇歃血之禮云。志同，執中子；嶷，諲孫也。執中，龍泉人，政和中太宰。諲，任城人，熙寧户部副使。按，趙子崧移檄事，他書不見，獨王明清揮塵録餘話有之。其略云：「藝祖造邦，千齡而符景運；皇天祐宋，六葉而生眇躬。」果如所言，則子崧真亂臣賊子矣。恐未必爾。然明清所云：「遣鄭穀置獄京口，究治情得，上不欲暴其事，以他罪竄之。」則亦不爲無據。實録載子崧盟文云：「敢告衆士，金人再犯京闕，侵侮暴虐，人神共憤。聖天子屈己議和，猶未退師。曠日持久，包藏禍心。宗社危辱，王命隔絶。天下臣子，各奮忠勇，誓不與俱生。今諸道之師大集於近輔，凡我同盟，毋狥私，毋懷異，毋觀釁，戮力合謀，共安王室，以效臣節。三軍之士，視死如歸。千萬人惟一心，進則厚賞，榮於家邦；退則重刑，殺及妻子。有渝此盟，神明殛之。皇天后土，太祖、太宗，實鑒斯言。」按此時子崧已知大元帥在濟州，而盟文略無一字及之，亦可怪也。胡寅封事：「黄潛善、鄭穀小人，本無遠見。自南都以至維揚，誅竄之刑，疑忌之意，相尋繼見。」足明當時皆有是説。今且云傳檄不遂，更俟考詳。明年二月戊寅行遣。

4 癸亥，邦昌請元祐皇后入居延福宮。敵之始退也，權領門下省吕好問謂邦昌曰：「盍舉欽聖故事乎？」邦昌曰：「敵去未遠，請俟踰境。」好問曰：「何可緩也？」邦昌乃集百官赴文德殿，降手書曰：「余世受宋恩，身相前帝。每欲舍生而取義，惟期尊主以庇民。豈圖禍變之非常，以致君臣之易位。既重罹於羅網，實難逭於刀繩。杵臼之存趙孤，惟初心之有在；契丹之立晉祖，考殊迹以甚明。載惟本朝開創之圖，首議西宮尊崇之禮。號同母后，國繫周朝。兹爲臣子之至恭，以示邦家之大順。恭惟哲宗元祐皇后，聰明睿智，徽柔懿恭。雖嘗即瑶華崇道之居，亦既奉欽聖還宮之詔。久棲神於靖館，積系望於綿區。今二聖已遷，山川方震。是用祗伏掖庭之次，恭陳舊國之儀。揭丕號以正名，開别宮而移御。幅員時乂，庶臻康濟之期；京邑既安，更介洪長之祉。宜上尊號曰宋太后，御延福宮。」時后在兄子通直郎忠厚所，邦昌又密上后書，具述復興之事。此據秦湛回天録。后皇恐，不知所以，避之不免，翌日入居西宮。蔡絛國史後補云：「延福宮，國初號西宮，蓋周太后嘗居之，故邦昌用此故事。」王明清揮麈録云：「后在孟忠厚家垂簾，儀衛忽突入第中，后皇恐，不知所以。」按后此時雖入居西宮，尚未垂簾也。明清所云小誤。今删潤附入。

元帥府檄至京師，邦昌命開封府榜諭士民。都人讀之，莫不感動。

遣權吏部尚書謝克家往山東迎大元帥。先是，吕好問謂邦昌曰：「公宜遣使推戴康邸，則城中便爲功臣。若先爲諸道所推，則城中即叛臣矣。爲功臣、爲叛臣，在此一舉，豈可少緩？」邦昌以爲然。王時雍謂邦昌曰：「今如騎虎，勢不得下，後日噬臍，無悔也。宜熟慮之。」徐秉哲亦贊其言，邦昌不從，乃止。此以秦湛回天録、沈良遺録參修。

尚書右司員外郎宋齊愈請致仕，不許。

門下侍郎耿南仲在軍中，率羣僚勸進，王避席嗚咽，掩面流涕，辭遜不受。使臣鄭安自金回，傳淵聖皇帝齧血書襟詔，略曰：「宋德不興，禍生莫測。不幸用非其人，兵未抵京，而衆先潰。使道君皇帝而次全族驅質⑤，復聞宗社亦非我族，涕淚横流。衛士潛歸，播告四方。忠臣義士，奮心一舉，猶可爲朕報北轅之耻也。」王讀之痛哭。

江淮發運副使向子諲遣將官王儀統勤王兵至城下。

徽猷閣直學士、知淮寧府趙子崧聞金退師，與發運使翁彦國引兵之襄邑。北道都總管趙野、河東北宣撫使范訥亦以所部來會。時從事郎范塤爲蘄州司儀曹事，率郡兵勤王。子崧因遣塤與承事徐文中偕至帥府，請進發大軍，移屯南京。且言：「國家之制，素無親王在外者。主上特付大王以大元帥之權，此殆天意。今若稍有猶豫，則事去矣。兼恐四方奸雄乘變而起，猝難平定。望大王遵故事，以天下兵馬大元帥承制號召四方。旬月之間，可傳檄而定。」塤，鎮曾孫也。鎮，成都人，熙寧翰林學士。子崧引兵事，據家狀在四月四日，故附此。其所上書，當在此時，今牽聯書之。

金左副元帥宗維還軍，次鄭州。此據范仲熊北記。

甲子，邦昌遣閤門宣贊舍人蔣師愈、承務郎程巽、王府内知客蔡琳，賫咨目詣王曰：「邦昌伏自拜違，已而北去，所遭禍難，不可備詳。昨自臘月二十日還闕，正月十五日到城，方知國家禍變之酷，主上蒙塵於郊。二月七日又聞金帥之令，遷二帝、太子、太上皇后、妃嬪、帝姬、宗室近屬，劫質敵營。既而又欲焚燒宗社，洗蕩生靈，俾推戴異姓，方免屠毒。尋奉御筆付孫傅等，令依元帥指揮，方爲長計，無拘舊分，以速咎累。於時公卿大夫號慟軍前，以救君父。邦昌哀號擗踊，以身投地，絶而復蘇。敵執成命，終莫肯回，度非口舌可争，則以首觸柱，求死不能。又緣甲士防虞，晝夜監守，雖欲引繩揮刃，赴井蹈河，皆不可得。豈謂城中之人，相與逃死，乃嫁大禍，臨於一身。變出不圖，死安足惜？忽劉彦宗等賫城中文字，與吴幵、莫儔俱至，邦昌訶責彦宗，又罵城中百官爲自免計，逼人以首惡之名。使邦昌有兵，定與大金相抗，不共戴天。彦宗等語塞，邦昌因不復飲食，六七日垂死，而百官陳述禍福，謂事已至此，雖臣民盡死，莫能回二帝之還。惟有從權，庶幾保全宗社，可爲後圖。若堅持一節，以就死地，恐上累二帝，豈得爲忠臣乎？邦昌身爲宰輔，世荷大恩，主辱而不能死，復何面目以見士民？然念興復之計，權以濟事，故忍死於此。幸兹敵騎已還，道路可通，故遣賫此，以明本心。今則社稷不隳，廟主如故，祖宗神御，皆幸存全。伏維殿下盛德在躬，四海系望。願寬悲痛，以幸臣民。續次別差謝克家等，間道齎御寶一紐詣行府，當別貢陳。初夏方暄，更乞倍保珍重，邦昌無任瞻望激切之至。四月五日，邦昌惶恐咨目，上覆康國大王殿下。」師愈，已見二月乙亥。

是日，李興、潘謹燾至濟州。

元帥府以趙子崧爲寶文閣學士、元帥府參議官、東南道都總管。何志同等皆屬焉。欽宗實録云：「先是，趙子崧與翁彦國以師勤王，相推爲盟主。適何志同以潁昌兵至，曰：『大元帥康王總兵濟州，盍赴麾下聽命，何主盟之有？』子崧言於康王曰：『志同等雖各擁兵，不相統一，乞令聽子崧節制。』王承制除子崧寶文閣學士，充參議官、東南道都總管。」耿延禧中興記云：「子崧是除，蓋王有所聞。」并載淮寧與翁彦國爭長事。二書不同。按淮寧之盟以壬戌，而參議之除以甲子，相距纔二日。王在濟州，無容即知之。或者二人未盟以前，爭爲盟主，而王已有所聞也。今併附此，更須參考。

初，房州文學傅亮以所募兵數千人入援。亮募兵事，祖見去年六月壬戌。道陳蔡間，羣盜紛然，皆爲亮所破。因以便宜，假亮通直郎，爲統制官，率之以行。亮自朱僊鎮直抵青城。左副元帥宗維後軍大驚，狼狽而去。邦昌遣使召亮，亮曰：「二聖北狩，大元帥康王未還，城中遣使爲誰？」欲斬之，僞使遁歸。亮，馮翊人也。

簽書樞密院事曹輔遣太學録楊愿上書帥府。太學生汪若海、陳抃等繼至。權領門下省吕好問、監察御史張所亦遣人以蠟書來上。愿已見二月甲申。若海已見正月丙午。書中有言士大夫趨向者，王悉焚之，以安反側。而命愿等爲元帥府屬官。耿延禧中興記云：「吕好問爲邦昌權門下侍郎，先遣彈蠟，言圍城中及朝廷短長。監察御史張所尤甚。上命取蠟炬，并舉人所上書中害士大夫者，併焚之。」按好問等所上書，謂之言城中事可也，謂之害士大夫則非也。今略删潤其語，庶不失實。

諜報京城見修守禦之具。王曰：「果如此，則諸道兵必人人争先，以屠吾民。」乃命耿延禧草書貽諸道帥，未得近京城。已至城下者，毋得趣入。又檄諸道，二月六日以後所受僞詔文移等，勿行。

初，童貫自太原遁歸，遣武功大夫、和州防禦使馬擴募兵於真定。會擴與安撫使劉韐之子直秘閣子羽有違言，或譖擴有叛意，韐囚之。靖康元年正月癸巳。及真定破，擴自獄易服奔出，竄西山之和尚洞。元年十月丁酉。時兩河義兵各據山寨，屯聚自保。衆推擴爲首，與金人相拒，或一日十數戰。然新集之衆，兵器甲冑非良。至是，擴與敵挑戰，擴騎無甲，遂重傷仆地，爲敵所執。

6 乙丑，百官朝太后於延福宮。邦昌始不坐迎陽門，於内東門聚三省、樞密院官議事。

中書舍人李擢權直學士院。

元帥府遣從事郎劉默迎資政殿大學士李綱於湖北。初，綱既召還，連謫寧江軍節度副使，夔州安置。綱去年九月戊寅除觀文殿學士、知揚州。庚寅，落職宫觀。十月癸巳朔，散官建昌軍安置。庚申，再謫寧江。城欲破，始復職領開封府。閏十一月甲午。綱行至長沙聞命，遂自長沙與龍圖閣學士、湖南安撫使郭三益偕率本路兵入援。三益，嘉興人也。王聞綱來，承制盡復綱故官，且貽書曰：「方今生民之命，急於倒垂。諒非不世之才，何以協濟事功？閣下學窮天人，忠貫金石，想投袂而起，以副蒼生之望。」即命默持書訪綱焉。默初以綱守禦司奏補官。

初，有傳金人以郭藥師爲樞密使，留兵萬五千以衛邦昌者。王憂之，乃遺宗澤、趙子崧等書，諭以受賊付託之人，義當征誅。然慮事出權宜，未可輕動。澤復書略曰：「自古人臣豈有服赭袍，張紅蓋，御正殿者？況邦昌改元肆赦，又挾孟后以令天下⑥，欲散諸路勤王之兵，其篡亂踪跡，無可疑者。自古奸臣初未嘗不謙遜，而中藏禍心，況惡狀彰著如此。今二聖、二后、諸王、皇族悉渡河而北，惟大王在濟，天意可知。宜早正天位，興復社稷，以傳萬世。不可遲疑，牽於不斷。惟大王圖之。」

7 丙寅，邦昌令寺觀建聖壽節道場，至壬申罷。

侍御史胡舜陟言於邦昌曰：「臣竊見陛下正位宏遠，非出本心。外迫大金兵火之威，內念黎元塗炭之苦，故自踐阼以來，謙虛抑畏，起居命令，不敢同於至尊。今大金已反其國，而君臣大義，豈可一日而廢？第恐奸言熒惑，謂大金爲可恃，謂天位爲不可失，謂自古有亡必有興，此皆輕慮淺謀，不識禍福之機者也。本朝自祖宗以來，恩德在人，至深至厚。九州四海，豈有一夫不心懷趙氏者？今勤王之師雲蒸霧集，皆爲趙氏而來，豈肯從吾號令？閉門拒之，有同兒戲。伏望即降指揮，正其名位，請元祐皇后垂簾聽政於內，陛下以太宰治事於外，特遣大臣往迎康王，明以此事播告將士，孰不忻然悅服？此萬世一時也，伏惟採擇狂愚而加意焉。」按，舜陟入文字，在馬伸之前。實録不載，而汴都記、僞楚録有之，但僞楚録附此書於初四日，蓋誤。今依汴都記附初七日，更俟考詳。

東南道總管趙子崧以朝奉郎趙令儦通判廬州。子崧聞張邦昌家在廬，檄馮詢令存恤，又以令儦幾察之。

子崧即爲書告王，請捕誅邦昌子母，以絶奸心。又言：「自圍城以來，朝命隔絶，乞下諸路州軍，自今凡有事宜，並申大元帥府予決。如有奸詐僞冒文字，皆無得施行。近京州縣，嘗經敵人焚掠者，宜捐其税。」又言：「范訥爲宣撫使，逗撓自營，罪狀明白。況大元帥已開府，則宣撫使自當結罷。」又言：「金人見據都城，勢力漸回，理宜速營江寧府，以備緩急。乞早行措置淮南、荆、浙盜賊，恐乘釁據有形勢之地，益難制禦。」

宗室忠翊郎叔向聚衆數千，屯青城，入至都堂，叱王時雍等曰：「當速歸政太后，不然縱兵與汝輩相周旋。」朝野僉言云：「四月五日，劉光世、趙叔向自潁川至。按光世自華陰徑如京東，未嘗至城下也。」泣血録：「叔向初七日至城下。」今從之。叔向，魏悼王曾孫。城破日，潛出之京西聚衆，至是，自潁昌而來。

是日，蔣師愈等至濟州。

邦昌又遣韋賢妃弟拱衛大夫、忠州防禦使、勾當軍頭引見司淵⑦，及邦昌甥直秘閣吴何，持書遺王，稱臣，具言：「封府庫以待大王。顔子曰：『子在，回何敢死？』邦昌所以不死，以君王之在外也。」先是，邦昌遣謝克家持寶來。或者謂邦昌自爲楚，則賚大宋寶來，彼蓋無用者耳。既而聞邦昌迎太母等恭順狀，王始不信，召吴何而賜之酒，錫賚甚渥。乃遣成忠郎黄永錫持書答邦昌，略曰：「今奉來教，備陳終始。有伊尹之志，達周公之權，然後知所期之不繆。」又曰：「九廟之不毁，生靈之獲全，相公之功，已不愧於伊周矣。」答書全文云：「某咨目上太宰相公閣下：天降大禍，不使某前期殞滅，而使聞君親之流離，見宗族之蕩覆，肝心摧裂，涕淚不禁，窮天下之楚毒，不足以爲喻。便欲引繩伏刃，而二聖之鑾輿未復，四方之兵馬方集，將士忠憤，責以大義，故飲泣忍死，力圖奉迎。今河北、河東忠義之兵數踰百萬，諭使邀迎，率皆響應。蚤夜以覬，聞人音而矍然。念與相公去歲同處敵營，從容浹月，自謂知心，故比來之事，聞流言而不信。士夫將佐，亦皆云爾。今奉來教，備陳始終，有伊尹之志，達周公之權，然後知所期之不繆。天或悔禍，可冀二聖之復也。所諭遣謝克家之意，讀之愕眙失措，其何敢承？願皆緘藏内府，責在守者，俟鑾輿歸而上之。九廟之不毁，生靈之獲全，相公之功，已不愧伊周矣。某方身率士卒，圖援父兄，願相公協忠盡力，奉迎二聖，復還中都，克終伊周之志。某身膏敵手，受賜而死矣。方寸潰亂，修謝不能多及。」何烈靖康草史：「康王屯兵濟州，遣報使來，爲宰相王時雍以下撤書殺之。」蓋傳聞繆妄，今不取⑧。

8 丁卯，謝克家以「大宋受命之寶」至濟州。王慟哭跪受，命汪伯彦司之。邵溥神道碑云：「金索『大宋皇帝之寶』，溥紿以隨葬，乃得全。」今且附此俟考。碑以爲「大宋皇帝之寶」，其文與史不同，蓋誤，此據中興記。且貽書諸道帥臣，具言邦昌恭順之意，毋得擅發一人一騎入京城。書後，王親批數語，或命耿延禧代書焉。遂以謝克家提舉一行事務，自濟州還京師，趣辦儀物。

副元帥宗澤言：「敵騎渡絶，已使人焚河橋訖。」王乃檄兩河諸將，邀擊敵兵，迎還二聖。

監察御史馬伸言於邦昌曰：「伏見金人侵逼，劫二帝北行，且逼立相公，使主國事。相公所以忍死就尊位者，自信敵退必能復辟也。忠臣義士不即就死，城中之人不即生變者，亦以相公必立趙孤也。今敵退多日，吾君之子已知所在，獄訟謳歌又皆歸往，相公尚處禁中，不反初服，未就臣列。道路傳言，以謂相公外挾强敵之威，使人遊説康王，且令南遁，然後爲久假不歸之計。一旦喧鬨，孤負初心。望速行改正，易服歸省，庶事取太后命而行，仍速迎奉康王歸京，日下開門，撫勞勤王之師，以示無間。應内外赦書施恩惠、收人心等事，權行拘收，竢立趙氏日，然後施行。庶幾中外釋疑，轉禍爲福。不然，伸有死而已，必不敢輔相公爲宋朝叛臣也。」自邦昌僭立，凡言事者皆用君臣之禮。至伸，始移書稱太宰相公。書入，邦昌命一切改正。

陳留潰散戍兵李忠率衆入和州清水鎮，濠州巡檢及定遠界土豪許氏、徐氏、金氏槍仗手遮境拒之，殺李忠。

是日，開城門。

9 戊辰，邦昌召侍從官議事。晚降手書曰：「以身徇國，嘗爲質於軍前；忍死救民，姑從權於輦下。幸外兵之悉退，方初志之獲伸。載惟遭變之非常，本以濟圖於有永。今則保存九廟，全活萬靈，社稷不隳，衣冠如故。奉迎太母，實追少帝之玉音；表正萬邦，猶假本朝之故事。蓋以敵方退舍，師未渡河，尚虞殿後之師，或致回戈之舉。據今間探，漸已北轅。既禍亂之稍紓，豈權宜之敢久？延福宮太后，宜遵依欽聖憲肅皇后詔旨，上尊號曰元祐皇后，入居禁中。緣未審康邸行府所在，軍國庶務，不可曠時，恭請元祐皇后垂簾聽政，以俟復辟。予位冢宰，實總百工。誓殫朴忠，以輔王室。惟天心之悔禍，啓帝胄之應期。二帝雖遷，賴吾君之有子；多方時乂，係我后之在斯。邦其永孚於休，予亦有辭於世。」是書既出，中外大悦。追還諸路赦文，并毁所立宋太后手書不用。秦湛回天録云：「三月二日，延寧宮火，元祐皇后徬徨無所歸，步入相國寺中前軍器少監孟忠厚家。三月末，女真有去意，吕公即謂邦昌曰：『宜速尊崇元祐太后。』邦昌乃定議，上尊號曰元祐皇太后。四月四日，聞張邦昌手書乃改曰宋太后，吕公曰：『此事發端於予。若云宋太后，則人心疑懼，必以予謀爲非。』遂以疾在告，不與其事。是晚，孟忠厚密携邦昌上元祐皇后劄子來，具述復興之事，乃知前日之事，或有教之者，畏偪故也。五日，元祐皇后入居延福宮。吕公又啓邦昌歸政事，邦昌曰：『以軍退未遠，欲竢别日。』吕公曰：『時不可失。』至九日申未間，遂召百官，太后以是日入禁中。」

權門下侍郎呂好問步自紫宸殿趨延福宮，白元祐皇后，言不當謙遜，以濟大計。有司以儀衛進，后入宮。邦昌率從官迎拜於道。元祐皇后以尚書左丞馮澥爲奉迎使，權右丞李回副之，又遣兄子權衛尉卿忠厚持手書遺王。汪伯彥中興日曆：「丁卯，謝克家來歸玉璽，孟忠厚賚太母手書至。王受寶，讀書訖，居二人以客禮。」耿延禧中興記云：「克家、忠厚，同賚大宋之寶來上。」按太母書中，有「百辟建言，請權聽政」之語。則忠厚出京，當在戊辰後，不應丁卯已至濟州。況忠厚與澥、回同受命，而澥、回以壬申出京城，丁丑方至帥府，則忠厚亦當相踵而至。今從實録附注。

濟之父老請王即位於濟州。幕府羣僚耿南仲等會於麟嘉堂，議未定，宗室承宣使仲綜等曰：汪伯彥中興日曆作中綜。實録因之。按仲綜後知大宗正事而卒。伯彥所記字誤，今從耿延禧中興記。「昔晉安帝蒙塵，大將軍武陵王遵承制行事。今二帝北狩，王不當即位，宜衣淡黃衣稱制，不改元，下書誥四方。」參議官耿延禧、高世則引唐肅宗故事折之。仲綜議屈。會副元帥宗澤言：「邦昌久在敵中，范瓊亦是草澤中起，恐其陰與敵結，未可深信。南京乃藝祖興王之地，取四方中，漕運尤易。」又有自敵寨脱歸者，道二帝語云：「可告康王即大位，爲宗廟社稷計。」王慟哭，由是決意趨應天。汪伯彥中興日曆云：「有自敵寨遁歸者，衣裏蠟書上皇御筆二字曰：『即真。』」謹按玉牒所書，上皇御筆乃八字。曹勛所進北狩聞見録甚詳。伯彥誤記也。欽宗實録：「四月戊辰，曹勛自河北軍前竄歸，詣大元帥府，進太上皇帝御衣，上有御札曰：『可便即真，來救父母。』」此尤差誤。勛以五月離燕山府，七月至南京。李綱建炎進退志中亦載此事，與勛所録同。史臣承伯彥之書，不深考耳。二帝聖語，見耿延禧中興記，今年四月癸亥及七月丙辰所書可參考。仲綜，潞恭憲王後滕康孝王宗旦子也。潞王元佐生平陽恭懿王允升，允升生宗旦。

10 己巳，權知樞密院事兼權領尚書省王時雍權門下侍郎，呂好問權中書侍郎，徐秉哲權尚書右丞，李回權同知樞密院事，吴幵權簽書樞密院事。莫儔奏乞各還舊職，奉面旨依，仍且兼權見領職事。實録：「己巳，王時雍等六人皆請罷權領三省、樞密院職事，元祐皇后不許。」按邦昌雖以初九日降手書，而后十一日始聽政，史臣誤也。今從僞楚録。於是，時雍撤蓋去韉，呵從稍減。幵、儔又請免兼權樞密院職事，從之。

給事中韋壽隆乞罷，奉面旨依舊徽猷閣待制，奉祠。

權開封尹周懿文奏，徐秉哲已依舊開封尹，竊恐亦合還大理卿職事。奉面旨，可依舊權開封尹。見權執政官，並免簽書舊職。

尚書兵部員外郎唐恕乞致仕，不許。恕，淑問子，淑問，江陵人，介子，元祐左諫議大夫。崇寧初爲華容令，不能奉行茶法，忤使者，謝病免歸。靖康初，許翰薦用之。

是日，邦昌僞赦至太康縣，東南道都總管趙子崧傳檄諸路不行。權左司郎官李健等持手書繼至，發運使翁彦國得之，不發遣，使白王。子崧獻書於邦昌曰：「人臣委質事君，義命而已。見得思義，見危致命，人臣之常節。議者籍籍，謂劫請傾危之計，閤下或與聞之。不然，何金人曲折拒孫傅之請，卒以與閤下？蓋必有定論矣。子崧亦疑是説。自聞閤下入居禁中[9]，躬受金册，子崧結集大軍，立壇歃血，專意致討。三軍之士，千萬人惟一心，踴躍奮迅，期得閤下而甘心焉。今兵既大集，忠憤難遏，亦可畏已。忽李健、陳戩持書至翁中丞，有反正之心，羣情尤疑。或引馮瀛王語曰：『公此舉由衷乎？』子崧獨謂殆天誘閤下爲斯舉也。傳曰：『有伊尹之志則可，無伊尹之志則篡也。』伊尹猶不可，況其下者乎？閤下前日迫於敵威，不得已而從之。今敵既遠去，則當避而歸之正，豈不本末明白哉？既出至誠，便當斷以不疑，不可猶豫，速出居相府，易服自貶，親書示於軍中，哀鳴以請帥府，使三軍曉然知閣下前日權於濟難，實不忘於吾宋，子崧等亦按兵城下，以待大元帥之命。若遲疑不決，則三軍必曰：以天下之師，誅天下之逆，非子崧等所專也。閣下老母垂年，伶俜一夫，身將五十，必不肯爲滅族之計。其深照之。」子崧又遺王時雍等七人書，大略云：「諸公平日所學，自謂過人。今相與亡人之國，稽首僞朝，居之不疑，方且自謂佐命功臣，此與唐六臣何異？聞張公有反正之意，古人權以濟事，遂立殊勳，惟識事機、知禍福者能之。儻彼遂久假不歸，諸公願爲王偉、源休，亦所自擇。」

11 庚午，元祐皇后御内東門小殿，垂簾聽政。邦昌以太宰退處資善堂。侍從官以上詣祥曦殿起居元祐皇后畢，邦昌服紫袍，金魚犀帶，獨班歸兩府幕次。沈良餘録云：「邦昌自稱太宰，總百揆，猶襲曹、馬故事，入朝不趨，贊拜不名。」靖康野録云：「孟后垂簾，邦昌稱監國太師。」皆誤。今不取。邦昌僭立，至是凡三十二日，不御正殿，不受常朝，不山呼，見百官稱予不稱朕，不稱聖旨。至於禁中諸門，悉緘鎖，題以「臣邦昌謹封」。

承議郎、權諸王宫記室徐偉達權膳部員外郎。偉達，新城人也。此據偉達紹興三年六月乙未乞改正受僞命狀修入。

尚書禮部侍郎兼侍讀譚世勣卒。世勣既得歸，邦昌命權直學士院，世勣稱疾，堅卧不起。邦昌知不可奪，遂已。後贈延康殿學士，謚端潔。

12 辛未，監察御史姚舜明、齊之禮、太常博士華初平乞致仕，不許。

時四方勤王之師漸集，道路稍通，京城内都巡檢使范瓊揭榜云：「探報金人後軍尚屯滑州界上，仰四方客旅，未得輕出。」見者訝之。

13 壬申，以明達皇后園陵爲敵所發，遣監察御史張所按視陵寢。汴都記云：「明達墓爲敵所發掘，露屍，取棺板以爲營柵。」今從實録。先是，左副元帥宗維軍行過永安，遣人詣昌、昭二陵，致祭而去，禁止諸軍，毋得劫陵廟器物。此據三國謀謨録。至是，遣官按視之。

權尚書吏部侍郎王琮罷爲右文殿修撰、知鄧州。紹興日曆載琮劾疏，稱王時雍除琮鄧州令，爲時雍搬家歸蜀。當考。

秘書省著作郎劉岑直秘閣、知鄭州。岑，述曾孫，述，德清人，熙寧初嘗爲侍御史。時從聶昌出使未還也。

濟州守臣張存率官吏士民勸進，王不許。此據紹興四年六月五日存子右迪功郎鎧乞推恩狀修入。

副元帥宗澤聞京城反正，復爲書貽王言：「今日國之存亡，在大王行之得其道與不得其道耳。所謂道者，其説有五，一曰近剛正而遠柔邪，二曰納諫諍而拒諂諛，三曰崇恭儉而抑驕奢，四曰體憂勤而忘逸樂，五曰進公實而退私僞。」澤謂所親曰：「怨結王之左右矣，不恤也。」

14 癸酉，權尚書左僕射張邦昌率在京百官上表勸進。太常少卿兼權起居舍人汪藻爲表文曰：「二帝出郊，既蒙塵而未返；九祧乏祀，將攝裸以爲名。使生靈相顧以無歸，雖溝瀆自經而奚益？輒慕周勃安劉之計，庶幾程嬰存趙之忠。」王不許。

殿中侍御史胡唐老知無爲軍，監察御史姚舜明知衢州，王俣知江州。

15甲戌，元祐皇后告天下手書曰：「比以敵國興師，都城失守。祲纏宮闕，既二帝之蒙塵；誣及宗祊，謂三靈之改卜。衆恐中原之無統，姑令舊弼以臨朝，扶九廟之傾危，免一城之慘酷。乃以衰癃之質，起於閑廢之中，迎置宮闈，進加位號，舉欽聖已行之典，成靖康欲復之心。永言運數之屯，坐視邦家之覆，撫躬獨在，流涕何從？緬維藝祖之開基，實自高穹之眷命。歷年二百，人不知兵；傳序九君，世無失德。雖舉族有北轅之釁，而敷天同左祖之心。乃眷賢王，越居近服。已徇羣臣之請，俾膺神器之歸。繇康邸之舊藩，嗣宋朝之大統。漢家之厄十世，宜光武之中興；獻公之子九人，惟重耳之尚在。茲爲天意，夫豈人謀？尚期中外之協心，同定安危之至計。庶臻小愒，漸底丕平。用敷告於多方，其深明於吾意。」先是，侍御史胡舜陟上疏，請后降詔諸路，使知中國有主，康王即位有日，以破亂臣賊子之心。呂好問言：「今日布告之書，當令明白易曉，不必須詞臣。」遂命太常少卿汪藻草書，御封付御史臺看詳，然後行下。

大元帥府約束，自三月八日以後稱中旨、面旨事並勿行，差到官不許上，凡事並申帥府予決。

以徽猷閣待制、北道副總管顏岐爲元帥府參議，朝議大夫滕康、宣教郎周望並爲記室。岐，復子；復，奉符人，兗公四十八世孫，仕至中書舍人。康，宋城人；望，真陽人也。

是日，李綱檄至京師。

16乙亥，命禮官討論車駕將至國門，臣僚前路奉迎至大慶殿儀。

資政殿學士、提舉醴泉觀路允迪爲奉請車駕進發使，左諫議大夫范宗尹副之。

文武百官再上表勸進於王，復不許。

初，京城既破，武略大夫、光州刺史郭京自宣化門南遁，事見去年閏月丙辰。引所部六甲神兵二千人至襄陽府，屯洞山寺，欲立宗室爲帝。陝西制置使錢蓋、西道都總管王襄、統制官張思正等止之，不聽。思正乘間會兵執京，囚之。至是以聞。實録云：「京北路安撫司言，收復襄陽府，擒郭京。初，京敗，引兵潛遁，破襄陽據之。至是就擒。」按，趙甡之遺史載此事頗詳，而實録差略，今從遺史。既而思正持京以獻，道爲劇盜李孝忠所奪，思正刺京殺之。思正殺京在五月辛卯，今併書之。思正始以隨州觀察使將兵援河東，軍敗，坐停官，道州編管，未行。孝忠，京百司健兒，京城破，隨衆奔萬勝門得脱⑩，與其徒張世等十人聚衆爲盜。

是日，金人陷陝州，武經郎、權知州事种廣死之。初，范致虚既敗還，敵併兵攻陝，諸帥皆遁去，敵圍城九日而陷。武經郎、監在城酒務、統領軍馬劉逵戰死，敦武郎兵馬都監朱弁、成忠郎監甘棠驛孫旦悉遇害。後贈廣武翼大夫、雄州防禦使，逵等皆官其家一人。此事當見於欽宗實録而不書，今以劉逵家乞推恩狀修入。狀稱：「靖康二年四月八日，金人攻陝州，至十六日城破。」乙亥十六日也。逵紹興四年二月辛卯依弁、旦札與恩澤一資。廣六年十月丁未加贈正使遥防。今并附見。

17 丙子，温州觀察使、京城内都巡檢使范瓊爲龍神衛四廂都指揮使，兼四壁都巡檢使，録京城彈壓之功也。

東南道都總管趙子崧等獻書王府，大略言：「京城事體既已反正，顒望大王入主社稷，以安生靈。遲疑未發，事久變生，不可不慮。或聞議者以謂京師已經殘破，不可復入，止欲即位軍中，便圖遷徙。子崧愚慮，深爲未然。今禍變非常，奸僞未戢，欲致中興，當謹舉措置。理宜先入京師，謁宗廟，覲母后，明正誅賞，降霈四方。若京師果不可都，自可徐議所向。子崧等前乞移軍南京，當時敵未退，事勢與今日不同。訪聞趙野、范訥不戢其下，縱令擄掠，人心胥怨。又兩軍時有分争，萬一行府入南京，二軍必趨帳下，恐有郭氾、李傕之變。伏乞徑還京城，早定大計，以副人望。」初，邦昌僞赦既爲子崧等所格，李健因留太康縣，以狀申於王時雍⑪，邦昌具遣使奉迎，次第以堂帖報之。子崧取以白王，因有是請。

18 丁丑，尚書左丞馮澥、權尚書右丞李回奉元祐皇后手書至濟州。

文武百官三上表勸進，王答以俟入京城，躬謁宗廟，若鑾輿未還，即撫定民庶，權聽國事。

副元帥宗澤檄至京師。

19 戊寅，尚書兵部員外郎唐恕知復州。

命中書舍人張瀓措置排辦行在所至程頓事務。

直龍圖閣、東道副總管、權應天府朱勝非至濟州。勝非，邦昌友婿也，械繫邦昌使者，以兵來衛。先是，金分兵犯應天府，勝非惶懼，易衣逃匿，民間皇皇。會宣總司前軍統制、嘉州防禦使韓世忠將官楊進引所部擊破之，勝非復出視事，民心稍安。此據中興姓氏録勝非傳。勝非南都翊戴記曰：「靖康元年冬，勝非除東道副總管。到南都三日，都總管胡直孺提兵勤王，竭本道財穀甲兵以自隨。所餘羸卒僅三百人，而食才支旬日。既而敵執直孺以犯應天府，縱火逼城，爲效用邵曇射中敵帥之目，墜馬而死。乃增陴浚隍，益修守備，躬擐甲冑，與士卒同食。余夜宿城上凡數月，敵攻圍之計百出，度而應之，敵不能犯，南京遂安。」按勝非此言不無飾說，今不取。世忠，膚施人，少年善鬭。嘗犯法當死，簽書彰武軍節度判官公事建陽陳豫惜其勇，白經略使釋之。始隸延安兵籍，此據孫覿撰豫墓誌。已而爲王淵部曲，從討西夏、方臘及山東、河北諸盜，屢有功。至是，以其軍赴帥府，遂衛王如南京。

趙子崧傳檄京師。

20 己卯，侍御史胡舜陟言：「宗澤文字稱，康王未忍歸朝，欸謁宗廟，竊恐謙虚退託，未忍遽當大寶。此去濟不遠，乞遣京城父老、僧道往濟迎請，并令百官勸進，以見推戴迫切之誠，庶幾車駕早至闕下。」從之。

成忠郎黄永錫自京師回。

21 庚辰，王發濟州，命張換、孔彦威、劉浩、丁順等悉以其軍從。晚次新興店，鄜延路馬步軍副總管劉光世引所部兵來會。王以光世爲五軍都提舉。先是，光世與經略使張深自潁昌進發，次尉氏，夜被帥府之命，令光世領本部赴行府，而深總大軍屯興仁。深不自安，遣屬官李觀先以兵籍來上，遂自興仁如南京。實録：「庚辰，康王次新興。張深、劉光世自陝州至。」此蓋承汪伯彦中興日曆所書，出李觀紀行録。深以此月癸未至南京，伯彦實甚誤。

簽書樞密院事曹輔、資政殿學士路允迪、右諫議大夫范宗尹至自京師。

22 辛巳，通直郎、知安陸縣陳規爲朝奉大夫、直龍圖閣、知安德府，賞守城之勞也。時盜党忠戰敗遁去，規招王存降之。詔授存武翼郎，而規有是命。其官屬進士韓之美等皆授官有差。

東南道都總管趙子崧等奏疏元祐皇后，大略言：「陛下已垂簾聽政，恐諸路先聞二帝北遷，易姓改國，忠義憤發，兵革四起。其間或假討逆之名，竊據郡縣，使宰臣至誠本心，終不能白。況其家屬在外，或致踈虞。伏望速下明命，詔諭四方，以臨朝遣使、迎立康王，庶幾人心安帖，奸宄自消。」

是日，王次單州，守臣中大夫王㬇率官吏郊迎。東南道都總管趙子崧、延康殿學士何志同以所部兵來會。㬇，珪孫也。珪，華陽人，元豐尚書左僕射。

23 壬午，王至虞城縣。先是，陝州既陷，西道副總管孫昭遠用其屬韓武、張延齡計，止河東綱於河池，藉以募兵，得數千人。時西道都總管王襄尚留襄陽，聞四方勸進，遂會王於虞城。實録：「壬午，王至虞城。西道總管王襄、孫昭遠以所部兵來會。」此誤也。按昭遠家傳，昭遠此時尚在陝西，王即位，始召之。蓋史臣承汪伯彦之誤而不深考爾。

24 癸未，王至南京，駐軍府治。大元帥府榜：「近者金師深入，奄及郊畿，京都失守，二聖播遷，欲立異姓，覆我宗社。賴大臣因時權宜，濟此艱危，以存九廟，保全生靈，實社稷之大計，乃心可嘉。深慮官吏士民尚懷疑慮，曉諭各令知悉。」

25 甲申，王率僚屬詣鴻慶宮，朝三殿御容，哭移時。

詔：「備車駕法物仗衛等詣南京，迎請康王。百司庶務，各分其半。」

龍圖閣直學士、知揚州許份請王即位於揚州，不許。份，將子也。將，侯官人，崇寧門下侍郎。

是日，張邦昌詣南京見王，且待罪。中書舍人李擢、太常少卿汪藻同行。

元祐皇后遣宗室士㒟乃了切。押圭寶，因密護之。士㒟，濮王曾孫，郇康孝王仲御子也。

26 乙酉，王時雍、徐秉哲奉乘輿服御，自京師至。張邦昌繼至，伏地慟哭請死。王以客禮見，且慰撫之。

右武大夫、忠州防禦使屈堅爲金人所殺。初，金人破陝府，堅引所部救之。圍解，堅爲敵所執，堅曰：「始吾所以來爲解圍也，城苟全，吾死何憾？」叱使速殺之。後贈三官，録其家五人。

27 丙戌，元祐皇后遣内侍邵成章以乘輿服御來上。

尚書司門員外郎宋彦通爲右文殿修撰。

元帥府以兵馬元帥顯謨閣待制汪伯彦、副元帥徽猷閣待制黄潛善並爲本閣直學士，參議官樞密直學士耿延禧爲龍圖閣學士，徽猷閣直學士董耘落直字，親衛大夫明州觀察使高世則落階官，爲越州觀察使。中興記伯彦等遷職在四月晦。今從中興日曆。

28 丁亥，詔：「政和海行法，非御筆修立者許引用。」初，議者請參用嘉祐、元豐法，以竢新書之成，奏可。去年九月丙子。尋詔律令用嘉祐⑫，斷刑依元豐，至是復有此命。此事欽宗實録不書，今以光堯會要、趙伯總奏狀增入。據建炎日曆，京東西路提刑司申明，乃垂簾日指揮也。

起居郎胡交修爲集英殿修撰、知湖州。交修，宿孫也。宿，晉陵人，治平樞密副使。

司農少卿、權户部侍郎胡思乞罷權職，許之。

國子祭酒董逌率太學諸生詣南京勸進。

門下侍郎耿南仲、兵馬元帥汪伯彦、副元帥黄潛善進呈赦書事目，常赦所不原者，咸除之；張邦昌及應干供奉行事之人，一切不問；凡命官流徙者，悉放還，罪廢者，皆復故官職。故事，登極赦書不及惡逆，而士大夫貶責者，以次量移敘用。至是，南仲等一以邦昌僞赦爲準，議者咎之。此爲李綱議赦令張本。朱勝非秀水閑居録云：「主上登極恩視前爲厚者，不欲令赦恩薄於僞赦故也。」

參議官趙子崧請一切放常平與係省積欠，幕府有難之者，王從其請，即命著於赦文。此據子崧中外遺事。

初，敵陷晉、絳，將及同，守臣天章閣待制唐重度不能守，開門縱士民使出，自與殘兵數百守城，以示必死。敵疑有備，遂不復渡河。重募人間道抵京城，久乃得達。王時雍授以官，使歸報。及是，至同州，具言二帝北狩，王統兵在濟南，重即移檄川秦十路帥臣，各備禮物，欲往軍前奉迎，且招其友人成都府路轉運判官趙開入關計事。開，安居人也。

先是，尚書吏部員外郎華亭衛膚敏奉詔逆高麗賀靖康登極使者。會京師陷，膚敏以幣易銀帛，得六千匹兩，厚貺其使，而移文遣之。是月末，高麗使始離樂賓館，凡留明州百三十餘日云。

初，上皇行至邢、趙之間，金右副元帥宗傑請觀打圍，遂遣郭藥師奏謝，上皇曰：「天時如此，非公之罪。」藥師慚而退。燕王俣以絶食，薨於慶源境上，斂以馬槽，猶露雙足。上皇道中苦渴，摘桑椹食之。此並據曹勛所進北狩録。至真定，入自東門，市人皆哭。過河十餘日，謂管幹龍德宫閤門宣贊舍人曹勛曰：「我夢四日並出，此中原爭立之象。不知中原之民尚肯推戴康王否？」翌日，出御衣三襯，自書領中曰：「可便即真，來救父母。」并持韋賢妃信，命勛間行詣王。邢夫人亦脱所御金環，使内侍持付勛曰：「爲吾白大王，願如此環，早得相見。并見吾父，爲道無恙。」賢妃已下皆哭。上皇又諭勛曰：「如見康王，第奏有清中原之策，悉舉行之，毋以我爲念。」又言：「藝祖有誓約，藏之太廟，誓不殺大臣及言事官，違者不祥。」又宣諭嘗密賜王馬價珠犀合子，及王嘗啓決河灌金人爲驗。勛，陽翟人，父組，宣和中以閤門宣贊舍人爲睿思殿應制。

校勘記

① 有劉彦宗闍母國王　「闍母」，原作「楝摩」，金人地名考證作「瞻目」，據清抄本改。按：叢書本作「多昂摩」。即金史之闍母。

② 方遣三十騎抵城下　「十」，叢書本作「千」。未知孰是。

③ 繼恩與參知政事李昌齡謀立燕懿王之子冀康孝王惟吉　按：右所記事與史不合。續資治通鑑長編卷四一載至道三年三月癸巳，帝崩於萬歲殿，宣政使王繼恩與參知政事李昌齡、知制誥胡旦謀立楚王元佐。

④ 昌齡孫逢爲臨沂簿　「逢」，原作「逢」，據宋史卷三三二滕元發傳、續資治通鑑長編卷二六四、二六六改。

⑤ 使道君皇帝而次全族驅質　「而」，叢書本作「兩」。

⑥ 又挾孟后以令天下　「后」，原作「氏」，叢書本「孟后」作「蓋世」，據三朝北盟會編卷九三改。

⑦ 邦昌又遣韋賢妃弟拱衛大夫忠州防禦使勾當軍頭引見司淵　「勾」，原作「構」。按：四庫本恢復原字，却誤作「構」字，故逕改。

⑧ 今不取　此後原有四庫按語：「撒書二字未詳。」叢書本無。今删。

⑨ 自聞閣下入居禁中　「禁」，原作「境」，據叢書本改。

⑩ 隨衆奔萬聖門得脱　「門」，原作「罔」，據三朝北盟會編卷一〇四改。

⑪ 以狀申於王時雍　「申」，原作「審」，據叢書本改。

⑫ 尋詔律令用嘉祐　「律」，原作「禄」，據叢書本改。

建炎以來繫年要録卷五

1 建炎元年五月庚寅朔，兵馬大元帥康王即皇帝位於南京，改元建炎。中興聖政：臣留正等曰：「堯、舜所以高出百王者，以其得天下及其傳天下而知之。湯有慚德，武未盡善，況於後世乎？漢高祖、唐太宗號爲賢君，然其得天下也以争，其傳天下也幾以致亂。大哉，太祖皇帝之受命與太上皇帝之中興也！謳歌獄訟，歸而不釋，則不得已而履大位。及夫爲天下得人，則舉成業授焉，不詢羣臣，不謀卜筮，惟視天意之所在而已。自堯、舜以來數千載，始有太祖及我太上皇帝，豈非希闊甚盛之際哉？」何俌龜鑑：「羣陰翳，大明出。羣籟喧，大聲發。天下事激之則起，不激則靡。天之開聖人，蓋如是也。且我高宗之生①，紅光薦瑞，蓋大觀之元年也。是年，金人欲背遼國，已三歲矣。以夷事夷，然猶背之②，豈能終事我哉？戎心之不臧③，天實知之，於是亟生吾聖人以平之。我高宗之封，靖康著符，蓋宣和之三年也。是時，金人倚我爲助，又五歲矣。以燕伐燕，虐尤甚焉。安知其不加諸於我哉？國事之失圖，天實念之，於是天任吾聖人以定之。迨及末年，四郊多壘，敵於我乎請命，我以單車臨之，而見者奪氣。靖康改元，不虞薦至，敵於我俟命④，我又以一身當之⑤，而聞者縮頸。至相，而百姓遮道；次濟，而父老迎謁，人心歸矣。渡子河而河冰合，至磁州而神馬迎，天心眷矣。開府之初，宗澤自磁至，王麟自潞至，梁揚祖自信德府至，張俊、楊沂中皆已在麾下；即位之日，劉光世自鄜延至，路允迪、范宗尹自京師至，則天下豪傑之心歸矣。而況賜袍之夢已應，賜帶之言已驗，勸進之書雖上，而東鄉西鄉，且謙遜而不受。惟三月丙寅，張邦昌以稱臣之意至，越翌日丁卯，謝克家以受命之寶至，四方民大和會，侯甸羣后咸在，然必俟道君『便可即真』之札，然後不得已而就南京踐天子位焉。此與肅宗即位靈武之事異矣。」初議年號，黄潛善定爲炎興。耿南仲曰：「此蜀年號也。」衆皆服，遂爲建炎。議即位儀，耿延禧以爲必築壇告天，王然之。乃令有司築壇於應天治門之左，命王府記室參軍滕康作册告天，撰文肆赦。汪伯彦中興日曆云：「册文係朱勝非撰。」按紹興日曆，滕康家自陳，乃康所撰，伯彦誤記也。赦文詆斥圍城士大夫，有憤怒意，王命延禧改定。其叙邦昌事，但云「仍抑臣僚，俾僭位號」而已。又云：「圍城士大夫，一切不問。」遂以南仲爲禮儀使，而延禧讀册文。時太常寺主簿張浚自京師馳至，因以浚攝太常少卿，導引行事。昧爽，皇帝登壇，寅受天命。册文曰：「嗣天子臣構，敢昭告於昊天上帝：金人内侵，二帝北狩。天支戚屬，混於穹居。宗社罔所依憑，華夷罔知攸主⑥。臣構以道君皇帝之子，奉宸旨以總六師，握兵馬元帥之權，倡義旅以先諸將，冀清京邑，復兩宫。而百辟卿士，萬邦黎獻，謂人思宋德，天眷趙宗，宜以神器屬於臣構。辭之再四，懼不克負荷，貽羞於來世。九州四海，萬口一辭，咸曰：『不可稽皇天之寶命。』慄慄震惕，敢不欽承！尚祈陰相以中興於宋祚。」讀册畢，上南鄉，慟哭久之，即位於應天府治之正廳，簾陛如殿儀。耿南仲、汪伯彦、黄潛善、耿延禧、董耘、高世則賀上訖，陛殿侍立。權尚書左僕射張邦昌率百官稱賀，班退，大赦天下。命西京留守司修奉祖宗陵寢，罷青苗錢，應死節及歿於王事者，並推恩。奉使未還者，禄其家一年。選人在職非在職者，並循資。臣僚因寇去官者，限一月還任。潰兵羣盜咸許自新。係官欠負，不以名色，皆免。南京及大元帥府嘗駐軍一月以上，其夏税悉蠲之。應天府特奏名舉人，並與同出身，免解人與免省試。諸路特奏名三舉以上，及宗室嘗預貢者，並推恩。州郡保守無虞者，與推恩。應募兵勤王之人，以所部付州縣主兵官訖，赴行在。中外臣庶，並許直言。自今命官犯罪，更不取特旨裁斷。布衣有材略者，令禁從、監司、郡守限十日各舉一員。餘如累朝故事。上時年二十一。後名所築壇曰中興受命之壇。中興聖政：臣留正等曰：「自古人君即政之初，必有大慰天下之望。故事，有利於民而未興者，則興之，有不便於民而未去者，則去之。雖以舜而繼堯，號爲重華，協於帝，傳授一道，然猶舉前世之未舉者，如十六相；去前世之未去者，如四凶。命九官，使各居其任。肇十有二州，使各有其工。況時異事殊，可無所因革，以一新大政乎？春秋記列國之君爲政，必有施舍己責，逮鰥寡，振廢滯等事，列國猶爾，況有天下之君乎？是以太上皇帝之始即政也⑦，求文武才略之士，絶奸邪誤國之人，以散斂青苗，與上供之所增加，稅賦之規出剩，皆政之所宜革者，而悉罷去之。以褒賞死節，講求民瘼，皆務所宜先者，而悉舉行之。即斯數者，則其餘可以類求。是以天下之人心，皆翕然欣戴，於以成中興之業⑧，而垂無窮也。」何俌龜鑑：「罷青苗錢，蠲常平穀，裁損上供歲增之數，禁止州縣納稅概量賦斂違法之弊，是所以回建隆至仁之脈，而曩時誤國害民如京、貫、黼、勔等子孫，更不復叙，又所以懲崇、觀不仁之轍歟？」

尚書左丞馮澥、延康殿學士簽書樞密院事曹輔以宗社失守，上疏待罪。耿南仲與張邦昌進呈三省事，即日拜徽猷閣直學士、兵馬副元帥黃潛善爲中書侍郎，顯謨閣直學士、兵馬元帥汪伯彦同知樞密院事。

元祐皇后在東京，是日撤簾。

2 辛卯，尊靖康皇帝爲孝慈淵聖皇帝，元祐皇后爲元祐太后。既而尚書省謂「元」字犯后祖諱，請以所居宫爲稱，詔學士院擬定。汪伯彦中興日曆：「辛卯，元祐皇后爲隆祐太后。」諸書皆同之。臣謹按，上宫名改尊稱在八月庚午，諸書誤也。

詔：「宣仁聖烈皇后保佑哲宗，有安社稷大功。奸臣懷私，誣衊聖德，著在史册。可令國史院差官摭實刊修，播告天下。」吕中大事記：「當靖康元年二月，虜退之後⑨，士大夫争法新舊，辨黨邪正，識者譏其治不急之務。今高宗即位，首詔改宣仁謗史，不幾復蹈前轍邪？曰：不然。張敬夫謂此乃撥亂反正之宏綱，古今人心之天理。蓋我朝之治，元祐爲盛⑩；母后之賢，宣仁爲最。當熙、豐小人相繼用事之後，使非繼以元祐，則中原之禍不待靖康而後見。當京師失守之時，使非元祐之治在人耳目，又何以開炎、興之運哉？此宣仁之功也。章、蔡初意不過欲去元祐之人耳，而至於變元祐之法，又慮元祐之人復用也，而至誣以廢立之罪，謗及宣仁。一念之私，燎原滔天，可畏哉！」

大元帥府限十日結局。

召副元帥宗澤赴行在。

中書舍人孫覿、張棣並依舊職。

宣教郎、王府記室周望守尚書考功員外郎。

寶文閣直學士、浙江荆湖等路經制發運使翁彦國知江寧府，兼江南東西路經制使，落直字，賜彦國鈔鹽錢十萬緡，使修江寧城及繕治宫室，以備巡幸。此據李綱建炎進退志。又命築景靈宫於江寧府，帝后異殿。其後不克成。

寶文閣直學士趙子崧請對，首論臺諫本人主耳目，近年率觀望取旨言事，用非其人。請依故事，聽學士、中丞互舉。又論范祖禹、常安民、上官均先朝言事盡忠，請録其子。上甚然之。子崧因建三屯之議，大略以爲：「開邊之患，驗在目前，不可不慮。其熙河五路，進築州軍堡寨，欲望將不係緊要控扼去處並罷。明諭夏人，示以德意。諸郡守戍之兵，分屯陝西見在兵馬，與河東北之兵，合六萬人，分爲三屯，一屯澶淵之間，一屯河中、陝、華之間，一屯青、鄆之間。平時訓練，以備非常，足張聲勢。萬一敵騎南渡，則三道並進，深入擣燕山之虚，焚舟渡河，人自爲戰，未必不成功也。」

3 壬辰，宰執奏事，張邦昌先退。上問：「何以處邦昌？」黃潛善等曰：「邦昌罪在不貸。然爲金人所脅，不得已而從權。今已自歸，惟陛下所處。」上曰：「朕欲馭以王爵，使異時金人有詞，則令邦昌以天下不忘本朝而歸寶避位之意告之。」輔臣皆曰：「陛下聖意高遠，非臣等淺智所及。」是夕，召學士草制，以銀青光禄大夫、守尚書左僕射兼門下侍郎張邦昌爲太保、奉國軍節度使，封同安郡王，五日一赴都堂，參決大事。檢校少傅、寧武軍節度使、河北河東宣撫使范訥爲京城留守，威武軍承宣使、鄜延路馬步軍副總管劉光世爲省視陵寢使，元帥府參議官龍圖閣學士耿延禧、徽猷閣學士董耘、越州觀察使高世則並提舉萬壽觀，留行在；延禧、耘仍兼侍讀。寶文閣學士趙子崧爲延康殿學士、知鎮江府，隨軍轉運使、集英殿修撰梁揚祖爲徽猷閣待制、知揚州，隨軍應副、直龍圖閣黃潛厚試尚書户部侍郎，幹辦官、直龍圖閣王起之爲屯田郎中，直秘閣楊淵行工部員外郎，秦伯祥爲虞部員外郎。日曆子崧延康、鎮江之命，於壬辰、癸巳兩書之，今併附此。

資政殿大學士、知京兆府范致虛知鄧州，充南道都總管。應知州銜内帶一路安撫者不書，惟初刱或更革則書。

朝奉大夫、河北轉運判官顧復本爲北道副總管。復本，臨子也。臨，會稽人。日曆復本無前銜。汪伯彥中興日曆云：「河北轉運判官顧大夫，哲宗朝翰林學士顧臨之子。」伯彥忘其名，即此人也。復本靖康元年八月除河北運判。

龍圖閣待制、知延安府張深充龍圖閣直學士、知京兆府。起復直徽猷閣、陝府西路計度轉運副使王庶陞直龍圖閣、知延安府。應監司、帥臣銜内帶權知、權發遣之類，今並削去，以就省文。庶，慶陽人也。深時將勤王兵來衛，故就用之。後十餘日，深入辭，乃移深知熙州，而復以范致虛知京兆府。二人改除在此月丁未，今并書之。李觀紀行録深除延安在癸巳，今從日曆。

侍御史胡舜陟言：「今日措畫中原，宜法藝祖命郭進、李漢超、董遵誨等守邊之術，以三京、關、陝析爲四鎮，拱、滑、潁昌隸東京，鄭、汝、河陽隸西京，恩、濮、開德隸北京，而同、華、陝府隸京兆，擇人爲節帥，使各以地產之賦養兵自衛，且援鄰鎮。又京帑積錢千餘萬緡，宜給四鎮爲糴本。若四帥得人，庶幾中原不失，江左可居。」詔付三省。未幾舜陟罷去，議遂格。

4 癸巳，遥尊韋賢妃爲宣和皇后。國朝循前代之制，帝母稱皇太妃。至是，以道君皇帝在行，而特上尊號。

立嘉國夫人邢氏爲皇后。趙甡之遺史云：「上即位，欲立後宮潘氏爲皇后，呂好問諫以爲不可，乃以爲賢妃。」他書皆無之也。

門下侍郎耿南仲罷爲觀文殿學士，提舉杭州洞霄宮。上薄南仲之爲人，因其告老，故有是命。耿延禧中興記云：「張邦昌已復辟，臣耿南仲奏：『臣素拙，得遭遇皇帝，竭盡愚直。惟靖康行遣蔡氏，其徒實繁，必不利臣父子，乞大王保全。』上曰：『今日之事，吾最痛心，其次門下侍郎父子耳。且老矣，月以數百千養一前朝老師傅，直易耳。人言毀譽，何足信？』因泣下。」按南仲誤國，天下共知，非因行遣蔡氏而被排也。今不取。

5 甲午，資政殿大學士、新除領開封府職事李綱爲尚書右僕射，兼中書侍郎，按上在濟州與綱書，已稱「伯紀觀文相公」，而此猶自大資政除，蓋未有成命故也。趣赴闕。

先是，黄潛善、汪伯彦自謂有攀附之勞，虚相位以自擬。上恐其不厭人望，乃外用綱，二人不平，繇此與綱忤。

直龍圖閣、東道副總管、權應天府朱勝非召試中書舍人，延康殿學士何志同知應天府。日曆志同前銜帶端明殿學士，蓋誤。定武軍承宣使、龍神衛四廂都指揮使、大名府路馬步軍副總管、大元帥府都統制楊惟忠爲建武軍節度使，主管殿前司公事，賞翊戴之功也。日曆惟忠建節在八月庚申，按惟忠以都統制結局，無緣百餘日方有除目。今從趙甡之遺史附此。通直郎傅亮直秘閣、通判滑州。亮爲人勁直，議論不能屈折，執政不喜之。滑兩經殘破，無城壁，會趙子崧薦亮之才，得召見。亮上疏自陳曰：「陛下能歸東都，則臣能守滑。陛下未歸，則臣亦不能守也。」執政責其語以爲悖傲不遜，降通判河陽。日曆：「甲午，傅亮除直秘閣、通判滑州，用趙子崧薦。召對，改通判西京。」蓋因汪伯彦中興日曆所書也。按李綱進退志載亮本末差詳，今掇取附入。但綱稱亮除知滑州，與諸書不同，恐誤。亮通判河陽在五月戊申。

中書侍郎黄潛善、同知樞密院事汪伯彦共議罷民兵及降盜，而揀其士馬之精鋭者隸五軍。是日，以元帥府左軍副統制孔彦威爲東平府兵馬鈐轄，右軍副統制劉浩爲大名府兵馬鈐轄，先鋒統制丁順爲滄州兵馬鈐轄，秉義郎王善爲雷澤尉。浩所將皆民兵，而順與彦威帥府所降諸盜也。未幾，順、善作亂於河北。

6 乙未，恭謝鴻慶宮。上大慟，羣臣皆哭。太常少卿劉觀因導駕，面陳藏九廟神主事，上嘉歎久之。

以五月二十一日爲天申節。

尚書右丞馮澥罷爲資政殿學士、知潼川府，延康殿學士、提舉萬壽觀李回知洪州，兵部尚書吕好問守尚書右丞。好問持元祐太后手書來賀，此據好問辯受僞命劄子。上勞之，曰：「宗廟獲全，皆卿之力。」遂有是命。

尚書右司員外郎宋齊愈試起居郎。齊愈自京城走行在，自言以病在告，不與僞楚事，故擢用之。

工部尚書王時雍提舉成都府玉局觀，放謝辭。言者論時雍昨留守東京，金人取皇族，遣之殆盡。及取其婿太學博士熊彥詩，則設計爲免。後金書廢帝，百官相持以泣，時雍獨無戚容。已而百官哭於南薰門，時雍亦不預。又竊禁中寶物，以遺金使爲名。自以兼將相之重，請用二府轎蓋，曾不知愧，有何面目復見陛下？故時雍遂罷。自是，受僞命者稍稍引退矣。熊克小曆時雍自吏部尚書罷。蓋誤，今從日曆。

詔：「自今天文休咎，並令太史局依經奏聞。如或隱蔽，當從軍法。」

李綱行至太平州，聞上登極，上疏論時事，大略謂：「和不可信，守未易圖，而戰不可必勝。此三者，臣慮之至熟，非望清光於咫尺之間，未易殫言。」又言：「恭儉者，人主之常德；英哲者，人主之全才。繼體守文之君，則恭儉足以優於天下。至於興衰撥亂之主，則非英哲不足以當之。惟其英，故用心剛，足以斷大事而不爲小故之所搖；惟其哲，故見善明，足以任其君子而不爲小人之所間。在昔人君體此道者，惟漢之高、光，唐之太宗，本朝之藝祖、太宗，願陛下以爲法。」日曆於乙未載綱所上疏⑪，乃誤載綱十議中第一劄子，今從綱建炎進退志修入。呂中大事記：「嗚呼，天之愛人甚矣，有感於人事之變，而迫於氣數屈伸消息之不齊，然後不得已而降殃咎焉。然是氣之屈於此也，則必有以伸於彼；其消於今也，必有所以息於後。是以天將降非常之禍於斯世，則必爲之預出非常之人以弭之。使夫國家將有所依而立，生民之類不至於糜爛泯滅而無餘⑫，是則理勢之必然，而天之所以爲天者⑬，其心固如此也。若李公者，其天之所出以弭宣和、靖康之禍，而開建炎、紹興之業也歟？當上即位之初，誤國之臣不可用，僞命之臣不可用，張、趙之德望未孚，天下人望之所歸者，李公一人而已。上不自內用汪、黄，而自外召綱，則高宗之志主於恢復，可見矣。觀上未即位時，與公書云：『王室多故，乘輿蒙塵，方今生民之命急於倒垂。諒非有不世之才，何以成協濟之功？』則高宗屬意於公久矣。迨爲汪、黄所擠，纔七十五日而去位，豈天意未欲恢復耶？」

賊党忠犯淮陰縣，從事郎權羅山縣尉李迴、秉義郎監酒稅趙士壯率民兵拒戰，爲所殺。此據紹興四年二月辛卯、八年九月甲子迴、士壯家乞推恩狀修入。

金左副元帥宗維既班師，留諸帥分守河東北地。於是女真萬户銀朱屯太原⑭，女真副統埽喝屯真定⑮，女真萬户婁宿圍河中，女真副統蒙哥進據磁相⑯，渤海萬户大撻不也圍河間⑰。是日，命龍神衛四廂都指揮使馬忠、通侍大夫忻州觀察使張換，將所部合萬人，自恩、冀趨河間以襲之。

7 丙申，尚書右丞吕好問兼門下侍郎，集英殿修撰、新知湖州胡交修召試中書舍人，朝散大夫、王府記室滕康守太常少卿，尚書工部員外郎蘇遲守右司員外郎。遲，轍子也。轍，眉山人，元祐門下侍郎。

觀文殿大學士、提舉西京嵩山崇福宮徐處仁爲大名尹、北道都總管。初，南都之圍也，處仁在城中，都人指爲奸細，殺其長子直秘閣庚，處仁因感疾。此據林泉野記。至是，猶力疾入見而行。處仁附傳云：「上爲大元帥，移軍睢陽，以處仁爲大名尹。」日曆：「五月丙申，命徐處仁大名尹，張慤發來赴闕。」今從日曆。

延康殿學士、簽書樞密院事曹輔薨。時前執政皆免，上獨留輔。始輔至南都，首陳五事，一曰分屯要害，以整兵伍；二曰疆理新都，以便公私；三曰甄拔人才，駕馭用之；四曰經制盜賊，恩威並行，叛而討之，服而舍之；五曰裂近邊之地爲數節鎮，以謹防秋。上嘉納。未幾，輔得傷暑病，至是薨。後謚忠達。謚在淳熙十年，今因輔薨併書之，後準此。

8 丁酉，中書侍郎黄潛善兼御營使，同知樞密院事汪伯彦兼御營副使。自國初以來，殿前、侍衛馬、步司三衙禁旅合十餘萬人。高俅得用，軍政遂弛。靖康末，衛士僅三萬人。及城破，所存無幾。至是，殿前司以殿班指揮使左言權領，而侍衛二司猶在東京，禁衛寡弱，諸將楊惟忠、王淵、韓世忠以河北兵，劉光世以陝西兵，張俊、苗傅等以帥府及降盜兵皆在行朝，不相統一，於是始置御營司以總齊軍中之政令，因其所部爲五軍。以真定府路馬步軍副總管王淵爲使司都統制，諸將韓世忠、張俊、苗傅等並爲統制官。又命鄜延路馬步軍副總管劉光世提舉使司一行事務。潛善、伯彥別置親兵各千人，優其廩賜，議者非之。臣謹按，建炎置御營司，乃軍政之大者，而史官不能紀其本末。熊克小曆略書其事，乃係於今年七月並命二相時，實甚誤矣。克又云：「除劉光世爲都統制。」亦誤。潛善、伯彥別置親兵，他書不見，馬伸劾疏有之。呂中大事記：「國朝兵權，隸於三衙，本之樞府。樞府有發兵之權而無握兵之重，三衙有握兵之重而無發兵之權。今不復三衙，而別置御營司，分委之樞府，而置御營使，其後專掌兵權，樞府不得而預。議者以本朝故事分爲兩府，又置御營使，是政出於三。此趙鼎所以舉行故事以正西府之權，范宗尹所以兼樞密使而罷御營使，宜也。」

詔：「京西統制官翟興團結義兵，保護祖宗陵寢。」

命陝西諸帥招兵積糧，遣統制官薛廣以所部三千人出內黃，張瓊以三千人出開德，共復磁、相。廣本班直，去爲盜，掠隨、郢、復諸郡，至是就招。

中奉大夫、提舉成都府玉局觀王時雍責授安化軍節度副使，黃州安置。以言者論時雍圍城中擅行三省事也。日曆時雍無前銜。按元符詔旨，時雍宣和六年以朝議大夫除戶部侍郎。今增入，其他史無前銜者，皆以他書補定之。

翰林學士承旨吳幵言：「國家禍變，不能死節，乞正典刑。」吏部尚書兼翰林學士莫儔言：「久留敵營，備遭困辱，乞置散地。」疏皆三上，詔幵充龍圖閣學士、提舉江州太平觀，儔述古殿直學士、提舉亳州明道宮。

尚書吏部侍郎謝克家爲翰林學士、知制誥。克家以祖諱辭，乃命中書舍人李擢、朱勝非兼權直學士院。

時庶事草創，書詔填委，而院無几案。勝非常憑敗鼓草詔，然辭氣嚴重如平時。勝非直院，日曆在六月丁卯，今依學士院題名附此，更俟詳考。

徽猷閣待制、元帥府參議官顔岐試御史中丞，起居郎宋齊愈試左諫議大夫，監察御史馬伸守殿中侍御史，承議郎潘良貴爲左正言，鴻臚寺主簿鄧肅守右正言，奉議郎盧以中守監察御史。良貴，金華人，嘗爲尚書郎，靖康中召還，坐狂率斥去，至是復用。以中，歙縣人也。熊克小曆吴幵、莫儔、謝克家、顔岐除罷並在戊戌，今從日曆。

户部侍郎邵溥兼京城副留守，右武大夫、惠州團練使韓恕知東上閤門事。恕，琦孫，其父嘉彦，尚神宗女，爲瀛海軍承宣使。

9 戊戌，詔曰：「故尚書吏部侍郎李若水，忘身爲國，知死不懼，忠義之節，無與比倫。達於朕聞，爲之涕泣。可贈觀文殿學士，賜其家銀帛五百匹兩，官子孫五人。」時尚書右丞呂好問爲上言若水之忠，故有是命。

資政殿學士提舉醴泉觀路允迪、龍圖閣學士提舉南京鴻慶宮兼侍讀耿延禧爲京城撫諭使、副。熊克小曆允迪等出使在己亥，耿延禧中興記亦云：「初十日，臣受敕，充京城撫諭副。」今依日曆，附初九日戊戌。蓋戊戌降旨，己亥受命也。

修職郎王倫特遷朝奉郎，假刑部侍郎，充大金通問使，進士朱弁爲修武郎，副之。從事郎傅雱特遷宣義郎，假工部侍郎，充大金通和使，武功大夫趙哲副之。倫，穀子。熊克小曆：「倫，旦孫。」趙甡之遺史云：「倫，旦之後。」王明清揮麈後録云：「倫，三槐之裔。祖端，父穀，俱以才顯。」按倫乃旦弟兵部郎中旭之元孫，旭生通議大夫端，端生朝奉大夫元，元生穀，官至朝散郎，上書勒停，已見崇寧五年正月乙巳記。甡之、明清皆小誤。蓋汪藻行倫制詞，有「胄出公侯」之句，而傳者遂因之。家貧無行，好椎牛沽酒，往來京、洛間，以俠自任，數犯法幸免。京城之陷也，淵聖御宣德門，都人喧呼不止，倫乘勢徑造御前，曰：「臣能彈壓之。」帝即解所佩夏國寶劍賜倫。倫曰：「臣未有官，豈能彈壓？」遂自薦其才。帝亟取片紙書曰：「王倫可除尚書兵部侍郎。」倫下樓，挾惡少數人傳旨撫定，都人乃息。宰相何㮚以倫小人無功，除命太峻，奏補修職郎，斥不用。賜劍據王明清揮麈録修入，他書無之。王銍嘗爲倫作御劍銘，其事決不妄。然明清又云：「靖康末，李士美罷相就第，倫忽直造，拜於堂下。士美問其所以，正道自言：『願隨相公一至禁中，有欲白於上。』士美曰：『方退閑，薦士非所預也。』正道自此日掃其門。會有旨令前宰執赴殿庭議事，正道久拜而懇曰：『此倫效命之時也。』士美不得已，因携之而入。倫自陳於殿下曰：『臣真宗故相王旦之孫也，有致君澤民之術，無路而不得進。宣和中上書，言大遼不可滅，女真不可盟，果如臣言。今圍城既急，他無計策，臣謹當募死士數萬，願陛下侍上皇挾諸王，奪萬勝門決圍南幸。』欽宗忠之，慰勞甚厚，解所佩夏國寶劍以賜，且以片紙批曰：『王倫事成日，可除尚書兵部侍郎。』倫既拜賜，翌日再對，自言：『已得豪俠萬餘，悉願效死，願陛下勿疑即行。』時宰相何文縝已主和議，正道怒，髮上衝冠。文縝斥曰：『若何人，敢至此邪？』正道曰：『爾何人，乃至此邪？』又曰：『萬一天子蒙塵，雖誅相公數百輩，何益？』文縝怒，以爲狂生，言既不用，恐爲亂，請上誅之，且乞就令衛士執之。上意未決，正道懼無以自脫。時孫仲益在禁中，正道少與仲益有布衣舊，因求計，仲益曰：『前日所拜小戎文字在否？』正道腰間取御批示之，仲益曰：『得此足矣。子但立於從班中，誰敢呵子？豈有無故就殿上擒一侍郎之理乎？』倫從其言入厠侍臣之列，人果不敢前。翌日，文縝始畫旨送御史府，倫已得間出都矣。」正道，倫字也。臣謹按，李邦彥以靖康元年二月罷相，未幾出知鄧州，尋持餘服。方城危時，未嘗召前宰執議事，邦彥亦未嘗入朝，明清實甚誤。今以趙甡之遺史及中興姓氏録倫本傳修入。明清又云面斥何㮚，㮚欲捕治倫，倫立從官班中，乃得免。恐亦不然。今但云㮚斥倫不用，庶不抵牾。至是，上書自伸前志，乞使沙漠，問二聖起居，故有是命。既而黃潛善、汪伯彥共議，改雱爲祈請使，閤門宣贊舍人馬識遠爲副，而倫、弁、哲不遣。倫、弁十一月壬辰再行遣。國書外，又令張邦昌作書遺二帥。時潛善等復主議和，因用靖康誓書，畫河爲界。始敵求割蒲、解，圍城中許之。潛善等乃令刑部不得謄赦文下河東北兩路及河中府解州。此據宗澤奏議。其乙未、丁酉所遣兵，且令屯大河之南，應機進止。雱，清江人，以贓罪不得改官，故求出使。此據紹興二十七年五月乙丑王珪劾疏修入。弁，婺源人。識遠，山東人也。

遂安民倪從慶等爲盜，浙西安撫使招降之，至是以聞。

10 己亥，手詔天下曰：「朕將謹視舊章，不以手筆廢朝令，不以内侍典兵權。容受直言，斥去浮靡。非軍功無異賞，非戎備無僝工。若羣臣狃於故習，導諛諱過，大臣蔽賢，所舉非實，臺諫糾慝⑱，有言非公，凡此之屬，必罰無赦。」何俌龜鑑：「治天下不出此數十條，回天下之勢者，在人主一動念一轉手間耳。觀此一詔，則高宗惻然之心，實然之政，真足以轉移天心而感動人心。中興之業，已卜於此矣。」

大元帥府結局，將佐吏士推恩有差。時諸道勤王兵皆至行在，於是陝西將官王德初隸都巡檢使劉光世爲右軍將官。德，鞏縣人，號王夜叉者也。

迪功郎胡蠡假通直郎、宗正少卿，爲高麗國信使。承節郎黄鉞假閤門宣贊舍人，副之。鉞以癸卯受命，今聯書之。

是日，李綱誅軍賊周德於江寧。德既作亂，會經制司屬官文林郎鮑貽遜統勤王兵七千至城下，江淮發運判官、直徽猷閣方孟卿檄貽遜進兵逼城，德乃受招，而擐甲乘城，殺掠如故。宣教郎、知溧陽縣楊邦乂亦起民兵討之。綱至太平州，遣使諭以勤王，德始受綱節制，然猶桀驁，不以時登舟，欲乘間遁去。綱次江寧，遂與江南東路轉運判官、權安撫司事李彌遜謀，大犒羣賊於轉運司，執德與其徒聶旺，皆磔於市，又誅亂黨四十四人，而令提舉常平公事、直徽猷閣王枋統其餘兵千人俱進。貽遜，龍泉人；邦乂，吉水人；孟卿，鄱陽人；彌遜，吳縣人；枋，安石從孫也。

11 庚子，詔以靖康大臣主和誤國，特進李邦彥責授建寧軍節度副使、安置潯州；責授崇信軍節度副使、涪州安置吳敏移柳州，責授秘書少監、亳州居住蔡懋移英州。遂責正奉大夫、提舉南京鴻慶宮李梲於惠州，中大夫、提舉亳州明道宮宇文虛中韶州，承議郎、提舉亳州明道宮鄭望之連州，通直郎、提舉杭州洞霄宮李鄴賀州，並安置。邦彥、敏，靖康初共政，梲、虛中、望之、鄴皆使金請割地者，故責之。呂中大事記：「金虜自攻陷太原以來⑲，即以講和割地爲餌。李邦彥、吳敏、唐恪諸人，皆墮其計。蓋小人始者惟以拓地邀功，及戎已入中國⑳，小人無功之可邀，則惟幸和之可成。故政和之開釁者，即宣和求和之人，而宣和之求和者，即靖康賣國之人也。此小人以和誤國，尤甚於夷狄之以和誤我也㉑。耿南仲既以和誤淵聖，猶以和沮高宗援兵，此小人之尤者。上至欲手劍擊之，此高宗之初心，未爲汪、黄所誤之時也。觀此，則後日遣使議和者，皆非其本心矣。」

改諸司諸軍專搆司爲審計。

徽猷閣待制、新知揚州梁揚祖爲江淮等路制置發運使，直秘閣、京畿轉運副使向子諲遷直龍圖閣，充副使。

詔朝奉郎提舉淮南西路香鹽公事范沖、宣教郎上官愔、常同令乘驛赴闕，三省審察，用趙子崧之言也。既而以沖爲尚書虞部員外郎。明年，愔至行在，除秘書省校書郎。同卒不至。沖除虞外在九月壬寅。愔除校書在二年二月辛酉，秘書省題名乃除秘書省正字，當考。

12 辛丑，詔曰：「張邦昌知幾達變，勳在社稷。朕寵以王爵，欲與同理萬務，而牢避莫奪。可依文彦博例，一月兩赴都堂，急速大政，令宰執就第商議，以稱朕優賢倚賴之意。」日曆載此詔在初四日癸巳。按邦昌除太保，以壬辰得旨，癸巳降制。而詔中有「雖已斷來章，宜付都堂治事」之語，則決非癸巳日所降也。今依僞楚録，附十二日辛丑，更求他書參考之。

先是，御史中丞顔岐言：「邦昌金人所喜，雖已爲三公，宜加同平章事，增重其禮。李綱金人所不喜，雖已命相，宜及其未至罷之，以爲中太一宫使兼經筵官，置之散地。」會邦昌累章求退，故有是命。岐又請罷綱，章五上，上曰：「如朕之立，恐亦非金人所喜。」岐乃退。

奉議郎致仕吴給復爲監察御史。

13 壬寅，封後宫潘氏爲賢妃。妃開封人，父永壽，直翰林醫官局。上在康邸，宣和皇后爲納之，有寵。及邢后北去，妃以無名位獨得留，至是遂封。以梁師成第賜其叔父永思。趙甡之遺史云：「靖康初，軍事方興，宣和皇后使一小鬟背負被袱，步行出内，欲歸韋家。過潘氏之門，永思之妻號郡君適在門側，見而異之，乃呼曰：『天氣陰寒，請娘子略避風露。』宣和皇后遂造其家，徐言是康王之母韋氏。郡君奉之尤謹，出潘氏使侍左右，且遣人詣韋宅報其親屬。宣和皇后亦喜，知潘氏已笄而未嫁也，因求潘氏歸康邸，郡君許之，遂同宣和皇后潛行。上之出使河北也，潘氏已妊娠，而外人多不知，故圍城中金人邀請親王眷屬，而潘氏不在其數。」臣謹按，靖康元年正月，金初犯京城，是時道君雖夜出門，而城中未亂，宣和皇后不應徒步出宫。若以爲城破，道君徒步入宫之時，則上出使已久，恐必有誤，且删潤修入。但妃實非永思女，其父永壽，紹興十四年三月十一日贈太子少師，日曆有制詞，甡之蓋誤。

江淮等路發運使梁揚祖提領措置東南茶鹽公事，尚書工部員外郎楊淵同提領，置司真州。時東北道梗，鹽筴不通，揚祖言真州東南水陸要衝，宜遣官置司，給賣鈔引，所有茶鹽錢，並充朝廷封樁諸司，毋得移用。朝廷以爲然，故有是命。明年八月戊辰揚祖進職。

朝議大夫、試開封尹徐秉哲充徽猷閣直學士、提舉江州太平觀。延康殿學士趙子崧言：「臣聞京城士人籍籍，謂王時雍、徐秉哲、吴幵、莫儔、范瓊、胡思、王紹、王及之、顔博文、余大均，皆左右賣國，逼太上皇，取皇太子，汙辱六宮，捕繫宗室，盜竊禁中之物，公取嬪御。都城無大小，指此十人者爲國賊，此天下之所不赦者也。張邦昌未有反正之心，敵騎甫退，此十人者皆日夕締交，密謀勸以久假；未肆赦間，又復督迫之。時雍奴事敵人，肆出詭計，辱君父以安己，忘社稷以要功。秉哲、大均追捕宗室，急於寇盜，至拘濟王夫人於櫃坊，閉如牢獄。幵、儔邀請上皇，詞氣軒驁，上皇至泣下。皇后及東宮將出，都人號泣遮道，瓊斬數人以徇。及之爲敵人搜索宮嬪，而藏其美者。邦昌既僭號，思獻赦文，直用濮安懿王諱，邦昌皇恐，思曰：『如今更理會甚濮王？』博文則曰：『雖欲避堯之子，其如畏天之威？』至紹，則尤爲悖逆，其言不可道。竊聞時雍、秉哲落職宮觀，既不足以正典刑，又不足以安反側。伏望將此十人付獄鞫治，明正典刑，以爲萬世臣子之戒。」此據子崧家傳，不得其日，且參酌附秉哲宮觀之後。

金人圍河間府。

是日，淵聖皇帝次代州，遂渡太和嶺，至雲中，留十餘日。淵聖自離都城，舊臣無敢候問起居者，比至代州，惟工部員外郎滕茂實迎謁於道。茂實，臨安人，靖康初假工部侍郎，副路允迪出使。時茂實兄裪通判代州，已先降敵。左副元帥宗維素重茂實，乃遷之代州。又自京師取其弟華實同居，以慰其意。茂實聞淵聖將至，即自爲哀詞，且篆「宋工部侍郎滕茂實墓」九字，取奉使黄旛裹之，以授其友人朔寧府司士曹董詵。翌日，淵聖及郊，茂實具冠幘，號哭迎拜。宗維逼令易服，茂實力拒不從，見者墮淚。茂實請侍舊主俱行，不許。諸書或以茂實爲嚴州人。按政和八年進士題名記云：「滕茂實字秀穎，杭州臨安人。父中，承議郎、知解州。」汴都記云：「少帝出城時，茂實詣敵營上書，遂留下。或傳其爲黏罕内相。」與史不同，今不取。欽宗實録：「茂實靖康元年五月自工部郎中與監當，坐前爲明堂令，收揩書捧入己[22]。」此時茂實已出疆，恐是案後收坐，或用衆証耳。今併附此。

14 癸卯，詔以二聖未還，罷天申節上壽常禮。自是至紹興十二年，皆如之。

太常寺主簿張浚充樞密院編修官。

忠州刺史姚平仲再復吉州團練使，所在出榜，召赴行在。平仲之劫寨也，既不得所欲，即皇懼遁去，傳者以爲亂兵所殺。靖康末，復官再召。上思其才，疑其不死，命所在訪之，平仲竟不至。或云，平仲隱九江山中。陸游清尊録云：「人嘗有見平仲於廬山者。」

閤門宣贊舍人馬識遠提點淮南西路刑獄公事，辛道宗提點京兆府路刑獄公事。道宗，叔獻子也。初議遣識遠使金，未行，而有此命。

15 乙巳，詔諸路勤王兵還營日，令所在人賜錢三千。先是，勤王兵至城下者皆遣還，而武義大夫、淮東諸司州軍統制勤王軍馬張憲言無以激勸，乃有是命。時諸道兵多有散而爲盜者。

顯謨閣直學士、知東平府盧益落職奉祠，直龍圖閣、京東轉運判官閭丘陞責授濮州團練副使，封州安置。益，開封人，坐不勤王，而陞以戾轅門之令，爲臺臣所劾也。耿延禧中興記云：「漕臣閭丘陞自招民兵三千餘，上遣屯濮州。敵騎至濮，陞能禦之。」汪伯彦中興日曆亦同，不知何以坐不赴援遠謫，當考。

資政殿學士、簽書樞密院事張叔夜薨。叔夜既北遷，道中惟時飲湯，義不食其粟。至白溝，實録：「叔夜從淵聖在黏罕軍中，自鄭州而北。」黏罕河東軍也，不知何以過白溝，當考。御者曰：「過界河矣。」乃矍然而起，仰天大呼，遂不復語。翌日，扼吭死。時上聞叔夜與御史中丞秦檜之忠，遥拜叔夜觀文殿大學士、醴泉觀使，檜落致仕充資政殿學士、提舉醴泉觀。而何㮚、孫傅輩以誤國，故不復録。㮚至金國，不食死，年三十九。世傳㮚在金國謀奉淵聖間道亡歸，事泄，金人纏以油布而焚之。今從實録附傳，二年三月丙午除職。傅北遷，年五十一，後不知所終。此據傳附傳。林泉野記云：「建炎初，遥加傳觀文殿學士，終以不屈卒於金國。」而傳無之，紹興元年四月己巳贈官。叔夜没年六十三。吕中大事記曰：「靖康之難，能死節者，前有李若水，後有張叔夜，二人而已。虜再犯闕㉓，勤王之師無一至者，獨叔夜以孤軍入衛，其忠已足稱。及北遷之後，猶不食其粟，不入其境，則始終之義無憾矣。李若水嘗主車駕出城者也，使其不死，亦在誤國一人之數。惟其一死之明白昭晰，故誤國之罪盡釋，而言忠義者，亦首稱焉。若何㮚、孫傅，身爲大臣，乃引其君降虜求生，其不忠不義，無父無君孰大焉？使其能爲若水之死，已不足以贖誤國之罪，而乃死於虜廷㉔，則其死不足言矣。論者猶以二子不屈於僞楚爲忠，夫屈於大而不屈於小，不屈於前猶或有益，不屈於後復何補哉？」

16 丙午，追貶故相汝南忠懷王蔡確爲武康軍節度副使，知樞密院事衛國文正公蔡卞爲寧國軍節度副使㉕，故御史中丞、贈少師邢恕爲常德軍節度副使，坐誣謗宣仁后，且自言有定策功也。紹興五年八月己未再貶。

詔：「覃恩進秩，惟侍從及宗室南班官給告，餘並尚書省出敕。」三年二月壬申可考。

保静軍節度使姚古知河南府，帶御器械鄭建雄知河陽，徽猷閣待制、知興仁府曾楙陞直學士、提舉西京嵩山崇福宫，通議大夫王復知徐州，直秘閣、通判秀州趙不試陞直龍圖閣、知相州，尚書虞部員外郎姜剛之知棣州㉖。顯謨閣直學士、知開德府王棣以守境有勞，陞述古殿直學士。集英殿修撰、知滄州杜充陞天章閣待制。充，安陽人也。棣，真定人也。古先坐覆師，責散官廣州安置，至是趣召。

天章閣待制、知同州唐重上疏論：「五月一日赦書所施行，皆非國家大利害，生民大休戚。今急務有四，大患有五。所謂急務者，大率以車駕西幸爲先；其次則建藩鎮，封宗子，使守我土地，緩急無爲敵有；先欲通夏國之好，繼青唐之後，使相犄角，以緩敵勢。所謂大患者，法令滋彰，而吏緣爲奸；朝綱委靡，而士大夫相習誕謾；軍政敗壞，而將兵相扇奔潰；國用竭矣，而利源又失；民心離矣，而調發方興。欲救此者，莫若於守祖宗成憲，登用忠直，大正賞刑，選將漕之臣，擇循良之吏，誠天下之大計。」劉岑撰重墓誌，載此疏於除永興帥之後，恐誤。

是日，金人陷河中府，左武大夫、貴州防禦使、權府事郝仲連死之。徐夢莘北盟會編載河中之陷在此月乙巳。按張鈞續中興忠義録在五月十七日丙午，蓋據川陝宣撫司案牘也。今從之。初，金人犯河中，守臣徽猷閣待制席益遁去，陝西宣撫使范致虚遣仲連節制河東軍馬，屯河中，就權府事。至是，婁宿以重兵壓府城，仲連率所部力戰，外援不至，仲連度不能守，先自殺其家，已而城陷，仲連終不屈，婁宿使擊殺之。久之，贈中侍大夫、明州觀察使。仲連，昌元人也。吕中大事記曰：「吾觀元年金之内寇三道也㉗，不惟監司，帥守如西京之孫昭遠㉘、同州之鄭驤、維州之韓浩、潁川府之孫默、秦州之李積、淮寧府之向子褒、相州之趙不試、大名府之郭永、濮州之楊粹中、開寧府之楊隸、晉寧軍之徐徽言、長安之唐重、楊宗閔、桑景詢、曹謂、郭忠孝皆死於義。雖以通判如郝仲連、郭伯振，縣官如陸有常、張侃、丁興宗、郭贇，將校如李政、杜績、趙叔皎、楊彭年，亦死於義。降者惟劉豫、傳亮等三人耳。彼之所以固守者，以朝廷必不棄，而必有援兵也。而元年即位之赦，刑部指揮已不謄報於河之東北，陝之蒲、解，是明棄三路矣，使忠臣義士守孤城以待盡，惜哉！」

17 丁未，資政殿學士、京城撫諭使路允迪守吏部尚書。熊克小曆：「允迪靖康初爲簽書樞密院事，奉祠去。丁未，召爲吏部尚書。」按允迪今年四月自京祠爲奉請車駕進發使，因隨行在，非此時始召之。克不詳考也。

太常少卿滕康爲起居舍人兼權給事中，資政殿學士、西道都總管王襄領開封府職事。

左諫議大夫洪芻等坐誘納宮人及括金銀自盜，詔御史臺鞫之。時芻在東都未至也。

詔：「文武臣僚，非疾病危篤及篤疾廢疾不能任職者，毋得陳乞致仕。」時士大夫避事求退者衆，故條約焉。

初，命經制司鬻蔡京、王黼田爲糴本。至是，經制使翁彦國言恐生弊倖，請仍租與客户，歲收課利，損其二分。從之。

文林郎鮑貽遜特改宣教郎，以發運使翁彦國言其招安江寧盜賊有功也。於是宣教郎、知溧陽縣楊邦乂亦以討亂之勞就陞通判江寧府。楊邦乂事，據附傳增入，不得其月日，因貽遜改官附見。

是日，道君太上皇帝次燕山府，館於延壽寺。趙子砥燕雲録：「道君丁未五月十八日到燕山，離門三里，二太子邀看剪柳枝打毬，飲宴至暮。次日入門，於延壽寺駐蹕。金人供奉甚厚。六月初二日，太子請道君聖眷打毬宴會，太子捧巵跪勸道君、鄭后。」按子砥在燕山，所云日月必不妄，今從之。上皇以烏陵撒母有迎奉勞，遺以後宮曹氏。曹氏，武穆王彬之裔，寧德后近侍也。此據張滙所進節要附入。

時兵部侍郎司馬朴亦在燕，有傳建炎登極赦書至者，朴私遣持詣上皇，爲人所告。金主憐其忠，特釋之。此據朴傳附見。按顔岐進所編聖語，云：「朝議大夫惠厚下及樞密院小吏楊雍自燕境逃歸，言有傳登極赦書奏道君者，聖情大悦，趣宣和皇后開宴，費用頗廣。建炎二年七月辛亥，宰執以奏，上斂容不語久之。」蔡絛鐵圍山叢談云：「太上皇既北狩，略不得中原音問，日以宗社爲念。久之，且命皇族之從行者食，御手因親將調羹，呼左右令出市茴香，左右偶持一黄紙包以茴香來，太上帝視之，乃中興赦書也，始知其事，於是天意大喜，從行者皆拜舞稱慶。此事聞之慈寧皇太后之猶子韋侯訊。」臣謹按，韋訊所云，當不妄，乃與顔岐所記不同。趙子砥燕雲録云：「康王登寶位，赦文傳至燕山，二太子得之，封呈道君，即召賢妃相賀，喜動龍顔。」此恐非其實也。子砥所録又云：「戊申三月間，一南人貨驢肉瓦橘來，買得故紙，内有本朝足本赦書，司馬朴營求得之，爲京師醫官靳洪告於燕山留守，收朴，枷項禁勘。獄成，申元帥府。已而貸死，杖七十，依舊養濟。」附傳所云，或即據此而稍潤色之也。洪皓行述又云：「皓被拘雲中，因以金遺商人陳忠，令密告兩宮以本朝遣來通問，於是二帝始知建炎中興之實。」此所云與前諸書又不同，今併附此，更求他書參考。

閤門宣贊舍人曹勛自燕山得間遁歸，宣和皇后令勛奏上，以再使軍前時[29]，有宫人見四金甲神人，持弓劍衛上。

18 戊申，勒停人李仲洵復武翼郎、知滑州。仲洵始坐棄城得罪，至是再用之。

19 庚戌，天申節，羣臣詣東上閤門拜表稱賀。

新除給事中沈晦充集英殿修撰、知舒州。言者論晦市井駔儈之流，雖嘗使金踰年，不無艱苦，而封駁之職，政事得失所繫，恐不可以賞功。故出之。

徽猷閣待制宗澤充龍圖閣學士、知襄陽府，右文殿修撰、知冀州權邦彦充天章閣待制、知荊南府，直秘閣、知深州姚鵬陞直龍圖閣、知洪州。時黄潛善等不欲澤居中，故與河北勤王守臣並命。

20 辛亥，太師、鎮南軍節度使、中太一宫使、樂平郡王鄭紳謁告往江浙改葬，許之。紳，開封人，故爲直省官，此據蔡絛國史後補。道君皇后父也。城始破，爲金所執，既而歸之。未幾薨，謚僖靖。沈良靖康餘録曰：「正月二十七日，黏罕請上皇相見，上皇乘轎至寨門，着紫道服，帶逍遥巾，趨入至幕次。黏罕出迎，入帳中坐良久，上皇起白黏罕云：『老夫得罪，當北遷，但帝姬下降者乞留，荷大惠。』黏罕不答。有頃，鄭皇后自外至，云：『妾得罪，合從上皇北遷。但妾家屬不與朝事，敢乞留。』黏罕點頭許之。」

21 壬子，太保、奉國軍節度使、同安郡王張邦昌以覃恩遷太傅。此據僞楚録，日曆無之。

都水使者陳求道貶秩五等，坐汴河水減，不即補治，爲御史所劾，故黜之。

徽猷閣學士、知青州曾孝序陞延康殿學士。孝序，晉江人也。

22 癸丑，中書舍人孫覿充徽猷閣待制、知秀州。覿聞李綱且至，上疏言：「靖康初任侍御史，首論諸生伏闕之罪，責知和州。今綱爲中書相，而臣預省屬，典掌書命，職在論思。設有愚見，因事納忠，則益不安位，請得罷去。」故有是命。

23 甲寅，中書舍人兼權直學士院李擢試給事中。

御史臺主簿鄭瑴爲監察御史[30]。瑴，建陽人。邦昌之僭也，瑴挺身見上於濟州，至是擢用。陳賈新立御史臺題名記穀與盧臣中之除皆在六月。今從日曆，附此。

24 乙卯，熙河經略使張深辭行，詔留深所部鄜延統制官孫渥一軍衛行在，餘兵復還本路。渥，武都人也。

25 丙辰，監察御史張所爲尚書兵部員外郎。所按視陵寢還，上疏言：

恭聞行在留南京，軍民俱怨，道路籍籍，不知誰爲此謀者，又失計矣。京師重城八十里之廣，宗社宮闕、省闥百司不可遷也。況居之足以控制河東河北之地，而河東河北者，天下之根本，不可失。去年誤用奸臣之謀，始割三鎮，繼而盡割兩河之地，遂使兩河之民煩冤沉痛，怨流骨髓。今聞兩河兵民無不扼腕，用之可藉以守，若或棄京師而不居，則兩河之民無所係望，陛下事去矣。

今急還京城，誠有五利：奉宗廟保陵寢，一也；慰安人心，二也；繫四海之望，三也；釋河北割地之疑，四也；早有定處而一意於邊防，五也。一舉而五利，而陛下不爲，不知誰爲此謀者？臣知其必無長策，曾不過緩急之際，意在南渡，而殊不知國家之安危，在乎兵之强弱，將相之賢不肖，而不在乎都之遷與不遷也。誠使兵弱而將相不肖，雖云渡江而南，安能自保？徒使人心先離，中原先亂耳。大河不足恃，則大江不足恃亦明矣。誠使兵强而將相賢，正須坐撫中原，以制强敵，尚何遷都之有？雖然，計有出萬全者，宜若創業之君，無以精兵自衛，而圖任將相，使之協謀共力，經營乎朔方，然後鼓勇河東、河北忠憤之人，使自爲戰，則强敵可摧，土宇可保，而京師可以奠枕而都也。不能如此，徒欲南渡以自便，是偷朝夕之安，非所謂社稷大計，臣知其不可。

時所又條上兩河利害。上欲以其事付所，會所復言黄潛善兄弟奸邪不可用，恐害新政。潛善引去，上諭旨留之，乃罷所言職。潛善意未已，尋責所鳳州團練副使、江州安置。所事迹他書不見，今以李綱建炎進退志修入。日曆載所奏議於六月己巳，實甚誤矣。所責江州月日未見，今併附此，更尋他書考證之。

是日，李孝忠破襄陽府，守臣直徽猷閣黄叔敖棄城去，孝忠遂入城，肆焚劫，掠子女，盡驅强壯爲軍。叔敖，廉子也。廉，分寧人，元祐中給事中。

26 丁巳，資政殿大學士、知京兆府范致虚陞觀文殿學士，太常少卿劉觀召試中書舍人，起居舍人滕康爲起居郎，太常少卿汪藻爲起居舍人兼權中書舍人，承議郎兩浙路提點刑獄公事季質、尚書考功員外郎周望並試太常少卿。質，張邦昌子婿，聞邦昌僭位，自繫越州獄。提舉茶鹽司以聞，詔嘉獎，至是擢用之。詔獎質在此月甲寅，今併附見。

承議郎葉三省守右司員外郎，朝奉大夫、諸王府贊讀汪思齊行吏部員外郎，朝請郎陳戩爲虞部員外郎。三省，桐廬人。思齊，鄞縣人。戩已見四月辛酉。思齊與戩嘗爲上宫僚，故用。未幾思齊卒。

朝請郎、主管亳州明道宫邢焕爲朝議大夫，充右文殿修撰。朝散郎宋昭爲尚書膳部員外郎，仍賜白金百兩，以昭自言嘗上書論開邊事遠竄，故録之。昭元降旨與郎官，今併書除目。後準此。昭見今年正月。

27 戊午，太常少卿周望假給事中，充大金通問使，武功大夫趙哲領達州刺史，副之。初，上用黄潛善、汪伯彦計，遣傅雱使金軍，祈請二帝。未行，朝論欲更遣重臣以取信。會尚書户部侍郎邵溥乞赴行在，潛善等因白用溥，溥辭，乃黜溥知單州，而更命望。溥之罷在甲寅，今併附此。

資政殿學士宇文粹中降授朝奉郎，降充龍圖閣待制錢蓋並落職，提舉亳州明道宫。粹中坐江寧軍亂，蓋坐陝西棄師也。初，執政論蓋功，進職名，中書舍人朱勝非封還録黄，乃有是命。

資政殿學士新除領開封府事王襄、資政殿學士趙野並落職。襄責襄陽府，野青州，並居住。權中書舍人汪藻草制曰：「豈有兩君之在野，略無一騎以入關？故取迂途，以爲緩計。」

故事，宰執初除，賜銀帛各千匹兩。至是，中書侍郎黄潛善等以國用不足辭所賜，許之。其後詔皆減半，休兵後乃盡復之。

詔以邊事未寧，遇休暇日，百司仍入局治事。紹興元年正月丙辰所書可參考。

是月，皇叔光山軍節度使士㒟知南外宗正事。士㒟首論大臣誤國，故黄潛善斥之。日曆紹興七年八月二十九日士㒟劄子：「建炎元年，蒙恩除知南外宗正事，當年五月到任。」又紹興四年五月十二日士㒟劄子：「昨日陛下立極之初，首論大臣誤國，蒙恩寬貸，改差知南外宗正事。臣既離維揚，不旋踵有渡江之變。」按南外今年八月移鎮江府，三年又移泉州，此所云「既離維揚，不旋踵有渡江之變」，則改差又非元年事，當考。

朝議大夫、京東西路提點刑獄公事王賓爲侍御史。賓，侯官人，嘗爲御史去，至是復用。賓之除，日曆不書，今以御史臺題名增入。

安邑人邵興據解州神稷山，屢與金人戰。時金將鶻眼屯安邑㉛，執其弟翼招之，興不顧，飲泣死戰，大破金人之軍。鶻眼，婁宿子也。

校勘記

①且我高宗之生　「宗」，原作「祖」，據叢書本改。下同。

②以夷事夷然猶背之　以上八字原闕，據宋史全文卷一六上引龜鑑補。

③戎心之不臧　「戎」原作「我」，據宋史全文卷一六上引龜鑑改。

④敵於我俟命　「於我俟命」，原作「伺我釁」，據宋史全文卷一六上引龜鑑改。

⑤我又以一身當之　「我」字據宋史全文卷一六上引龜鑑補。

⑥華夷罔知攸主　「華夷」，原作「中外」，據叢書本改。

⑦是以太上皇帝之始即政也　「以」，原作「宜」，據叢書本改。

⑧於以成中興之業　「以」，原作「已」，據叢書本改。

⑨虜退之後　「虜」，原作「敵」，據皇朝中興大事記講義改。

⑩元祐爲盛　「盛」，原作「甚」，據皇朝中興大事記講義改。

⑪日曆於乙未載綱所上疏　「載」，原作「哉」，據文意徑改。下句「乃誤載」之「載」同改。

⑫生民之類不至於糜爛泯滅而無餘　「滅」，原作「没」，據皇朝中興大事記講義改。

⑬而天之所以爲天者　「之」，原闕，據皇朝中興大事記講義補。

⑭於是女真萬户銀朱屯太原　「銀朱」，原作「尼楚赫」，叢書本同。金人地名考證無考，中興小紀卷一「女真萬户尼楚赫」下，四庫本小注：「原名銀朱，今改正。」故知本書亦必作「銀朱」，據改。下同。

⑮女真副統埽喝屯真定　「埽喝」，原作「素赫」，據金史卷三太宗紀改。

⑯女真副統蒙哥進據磁相　「蒙哥」，原作「蒙克」，叢書本同。中興小紀卷一四庫館臣小注：「蒙克，原名蒙哥，今改正。」據改。

⑰渤海萬户大撻不也圍河間　「撻不也」，原作「托卜嘉」，據金人地名考證改。按：本書原名又作「撻也」、「撻孛耶」、「闥孛也」，今統一改作「撻不也」。下同。

⑱臺諫糾慝　「糾」，原作「糾」，據宋史全文卷一六上改。

⑲金虜自攻陷太原以來　「虜」，原闕，據皇朝中興大事記講義補。

⑳及戎已入中國　「戎」，原作「敵」，據皇朝中興大事記講義改。

㉑尤甚於夷狄之以和誤我也　「夷狄」，原作「敵」，據皇朝中興大事記講義改。

㉒坐前爲明堂令收揩書捧入已　「揩」，叢書本作「楷」。按：「收揩書捧入已」六字語不通，四庫館臣作按語，謂：「揩書捧三字疑有脱誤。」今删。

㉓虜再犯闕　「虜」，原作「金」，據皇朝中興大事記講義改。下同。

㉔而乃死於虜廷　「虜廷」，原作「敵營」，據皇朝中興大事記講義改。

㉕知樞密院事衛國文正公蔡卞爲寧國軍節度副使　「國」字原闕，據叢書本補。按：衛國公爲蔡卞封爵，而文正爲其謚號。

㉖尚書虞部員外郎姜剛之知棣州　「棣」，原闕，四庫本補，有按語：「原本州上空一字，查北盟會編、宋史俱作棣，乃明人避成祖諱也，今補入棣字，下同。」今删。

㉗吾觀元年金之内寇三道也　「寇」，原作「侵」，據皇朝中興大事記講義改。

㉘不惟監司帥守如西京之孫昭遠 「守」，原作「府」，據皇朝中興大事記講義改。

㉙以再使軍前時 「再」，叢書本作「稱」。按：三朝北盟會編卷九八引曹勛北狩聞見録：「在虜寨臨行日，恭承皇太后聖訓，令奏大王曰：『大王再使軍前，欲出門時，二后洎宫人送大王至廳，有幼女名招兒，見四金甲人，狀貌雄偉，各執弓劍，擁衛王後。』」則當以「再」字爲準。

㉚御史臺主簿鄭轂爲監察御史 「轂」，原作「彀」，據宋史卷三九九鄭轂傳改。後同改，不另出校。

㉛時金將鶻眼屯安邑 「鶻眼」，原作「呼紐」，應即金史卷七二婁室傳之活女。然金人地名考證未載，今據叢書本改。

建炎以來繫年要録卷六

1 建炎元年六月己未朔，新除尚書右僕射李綱至行在。先是，右諫議大夫范宗尹力主議和，乃言綱名浮於實，而有震主之威，不可以相。章三上，不報。綱行至賨應，乃聞拜相之命；次泗上，會有詔四方勤王之師還本道，綱遂留昇、潭兵於泗，而獨與數百人詣南都。詔中使王嗣昌趣綱入覲。綱至穀熟，御史中丞顔岐遣人持劾副遺綱，封以御史臺印。上聞綱且至，命徽猷閣學士、提舉萬壽觀兼侍讀董耘往勞，又命執政燕綱於金果園，綱力辭。上趣召，入見於内殿，綱涕泣，上亦感動。綱辭新命，且言：「臣愚戇，但知有趙氏，不知有金人，固宜爲其所惡。然岐之論臣，謂材不足以任宰相則可，謂爲金人所惡不當爲相則不可。且爲趙氏之臣，而金人喜之，而反可以爲相，則自古賣國以與人者，皆爲忠臣矣。外廷之論如此，臣豈敢當此任？願乞身以歸田里。至於陛下命相，於金人所喜所惡之間，更望曲留聖慮。」上曰：「朕知卿忠義智略甚久，在靖康時，嘗欲言於淵聖，使遠人畏服，四方安寧，非相卿不可。今朕此志已定，卿其勿辭。」綱頓首謝。詔幹辦御藥院邵成章宣押，赴都堂視事。中興姓氏録云：「淵聖即位，内侍用事者多貶罷，超擢成章知入内内侍省事。」按李綱自記，成章乃御藥幹辦，今從之。時日已夕，上命黄潛善等留省中以竢之。綱復固辭，猶未受命也。

侍御史王賓言責授秘書少監王襄、趙野罪大謫輕。移襄永州、野邵州，並安置。

徽猷閣直學士、提舉江州太平觀徐秉哲假資政殿學士、領開封尹，充大金通問使。王時雍既貶，上釋秉哲之罪，使諭敵求和，秉哲不受。

奉國軍節度使王宗濋責授定國軍節度副使，邵州安置，坐首引衛兵逃遁，致都城失守也。

言者請減州縣及五司官以省費，而中書侍郎黄潛善乞差官討論，乃以起居郎滕康、舍人汪藻並兼檢討官。

詔：「太傅張邦昌特給節度使俸。」

龍圖閣學士、新知襄陽府宗澤自衛南分兵屯河上，以數百騎赴南都。是日入對，澤首上三事，其一論人主不可以喜怒爲賞罰；其二論人主職在任相，願於稠人廣衆中不以親踈，不以遠近，虚心謹擇，參以國人左右之言，爰立作相，而毋使小人參之；其三論諫官人主耳目，臣下有懷奸藏慝、嫉賢蔽善者，當使耳目之官瀝心彈糾，毋有所隱，以絶後艱。上納其言，將留澤，而黄潛善、汪伯彦惡之，乃令之襄陽。澤除襄陽，日曆在五月庚戌。汪伯彦中興日曆在五月壬辰，澤遺事在六月癸亥，三書俱不同。意者澤先已外除，至南都始受命耳。今從日曆，乃略删潤，令不牴牾。

2 庚申，詔李綱立新班奏事。執政退，綱留身上十議，且言：「陛下度其可施行者，願賜施行，臣乃敢受命。」

其一曰議國是。大略謂今日之事，欲戰則不足，欲和則不可。竊恐國論猶以和議爲然。蓋以二聖播遷，非和則所以速二聖之禍。臣竊以爲不然。漢高祖與項羽戰於滎陽，太公爲羽所得，置之机上者屢矣。高祖不顧，其戰彌厲，羽卒不敢害而還太公。然則不顧其親而戰者，乃所以還太公之術也。昔金人與契丹二十餘戰，戰必割地厚賂以講和，既和則又求釁以戰，卒滅契丹。今又以和惑中國，至於破都城、隳宗社、易姓改號，而朝廷猶以和議爲然，是將以天下畀之敵而後已。爲今之計，莫若一切罷和議，專務自守之策。建藩鎮於要害之地，置帥府於大河及江淮之南，修城壁，治器械，教水軍，習車戰，使其進無抄掠之得，退有邀擊之患，則雖有出没，必不敢深入。三數年間，軍政益修，甲車咸備，然後大舉以討之，報不共戴天之仇，雪振古所無之耻。彼知中國自强如此，豈徒不敢肆横，而二聖有可安之理矣。且金人之於國家，雖奉藩稱臣，竭天下以予之，亦未爲德也，必至於混一區宇而後已。故今日法勾踐嘗膽之志則可，法其卑詞厚賂則不可。臣謂正當歲時遣使，奉問二聖，至於金國，我不加兵，專以守爲策，竢吾政事修，士氣振，然後可以大舉。六月丁卯，下詔守兩河。己卯，置帥府要郡及水軍。丙戌，教車戰，招軍買馬。乙亥，遣傅雱奉表兩宫。

二曰議巡幸。大略謂天下形勢，關中爲上，襄、鄧次之，建康又次之。今四方多故，除四京外，宜以長安爲西都，襄陽爲南都，建康爲東都，各命守臣葺城池，治宫室，積糗糧，以備巡幸，三都成而天下之勢安矣。陛下用臣此策，其利有三：一則藉巡幸之名，使國勢不失於太弱；二則不置定都，使敵國無所窺伺；三則四方望幸，使奸雄無所覬覦。議者或欲留應天，或欲幸建康，臣以爲皆非計。夫汴梁宗廟社稷之所在，天下之根本也。陛下即位之始，豈可不一見宗廟，以安都人之心？願先降敕榜，以修謁陵寢爲名，擇日巡幸，計無出於此者。六月壬戌施行。

三曰議赦令。大略謂惡逆不當赦，選人不當盡循資，罪廢之人不當盡復。今登寶位赦書，一切比附張邦昌僞赦，非是，宜改正，以法祖宗。六月壬戌施行。

四曰議僭逆。大略謂張邦昌久與機政，擢冠宰司，國破而資之以爲利，君辱而攘之以爲榮。易姓建邦四十餘日，逮金人之既退，方降赦以收恩。考其四日之手書，猶用周朝之故事。今方冒處王爵，極其褒崇。秋高馬肥，敵騎縱横，挾借其勢，陛下將何以制之？願肆諸市朝，以爲亂臣賊子之戒。六月癸亥施行。

五曰議僞命。大略謂國家更大變，士大夫屈膝於僞庭者，不可勝數，宜依唐肅宗六等定罪，以勵士風。六月癸亥、七月辛丑施行。

六曰議戰。大略謂軍政久廢，宜一新紀綱，信賞必罰。六月乙亥施行。

七曰議守。大略謂於沿河及江淮，措置抗禦，以扼敵衝。六月己卯施行。

八曰議本政。大略謂朝廷天下之本也，政事法度，於是乎出。故中書進擬，門下審駁，尚書奉行，皆所以宣布天子之命令，使四方稟承焉。政出於一，則朝廷尊而天下安，政出於二三，則朝廷卑而天下危。天下之安危，係於朝廷之尊卑，而朝廷之尊卑，係於宰相之賢否，與夫人主聽任之重輕，其可忽乎？唐至文宗之朝，可謂衰弱矣。武宗既立，得一李德裕相之，而威令遂振，何哉？由德裕知所本故也。其初爲相，即上言曰：「宰相非其人，當亟廢罷。至天下之政，則不可不歸中書。」武宗聽之，號令紀綱，咸自此出，故能削平僭僞，號爲中興。然則於艱難多事之秋，所以出政者，尤不可以不一也。自崇、觀以來，政出多門，閹宦、恩倖、女寵皆得以干預朝政，所謂宰相者，保身固寵，不敢以爲言，遂失其職。法度廢弛，馴致靖康之禍，非一朝一夕之積也。願陛下深思天下安危之本，察德裕之言，而法武宗之任人，監崇、觀之失，以刷靖康之大耻，宗社生靈，不勝幸甚。

九曰議責成。大略謂靖康間進退大臣太速，功效蔑著，宜擇人而久任之，以要成功。

十曰議修德。大略謂初膺天命，宜益修孝悌恭儉之德，以副天下之望。

上與黄潛善等謀之，翌日，出其章付中書。惟僭逆、僞命二章不下。按綱建炎進退志，載上語有云：「執政中有與卿論不同者，竢欵曲商量。」蓋指潛善等也。

皇叔祖靖康軍節度使、知西外宗正事仲湜爲開府儀同三司，封嗣濮王。仲湜，楚榮王宗輔子也。安懿王孫百二十有六人，至此紹封者五人。

是日，金左副元帥宗維還屯雲中。

3 辛酉，名潛邸爲升暘宮。

詔新除郎官未經上殿者，並引對。

資政殿學士、領開封府尹徐秉哲責授昭信軍節度副使，梅州安置，坐使金辭行也。

4 壬戌，李綱同執政進呈議國是劄子。上曰：「今日之事，正當如此，可付中書省遵守。」次進呈議巡幸劄子，上命促留守司修治京城，祇備車駕還闕欵謁宗廟。詔永興軍、襄陽、江寧府增葺城池，量修宮室官府，以備巡幸。次進呈議赦令劄子，僉謂藝祖登極之初，嘗赦惡逆，今已行難追改，乃命選人惟在職者循資，左降官等第叙復。執政退，綱留身奏：「張邦昌僭逆，及受僞命臣僚二事，皆今日政刑之大者，乞早賜施行。」上曰：「執政中有與卿論不同者，少遲議之。」綱曰：「邦昌僭逆明白，若都人則謂因邦昌立而得生，且免再括金帛而德之。若元帥府則謂邦昌不待征討，遣使奉迎而恕之。若天下則謂邦昌建號易姓，其奉迎特出於不得已而憤疾之。德之恕之者，私也；憤疾之者，公也。執政中有論不同者，臣請與之廷辨。」上乃遣小黄門召黄潛善、吕好問、汪伯彦再對，上語之故，潛善猶力主之，綱詰難再三，乃言在遠不若在近。好問亦曰：「唐德宗幸奉天，不挾朱泚行，後以爲悔。」綱曰：「邦昌當正典刑，何遠近之有？借使在近，當幽縶，而反尊崇之如此，何也？況其已僭逆，豈可留之在朝廷，使道路指目曰：『此亦一天子哉！』」因泣拜曰：「臣不可與邦昌同列，正當以笏擊之。陛下必欲用邦昌，第罷臣，勿以爲相，無不可者。」伯彦曰：「李綱氣直，臣等不及。」上曰：「卿欲如何措置？」綱曰：「邦昌之罪，理當誅夷。陛下以其嘗自歸，貸其死而遠竄之。受僞命者，等第謫降可也。」上乃出綱奏。

詔置檢鼓院於行宫便門之外，差官權攝。李綱言：「今日急務，在通下情。」乃置院以達四方章奏。綱又請置看詳官二員，臣民封事簽擬可行者，將上取旨。從之。

詔察官職守，自今依官制施行。

延康殿學士、大名尹張慤試户部尚書，御史中丞顔岐充徽猷閣待制、提舉亳州明道宫。岐以嘗論李綱，上疏待罪。執政欲令依舊供職，上不許，乃有是命。熊克小曆岐除待制奉祠在八月壬戌。蓋實甚誤。於是，右諫議大夫范宗尹亦求去。詔以宗尹爲徽猷閣待制、知舒州。日曆宗尹六月庚午落職，未知何日罷諫官。今因顔岐除目附見，俟考。

徽猷閣待制、提舉亳州明道宮錢伯言爲開封尹，徽猷閣待制、提舉西京嵩山崇福宮呂頤浩爲徽猷閣直學士、知揚州。伯言，勰子。勰，吴越王倧曾孫，元祐翰林學士。頤浩，樂陵人，宣和末爲燕山府路都轉運使。金人内侵，郭藥師執之以降，已而得歸，至是復用。熊克小曆云：「頤浩，歷城人。」而董萃撰行狀乃云樂陵人，今從行狀。

秘閣修撰、知鼎州唐慤知荆南府。

初，應天尹闕，大臣薦通議大夫、提舉亳州明道宮李偃才可用，詔召入。偃，徽之孫。徽之，迪子，仕至正議大夫。以媚事蔡京，累遷龍圖閣直學士。靖康中斥去，偃慚懼，復請奉祠。會知廣州孫竢還朝，甫至行在，乃以爲應天尹。偃除尹，日曆不見，此以附傳附入。按應天初除何志同，後用孫竢，其命偃，必李綱未至闕時，則在竢受命之前也。當考。

詔：「宗室銜位不書姓，官司毋得受。」自熙寧以來，宗室外官單銜奏事，並不著姓。其後更革不常。至是，延康殿學士趙子崧知鎮江府，以表謝上，中書侍郎黄潛善援近旨劾之，乃申明行下。趙子崧中外遺事云：「宣和三年，子崧賜對，上疑宗子出仕者皆著姓。子崧對以熙寧法如此，與異姓共事，須著姓以别之；若辭見謝及獨銜奏事，自不著姓。上曰：『終是粗踈，卿可討論奏來。』五年，余從兄正之召對，上又及此，遂批出宗室内外並不著姓。朝廷不復考故事，詔出，識者大駭，而有司不以官職高下，皆名别之。七年夏，子崧出守淮寧，辭日，爲上極言之，云：『此雖小事，所繫甚大。周曰姬氏，漢曰劉氏，唐曰李氏，今無故去國姓不祥。』上寤，敕中書討論，遂復用熙寧法。建炎元年，今上皇帝中興，子崧除延康殿學士知鎮江府，上謝表，黄潛善在中書，乃令進奏官退回，爲不合不著姓。因欲見沮，而不考著令也。至今雖大宗正司，宗室亦稱皇叔、皇兄，具官仍著姓，矯枉過正，誤矣。」按元符詔旨，宣和五年六月乙未御筆：「内外宗室，並不稱姓。」七年八月戊午御筆：「宗室外官除見辭榜子外，餘依熙寧法著姓。」此即子崧所請也。今乃云潛善「見沮，而不考著令」，誤矣。

癸亥，中書侍郎黄潛善爲門下侍郎兼權中書侍郎。太傅、同安郡王張邦昌責授昭化軍節度副使，潭州安置。李綱同執政進呈議僭逆劄子，黄潛善猶左右之，退奉御筆：「邦昌僭逆，理合誅夷。原其初心，出於迫脅，可特與免貸。」於是潭州安置。所過巡尉伴送，仍令監司、守臣常切覺察，月具存在申尚書省。次議僞命臣僚，綱言：「責授安化軍節度副使王時雍等四人，與金人傳導指意，議廢趙氏，迫道君已下出郊，又受僞命爲執政，此四人宜爲罪首。」上顧吕好問，好問曰：「誠有之。」時徐秉哲已先竄，於是移時雍高州，責龍圖閣學士吴幵永州，述古殿直學士莫儔於全州，並安置。時在圍城中者，綱皆欲深罪之。好問曰：「王業艱難，正納汙含垢之時，遽繩以峻法，懼者衆矣。」綱不納。

熊克小曆云：「時在圍城中者，綱欲概以叛逆罪之，吕好問曰：『責以不能死則可，若直謂之叛逆，彼豈無辭乎？』綱意不厭，乃遣其客曾陵胡珵要説好問，區别圍城人爲三等，以差行戮。且曰：『必如是，方可表公之忠節。』好問謂珵曰：『某與君俱處城中，衆以爲可罪者才十許人耳。餘人本末，吾輩所未悉，寧可以叛逆加之耶？』綱由是不樂。」吕本中雜説曰：「金人再犯京師，謝克家、耿南仲黨人往往在圍城中，皆前日力攻李綱者。綱既相，復以圍城中事中傷之。以邦昌僭號叛逆，凡在圍城中皆次第定罪。吕好問謂綱曰：『圍城中固可罪，若但責以不能死節，彼無所逃罪矣。然其間尚有曲折，若專以叛逆罪之，則彼必有辭矣，却恐反爲害。』綱由是不悦，即使言者中好問，上深以爲非。然好問亦不敢留，綱亦旋罷去。由是觀之，耿南仲、李綱之黨，苟以罪更相加誣，於國事所害甚大，皆不能無罪也。」按綱斥逐僞黨，乃國法之所當然。本中以綱與其父異論而排之，今不取。何俌龜鑑曰：「公之十議一施，而議僭叛、議受僞命二章獨留中而不下。綱曰：『此刑政之大者。』蓋爲臣之罪，莫甚於僭叛，莫甚於從僞，此而不誅，何以正朝廷？何以示百官？何以曉天下？何以懲戒萬世之事君者？上之所以未遽行，以祖宗不忍輕用刑誅，不忍於殺大臣故也。夫祖宗之所以不忍者，豈不忍於此輩哉？君不忍於其臣，臣反忍於其君，邦昌忍於易姓，忍於負宗社；王時雍之徒忍於覆國，忍於事異姓；苟可以謀身者，皆無所不忍。傳曰：『人將忍君。』嗚呼，此輩非忍君者乎？管蔡至親，周公忍而誅辟之，不以議親之法而滅也。若使覆宗社而無誅，宗社何罪焉？棄主事僞而無刑，彼盡忠守節者何辜焉？」呂中中興大事記曰：「朱文公謂李綱入來，方成朝廷者，正謂此也。然綱之議雖行，而綱之謗愈多矣。綱去之後，朱勝非以虜犯維揚①，而欲立邦昌後。蓋勝非，邦昌友婿也。未二年間，僞命之臣有驟然擢用而爲宰相、臺諫者矣。可勝歎哉！」

綱又以給事中李擢、徽猷閣待制知秀州孫覿爲邦昌權直學士院，軍器監王紹草勸進表，秘書省著作郎顔博文草赦文，資政殿學士新知潼川府馮澥在僞庭守左丞舊職，延康殿學士新知洪州李回權右丞，於是遂責擢郴州，覿歸州，博文澧州，並安置。紹除名，容州編管。澥落職，回落職奉祠。日曆邦昌以下行遣並在六月四日壬戌。按李綱行狀，六月一日進對内殿，翌日上下議，翌日降出國是等五劄子。次日，與黄潛善等廷辯，上曰：「來日將上取旨。」翌日進呈邦昌安置潭州，次進呈議僞命劄子。得旨，皆散官安置。以次第考之，則其行遣在初五日癸亥也。日曆併繫壬戌，熊克小曆載僞命臣僚貶謫在壬戌，邦昌安置在癸亥，皆誤。

新除翰林學士謝克家既以祖諱辭，上命權不繫三字，克家以非舊典，不拜，李綱亦惡之，乃以爲述古殿直學士、提舉杭州洞霄宫。尋又坐圍城中避事，降龍圖閣待制。

勒停人俞向復朝請郎、充秘閣修撰、知河南府兼西道都總管，代姚古也。向於宣和末累更事任，靖康初斥去，至是復用之。

江東轉運判官李彌遜爲直秘閣、淮南轉運副使，以彌遜自言與經制使翁彦國連姻，引嫌也。

故徽猷閣待制、知懷州霍安國以死節顯著，贈延康殿學士。李綱言：「自崇、觀以來，朝廷不復崇尚名節，故士大夫寡廉鮮恥，不知君臣之義。靖康之禍，視兩宫播遷如路人，然罕有能仗節死義者，在内惟李若水，在外惟霍安國死節顯著，餘未有聞。願詔諸路詢訪，優加贈恤。」始，上知若水之忠，首賜詔書褒贈。至是，綱有請，遂自安國及劉鞈已下，次第褒録之。

初，賊祝靖寇荆南，安撫使鄧雍遁去。賊乘勢欲渡江，知公安縣宣教郎程千秋率邑人及廣西、湖南勤王兵之在邑者禦之，遣人夜渡江，焚舟毁栰，殺賊甚衆，遂不敢犯。李孝忠繼至，千秋沿江設備。唐慤自鼎州調本路刀弩手助之，賊乃去。時通判鄂州趙令褌部官兵戍武昌縣，賊閻瑾犯黄州，其徒縱掠，既去，令褌即渡江存撫，黄人德之。自金再圍城，京西、湖北諸州悉爲賊寇侵犯，隨州陸德先、復州趙縱之、郢州舒舜舉，與荆南、德安皆失守，獨知汝州徽猷閣待制趙子櫟、知襄陽府直徽猷閣黄叔敖、知蔡州直秘閣閻孝忠、知漢陽軍朝議大夫李彦卿能守境捍賊。至是，李綱言於上，奪雍龍圖閣直學士，罷德先等三人，仍奪其職；遷子櫟寶文閣直學士，叔敖秘閣修撰，孝忠進一官，彦卿直秘閣，千秋進二官通判荆南府，而擢令褌直龍圖閣知黄州，更名令成。亦征切。雍，洵武子。令成，燕懿王元孫，嘉孝穆公世峡子。子櫟，燕懿王後馮翊侯令甲子。燕王生臨汝侯惟和，惟和生襄陽侯從誨②，從誨生汧陽侯世遠，世遠生令甲。孝忠，開封人。汪藻作閻氏信效方序云，潁昌閻孝忠③。而孝忠自作錢氏方序云，大梁閻某，今從之。時叔敖已失守，而綱蓋未知也。熊克小曆云：「叔敖陞秘閣修撰，既而襄陽復不守，叔敖落職，降充監當。」按襄陽不守在五月丙辰，日曆乃書於六月戊辰，與趙甡之遺史不合，當考。

執政退，綱留身奏事。上曰：「卿昨日内殿争邦昌事，内侍皆涕泣，卿今可受命矣。」綱因論自古創業中興之主，如漢高、光、唐太宗，皆有英明之資，寬誠之德，仁厚而有容，果斷而不惑，故能戡定禍難，身致太平。

因請以所編三君行事紀要録以進，上可之。

6 甲子，手詔：「犒設行在將士，撫循百姓，蠲賦役，改弊法，招羣盜，按贓吏。」又詔：「靖康間敢言之士，或致竄逐，宜悉召還。」凡七事。始，李綱爲上言，靖康間雖號開言路，然議論鯁峭者皆遠貶，其實塞之也。上以爲然。

正議大夫、守尚書右僕射兼中書侍郎李綱以覃恩，遷正奉大夫，日曆綱覃恩轉官在五日癸亥，而綱行狀云：「六月六日告廷，是日内殿奏料理兩河事。」行狀所云必得其的，今從之。仍兼御營使。時河東北所失纔十餘郡，餘皆爲朝廷固守。綱奏議云：「河東惟失太原、忻、代、澤、潞、汾、晉七郡，河北失真定、懷、衛、濬四郡。」按去冬黏罕破威勝軍及絳州，今春石州繼陷，不但十一州也。或者此時綱猶未盡知。今第云十餘郡，當考。

綱言：「今日中興，規模有先後之序，當修軍政，變士風，裕邦財，寬民力，改弊法，省冗費，誠號令，信賞罰，擇帥臣，選監司，使吾政事已修，然後可議興師。而所急者，當先理河北、河東。蓋兩路，國之屏蔽。今河北惟失真定等四郡，河東惟失太原等六郡，其餘皆在，且推其土豪爲首，多者數萬，少者數千。不早遣使慰撫之，臣恐久之食盡，援兵不至，即爲金人用矣。謂宜於河北置招撫司，河東置經制司，擇有才者爲使，以宣陛下德意。有能保一郡者，寵以使名，如唐之方鎮，俾自爲守，則無北顧之憂矣。」上曰：「誰可任此者？」綱請詢訪，得其人以奏，上許之。呂中大事記曰：「嗚呼！建炎之初，肩背初失之時也。河北惟失真定等四郡，河東惟失太原等六郡，其他固在也。天下之勢，不進則退。進則當主李綱經理兩河之議、宗澤留守之計，則不惟故疆可全，而讎耻亦可復也。退則不惟河北、河東不可保，而河南亦不可保；不惟淮甸不可保，退而渡江，退而航海矣。」

復帝姬爲公主。於是，賢德懿行大長帝姬封秦魯國，淑慎長帝姬封吳國，二主皆用上登極改命。熊克小曆復帝姬爲公主在八月壬寅。按八月乃石端禮爲靖懿帝姬請復封，非事始也。

通奉大夫、知舒州傅墨卿守禮部尚書，龍圖閣學士、知潭州郭三益試刑部尚書。墨卿，山陰人。先是，其家過江寧，遭周德之亂，闔門俱死，由是辭不就職。

朝奉大夫周武仲試尚書吏部侍郎，徽猷閣直學士、提舉西京嵩山崇福宮曾楙試禮部侍郎，徽猷閣學士、提舉萬壽觀兼侍讀董耘試兵部侍郎。武仲，浦城人，宣和末爲御史中丞，坐論童貫事責黃州安置，至是復用。時右正言鄧肅新進，不知前朝事，上疏論武仲爲中司，觀望王黼，曾無一言，且嘗建伐燕之謀，乞誅殛以謝天下。上察其非實，不聽。

右文殿修撰知通州胡安國、朝奉郎提舉杭州洞霄宮許景衡並試給事中，朝散大夫提舉亳州明道宮劉珏試中書舍人。景衡，瑞安人；珏，長興人也。靖康末，三人俱在後省，坐黨附李綱斥去，至是並用之。他日諫官潘良貴入對，上諭曰：「朕今不用文華之士，已令召許景衡於海濱矣。」景衡、珏聞命，冒暑赴朝，安國辭不至。景衡附傳云：「上即位之八日，以給事中召。」而日曆附此，後省題名亦在六月，不知附傳何以不同，當考。

尚書右司員外郎吳巖夫守光禄卿，集英殿修撰、新知亳州翁彥深守太常少卿，朝奉郎李光守秘書少監。巖夫，執中子。執中，崧溪人，大觀御史中丞。彥深，彥國弟。光，上虞人，靖康中爲侍御史，以論事去。

朝奉大夫辛炳守尚書左司郎中。炳，侯官人也。

太中大夫、提舉南京鴻慶宫許翰復延康殿學士，赴行在。日曆作復端明殿學士，蓋誤。翰，襄邑人，靖康中同知樞密院事。

朝奉大夫、提舉杭州洞霄宫曾開復顯謨閣待制，知潭州。開，楙弟也。

始，張邦昌既廢，京城都巡檢使范瓊不自安，朝廷以其握兵，是日爲降詔，言節義所以責士大夫，至於武臣卒伍，理當闊略。惟王宗濋首引衛兵逃遁，致都城失守，不可不責。自宗濋外，一切不問，以責後效。此據李綱建炎進退志參修。

7 乙丑，龍神衛四廂都指揮使馬忠爲河北經制使，措置節制民兵。召責授鳳州團練使張所、直秘閣通判河陽府傅亮赴行在。初，李綱既建經撫兩河之議，欲薦用所，然以其嘗言黄潛善之故，頗難之。一日過潛善，從容言曰：「今河北未有人，獨一張所可用，又以狂妄抵罪，不得已抆拭用之。如以爲臺諫處要地則不可，若使之借官爲招撫，冒死立功以贖過，公能先國事後私怨，爲古人之所難，不亦美乎？」潛善許諾，上悦，乃召用焉。熊克小曆云：「所靖康末嘗至河北募兵。」誤也。所但奏遣吕剛中募兵，而遥爲提領，詳見七月丙辰注。

保大軍承宣使、御營使司都統制王淵爲龍神衛四廂都指揮使。

責朝議大夫李回爲秘書少監，分司南京，袁州居住。以言者論防河逃棄，且受僞命也。

詔自今以絹定罪，並以二千爲準。舊制以絹計贓者，千三百爲一匹。至是，大理正、權尚書刑部郎中朱端有言所在絹直高，乃有是命。

詔：「道州編管人張思正令赴王淵下使喚，候立功日取旨。」以擒捕郭京之勞也。

8 丙寅，新除太常少卿季質主管亳州明道宮。

承議郎陳公輔爲尚書吏部員外郎，朝奉大夫程瑀行司勳員外郎，朝散郎余應求爲考功員外郎。公輔，臨海人。瑀，鄱陽人。應求，德興人。靖康中，三人爲言事官，坐黨附李綱責監川陝諸司商税，至是並召。

9 丁卯，手詔河東北郡縣，諭令堅守。詔略曰：「河東、河北，國之屏蔽也。朝廷豈忍輕棄？靖康間，特以金人憑陵，不得已割地賂之，將以保全宗社。而金人日横，攻破都城，易姓改號，刼鑾輿以北，則兩河之地又何割哉？方命帥遣師，以爲聲援。應州縣守臣，能竭力保有一方，及能力戰破敵者，當授以節鉞。應移用賦税，辟置將吏，並從便宜，其守臣皆遷官進職，餘次第録之。」

命諸路詢訪死節者以聞。

詔：「朝請大夫、提舉西京嵩山崇福宫晁説之赴行在。」説之，宗慤元孫。宗慤，清豐人，康定中參知政事。元符末，坐上書入黨籍，靖康初起於既老，用爲中書舍人，又斥去。至是召還，尋除徽猷閣待制兼侍讀，用李綱薦也。説之除職，未見月日。今召命附見黄舉新編經筵所題名。説之兼侍讀，在今年七月。

尚書祠部員外郎喻汝礪爲四川撫諭官。初，汝礪自京師入見，上復命爲郎。汝礪因對，論遷都利害，以爲：「敵可避，都不可遷。汴都者天下之根本也，若舍汴都而都金陵，是一舉而擲中州之地以資於敵矣。夫以諸葛之奇才，而不能軋曹操；李克用之驍勇，而不能抗朱温，何哉？曹魏、朱梁先定中原，庸蜀、晉陽特竭竭然一方之伯者耳，安足以當中原之强大乎？臣謂中原決不可舍，以爲興王之資，汴都決不可遷，以陷金人之計。」既對，上命赴都堂，與李綱語，綱大奇之。汝礪尋以母老乞歸省，遂除撫諭官，且令督輸四川漕計羨緡及常平錢物。汝礪入辭，復奏言：「金人決渡河，陛下宜急爲之防，毋以宴安之故，而成此酖毒。」上嘉納之。日曆於此日併書汝礪、江端友、黄次山、寇防爲諸路撫諭，而八月乙酉又書之。按端友七月辛卯方除兵部員外郎，趣赴行在。日曆誤也。蓋此時但遣汝礪，其後繼遣三人耳。譚篆作汝礪年譜云：「被旨以禮部郎中爲四川宣諭使。」此亦不然。建炎四年十一月八日，宣撫處置使張浚劄子「臣據前祠部員外郎喻汝礪狀」云云，可見初未嘗遷禮中也。實録附傳亦云：「爲宣諭使。」蓋史堪撰墓誌因年譜所云，而史臣又不詳考耳。今並不取。年譜又云：「上聞公名，亟欲大用之，而耿氏父子居柄用之地，且素忌公者，乃爲所沮。」按建炎之初，耿氏父子已閑廢，其説謬妄。

10 戊辰，龍圖閣學士、新知襄陽府宗澤知青州。澤聞黄潛善等復唱和議，上疏言：「河之東北④，陝之蒲、解，此三路者，祖宗基命之地，奈何輕聽奸邪張皇之言，遂自分裂？今日之事，正宜與敵弗共戴天，弗與俱生！今四十日矣，未聞有所號令，但見刑部指揮不得謄播赦文於河東、河北、陝之蒲、解，茲非新人耳目也。是欲蹈東晉既遷之覆轍，裂王者一統之緒爲偏霸耳。爲是説者，不忠不孝之甚！臣雖駑怯，當躬冒矢石，爲諸將先！」上壯之，以澤知青州。召延康殿學士、知青州曾孝序赴行在。初，澤至南都，見李綱，與之語國事，澤慷慨流涕。時開封尹缺，綱爲上言，綏集舊都，非澤不可。上曰：「澤在磁，每下令一聽於崔府君。」綱曰：「古人亦有用權術，假於神以行其令者，如田單火牛之類是也。京師根本之地，新經擾攘，人心未固，不得人以撫之，非獨外憂，且有内變。」上乃許之，徙澤知開封府。日曆澤除京尹在七月庚子，而澤遺事云：「六月乙亥，公至開封。」日曆恐誤也。況澤除留守，日曆亦係之六月乙酉，則京尹之除，無由反在其後，今從澤遺事。既而青州民詣南都借留孝序，上許之。孝序召及再留，日曆全不書，今據本傳附見。何俌龜鑑曰：「自綱之入爲右僕射也，以英哲全德勉人主，以内修外攘爲己任。抗忠數疏，中時膏肓。和守之議決而國是明，僭逆之罪正而士氣作，幸都之謀定而人心安。他如修軍政、變士風、定經制、改弊法，置檢鼓院以通下情，置賞功司以伸國法，減上供之幣以寬州縣，修茶鹽之法以通商賈，劃東南官田而募民給佃，倣保甲弓箭手而官爲教閱，招兵買馬，分布要害，遣張所招撫河北，王𤩽經制河東，宗澤留守京城，西顧關陜，南葺樊鄧，且將益據形便，以爲必守中原之計。此朱文公謂『李綱入來，方成朝廷』者，正謂此也。」

宗澤乞回鑾疏曰：

臣聞三代之得天下也，得其民也。得其民有道，得其心也。得其心有道，所欲與之聚之，所惡勿施爾也。是則得民之道，在察其心之所欲與其心之所惡而已。此古所以有「天時不如地利，地利不如人和」之語。求民之和，豈必家至户到，一一而求之哉？應順天人，承天下之大順，則民不期和而自和矣。臣蒙恩差知開封府，臣雖衰老無能，然久識開封染習，諸統制下皆是招集惡少亡命無檢者。臣既領府事，更不敢徇身自顧，但以正道瀝誠感之。不浹旬間，彼惡少輩咸知格心爍謀，斂迹遁去。其閭巷間亦自然悛改，上下帖然，無敢肆横。以是人人鼓舞，仰陛下之威，懷陛下之惠，拳拳慕戀，不啻嬰孺之愛父母，咸思發憤，敵其所愾。臣每聞王畿内外，日久嘉靖，熙熙皞皞，將如我祖宗慶祐熙豐時。臣觀人心念念徯望者，惟願陛下六龍之御，警蹕之聲，千乘萬騎，來歸九重，以副萬邦切切繫戀之誠。取進止。

11 己巳，秘閣修撰、新知河南府俞向改知陜州，以秘閣修撰、西道副總管孫昭遠代之。初，朝廷聞昭遠在陜西，就除知陜州，既而令將所募西兵赴行在。内鄉賊尚虎有衆萬餘，昭遠與遇破之。至南都入見，泣謝奉使亡狀，即以爲河南尹、西京留守、西道都總管，悉以昭遠所募西兵三千人付御營前軍統制官張俊⑤。昭遠獨與蜀兵數百之河南。昭遠五月丙午除知陜州，六月癸亥依舊西道副總管，今牽聯書之。其除西京，日曆不載，因俞向改除附此。

金紫光禄大夫王革復龍圖閣直學士，通奉大夫程唐復寶文閣直學士，朝散大夫李倫復顯謨閣待制，中奉大夫王鼎復集英殿修撰。唐，之邵子也，之邵，眉山人，故寶文閣待制。奴事童貫以進，參其謀議；鼎，革子，用宦者薦，父子迭爲京尹，殺戮無辜，不可勝計；倫，迪孫，迪，鄆城人，天禧中宰相。舊出朱勔之門，累典方面；靖康初，皆坐斥去，至是用赦復職，而權中書舍人汪藻不書録黄，乃復革龍圖閣待制，唐寶文閣待制，倫秘閣修撰，鼎直龍圖閣。責授成州團練副使郴州安置李擢改軍器少監，分司西京，筠州居住，以擢靖康末已經降謫故也。此似因論宋齊愈，故爲李綱所抆拭，當考。

12 庚午，降充龍圖閣待制知台州謝克家、徽猷閣待制知舒州范宗尹坐嘗事僞庭，並落職，提舉杭州洞霄宫。

尚書右司員外郎蘇遲直秘閣、知高郵軍。既而遲至高郵，守臣趙士瑗以發運司舉留，遮境不受代。詔貶士瑗二秩，令依舊在任。徙遲知婺州。權中書舍人汪藻言：「今以士瑗爲非，則方命不從者，堯四兇之罪也，不可使之在任。以士瑗爲是，則借留在任者，漢循吏之恩也，不可使之降官。一士瑗之身，而一日之間可賞可罰，臣竊惑之。願斥去士瑗，以爲後來鄙夫之戒。」不從。日曆書蘇遲與東南郡。檢正左右司題名：「元年六月，蘇遲知婺州。」並不見士瑗再任事，今以汪藻奏議增入，蓋題名多疎略耳。

監察御史吴給守尚書左司員外郎，以論事忤黄潛善也。

修職郎李雱、迪功郎胡珵並爲秘書省正字。珵已見正月癸卯。

朝奉大夫郭永提點河北東路刑獄公事。永，元城人也。

詔親征行營副使司、河東宣撫使司官屬見責降人朝奉郎方元若、奉議郎裴廩、直秘閣沈琯、朝奉大夫韓瓘、劉正彦、奉議郎張肅、承務郎鄒柄、宣教郎何麒、從事郎何大圭、劉默、張牧等十七人，並與差遣。元若，桐廬人，嘗爲秘書少監。廩，嘗爲鴻臚少卿。正彦，法子。法，政和間爲熙河經略使，死事。肅，根子。根，德興人，仕至直龍圖閣。大圭，無錫人，與肅皆嘗爲秘書省正字。柄，浩子。浩，晉陵人，建中中吏部侍郎⑥。嘗爲樞密院編修官。麒，青城人也。李綱之謫寧江也，元若等皆坐累貶降，至是悉復之。

13 辛未，以賢妃潘氏生皇子，赦天下。籍諸路神霄宮財穀付轉運司，充省計。拘天下職田錢隸提刑司。士民封事可採者，令看詳官由尚書省取旨。旌擢黨籍及上書人，盡還合得恩數。命諸郡各舉才謀勇略可仗者三人，赴御營司，量才録用。始，李綱爲上言：「陛下登寶位，赦已曠蕩，獨遺河東北，而不及勤王之師，天下尚觖望。夫兩路爲朝廷堅守，而赦令不及，人皆謂已棄之，何以慰忠臣義士之心？至於勤王之師，雖未嘗用，然在道半年，擐甲荷戈，冒犯霜雪，亦已勞矣。況疾病死亡者不可勝數，恩恤不及，後復有急，何以使人？願因今赦，併示德意。」上嘉納，故皇子赦於二者特詳。

天章閣待制、知同州唐重充天章閣直學士、知京兆府。時長安謀帥，初命張深、范致虚，皆不果遣。會直秘閣劉岑自河東使還行在，上問可守關中者⑦，岑薦重可用，又薦朝請大夫、提舉陝西常平公事鄭驤除直秘閣、知同州兼沿河安撫使，通判京兆府曾謂爲陝西轉運判官。驤，玉山人；謂，公亮從孫也。公亮，晉江人，嘉祐中宰相。謂除陝漕，日曆不見。汪藻集有制詞，今以岑所撰唐重墓誌增入。

時軍興之後，軍府壁立，重乃告乏於成都府路轉運判官趙開，藉其資修城池，備供張，且率長安父老子弟請上駐蹕漢中，治兵關中。驤亦疏言：「長安四塞天府之國，項羽棄之高祖，李密棄之太宗，成敗灼然。願早爲駐蹕之計。」

14 壬申，李綱請降見錢鈔三百萬緡，賜兩河市軍需，因遣使臣齎夏藥徧賜兩河守臣將佐⑧，且命起京東夏税絹於北京，川綱、河東衣絹於永興軍，以待支俵。於是人情翕然，蠟書日至，應募者甚衆。

是日，頒軍制二十一條，凡師行擄掠，若違節制者死，臨陣先奔者族，敗軍者誅全隊，一軍危急而他軍不救者刑主將，餘如將法從事。

15 癸酉，中大夫、新知潼川府馮澥提舉成都府玉局觀。

16 乙亥，同知樞密院事汪伯彦請兩河、京東西增置射士，縣五百人，悉募士人有産籍者，置武尉以掌之，縣令領其事。凡四縣置二將，射士挽弓至二石五斗以上，及教頭滿七年無過者，皆補官。江浙淮南諸路大縣增三百人，小縣二百。從之。尋用知光州任詩言，每半歲令通判詣縣按閲。十一月戊戌。未幾，復增於閩廣荊湖等路。十一月辛亥增福建，十二月乙酉增二廣，二年五月庚戌增湖南北。且令提刑按察。二年八月癸亥。應募者免其身丁。二年十一月乙卯。時諸路盜賊多，故伯彥有此請。二年五月庚戌可考。

初，宗室敦武郎叔向在京城置救駕義兵，所以募士。至是，其軍中統制官于涣詣南京告叔向謀爲變，命御營使司提舉一行事務劉光世捕誅之。

是日，宗澤至東京。自金兵退歸，樓櫓盡廢，諸道之師雜居寺觀，盜賊縱横，人情恟懼。金人留屯河上，距京師無二百里，金鼓之聲日夕相聞。澤至京，下令曰：「爲盜者贓無輕重，並從軍法。」由是盜賊屏息，人情粗安。一日，有金使牛大監等八人以使僞楚爲名，直至京師。澤曰：「此覘我也。」即白留守范訥械繫之，且以聞於朝廷。

17 丁丑，奉議郎張闔守監察御史。

18 戊寅，同知樞密院事汪伯彥進知院事⑨。時新除户部尚書張慤甫至行在，首論人主當判忠邪，忠邪判則治亂分。上嘉納，於是上批伯彥進知院事，慤同知院事。李綱言：「慤以曉財利勤幹稱，爲版曹乃其任也。今除用太峻，未副人望。兼户部財利賴其措置，乞稍緩之，竢措置有緒，用之未晚。陛下用宰相，臣不得而知。至於執政，臣當與聞，敢以爲請。」上乃寢慤除命。伯彥知樞，日曆於此日及七月壬寅兩書之。拜罷録在六月，蓋日曆多誤。

宣議郎傅雱特遷宣教郎，充大金通問使。初，黄潛善等既奏遣太常少卿周望往河北軍前通問，而河東獨未有人。李綱爲上言：「今日之事，内修外攘，使國勢日强，則二聖不竢迎請而自歸。不然，雖冠蓋相望，卑辭厚禮，終恐無益。今所遣使，但當奉表兩宮，致思慕之意可也。」時雱猶在行在，綱召至都堂與語，即奏用之。雱稟使指，潛善曰：「今通問之初，敵情未可測，軍前事宜難以預料，朝廷任人不任事，姑往可也。」上乃命綱草二帝表，付雱以行。因獻二帝衣各一襲，且致書左副元帥宗維諭意，仍遺宗維錦十匹、玳瑁器三事。雱遂與其副閤門宣贊舍人馬識遠偕行。

19 己卯，詔：「三省、樞密院置賞功司。」三省委左右司郎官，密院委都承旨檢察，以受功狀。三日不行者必罰，行賂乞取者依軍法，許人告。仍以御史一員領其事。用右正言鄧肅請也。三年六月甲寅罷。

宰臣李綱請以河北之地建爲藩鎮，朝廷量以兵力授之，而於沿河、沿淮、沿江置帥府、要郡、次要郡，以備控扼。沿河帥府十一，京東東路治青、徐，西路治鄆、宋，京西北路治許、洛，南路治襄、鄧，永興軍路治京兆，河北東路治魏、滄。沿淮帥府二，治揚、廬。日曆云：「淮西帥治壽春。」今從綱奏議。沿江帥府六，治荆南、江寧府、潭、洪、杭、越州。大率自川、陝、廣南外，總分爲十九路。日曆載綱此疏，沿河置京畿、大名、開德府、横海軍，京東東西、京西南北、陝西凡九路，與建炎進退志不同，當考。每路文臣爲安撫使、馬步軍都總管，總一路兵政，許便宜行事，武臣副之。要郡以文臣知州，領兵馬鈐轄，次要郡以文臣知州，領兵馬都監，許參軍事，皆以武臣爲之副。如朝廷調發軍馬，則安撫使措置辦集，以授副總管；若帥臣自行，則漕臣一員隨軍，一員留攝帥事，憲臣文武各一員彈壓本路盜賊。沿河帥府八軍，要郡六軍，次要郡三軍，非要郡二軍。沿淮帥府五軍，要郡三軍，次要郡二軍，非要郡一軍。沿江帥府五軍，要郡三軍，次要郡一軍，非要郡半軍。軍二千五百人。自帥府外，要郡三十九，河北：開德府、棣、博州。京東：襲慶府、登、萊、密州。西路：濟南、興仁府、濮州。京西：河陽、潁昌、淮寧府、蔡、汝州。南路：唐、鄧州。永興軍路：陜府、虢、華州。淮東：宿、楚州。淮西：壽春府、亳州。江東：宣、江州。江西：虔、袁州。湖北：德安府、鼎、鄂州。湖南：衡州。浙西：鎮江、平江府、湖、常州。浙東：婺、明州⑩。次要郡三十八，濱、沂、淄、濰、濟、金、均、房、同、耀、泗、真、海、和、舒、蘄、濠、黄、光、饒、信、太平、吉、撫、筠、永、道、澧、岳、復、秀、温、處、台、衢州、永静軍⑪。總爲兵九十六萬七千五百人，非要郡不預。又別置水軍，帥府兩將，要郡一將。中興聖政：臣留正等曰：「昔太祖皇帝監唐末五代方鎮强，王室弱之弊，故削鎮兵以尊京師。既太上皇帝親見靖康以來羣盜充斥，郡邑無備，故屯兵諸郡，且責提點刑獄以警備盜賊。扶偏補弊，各適其宜。邇者主上復詔樞密院及郡國銓選官兵，訓練禁衛。武備既飭，奸宄自消，誠得太上皇之深意矣。」綱又請出度牒鹽鈔，及募民出財，使帥府常有三年之積，要郡二年，次要郡一年。疏奏，悉從之。先遣御營司幹辦公事楊觀復往江淮造舟，餘路委憲臣措置。

檢校少傅、寧武軍節度使、京城留守范訥落節鉞，淄州居住。右正言鄧肅論：「訥去年出師兩河，望風先遁，遂奔南京，擁衆自護。今在東京揭榜曰：『今日汴京，已爲邊面⑫。』且兩河之地，陛下未嘗棄之，民效死者幾於百萬，日有捷報，訥乃自呼邊面，且率百姓而去。訥家有房緡，盡鬻之以市兼金，而爲去計，遂使居民皇皇，不能安席。況訥嘗謂過客曰：『留守之説有四，戰、守、降、走而已。』今戰則無卒，守則無糧，不降則走矣。』此語大播，羣臣皆知，不止於風傳而已。漢得人傑，乃守關中，豈奔軍之將可與此乎？」疏入，遂有是命。熊克小曆云：「李綱素與訥不協，故肅論之。」按訥爲大將，擁重兵不勤王，高宗嘗謂之庸人，且言其不知兵，非因其與綱不協而被論也。克載訥罷在庚辰，今從日曆。

從事郎秦梓充樞密院編修官。梓，檜兄也，政和中傳墨卿使高麗，梓以傔從，及還，用梁師成薦，徑赴御試，遂除學官。已而廢斥，至是，以檜故用之。

徽猷閣學士、知淮寧府李彌大降二官。時軍卒杜用叛於淮寧，彌大視事未久，城垂破。上薄其罪，乃削秩焉。彌大，彌遜兄也。

是日，金右副元帥、許王宗傑卒於燕山之涼澱。先是，左副元帥宗維自河東還雲中，而宗傑自河北還燕山。聞上即位睢陽，張邦昌入覲，遂會山後草地，避暑議事。會宗傑擊毬冒暑，以水沃胸背，得寒疾死，後謚曰神武。於是金主晟遣使諭宗維，止南下之兵，宗維不聽。蓋宗維專權，晟不能令，至於命相亦取決焉，晟守虛位而已。此以張滙節要、洪皓松漠記聞等書參修。趙子砥燕雲録云：「丁未七月二日，太子往御寨，離燕山七百里。到涼澱，病傷寒亡没，其屍載來燕山，八月初歸本國。」與此不同，未有他書可考證，姑依滙所記附此。斡離不謚號，滙所記及他書皆無之。按紹興講和録，有金人割河南地詔云：「太宗皇帝順天心而申薄伐，命神武之師，直抵汴水。請命哀鳴，願割三府，再伸前好。」以事考之，太宗，吳乞買也。神武，斡離不也。又二楊上撻懶兀朮書有云：「徽宗圍汴都，國相攻河東。」又云：「元帥在天會初已輔翼太宗、徽宗，滅遼宋，奄有天下。」以事考之，徽宗，斡離不；國相，黏罕也。蓋斡離布，旻嫡子，故追謚云⑬。初，上皇之至燕也，淵聖尚留雲中。宗傑聞上中興，議歸上皇以講好，宗維未之許。此以張滙節要修入。傅雱通問録云：「雱懇館伴李侗祈請二帝事，云：『二太子在時，却曾有此商議，候貴朝有懇請時，欲發太上回歸。今二太子不在，亦無此段説話。』雱又問：『不知曾聞有今聖在外無？』侗曰：『無緣知之⑭，所以商議欲發太上皇帝回鑾也。』」二書所記蓋合，今從之。會其死，事遂中輟。

20 庚辰，詔：「以二聖未還，郡縣官毋得用樂。」

21 辛巳，詔沿大河置巡察六使，自白馬、濬、滑抵滄州，分地分以爲斥堠。

宰臣李綱言：「國家禦戎，皆在邊郡。今金人乃擾吾心腹，請命諸路州軍以漸修葺城池，繕治器械，朝廷量行應副。」乃命城池應修者，降度牒與之。又令淮、浙、荆湖六路以常平錢造衲衣二十萬，及市竹槍箭簳弩樁輸行在。綱嘗因從容及靖康間事。上問：「靖康初能守京城，金人再來，遂不克守，何也？」綱曰：「金人初來，未知中國虛實，雖渡河，而黏罕兵失期不至，及再來，則兩路並進。初時勤王之師數日皆集，再來圍城始召天下兵，遂不及事。初時金人寨於西北隅，而行營司兵屯城外要地，四方音問不絶。再來，朝廷自決水浸西北隅，而東南無兵，敵反據之，故外兵不得進。又淵聖初即位，將士用命，其後賞刑失當，人稍解體。又金人初來，城中措置有序，其後無任責者，敵至造橋渡濠，恬不加恤，敵遂登城，此前後所以異也。」

22 壬午，户部尚書張慤同知樞密院事。時黄潛善力薦慤，故上卒用之。李綱言：「臣前願少緩慤除命，非沮之，正欲藉其力措置版曹事。今陛下已用慤，乞且以版曹事委之。」乃命慤兼提舉措置户部財用。時新除給事中許景衡且至，上欲用景衡爲中丞，而以侍御史王賓爲諫議大夫。綱奏曰：「陛下用景衡爲中丞，誠得人。然故事，中丞無外除者。王賓遷則臺中無長官，請竢景衡至而並命。」上許之。

徽猷閣待制、提舉西京嵩山崇福宫王綯試給事中。綯，河南人，嘗爲上宫僚。

朝奉大夫、秘閣修撰、提舉亳州明道宫邢焕再遷徽猷閣待制。

觀文殿大學士、大名尹徐處仁薨。

23 癸未，樞密院編修官張浚守尚書虞部員外郎，將作監丞翁埏守考功員外郎。埏，彦國兄子也。

24 甲申，詔：「尚書户部右曹所掌坊場免役等法，及所轄庫務，並併歸左曹，以尚書總領。」

太學生李廷彦特補迪功郎，以在濟州言利害故也。此據紹興四年八月三日廷彦乞差遣狀修入。狀云：「六月二十六日補官。」故繫於此日。於是太學録楊愿以元帥府結局恩補修職郎，太學進士陳汴補迪功郎。此亦以楊愿、陳抃自陳狀修入。抃狀云：「六月空日以兵馬大元帥府準備差使補官。」愿狀無月日，今因廷彦附見，當並在此時也。

25 乙酉，詔監司州縣職田並罷，令提刑司具數申尚書省。

户部侍郎黄潛厚言：「南京左藏庫見在錢物不多，乞應東南上供綱運，令行在户部相度，隨宜分撥南京或東京下卸。」從之。日曆：「户部尚書黄潛厚奏云。」按潛厚今年八月方除尚書，或者非此時所奏，史必有一誤，今姑附此，俟考。

龍圖閣學士、知開封府宗澤爲延康殿學士、開封尹、東京留守。澤遺事云：「八月壬戌，兼副留守。會范訥罷，乃除留守。」按訥以六月己卯罷，不應後四十餘日始爲置副，遺事恐誤。但日曆既於此日書澤除留守，而八月乙丑又書之，疑是此日降旨，八月乃出告耳。日曆如此者甚衆，今不盡辨也。

顯謨閣待制、知滄州杜充爲寶文閣直學士、大名尹、北京留守。

澤首抗疏，請上還京，繼聞有金陵之議，復上疏曰：「今將士、商旅與士大夫懷忠義者，皆願陛下歸京師。臣前在臨濮寨中，實憂羣臣無遠識見，恐贊陛下去金陵、維揚，又見京城有賊臣張邦昌僭竊，與范瓊輩擅行威福，所以乞暫駐蹕南都，以察人心而觀天意。臣料今臣僚中唱爲異議，不欲陛下歸京者，不過如張邦昌等奸邪輩，陰與敵人爲地。願陛下早降敕命，歸謁宗廟，垂拱九重，毋一向聽邦昌輩與敵爲地之語，幸甚。」熊克小曆云：「宗澤爲京城留守，時郭仲荀統禁旅在京城，黄潛善、汪伯彦頗疑澤，因就命仲荀副之。」此承林泉野記所書而不考其實也。仲荀除副留守在明年七月乙未，蓋聞澤卒而後除之，詳見本日并注。

閤門宣贊舍人劉錫知滄州。錫，武仲子也。武仲，成紀人，故瀘川軍節度使。

降授朝奉郎、提舉亳州明道宮錢蓋復龍圖閣待制，充陝西總制使。右武大夫、恩州觀察使、主管西蕃部族趙懷恩特封隴右郡王。初，蓋在陝西，嘗建議青唐無毫髮之得，而所費不貲，請求唃氏後而立之⑮，必得其力。至是，用其策，俾持告賜懷恩，因召五路兵赴行在。懷恩者，吐蕃董氈從孫安化郡王懷德弟益麻党征也⑯。議者以其爲蕃部所推伏，故封之耳。日曆：「錢蓋復舊職，爲陝西經制使，持告賜益麻党征措置湟、鄯事。」而不言益麻党征所除何官。熊克小曆因之，但云：「仍賜姓名曰趙懷恩。」按，紹興日曆：「五年四月二十九日，趙懷恩繳到録白付身，元係右武大夫、恩州觀察使，特封隴右郡王。」今掇取附入。蓋懷恩，崇寧初已賜姓名，克實誤也。克又云：「復蓋元官，除總制使。」與日曆所書不同。按，蓋先降五官，後用登極赦特旨叙復，今所謂復舊職者，蓋指待制也。邵伯温聞見録云：「靖康中錢蓋請棄湟、鄯，朝廷下其事於熙河帥臣，而皆懲符、祐棄地之禍，無敢任其責者，乃已。及金人陷陝西六路，兵入熙河，即求湟、鄯舊族，以其地與之。」按，蓋以靖康元年三月除陝西制置使，其到官當在夏初，而是年十一月，蓋即將兵入援，則其建此議，必在夏秋之間。特朝廷多事，未暇行之耳。此云「無敢任其責者」，未知所據，更俟考詳。

初，京西北路提點刑獄公事許高、河北西路提點刑獄公事許亢總師防洛口，望風奔潰，坐奪官，流瓊州、吉陽軍。高、亢自潁昌以五百騎趨江南，至南康，謀爲變。知軍事李定、通判韓璹以便宜斬之。及是以聞。衆謂擅殺非是，李綱言：「高、亢之棄其師，朝廷不能正軍法，而一軍壘守倅取誅之，必健吏也。使後日受命捍賊者知退走而郡縣之吏有敢誅之者，其亦少知所戒乎？是當賞。」乃各進一官。高、亢，祥符人；璹，億曾孫也。億，靈壽人，景祐中參知政事。日曆高、亢謫海外，在此日。中興會要亦同。而欽宗實録靖康元年十一月丙子，已書許高、許亢除名勒停，送瓊州吉陽軍編管，此必有一誤。

26 丙戌，李綱留身上三議，一曰募兵，大略謂：「熙、豐時内外禁旅合五十九萬人，崇、觀以來，闕而不補者幾半，今所存無幾，何以捍敵？爲今之計，莫若取財於東南，募兵於西北。河北之人爲金人所擾，未有所歸而關、陝、京東西流而爲盜者，不知其幾。請乘其不能還業，遣使招之，合十萬人於要害州軍，别營屯戍，使之更番入衛行在。」二曰買馬，大略謂：「金人專以鐵騎取勝，而吾以步軍敵之，宜其潰散。今行在之馬不滿五千，可披帶者無幾。權時之宜，非括買不可。請先下令，非品官、將校不許乘馬，然後令州縣籍有馬者，以三等價取之，嚴隱寄之法，重騷擾之禁，則數萬之馬尚可得也。又請命川陝茶馬司益市馬，募商人結攬廣南之馬，以給諸軍。」三曰募民出財，償以官告、度牒。詔：三省以次施行。其募兵陝西、河北各三萬人，委經制招撫司，京東西各二萬人，委本路提刑司。潰卒、廂軍皆許改刺。

詔：「京東西、河北東路、永興軍、江、淮、荆湖等路皆置帥府、要郡。」初，李綱欲因帥府以寓方鎮之法，黄潛善等言：「帥府、要郡雖可行，但未可如方鎮割隸州郡。」仍命帥府、要郡屯兵有差，遇朝廷出師，則要郡副鈐轄、副都監皆以其軍從帥。即措置兵馬就緒者，當優賞之。綱又言：「步不足以勝騎，而騎不足以勝車，請以車制頒於京東西路，使製造而教習之。」因繪圖進呈，其法用靖康間統制官張行中所創兩竿雙輪，上載弓弩，又設皮籬以捍矢石，下設鐵裙以衛人足。長兵禦人，短兵禦馬，傍施鐵索，行則布以爲陣，止則聯以爲營。每車用卒二十有五人，四人推竿以運車，一人登車以發矢，餘執軍器，夾車之兩傍。每軍二千五百人，以五之一爲輜重及衛兵，餘當車八十乘，即布方陣，則四面各二十乘，而輜重處其中。諸將皆以爲可用，按此車制，每四軍萬人，爲車三百二十乘，止有射士三百二十人，恐太少，當考。乃命兩路憲臣總領。

中大夫、淮南轉運副使李傳正言：「近時潰卒聚爲羣盜，驚劫縣鎮，望諸路無武臣提刑處，權添一員，專管捉殺。」從之。傳正，壽朋子也。壽朋，彭城人，祖若谷⑰，參知政事，父淑，翰林學士。

27 丁亥，責授鳳州團練副使張所借通直郎、直龍圖閣，充河北西路招撫使。

初，上皇既北遷，龍德宮器玩皆爲都監、帶御器械王球所竊。球，燕國長公主子也。主，英宗女，適王師約。至是，內侍陳烈以其餘寶器來上，皆遐方異物。李綱諫，上亟命碎之。時綱每留身奏事，多所規益。內侍石如岡素兇悍，吳敏內禪記云：「上皇厚蓄如岡以自衛。」當考。淵聖斥之。上嘗召如岡，綱諫而止。又論開封府封臂買童女，及待遇諸將恩數宜均一，上皆嘉納之。此據李綱建炎進退志修入。此必非一日事，因陳烈附見。日曆所載，不如是之詳也。石如岡，諸書不見所領官職。

詔文臣許養馬一匹，餘官吏士民之有馬者，並赴官，委守令籍爲三等，以常平封樁錢償其直。馬高四尺六寸爲上等，率直百千，餘以是爲差。有田之家則折其稅，僧道則以度牒取償，限半月籍定。有隱寄者，以違制論。每買及百匹，則守倅令佐遷一官，不及者等第推賞。應諸軍團結，以五人爲伍，伍有長；五伍爲甲，甲有正；四甲爲隊，五隊爲部，皆有二將；五部爲軍，有正副統率。據此，以一千二百五十人爲軍。凡招軍，量增例物。其白身充募者全給，潰兵、降盜及他軍改刺者半之。陝西六路仍聽支諸司錢，及截川綱金銀。如有良家子願備弓馬從軍者，依敢勇法，月給錢米。應天下官吏、寺觀、民户，願以私財助國者聽，於所在送納，等第推恩。仍令當職官勸誘，而憲臣總之，然後計綱赴行在。皆用李綱請也。

右諫議大夫宋齊愈入對，論招軍買馬，勸民出財助國非是。時庶事草創，就置三省於行宮門内，尚書虞部員外郎張浚夜過齊愈於省中，見其方執籌布筭，問之，齊愈笑曰：「李丞相今上三議。李公素有名譽，其建明乃爾。」浚問之故，則曰：「胡可爲也？今西北之馬不可得，獨江淮之南，而馬不可用。括民之財，豈可藝極？至於兵數，若郡增二千，則歲責十萬緡以養，今豈堪此？齊愈將極論之。」浚曰：「不可。」齊愈愕然曰：「何也？」浚曰：「宰相不勝任，論去之，諫官職也。豈有身爲相未幾，上三事而公盡力駁之，彼獨不恚且怨？」齊愈不樂，曰：「吾固爲其有虛名，第欲論此三事，聊扶持之。」是日，執政奏事退，齊愈入對。出過省門，執浚手曰：「適上向者之章，上甚喜。」浚援手曰：「公受禍自此始矣。」此據張栻私記⑱。日曆六月癸未，齊愈罷諫議大夫，送御史臺根勘，乃在李綱上三議之前，恐誤。

28 戊子，承務郎張緯上給田募兵法。緯以爲：「將來防秋之後，應給田土，並畫圖置籍。每出戰，步人一名，給田百畝，有馬人增其半，鞍馬器甲自備，量地肥瘠，紐計第一等折土爲準。凡係官或天荒、户絶逃田，聽民從便自占，其税役科配等皆蠲之。即逃田雖已給，而田主自歸者，聽佃人別占。出戰人疾病事故，許餘丁承佃。緩急點集，並將帶武勇家人投狀效用，官爲置籍，一等支糧。每五十人立一名爲長，五百人又立一名，皆以有材武、可部轄、衆所推者爲之，各等第借補官資。若所部技精及無逃亡者，依格遷轉，否則停廢別選。

州委通判爲幹辦官，選監司提舉。出戰人赴點集後時，或輒逃避，並依軍法。」從之，後不克行。

是月，以迪功郎富直柔爲秘書省正字。直柔，弼孫也。此據秘書省題名。

顯謨閣學士、知越州翟汝文奏：「陛下即位赦書，祖宗上供悉有常數，後爲獻利之臣所增者，當議裁損。如浙東和預買絹，歲九十七萬六千匹，而越乃二十萬五百匹。以一路計之，當十之三。如杭歲起之額，蓋與越等。杭去年已減一十二萬匹，獨越尚如舊數。矧經方寇焚劫，户口凋耗。蕭山一縣，家業才一百七十緡，則民力之困可知。今乞將户三等已上減半，四等以下權罷。及身丁錢鹽，舊皆有定制，其後折米而已，今悉爲帛，臣以爲宜納見直⑲。」從之。汝文，丹陽人，嘗爲翰林學士。

金人命元帥府選南人文武八員，與皇孫伴讀，得前燕山府司録事張岩等，並除尚書虞部郎中，令赴御寨。此據趙子砥燕雲録。

貢士周紫芝應詔上書言：「今金人盛强，憑侮中國，雖驅天下之兵以脅之，不足以當其强；竭天下之財以餌之，不足以厭其欲；盡天下甘言以悦之，不足以回其意。臣深思之，不過一言，曰：上策莫如自治而已。自治之策無他，在力救前日之弊耳。陛下意嘗思所以致今日之禍者乎？用人不專，黜陟不明，剛斷不足，此三者所以召禍亂之本也。李綱危言讜論，天下聳聞。朝廷知其爲賢，既委以輔相，豈當責以將帥之事？遂致覆師，以貽竄逐？綱之用舍，係一時之輕重，願陛下盡以國計傾心付之，勿惑於詆訾不根之言，毋責以勝負不常之勢。臣所望陛下專於用人，以救前日之弊者此也。六賊之惡，暴著遠邇，當時猶且遷延歲月，處以善地。

元惡有如蔡京，猶得保其腰領而死，其同惡之臣，非特不能盡去，方且倚以爲用，或付以兵柄，或委以重鎮。凡今日奔軍之將，亡國之大夫，皆前日奸佞闒茸，可誅而不誅，可去而不去者。如此人尚在要路，則幾何而不至於喪師割地，誤國欺君者哉？臣願陛下大明黜陟，以正忠邪。屏除畏懦軟弱之徒，旌擢骨鯁難犯之士，使天下曉然皆知忠義者必賞，奸邪者必誅，則忠臣争效死節，壯士勇於敢爲，庶幾可以雪耻。臣所望陛下大明黜陟，以救前日之弊者此也。淵聖皇帝虚以受諫，常若不及。惜其羣言交至，一切聽納，受之泛然，無所甄别，而人主之權，遂歸臺諫。敵圍初解，議者欲追擊之，既而惑於羣言，不能斷以必往，而割地之盟，棄不復用。明年，敵騎果入，而惑於衆議，守城不遷，至有今日之禍。臣所望陛下勇於聽斷，以救前日之弊者此也。夫任用之專，最爲人主難事。今既得賢而用之，不能去奸邪，則其勢必不兩立。此三者，在陛下勉之而已。」紫芝，江東人也。此書見於徐夢莘北盟會編，今採其要語附入。但夢莘係之建炎三年春末，實甚誤矣。書中乞專任李綱。綱以今年五月初拜相，故附此書於六月末，或可移附今年八月並命二相時。紫芝書中又云：「去年復春秋，去年行詩賦，去年削舒王配享之文，今年復元豐釋奠之制。」皆元年事，若係之三年春末，則綱貶海外，未許放還，決非其時附上，明矣。

校勘記

① 朱勝非以虜犯維揚　「虜」，原作「敵」，據皇朝中興大事記講義改。

② 惟和生襄陽侯從誨　「襄」，原作「東」，據宋史卷二二一宗室世系表改。

③潁昌賈孝忠　「潁」，原作「頴」，據宋史卷一六神宗本紀改。後文徑改。

④河之東北　此後有四庫館臣按語：「北盟會編作河之東西。」今删。

⑤悉以昭遠所募西兵三千人付御營前軍統制官張俊　「俊」，四庫本原有按語：「原本作張浚，宋史：『建炎元年置御營司，張俊爲前軍統制。』今從之。」今删。

⑥建中中吏部侍郎　「建中」，謂建中靖國，叢書本「中」作「炎」，誤。

⑦上問可守關中者　「中」，原作「東」，據宋史卷四四七唐重傳，劉岑自河東使還，上詢可守關中者。因據改。

⑧因遣使臣齎夏藥偏賜兩河守臣將佐　「使」，原闕，據叢書本補。

⑨同知樞密院事汪伯彦進知院事　前「知」字原闕，逕補。

⑩明州　上文正文云「要郡三十九」，注文僅舉三十八處，疑有脱誤。

⑪永静軍　此後有四庫館臣按語：「注止三十六處，恐有脱誤。」今删。

⑫已爲邊面　「已」，原作「邑」，據叢書本改。

⑬以事考之徽宗斡離不國相黏罕也蓋斡離不旻嫡子故追謚云　此段考證全誤。按據金史卷七四及卷五九宗室表記載，斡離不爲金太祖第二子，非嫡子，而其嫡子宗峻未計其中。而所謂徽宗，即太祖第二子宗峻，金名繩果，因其爲嫡子，故未列入太祖諸子中。其雖早死，然其子熙宗即位，尊之爲徽宗，見金史卷一九世紀補，知李心傳所云，全不合也。

⑭無緣知之　「無」字原闕，據叢書本補。

⑮請求唃氏後而立之　「請」字原闕，據叢書本補。「唃氏」，原作「嘉勒氏」，據叢書本改。

⑯ 吐蕃董氈從孫安化郡王懷德弟益麻党征也　「氈」，原作「戩」，「益麻党征」，原作「尼瑪丹津」，皆據叢書本改。

⑰ 祖若谷　「谷」，原作「容」，據宋史卷二九一李若谷傳改。

⑱ 此據張栻私記　「栻」，原作「拭」，據本書卷二辛未記事注文等改。

⑲ 臣以爲宜納見直　「以爲宜」，原作「已只令」，據叢書本改。

建炎以來繫年要録卷七

1 建炎元年秋七月己丑朔，温州觀察使、樞密院都承旨王瓔爲河東經制使，通直郎、直秘閣傅亮爲副使。

詔諸路常平司見在金銀並起發赴行在。

龍圖閣學士、提舉鴻慶宮兼侍讀耿延禧知宣州。延禧與李綱不協，自京城使還，以父老乞去，故有是命。

朝請郎李積中知襄陽府，奉直大夫趙岍知平江府，朝請郎周杞知常州。積中，南昌人，宣和末爲宗正少卿，坐元祐黨，送吏部，至是再用之。岍，高密人也。

2 庚寅，命御營使司都統制王淵討軍賊杜用，都巡檢使劉光世討李昱，御營使司左軍統制韓世忠、前軍統制張俊分討魚臺、黎驛亂兵。自宣和末，羣盜蜂起，其後勤王之兵往往潰而爲盜。至是，祝靖、薛廣、党忠、閻瑾、王存之徒，皆招安赴行在，凡十餘萬人。

李綱爲上言：「今日盜賊，正當因其力而用之，如銅馬、緑林、黄巾之比。然不移其部曲則易叛，而徙之則致疑，正當以術制之，使由而不知。」乃命御營司委官分揀，凡潰兵之願歸營，與良農願歸業者，皆聽之。所發至數萬。又擇其老弱者縱之，其他以新法團結，擇人爲部隊將及統制官，而其首領皆命以官，分隸諸將，由是無叛去者。獨淮寧之杜用、山東之李昱、河北之丁順、王善、楊進，皆擁兵數萬，不可招。而拱州之黎驛、單州之魚臺，亦有潰卒數千爲亂。綱以爲專事招安，則彼無所畏憚，勢難遽平，乃白遣淵等率所部分往討之。時李昱犯沂州，守臣某閉門拒守，以官妓十人遺之，昱乃去。至滕縣，掠民董氏女，有美色，欲妻之，董氏罵昱而死。昱自費縣引兵圍長清，光世遣其將喬仲福追擊斬之。既而用爲淵所殺，餘悉殄平。丁順者，嘗爲滄州兵馬鈐轄。王善者，爲雷澤尉，皆以罷從軍不得志。事見五月甲午。楊進者，進初見四月戊寅。以其才爲淵所忌，懼罪亡去，號没角牛，兵尤衆。又李孝忠既破襄陽，擾京西諸郡。綱以京城都巡檢使、温州觀察使范瓊反側不自安，因命瓊討孝忠，使離都城，且示以不疑之意。瓊乃將所部赴行在。既而丁順等皆赴河北招撫司自效，盜益衰。

3 辛卯，籍東南諸州神霄宮田租及贍學錢以助國用，從禮部請也。

尚書兵部侍郎董耘試兵部尚書。熊克小曆在己丑，本部題名在辛卯，今從日曆。

右諫議大夫宋齊愈罷。初，齊愈既論尚書右僕射李綱之過，會朝廷治從逆者之罪，言者論齊愈在皇城司首書張邦昌字以示議臣，由是罷諫議大夫，下臺獄。制曰：「所幸探符之未獲，奈何援筆以遽書？遺毒至今，造端自汝。」或曰：「齊愈論綱不已，故綱以危法中之。」趙甡之遺史曰：「宋齊愈新除諫議大夫，是時李擢爲給事中。擢與齊愈在圍城中皆非純臣。擢謂齊愈爲諫官，必論己，必得罪，且曰：『先發制人。』乃不書黄而繳駁之。曰：『昨三月初，王時雍等在皇城司聚議乞立張邦昌，拜大金詔畢，書議狀時，雖時雍亦恐懼，不敢填邦昌姓名，而齊愈奮然大書張邦昌三字，仍自持其狀以示人，四座無不驚駭。齊愈自言從二月在告不出，欺誕若此！今除諫議大夫，當是陛下未知其人邪佞，而朝廷未有人論列，更乞聖裁。』遂罷諫議大夫，令王賓根勘。」按日曆，齊愈以今年五月戊戌除諫議大夫，而擢以五月甲寅除給事中，在其後半月，不知何以録黄方過後省。兼擢以六月癸亥坐僞楚事責湖南，去此已踰月，不知所繳何以方下？牲之所記，恐或有誤也。然齊愈除諫議時，擢已爲中書舍人，或者當時有論列而不行，至是，李綱方檢舉將上，亦未可知。姑附此，更求他書考正之。

承務郎、諸王府贊讀江端友試尚書兵部員外郎。端友，休復孫也。休復，南昌人，嘉祐中修起居注。按史，端友無前銜，此據邵伯温辨誣所載端友上欽宗書增入。隱居京城東郊，躬耕蔬食，素有高行。蔡京欲辟之，不能致。靖康初上書論事，後用吴敏薦授官，至是召用。

徽猷閣待制、知平江府鄭滋責授秘書少監，分司南京，筠州居住。坐圍城時日事燕飲，爲轉運判官顧彦成所劾也。滋，建德人。彦成，邵武人。或曰李綱之罷行營使也，滋當其責詞，頗肆醜詆，故彦成以私書言之於綱，復下彦成體量，而有是命。二年八月辛未改正。

4 甲午①，龍圖閣待制、知杭州葉夢得復龍圖閣直學士，奉議郎李邴、朝請大夫提舉西京嵩山崇福宮陸藻並復徽猷閣待制。邴，鄴兄。藻，侯官人也。大觀中，嘗爲給事中，靖康初，坐避事奪職，至是始復之。

是日②，皇叔右監門衛大將軍、貴州團練使士珸以義兵復洺州。初，士珸從上皇北狩，次洺州城東五里，與諸宗室議，欲遁還據城，謀未就，而敵圍已合，同行皆散去，無一人留者。士珸得蹇驢跨之西馳，夜半爲盜所奪，徒步疾走，遲明抵武安縣，憩於張氏酒肆。語其人曰：「我皇叔也。」縣官聞之，俱來謁，資以衣冠鞍馬，得少壯者百餘人，從至磁州，舍於州治。乃召集義軍以解洺圍③，不旬日，得兵五千人，歸附者至數萬，以王江、李京將之。先是，直寶文閣、知洺州王麟自將勤王兵千人至大名，既而以母老求去。上疑其有異志，然卒遣之。及金人遣萬户伊埒圍洺州，麟帥軍民以城迎拜，軍民怒，併其家殺之。趙甡之遺史云：「金人圍洺州，以知州王麟是童貫舊屬官，遂於城下呼爲王姑丈，間其民心。軍民信之，殺麟全家。」與此不同。今據耿延禧中興記修入。獨餘統制官韓一在城中。士珸至邯鄲，而統制官李琮亦以兵會。時金兵未退，士珸夜半傳城下，力戰破其寨。翌日入城，部分守禦，金人力攻之，士珸勵將士，以火砲中其攻具，以計生獲其將領，乃解圍而去。士珸，岐簡獻王少子。岐簡獻王仲忽④，濮王孫，澶淵郡王宗治子⑤。天資警敏，方童稚，凛然如成人。至是，纔弱冠也。此據士珸附傳及建炎三年正月河北東路制置司捷報參修。傳云：「至邯鄲，朝廷亦遣李刺史兵來會，未至，而李兵叛去，遂收其散亡，得六千餘人，自將之。」據史，李刺史失其名，而捷報云：「不期又有都統制軍馬李琮等兩項人兵共議起發。」則李刺史即琮也。琮非朝廷所遣，當是河北義兵自詭王命者。今略删潤。趙甡之遺史云：「金人自京師回，經由洺州，境内軍民劫之，得南班宗室士遂，留爲知州。」甡之所云，即士珸也。

5 乙未，温州觀察使、京城内都巡檢使范瓊爲定武軍承宣使、御營使司同都統制。

徽猷閣待制、知密州郭奉世統兵勤王，久而不至，詔本路諸司尋訪以聞。此爲杜彦據密州張本。奉世行遣未見，當考求附書之。

6 丙申，詔諸路米綱以三分之一輸行在，其餘悉赴京師。先是，汴河上流爲盗所決，閉塞久不合，綱運不通，乃責都水使者陳求道、榮嶷爲散官，仍領監事，與提舉京城所内侍陳良弼董治之⑥，再踰旬而水復故。時京師軍民方闕食，故命濟之，仍以空舟載六曹案牘及甲器赴行在。舊京師米升三百，及是始平。

朝奉郎曹大同落致仕，提舉淮南西路刑獄公事。大同，宣和七年七月除膳部員外郎，未知何時致仕。

直龍圖閣、江淮發運副使向子諲言：「去歲閏月，劉順賫到淵聖皇帝蠟詔，令監司、帥守募兵勤王。臣即時鏤板，偏檄所部，非不勤至，而六路之間漠然無有應者。間有團結起發去處，類皆兒戲，姑以避責而已，非有救災弭難之誠意也。惟淮東一路，臣親率諸司爲之，粗成紀律。然諸司猶有占吝錢物不肯應副，略不念君父幽處圍城之中，臣當時恨無利刃以加其頸。今京城既已失守，二帝既已播遷，夫復何言？然竊謂儻置賞罰而不行，則臣恐今日已後金人復爲邊患，陛下復欲起天下之兵，而諸路玩習故常，恬不知畏，則朝廷何恃以協濟艱難哉？願明詔大臣，按劾諸路監司昨承蠟詔指揮，廢格不勤王者，與夫號爲勤王而滅裂者，悉加顯黜，以爲將來誤國忘君之戒。」詔諸路提刑司究實以聞。日曆臣僚上言無姓名，以事考之，則子諲也。

7 戊戌，正議大夫、忻州觀察使張換爲河北制置使。

詔京東帥司相度自登、萊至海州置斥堠、烽燧等事。先是，朝請郎、知海州魏穌言：「海州至登、萊最近，而登州與金人對境，近聞金人於燕山造舟，欲來東南。望造戈船，修樓櫓，依登、萊例屯兵二三千人，以備緩急。」許之。至是，穌代還，復有此請。

直秘閣、知恩州趙子昉貶秩三等，仍奪職，坐河決所部也。

東都宣武卒杜林謀掠成都以叛，伏誅。時淮甸、秦隴皆用兵，蜀人洶懼。林本山東羣盜，後戍成都，乘是與其徒二十九人謀招集亡命，大掠成都，驅民之東川，由中水出峽南奔，以應金兵。自夏及秋，計議已定。至是，會於城南漢昭烈廟，將乘夜襲官船取器仗，部分未發，廟祝馬古與其子信覺之，馳詣府告變。兵馬都監陸世修等率吏士捕斬之。後録古等功，以爲承信郎。

初，平陽府吏張昱坐法黥，既而亡歸，聚衆數千。會慈州無守，軍民共議，迎昱入州，權領州事。金人屢犯其境，皆不攻徑過。至是，以昱爲閤門祗候、知慈州。俄金人復引兵來攻，慈無城不可守，昱遂率其衆出奔，金人陷慈州，撫定而去。此據趙甡之遺史。

金國通問使傅雱發東京。此據雱通問録。日曆於此月壬辰方書雱借官出使，恐誤。

是日，淵聖皇帝自雲中至燕山府，居於愍忠寺。趙子砥燕雲録：「淵聖七月初至自雲中，七月上旬，二聖相見。」戊戌初十日也，故附此日。

8 己亥，詔：「省臺省寺監官，減學官館職之半。三年四月庚申又減。以常平事歸提刑司，紹興八年十二月復。市舶事歸轉運司。二年五月復⑦。罷諸州分曹制掾。縣户不滿萬，勿置丞。堂吏磨勘，止朝請大夫，出職止爲通判。宰執子弟任待制以上者並罷。執政官減奉錢三之一，京官奉祠者亦如之。」先是，宰臣李綱言：「艱難之際，賦入狹而用度增廣，當内自朝廷，外至監司州縣，皆省冗員以節浮費。」上命中書省條具，至是行下。自蔡京用事，子孫皆至大官。其後宰相鄭居中、劉正夫、余深、白時中諸子悉以恩澤爲待制、雜學士，故綱有此請，然未及行。二年二月辛酉行遣。居中，開封人；正夫，西安人；深，閩縣人也。

尚書吏部員外郎衛膚敏守衛尉少卿。膚敏自明州還朝，事初見今年四月末⑧。上書伏矯制之罪，上嘉賞之。膚敏言：「屬者金犯汴京，乘輿保金湯而居固善，然知金雖棄去⑨，秋必復來，而尚嬰孤城，此大臣不知變之過也。今兩河諸郡幸皆堅守，臣謂宜陰以帛書許其世封，使人知自愛，不爲賊有。其陝西、山東、淮南，則令增陴濬隍，訓齊其人，而擇大臣以鎮撫之可也。」

尚書言：「浙江民間有釣魚船，謂之釣槽，其船尾闊可分水，面敞可容兵，底狹尖可以破浪，糧儲器仗置之簀板下，標牌矢石分之兩傍。可容五十卒者，面廣丈有二尺，長五丈，率直四百緡。請下浙江諸州，募豪民入中，每十五艘授迪功郎。」從之。

顯謨閣學士、知越州翟汝文貶秩二等。先是，汝文用赦放民租爲四十萬緡，言於朝，未報。事見今年六月末。兩浙轉運判官侯官吴昉以淮南軍衣不足詰汝文，汝文檄昉，言：「宣和七年登極赦文：應州縣有合寬恤事，許逐路帥臣一面施行訖奏。今來漕司乃敢故違，抗拒君命。」未欲奏劾。昉愬於朝，故貶。

徽猷閣待制、知平陽府高衛坐棄城落職。衛，安陽人也。

9 辛丑，詔曰：「朕權時之宜，法古巡狩，駐蹕近甸，號召軍馬，以防金人秋高氣寒再來犯界。朕將親督六師，以援京城及河北、河東諸路，與之決戰。已詔奉迎元祐太后，津遣六宫及衛士家屬，置之東南。朕與羣臣將士獨留中原，以爲爾京城及萬方百姓請命於皇天，庶幾天意昭答，中國之勢寖彊，歸宅故都，迎還二聖，以稱朕夙夜憂勤之意。應在京屯兵聚糧，修治樓櫓器具，並令留守司、京城所、户部疾速措置施行。」時李綱入朝月餘，邊防軍政已略就緒，獨車駕行幸未有定所。綱間爲上言：「今縱未能入關，猶當適襄鄧，以示不忘中原之意。選任將帥，控扼要害，使今冬無虞，車駕還闕，天下之勢遂定。而近議紛紜，謂陛下將幸東南，果然，臣恐中原非復我有。」上曰：「但欲迎奉太后及六宫往東南耳。朕當與卿等留中原。」綱再拜賀，因乞降詔，上乃命綱草詔，頒之兩京焉。

右正言鄧肅請竄斥邦昌僞命之臣。右司諫潘良貴亦言，宜分三等定罪。上以肅在圍城中，知其姓名，令肅具奏。肅言：

叛臣之上者，其惡有五，一曰諸侍從而爲執政者，王時雍、徐秉哲、吴幵、莫儔、李回是也。其二曰諸庶官及宫觀而起爲侍從者，胡思、朱宗、周懿文、盧襄、李擢、范宗尹是也。其三曰撰勸進文與撰赦書者，顔博文、王紹是也。今紹已投嶺外，而撰赦文者止令分司，亦何私於博文哉？其四曰事務官者，金人已有立僞楚之語，朝士集議恐不能如禮，遂私結十友作事務官，講册立之儀，搜求供奉之物，悉心竭力，無所不至。其五曰因邦昌更名者，何昌言、昌辰是也。已上數等，乞定爲叛臣之上，寘之嶺外。

所謂叛臣之次者，其惡有三：其一曰諸執政、侍從、臺諫稱臣於僞楚，及拜於庭下者是也。所謂執政者，馮澥、曹輔是也；所謂侍從者，其餘已行遣矣，獨有李會尚爲中書舍人；所謂臺諫者，洪芻、黎確等及舉臺之臣是也。當時臺中，有爲金人根括而被杖者四人，以病得免，其餘無不在僞楚之庭矣。其二曰以庶官而陞擢者，此不可勝數，乞委留守司按籍考之，則無有遺者。其三曰願爲奉使者，黎確、李健、陳戩是也。已上數等，乞定爲叛臣之次，於遠小處編管。

時王時雍、徐秉哲已先竄，乃詔責授昭信軍節度副使吴幵移韶州，責授寧江軍節度副使莫儔移惠州；太中大夫盧襄、通直郎提舉杭州洞霄宫范宗尹、朝奉郎朱宗，責成、忻、祁三州團練副使，襄衡州，宗尹鄂州，宗岳州，並安置；中大夫提舉成都府玉局觀馮澥、朝請郎試中書舍人李會，並降三官，爲秘書少監，分司南京，澥成州，會筠州居住；故尚書工部侍郎何昌言追貶隰州團練副使，通直郎新通判南劍州何昌辰除名，永州編管；朝請大夫黎確、朝散郎李健、尚書虞部員外郎陳戬，並與遠小監當；承議郎侍御史胡舜陟、朝散郎新知無爲軍胡唐老、奉議郎守殿中侍御史馬伸、朝散郎監察御史齊之禮、朝請大夫新知衢州姚舜明、宣教郎新知江州王俣，皆降二官。撰勸進文及事務官，令留守司具姓名申尚書省。唐老、舜明、俣，皆坐嘗爲臺官，伸嘗請邦昌復辟而不自言，故例貶秩。日曆六月乙亥，胡舜陟、胡唐老、姚舜明、王俣各降二官，有誥詞，而於此又書之。按此月所書，比前爲詳，今從之。呂本中雜記曰：「鄧肅前一年因李綱進得官，時又用汪伯彦薦爲右正言，故傅會綱意，專以圍城爲言。既而潘良貴又乞分三等誅罰。」

觀文殿學士提舉杭州洞霄宫耿南仲、龍圖閣學士新知宣州耿延禧，坐父子主和，並奪職。仍以延禧提舉江州太平觀，用鄧肅再疏也。日曆南仲落職於此日、五月癸亥兩書之，蓋誤。

詔江寧府因軍變走避官，並放罷。

壬寅，侍御史胡舜陟充秘閣修撰、知廬州。舜陟嘗論宰相李綱之罪，上不聽。舜陟因求去，會言者論其嘗事僞庭，乃命出守。日曆五月壬子，胡舜陟除秘閣修撰、知廬州。七月壬寅，降授宣教郎、守侍御史胡舜陟特授秘閣修撰、權發遣廬州。按五月壬子舜陟未降官，今附七月。時淮西盜賊充斥，廬人震恐，日具舟楫爲南渡計。舜陟至，修治城池，建樓櫓戰棚，具藺石，布渠答，又增築東西水門，疏決壅潰，因濠壘以備衝擊，繇是廬人始安。

起復朝請郎王圭言：「金人攻城，多是數處併攻，如攻東者，妄稱西壁已破，攻南者，妄稱北壁已破，俟喧闉不定，即乘隙登城。又金人多用黑旗上城，務令守人奪取以惑衆。金人多抛大砲，宜用囊盛麩糠，布於敵樓，則砲不能害。又女牆頭宜各置木椎一具，遇敵登梯，以椎擊之，不費矢石。」詔下其説，使沿邊知之。圭，真定人。金之入汴也，圭方持喪，率衆數萬保山寨，屢與敵角。聞上登極，自山寨間道來歸，故起復之。

徽猷閣待制、提舉亳州明道宫王資深卒。資深，朐山人，事上皇爲中書舍人，卒年七十八。

寶文閣學士、知江寧府兼江南東西路經制使翁彦國卒。此據劉蒙自辨狀，日曆無之。

11 癸卯，尚書右丞呂好問充資政殿學士、知宣州。初，好問與李綱論事不合，會鄧肅奏僞命臣僚，其言事務官頗及好問，侍御史王賓亦上疏，極論好問在圍城中，方淵聖拘於敵營，宜以蠟書至元帥府取兵，而反勸進，懷貳挾奸，無大臣節，況嘗汙僞命，不可以立新朝。上手札賜綱曰：「好問心迹，與餘人不同。言者所不知，仰尚書省行下。」好問慚，力求去，且上疏自理曰：「昨金人圍閉，邦昌僭號之時，臣若閉門避事，以潔其身，實不爲難。況臣於邦昌未入城之際，曾乞致仕。重念臣世受國恩，異於衆人，親受賢者之責，身任宗社之重，故忍耻含垢，逭死朝夕，不避金人滅族之禍，遣人衝圍賫書於陛下，而又畫謀奉迎。幸而天佑神助，得覩今日中興之業，則臣之志願畢矣。向若金人網羅得臣之書，而臣之謀畫萬一洩露，則臣之一身與臣之家族，當如之何？區區之忠，皇天后土知之，宗廟社稷知之，陛下又知之。臣之心跡顯然明白，今若不速自引退，使言者專意於臣，而忘朝廷之急，則兩失其宜。」疏入，乃有是命。好問家傳云好問罷政在七月己酉，而日曆於六月癸未、七月癸卯兩書之。考其前後，當是癸卯得旨，而己酉出告耳。

延康殿學士、提舉南京鴻慶宮許翰守尚書右丞。靖康中，李綱與翰同在樞府，知其賢，至是力薦於上，謂翰外柔内剛，學行純美，謀議明決，宜在左右，參決大政。上亦喜其論事，遂用之。日曆翰除命於此及八月甲子兩書之，蓋誤。

是日，腰斬通直郎宋齊愈於都市。齊愈初赴獄，以文書一緘囊授虞部員外郎張浚曰：「齊愈不過遠貶，他時幸爲我明之，此李會勸進張邦昌草藁也。」時御史王賓劾齊愈未得實，聞齊愈有文書在浚所，遽發篋取之。賓密諭會，使妄自枏而證齊愈⑩，且歸議狀事於王時雍。齊愈引伏，法寺當齊愈謀叛斬，該大赦，罰銅十斤，情重取旨。黄潛善等頗營救之，上曰：「使邦昌之事成，置朕何地？」乃詔齊愈探金人之情，親書姓名，謀立異姓，以危宗社。造端在先，其罪非受僞命臣僚之可比⑪，特不原赦。議者或以爲冤。熊克小曆云：「賜齊愈死。」按詔旨云：「依法定斷。」非賜死也。張栻私記云：「張邦昌之挾敵以僭也，在金營議已定。宋退翁自會議所歸，道遇鄉人，問之曰：『今日金所立者誰？』退翁疏書邦昌姓名於掌以示之。而李丞相以爲退翁自會議所即取紙筆書邦昌姓名，造端謀立。丞相與王賓又密諭李會，使妄自枏，而歸其事於退翁。丞相竟匿會勸進藁，而執其章論退翁死。李公旋罷相。」齊愈案欵云：「軍前遣吴幵等將文字，稱廢淵聖皇帝。齊愈知孫傅等在皇城司集議⑫，遂到本司見衆官，及桌上有王時雍等衆議推舉張邦昌狀草，齊愈問王時雍：『舉誰？』時雍云：『金人令吴幵來密諭，意舉張邦昌。今已寫下文字，只空着姓名。』又看得金人元來文字，聲説請舉軍前南官，以此參驗王時雍語言，即是要舉張邦昌。齊愈恐違時，別有不測，爲王時雍説吴幵密諭張邦昌，亦欲早圖了結。齊愈輒自用筆於紙上書張邦昌姓名三字，欲要於舉狀内填寫，却將呈時雍，其時時雍稱是。又節次徧呈在坐元集議官。齊愈言道張邦昌，衆官看了，別無言語。齊愈令人吏依紙上所寫，於已寫選官元空缺姓名以治國事舉狀内，填寫張邦昌姓名三字。後別寫申狀，係王時雍等姓名。時雍看了，分付與吴幵、莫儔將去。其狀内無齊愈姓名。所有齊愈寫張邦昌片字，即將毀了，並無見在，收得王時雍等元議定推舉狀草歸家。初蒙勘問時懼罪⑬，隱伏不招。再蒙取會到中書舍人李會狀，軍前遣吴幵等傳大金指揮，選擇異姓。是日在皇城司聚議，忽有右司員外郎宋齊愈自外至⑭，見商量不定，即於本司廳前寫文字吏人桌子上取紙一片，上寫張邦昌三字，徧呈在坐，相顧失色，莫敢應。其所寫姓名文字，係宋齊愈自將却，會即時起去。又根取到元狀草子，再勘方招。」按齊愈所坐，乃首書張邦昌姓名，而會所草，乃空名議狀。又當時已根取到元狀草至獄，而此云綱匿其藁，蓋誤記也。齊愈死，小曆及諸書在此月壬子，日曆在癸丑。按壬子，張浚已入臺，無容不辯。案欵降旨在癸卯，今從之。三年十一月丁未，追復。吕中大事記曰：「宋齊愈之罪，當從王時雍等之例，貶而竄之可也，何至是耶？洪芻、陳沖、王及之死，綱尚救其死，而獨不救宋齊愈，綱於是失政刑矣。中興之初，大臣有一事之當理，則足以興起人心，有一事之稍非，亦足以抑遏人心，此所以來張浚之疏也。浚素與齊愈友，而又潛善客也。以潛善而忌李綱，是以小人而忌君子也。以張浚而攻李綱，是以君子而攻君子，其可乎？豈非張浚初年之見耶？」

12 甲辰，衛尉卿孟忠厚充徽猷閣待制，提舉迎奉元祐皇后一行事務。尚書司封員外郎楊邁沿路計置糧草，濟渡舟船。

承議郎、新通判荆南府程千秋丁父憂。後九日，湖北提刑司檄千秋權不拘常制起復。此據紹興六年八月一日臣僚論千秋不該蔭補狀修入。

13 乙巳，手詔京師未可往，當巡幸東南，爲避敵之計，來春還闕，令三省、樞密院條具合行事件。時執政黄潛善、汪伯彦皆欲奉上幸東南，故有是詔。李綱留之，因極論其不可，且言：「自古中興之主，起於西北，則足以據中原而有東南；起於東南，則不足以復中原而有西北。蓋天下之精兵健馬皆出於西北，委而棄之，豈惟金人乘間以擾關輔，盜賊且將蜂起跨州連邑。陛下雖欲還闕不可得，況治兵勝敵以迎還二聖哉？夫江之險不如河，而南人輕脆，遇敵則潰，南方城壁，又非北方之比。陛下必以建康爲安，臣竊以爲過矣。爲今之計，縱未能行上策，當適襄、鄧以係天下之心。夫襄、鄧之地，西鄰川、陝，可以召兵；北近京畿，可以進援。南通巴蜀，可以取貨財；東達江淮，可以運穀粟。山川險固，民物淳厚，願爲今冬駐蹕之計。俟兩河就緒，即還汴都，策無出於此者。」上乃收還巡幸東南手詔，令綱與執政議之。

14 丙午，綱及潛善等議於上前，綱曰：「今乘舟順流而適東南，固甚安便。但一去中原，勢難復還。夫中原安則東南安，失中原則東南豈能必其無事？一失幾會，形勢削弱，將士之心離散，變故不測，且有後艱。欲保一隅，恐亦未易。臣誠不敢任此責。」上乃許幸南陽。以觀文殿學士范致虛知鄧州，修城池，治宮室，又降鹽鈔錢帛，付京西南路轉運副使范之才，儲糧草，且漕江湖綱運，自襄、漢、蜀貨出歸峽以實之。遷戶部侍郎黃潛厚爲本部尚書，提舉巡幸一行事務。膳部員外郎陳兖掌頓遞，虞部員外郎李儔調芻粟，直秘閣、江淮發運副使李祐爲隨行轉運使。日曆，李祐今年五月乙未除京東漕，未見遷發運使時日。將以秋末冬初啓行。之才，雍孫。兖，堯佐曾孫。儔，錢塘人，父友聞，集英殿修撰。祐，清臣子也。雍，河南人，天聖中樞密副使。堯佐，閬中人，景祐中平章事。清臣，莘縣人，崇寧中門下侍郎。

同知樞密院事張慤言：「戶部財用，惟東南歲運最爲大計。自治平、嘉祐歲以前，輪發運使一員在真州，催督江浙等路糧運，一員在泗州，催促自真州至京糧運。自奸臣誤國，變祖宗轉般倉良法以來，每歲失陷糧斛不可勝計。望依舊法，責發運司官分認逐季地分，各行檢察催促。」從之。

15 丁未，詔兵部郎官太常寺官各一員、内侍二員，詣京師奉迎所藏太廟神主赴行在。劉觀行狀云：「公導駕朝鴻慶宫，面陳藏木主事。上嗟惻，遂就命公如京師，發木主赴行在，除中書舍人。」按日曆及太常寺題名，觀以今年四月遷中書舍人，此時周望、翁彦深爲太常少卿，行狀恐誤也。

先是，上命京城留守宗澤移所拘金使於別館，優加待遇。澤謂二聖在金，必欲便行誅戮，恐貽君父憂。若縱之使還，又有傷國體，莫若拘縻於此，俟車駕還闕，登樓肆赦，然後特從寬貸。及是詔下，澤上奏曰：「臣不意陛下復聽奸臣之語，浸漸望和，爲退奔計。營繕金陵，奉元祐太后，仍遣官奉迎太廟木主，棄河東、河西、河北、京東、京西、淮南、陝右七路生靈，如糞壤草芥，略不顧惜。又令遷金使別館，優加待遇。不知二三大臣於金人情欸何如是之厚，而於國家訏謨何如是之薄也？臣之樸愚，必不敢奉詔，以彰國弱。此我大宋興衰治亂之機，願陛下察之。陛下果以臣言爲狂，請投之遠惡，以快奸賊。」詔答曰：「卿彈壓强梗，保護都城，深所倚仗。但拘留金使，未達朕心。」澤猶不奉詔。澤遺事云：「公奉詔，即出八人縱之，且上表謝。」按傅雱通問録，雱以今年十一月使還，奏乞釋金使。詔可。明年，宇文虚中出使至汴，澤在病告，虚中始釋之。遺事誤也，今不取。又請上回鑾表曰：「臣聞禹之行水，行其所無事。所謂無事者，非汨然無所爲於事也，事無事而已[15]。夫禹蒙天錫洪範九疇，知水有潤下之性，且親見堯有洪水滔天、績用弗成之患，遂因水之性而順道之，故天下免乎昏墊，而奠厥攸居。兹無他，皆堯用禹之力也。臣竊聞將士籍籍，皆願陛下歸京師，云：『京師是衆兵駐劄之本根也。』商旅籍籍，皆願陛下歸京師，云：『京師是天下賈販之要區也。』農民籍籍，皆願陛下歸京師，云：『京師是天下首善之地也。』士大夫懷忠義者籍籍，皆願陛下歸京師，云：『京師是陛下朝宗之域也。』臣前在臨濮兵寨中，實憂羣臣無遠識見，恐贊陛下去維揚、金陵，又見京城有賊臣張邦昌僭竊，與范瓊輩擅行威福，無所忌憚，所以曾暫乞駐蹕南都，以觀天意，以察人心，仰蒙聽從。臣誤被宸恩，差知開封府事，今到二十餘日⑯。物價市肆，漸同平時。每觀天意，眷顧清明，每察人心，和平逸樂。且商賈、農民、士大夫之懷忠義者，咸曰：『若陛下歸正九重，是王室再造，大宋中興也。』臣竊料百僚中唱爲異議，不欲陛下歸京師者，不過如張邦昌等奸邪輩，陰與敵人爲地耳。臣願陛下體堯禹順水之性，順將士，順商旅，農民，順士大夫之懷忠義者，早降敕命，整頓六師，及詔百執事，示謁欵宗廟，垂拱九重之日，毋一向聽張邦昌奸邪輩陰與敵人爲地者之語，不勝幸甚。臣之少也，猶不如人，今年六十九矣，眷眷血誠，恨其學問荒鄙，不能以激切忠義之辭，仰動天聽。臣不勝涕泣痛怛之至。」詔賜澤襲衣金帶。

尚書虞部員外郎張浚爲殿中侍御史。上見浚雍容静重，即欲用之。黄潛善又稱其賢，遂有是命。

新除中書舍人劉珏至泗州，上書論時事，大略言：「聞金人尚有屯河北者，萬一有數千騎猝然而南，或趣宋、亳，則於六飛，豈能無警？乞早賜行幸，候至來春復還京師，此萬全之策。西兵驍勇，異於他卒，今車駕將巡幸，正宜留以爲用。竊聞先遣西兵二萬往江寧府屯駐，臣竊又疑之。又二聖播遷，正宜内講攻守之具，外示謙屈之體，乞今後詔令不必指斥金人，亦可緩其侵犯。江寧既不建都，乞止令改建兩殿，庶幾不至擾民。車駕如幸東南，所有西京以來舟船，乞並令東下，萬一金人窺伺，不得藉以爲用。」時李綱建議營南陽，而珏未知也。

詔明達皇后、明節皇后應干典禮，並依温成皇后故事施行。二后皆上皇後宫，追册之初，悉用后禮，至是始釐正之。

16 己酉，徽猷閣待制錢伯言試尚書吏部侍郎。本部題名在六月。

罷四道都總管。初，李綱請於陝西、京東西、河北東路各置制置使，假以便宜，使遠近相應援。上然之，遂罷四總管，而置諸路制置使。時西道都總管孫昭遠初至河南府，調陝西、河北義兵合萬人，栅伊陽，使民入保。會罷四總管，昭遠改除京西北路制置使。日曆不書置制置使月日，今因罷四道都總管附見。

起復朝請郎王圭爲直秘閣，提振民兵。

17 庚戌，詔諸兵已令八月會行在，後期者必誅無赦。

18 癸丑，衛尉少卿衛膚敏言：「今汴都蹂踐之餘，不可復處。睢陽駐蹕，咸以爲宜，但城不高，池不深，封域不廣，不足以容千乘萬騎。而又逼近河朔，敵易以至。況我斥堠不明，烽燧不謹，萬一奄至，將如之何？建康實古帝都，外連江淮，内控湖海，負山帶海，爲東南要會之地。伏望觀察時變，從權慮遠，趣下嚴詔，夙期東幸。別命忠勇大臣，總領六師，留守京邑。願詔有司分築堡寨，扼江之險。又行清野於河北、山東諸道，則可以伐彼之謀而沮其南牧之志。俟軍聲國勢少振，然後駕還中都，則天下定矣。」時上雖用李綱議營南陽，而朝臣多以爲不可。中書舍人劉珏亦言：「當今之要，在審事機，愛日力爲急。自金北歸，已再踰時。陛下中興，亦既數月矣。而六飛時巡，靡所定止。攻戰守備，闕然不講。臣聞近臣有欲幸南陽者，南陽密邇中原，易以號召四方，此固然矣。然今日兵弱財殫，陳、唐諸郡，新刳於亂，千乘萬騎，何所取給？南陽城惡，亦不可恃。夫騎兵金之長技，而不習水戰。金陵天險，前據大江，可以固守。東南久安，財力富盛，足以待敵。」於是汪伯彥、黃潛善皆主幸東南，故士大夫率附其議。吕中大事記曰：「李綱請營南陽，宗澤請幸京城，汪、黃請幸東南，三者不同。然京城之策爲上⑰，況宗澤數月間城築已增固，樓櫓已修飾，壍濠已開浚，寨栅已羅列，義士已團結。蔡河、五丈河皆已通流，陝西、京東西、河東北盜賊皆已歸附，又非靖康戰守無備之比。失此一機，中原絕望矣。周之失計，未有如東遷之甚也。然李綱之請，又在宗澤規模未成之前，故其謀請先幸襄、鄧，以係中原之望，西鄰關、陝，可以招兵；北近京畿，可以進援；南通巴蜀，可以取財貨；東達江淮，可以運穀粟。候兩河就緒，即還汴京，亦可也。而汪黃待高宗以乳嫗護赤子之術⑱，曰：『上皇之子殆將三十人，今所存惟聖體，不可不自愛重。』故建爲幸東南之策，不知我往寇亦往⑲，上如揚州而虜亦至揚州⑳，上如鎮江而虜亦至鎮江，行幸所至，即爲邊面。譬如泉流，不知所届矣。」

19 乙卯，改府州靖康軍爲保成軍，以守臣折可求言其犯年號也。可求，德扆五世孫，自國初以來世襲州事。德扆，其先雲中人，仕至永安軍節度使。

初，李綱請改刺西北潰散之卒以爲新軍，既行之矣。六月丁亥。至是，上批有害軍政，宜罷之。綱復力争，事得暫止。

20 丙辰，河北招撫使張所、河東經制使王瓔、副使傅亮辭行。先是，李綱建議遣所、亮措置兩河。所六月丁亥除，亮七月己丑除。乃白上，賜所内府錢百萬緡，爲半年之費，給空名告千餘道，又以京畿卒三千人爲衛，將佐官屬許自辟置，一切以便宜從事。所入見，條上利害。上喜，賜五品服，遣行時，起復直秘閣，提振真定民兵。王圭尚在南都，綱奏用爲宣撫司參謀官，使佐所。所請置司北京，招諭山寨民兵，竢就緒日渡河，先復懷、衛、濬州及真定，次解中山之圍，給地養民爲兵，如陝西弓箭手法。亮、璦入辭，上賜璦器甲袍帶、亮五品服，且予亮兵萬人，及蜀綱之在陝西者。亮請置司陝府，許之。初，靖康之割兩河也，所爲御史，獨建言以蠟書募河朔民兵入援，士民喜，故所之聲滿河朔。所募兵事，見去年十一月己丑。耿延禧中興記云：「有使臣楊剛中賫蠟書募兵河北者，乃張所建言，委剛中兄弟起兵，初不受帥府節制。起民兵帛書末云：『招集民兵保義郎閤門候候楊剛中、提領監察御史張所、都大總領右僕射何㮚。』上喜而遣之。知㮚、所輕聽妄舉如此。」汪伯彦中興日曆云：「上在相州，曰閤門祗候楊剛中兄弟，賫榷貨務兑便鹽錢空名關子三十萬緡，往洛州募士。所差劄子，係何㮚、張所總領。其後止募得五百人，妄稱萬人，皆以諸山水寨保聚民兵姓名收爲虚數。錢關子所存無幾。」按延禧、伯彦，皆與李綱異論者，恐未必然。姑附此竢考。亮，西人，習古兵法。綱與語，謂可爲大將，即奏用之。上猶以亮前疏爲言。疏見五月戊申[21]。綱曰：「亮所言，但欲激陛下歸京師耳。況言勁氣直，乃關陝氣習之常，不足深責。」上乃召見而遣之。亮言：「今經制使所得兵才萬人，皆盜賊及潰散之兵，未經訓練，難以取勝。陝西正兵及弓箭手皆精鋭，舊以童貫賞罰不當，隱於民間，每應點集者，皆其家人也。今厚資給以募之，并將家子弟，不旬日可得二萬人，與正兵相表裏，其勝可必。度州縣可復即復之。」綱以爲然，遂命亮募兵，令陝西、京西漕臣悉力應付。所、亮既行，兩河響應。門下侍郎黄潛善疾綱之謀，建議遣河北經制使馬忠節制軍馬，俾率兵渡河。忠除經制使，已見六月乙丑。有雄州歸信縣弓手李成者，以勇聞河朔間，積功爲本縣令。及雄州失守，成妻子在城中，爲亂兵所殺，成以衆數萬來歸，累官忠州防禦使、河北京東都大捉殺使[22]。潛善以成爲可用，令將所部與忠同擣敵虚，欲使敵釋兩河之圍以自救。綱曰：「今日士怯兵弱，恐未可深入。且忠在靖康中雖嘗宣力，其後官崇志滿，不肯決戰，屢至敗衂，宜不足以任此責，莫若令與所協力。」潛善固執，上卒從之。綱復奏以河北制置使張換爲副，於是權始分矣。換除經制，已見七月戊戌。王明清揮麈後録云：「政和間置西城所，西北之人不堪命，皆去而爲盜。其後如曹成、張遇、鍾相、李成之徒，皆其人也。」按張遇，真定府馬軍也；曹成，拱聖役卒也；鍾相，鼎州土豪也；李成，歸信縣弓手也。其爲盜，悉在中原既亂之後，與西北公田事不相干。蓋方滋誤記之，明清又弗深考耳㉓。

工部員外郎李士觀言：「江、池、饒、建四州監歲鑄錢百三十三萬餘緡，淮南等九路十七州歲造上共軍器亦百餘萬件，多未輸者。望令發運司委官催督。」從之。

閤門宣贊舍人曹勛自燕山間行至南都，以上皇所授御札八字進入。上泣，以示輔臣。事祖見今年四月末。

詔華國靖恭夫人李氏杖脊配軍營。李氏既以宮人私侍張邦昌，及邦昌還東府，李氏送之，有語斥乘輿。上聞，命留守司同御藥院官即内東門推治，李氏辭服。上曰：「邦昌敢居寢殿，奸私宮人，此其情可見。」李綱曰：「邦昌既僭位號，此乃細故耳。」上由是深罪邦昌，有誅之之意矣。上因言王時雍迫逐上皇之狀，綱曰：「邊事少定，當再議之。」

21 丁巳，詔慰撫東南諸路。先是，經制使翁彦國被旨修江寧城池宮室，彦國言所賜錢不足用。事見五月辛卯。李綱白上，益以淮、浙鹽錢四十萬緡，且令因陋就簡，不事華壯。時彦國方暴賦横斂，而兩浙轉運判官吴昉助之爲虐，人不堪命，至有擊登聞鼓以訴者。黄潛善、汪伯彦以彦國女爲綱弟維婦，因密啓之。時彦國已卒，而朝廷未知。前一日，上批彦國、昉騷擾東南，並落職與宮觀，令學士院降詔慰撫。命未下，而江寧奏彦國卒。

綱爲同列言：「昉無職名可落，又奉祠太優。」至是進呈，綱白上以彦國已亡㉔，因貼改所畫旨，而獨罷昉，且降詔慰撫東南，仍起復直龍圖閣趙明誠知江寧府兼江東經制副使。明誠，挺之子也。挺之，膠西人，崇寧右僕射。日曆明誠明年正月己亥除知江寧府，而建康知府題名明誠以元年八月到任。按江寧要地，無緣彦國死半歲方除帥臣，蓋日曆差誤。今附此。

中書舍人、權直學士院朱勝非言：「舍渠魁而責支黨，臣所未諭，請正彦國罪。」不從。勝非行狀云：「用勝非言，卒正彦國罪。」按彦國追削在十一月庚子，汪藻當制，中興玉堂制草載勝非草此詔，亦云：「彦國尋已物故，昉即罷黜。」與李綱進退志合，今從之。日曆罷昉、降詔慰撫東南，乃在八月己未。

通問使傅雱等至鞏縣，即檄河陽具舟。守臣張巨以國號不同，拒不納。雱曰：「主上以皇弟康王勉徇羣臣之請，即皇帝位，嗣大宋正統。」金人曰：「黄河以南，知有張楚而已，不知有宋也。」雱曰：「張楚乃國朝大臣，皇帝即位，命五日一赴都堂參議大事，使人之來，張公實預其謀。」巨乃馳使稟命於雲中，凡九日而還。自河陽至雲中一千八百里，四日到五日回。雱乃得濟。

是月，賜故武功大夫、淄州團練使、廣南西路兵馬都監、知融州李拱家銀帛百匹兩，錢百千，以拱領兵入援京城，死於敵也。此據會要。

賊史斌據興州，僭號稱帝。斌本宋江之黨，至是作亂。守臣向子寵望風逃去。先是，子寵在州設關隘甚備，陝西士民避難入蜀者，皆爲子寵所扼，流離困餓，死於關隘之下者，不可勝計。斌未入境，子寵棄城先遁。斌遂自武興謀入蜀。成都府利州路兵馬鈐轄盧法原與本路提點刑獄邵伯温共議遣兵扼劍門拒之，斌乃去，蜀賴以安。法原，秉子；伯温，雍子也。

校勘記

① 甲午　原本此二字爲四庫館臣所補，且有按語：「原本缺甲午日，查十月六日壬戌陸藻卒，注云見七月甲午，宜於此處補入。」今存二字，删此注。

② 是日　原本此下有四庫按語：「案二年四月丁卯注：士㻞於甲午入洺州，則是日爲甲午無疑。」今删。

③ 乃召集義軍以解洺圍　「義」，原作「議」，據叢書本改。

④ 岐簡獻王仲忽　「忽」，原作「忽」，據宋史卷二三一宗室世系表改。

⑤ 澶淵郡王宗治子　「治」，原作「治」，據宋史卷二三一宗室世系表改。

⑥ 與提舉京城所内侍陳良弼董治之　「弼」，原作「弱」，據叢書本改。宋史卷一七五食貨志上三亦有「命提舉京師所陳良弼同措置」語。

⑦ 二年五月復　「二」，原作「三」，據卷一五載建炎二年五月丁未復置兩浙福建路提舉市舶司事改。

⑧ 事初見今年四月末　「初」，原作「祖」，據叢書本改。下同。「事初」優於「事祖」。

⑨ 然知金雖棄去　「金」，原作「今」，據叢書本改。

⑩ 使妄自枏而證齊愈　「使」，原闕，據叢書本補。

⑪ 其罪非受僞命臣僚之可比　「可比」，二字原倒，今據叢書本乙正。

⑫ 齊愈知孫傅等在皇城司集議　「知」字原脱，據三朝北盟會編卷一一一「誅宋齊愈」條下引遺史補。「傳」原作「傅」，據宋史卷三五三孫傅傳改。

⑬ 初蒙勘問時懼罪　「時」下原衍「雍」，據三朝北盟會編卷一一一「誅宋齊愈」條下引遺史删。

⑭ 忽有右司員外郎宋齊愈自外至　「忽」，原作「怱」，據叢書本改。

⑮ 事無事而已　上「事」字原脱，據宗忠簡公文集卷一再乞回鑾疏（第二次奏請）乃歷代名臣奏議卷八五補。

⑯ 今到二十餘日　「二」，原作「五」，四庫本所改，且加按語：「原本作五十餘日，北盟會編作二十餘日。查澤於六月十七日到東京，七月十九日奏到行在，具奏時原止二十餘日，今從之。」此按語今删。

⑰ 然京城之策爲上　「然」，原作「言」，據皇朝中興大事記講義改。

⑱ 而汪黄待高宗以乳嫗護赤子之術　「待」，原作「侍」，據皇朝中興大事記講義改。

⑲ 不知我往寇亦往　「寇」，原作「敵」，據皇朝中興大事記講義改。

⑳ 上如揚州而虜亦至揚州　「虜」，原作「敵」，據皇朝中興大事記講義改。下同。

㉑ 疏見五月戊申　此下原有四庫館臣按語：「按亮疏見甲午。」

㉒ 累官忠州防禦使河北京東都大捉殺使　末「使」字原闕，逕補。

㉓ 明清又弗深考耳　此後有四庫館臣按語：「此注但引王明清之言，而無方滋之説，蓋傳寫脱誤。」查李心傳所記王明清之言，見揮麈後録卷二，此條之末載其出處曰『外舅云』，所云外舅，即明清妻父方滋也。館臣注甚誤，今删。

㉔ 綱白上以彦國已亡　「白」，原作「曰」，據叢書本改。

建炎以來繫年要録卷八

1 建炎元年八月戊午朔，朝散大夫洪芻等八人流竄有差。初，芻等坐圍城中事屬吏，上命殿中侍御史馬伸劾之，及是獄成。芻坐納景王寵姬曹氏，降授朝散郎陳沖坐括金銀自盜、與宫人擿花飲酒，朝請郎余大均坐盜禁中麝臍及私納喬貴妃侍兒喬氏，朝散大夫周懿文、朝議大夫張卿材、朝奉郎李彝皆坐與宫人飲，朝請郎王及之坐苦辱寧德皇后女弟，皆辭服。刑寺當芻奸罪流，沖贓罪絞，大均、及之贓罪流，卿材、彝贓罪徒，懿文贓罪杖，並該赦。日曆載此事甚略，今以芻等案欵增修。 議者以爲芻、沖、大均當死，上閲其獄甚怒。李綱等共救解之，上亦以新政重於殺士大夫，乃詔芻等三人皆貸死，長流沙門島。責懿文、卿材、彝、及之爲隴、文、茂、隨四州別駕，懿文英州，卿材雷州，彝新州①，及之南恩州，並安置。始，言者論及之汙染國戚，詈辱諸王，及是，以他罪貶。彝嘗爲主客員外郎，預根括事，故得罪。張邦昌之貶也，朝散大夫胡思坐立邦昌時有不臣語，詔御史鞫之，思引中書舍人劉觀爲證，觀爲辨其誣，及獄具，思坐於推擇邦昌表内添改諂奉之詞，有司當罰銅七斤，責沂州別駕，連州安置。幼老春秋曰：「周懿文、余大均等不死，惟從貶竄。君子以知李綱諸人不能輔佐恢復河東北之境土也，曰失其刑矣。」

朝議大夫、知通州郭凝言：「通州地界，東北正係海口，南接大江，最爲要害。已措置教閲水戰人兵，及募人許備戰船，入海卓望，晝以旌旗、夜以明火爲號。應港汊兩岸，多積柴薪之屬，俟賊徒進入，即縱火焚之。仍於要害處築土臺覘望，及募民間諳會出船入水之人，相兼土軍使喚。凡出海船，用篛蓬便於使風，添長槳速於追寇。或颺石灰，以眯其目，或塗泥漿，以滑其足。行則用蒙衝以長鐮刀割其帆幔，止則使善没者以利刃斷其碇紲。以至火箭、手砲、木棹、竹牌、手弩、戈矛等，從宜用之。乞下揚州都作院支降神臂弓，下屬縣支錢和買戰船。」詔沿江、淮、海州軍依此措置。

徙諸宗室於江、淮以避敵。於是南宫北宅皆移江寧府，願留京師者聽之。南班至江寧者三十餘人，又移南外宗正司於鎮江府，西外於揚州。西外二年正月甲午，宗正司三年四月辛酉，南外三年十二月又移。

是日，杭州軍亂。初，上之立也，遣勤王兵還諸道。杭兵才三百，其將得童貫殘兵與之俱。軍校陳通等見杭州富實甲東南，因謀爲變。會軍士以衣糧不足有怨言，結約已定，而兩浙轉運判官顧彦成行部未返，需其還殺之。至是，彦成歸，宿於城外。夜三鼓，軍士百餘人縱火，殺士曹參軍及副將白均等十二人。翌日，執守臣龍圖閣直學士葉夢得，詣金紫光禄大夫致仕薛昂家，殺兩浙轉運判官吴昉。彦成聞亂，亟奔湖州。軍士見昂，數夢得不給衣糧之罪，昂諭遣之。衆乃推通等七人爲首，釋夢得而囚之，逼昂權領州事。浙東安撫使翟汝文聞變，自將七千人屯西興，且奏請浙西兵受其節制。昂，餘杭人，嘗爲門下侍郎。日曆：「六月甲子，詔杭州軍賊陳通作亂，閉守城壁。差王淵、張俊領人兵前去擒討②。」此時通未作亂，日曆誤也。又熊克小曆稱通等逼特進薛昂領州事。按昂靖康元年已落特進，克不詳考耳。克又稱彦成爲轉運副使，蓋承洪邁夷堅志之誤。

2 己未，元祐太后發京師。都人始望車駕還内，及太后行，莫不垂泣。上遣御營前軍統制張俊奉迎③。至是，擢俊帶御器械。上初未識太后，比至宮中，愛上如己出，衣服飲食必親調製焉。

3 庚申，侍衛親軍馬軍都虞候、威武軍承宣使、御營使司提舉一行事務都巡檢使劉光世爲奉國軍節度使，光州觀察使、帶御器械、御營使司左軍統制韓世忠爲定國軍承宣使，拱衛大夫、徐州觀察使、帶御器械、御營使司前軍統制張俊落階官，並賞平賊之勞也。世忠、俊遷官，日曆不載。會要云：「以平黎驛、魚臺叛兵各轉三官。」時内侍康履始用事，光世曲意奉之。此據林泉野記附見。日曆：「庚申，楊惟忠、王淵、劉光世並除節度使。」而明年二月二十六日庚辰又書淵除節度使，且有制詞，不知何謂。俟考。

4 辛酉，右司諫潘良貴罷爲尚書工部員外郎。

洺州防禦使、龍神衛四廂都指揮使李庠爲東京副留守。時侍衛馬軍副都指揮使郭仲荀將所部扈元祐太后至南京，故以庠代之。按庠近以登極恩方復防禦使，而日曆稱觀察使李庠爲東京副留守，恐誤。

都水使者陳求道坐河決，責單州團練副使，且令主管本監公事。

5 壬戌，衛尉少卿衛膚敏言：「河朔國家根本之地，前日既不能有，割以與敵，幸其能守而不下。爲今之計，莫若陰降蠟書，許以世守，俾各知愛其土地，而不輕與人。又令堅壁清野，使敵無所剽掠。以至陝西、京東、淮南諸路，並令增陴浚隍，徙民入城，多市積粟，此不戰而屈人兵之道也。」

御營司都統制范瓊將至襄陽，李孝忠聞之，率兵犯荆南府，入其郛，置酒高會。瓊追及之，孝忠乘醉跨馬迎敵，遂大敗，其將校死者四人。孝忠率衆趣景陵。

尚書右僕射兼中書侍郎兼御營使李綱守尚書左僕射、兼門下侍郎。門下侍郎兼權中書侍郎兼御營使黄潛善守尚書右僕射、兼中書侍郎。先是，綱爲上謀，以秋末幸南陽，上許之矣。潛善與知樞密院事汪伯彦力請幸東南，上意中變，於是綱所建白，上多不從。客或謂綱曰：「士論洶洶，謂東幸已決，南陽聊復爾爾，盍且從其議乎？不然事將變。」綱曰：「天下大計，在此一舉。國之存亡，於是焉分。果然，吾當以去就争之。」綱知譖愬之言，其入已深，一日留身奏事，言：「臣近者屢蒙宸翰改正已行事件，又所進機務多未降出，此必有間臣者。」因極論君子小人不可並立之理，且言疑則當勿用，用則當勿疑。上但慰勉之，綱拜謝而退。後數日，遂有並相之命。建炎日曆、中興制草並命二相在今年七月，熊克小曆亦載於七月壬寅，而李綱建炎進退志云：「八月五日告廷。」綱自記必不妄，今從進退志。同知樞密院事張慤兼御營副使。

6 癸亥，命御營使副大閲五軍人馬，自是執政皆有親兵。日曆張慤除御營副使在壬申，恐誤。

7 丙寅，京畿轉運判官上官悟請悉發諸路坊場錢爲行在贍軍之費。詔諸路提刑司具見在常平錢物數以聞。自崇寧後，州縣常平錢未嘗那移上京，故所積甚厚。悟既以爲言，其後悉令計置輕賚金帛赴行在。悟，均子也。

8 丁卯，三省、樞密院奏以諸路民兵爲忠義巡社，令憲臣提領。張慤之爲户部尚書也，建言河朔之民憤於兵亂，自結巡社，請依唐人澤、潞步兵、三河子弟遺意，聯以什伍，而寓兵於農，使合力抗敵。且從靖康詔旨，以人數借補官資，仍倣義勇增修條畫下之諸路。未及行，會許翰與京東西路安撫大使兼知東平府權邦彥繼以爲言，乃以忠義巡社爲名，仍自本院參酌立法行下。其法，五人爲甲，五甲爲隊，五隊爲部，五部爲社，皆有長。五社爲一都社，有正、副二都社，有都、副總首。二都社共爲一千二百五十人。甲長已上免身役，所結及五百人已上，借補官有差。即有功或藝强及都總首滿二年無過者，並補正。犯階級者杖之。歲冬十月按試於縣，仍聽守令節制。歲中巡社增耗者，守貳令尉黜陟皆有差。論者以爲其法精審而詳整，可以久行。前此論民兵者，皆莫及也。

9 戊辰，江南經制司遣幹辦公事、宣教郎鮑貽遜將福建槍仗手二千五百人往杭州討叛兵。

10 己巳，詔諸路兵非專被旨者，毋得會行在。

命江淮發運副使李祐自南京至真州躬督糧運及見在金帛赴行在。

直秘閣宋晦落職。

權中書舍人汪藻言：「自崇觀以來，兼官據勢者，無非貲結權倖與開邊誤國、奴事閹宦之人，今當盡行削奪，何足一一煩朝廷詞命？望詔官制局取會，凡有職名者，自觀文殿大學士而下，直秘閣而上，共若干人，各具得職、奪職因依，及其勞效、過惡，申尚書省。用祖宗舊法，每等止留數人，無其人則闕，其餘取旨。雖未奪者，並行追奪，不止於不敘而已。又有雖嘗落職，而官乃叨竊至銀青、通議者，皆前日奸兇邪佞之人，非所當得，亦乞降至中大夫而止。如前宰執子弟，因恩澤帶貼職及待制已上者，並乞明降指揮，孰爲當罷，指定姓名，鏤板施行。」奏可。然未克行。明年二月辛酉所書可參考。

是日，通問使傅雱等至河陽④，金遣接伴使王景彝來迓，止許雱以五人自隨，日行百八十里。

11 庚午，名元祐太后所居曰隆祐宮，用學士院擬定也。於是后更稱隆祐太后。隆祐本欽聖憲肅皇后宮名，不當用，蓋權直學士院王綯、朱勝非失之。

12 壬申，召布衣譙定赴行在。定，涪陵人，學於伊川程頤。靖康中，召爲崇政殿説書，定以言不用，辭不受。至是猶在東都，尚書右丞許翰薦於朝，詔宗澤津遣赴行在。自熙、豐間程顥、程頤以道學爲天下倡，其高第門人有故監察御史建陽游酢、監西京竹木務上蔡謝良佐、今徽猷閣待制提舉西京嵩山崇福宮將樂楊時。其後黨禍作，頤屏居伊闕山，學者往從之，而定與尹焞爲首。至大觀以後，時名望益重，陳瓘、鄒浩皆以師禮事時，而胡安國諸人實傳其學。宣和末，或説蔡攸以時事必敗，乃召時至經筵，淵聖皇帝擢爲諫官，以論事不合去。呂好問在政府，首言時之賢於上，復召還朝，未至而又召定。是時，給事中許景衡、左司員外郎吴給、殿中侍御史馬伸皆號得頤之學。已而傳之寖廣，好名之士多從之，亦有託以自售於時，而識真者寡矣⑤。焞，漸孫也。漸，河南人，仁宗朝爲郡守。焞紹興五年赴召。

詔真州守臣以禮敦遣長蘆隱士張自牧赴行在。宣和末，或有言自牧沉毅知兵，召至東都，賜道士服。以不肯屈下梁師成，不果用。許翰言其才可任以河北、山東之事，乃召之。既至，授從事郎，充御營使司准備差使。

延康殿學士、知鎮江府、兩浙西路兵馬鈐轄趙子崧言杭州軍變，遣京畿第二將劉俊往捕，又命御營統制辛道宗將西兵二千討之。中興遺史云道宗時爲江南都統制，恐誤。

直秘閣、新知高郵軍侍其傳移知真州。

13 癸酉，通議大夫、提舉杭州洞霄宮耿南仲責授單州團練副使，南雄州安置。侍御史王賓論南仲罪大責輕。上曰：「南仲誤淵聖，天下共知，朕嘗欲手劍擊之。」乃有是命。熊克小曆作建昌軍居住，誤也。明年二月戊午改臨江。

14 乙亥，尚書左僕射兼門下侍郎兼御營使李綱罷。先是，河北招撫使張所纔至京師，河北轉運副使、權北京留守張益謙附黃潛善意，奏所置司北京不當，且言所欲起北京戍兵給用器甲爲非是。又言：「自置招撫司，河北盜賊愈熾，不若罷之，專以其事付帥司。」同知樞密院事張慤素善益謙，每與之相表裏。綱言：「所今留京師，以招集將佐，故尚未行。不知益謙何以知其騷擾？朝廷以河北民無所歸，聚而爲盜，故置司招撫，因其力而用之，豈由置司乃有盜賊？今京東西羣盜公行，攻掠郡縣，亦豈招撫司過邪？方時艱危，朝廷欲有所經略，益謙小臣，乃敢非理沮抑，此必有使之者。」上乃令益謙分析。是月甲子，命既下，知樞密院事汪伯彥猶用其奏詰責招撫司，綱與伯彥、慤爭於上前，言其不當沮抑之以害大計。伯彥語塞而止。所方招來豪傑，以忠翊郎王彥爲都統制，效用人岳飛爲準備將。彥，河內人，世爲高平大姓，後徙居覃懷，豪縱不事生產，讀韜略，習騎射，其父奇之，使詣京師，隸弓馬子弟所，稍遷清河尉，能與敵角。二聖北狩，彥慨然棄家，奔京師求自試，所奇其才，故擢爲都統制。飛，安陽人，嘗爲人庸耕，去爲市游徼，使酒不檢。上之在相州也，飛以效用從軍，至北京，論事罷廢。飛建炎初論事坐罪，他書皆無之。紹興日曆十年九月二日辛酉，岳飛奏：「臣昨建炎初因論事罪廢，偶幸免死，實出聖造。因投招撫使張所，一見與言及兩河利害。臣自白身借補修武郎、閤門宣贊舍人，充中軍統領，又陞充統制。」八年六月十三日丁卯，飛又奏「臣始從陛下至北京，留妻劉氏侍臣老母」云云。以此知飛嘗在元帥府軍中，但不知所論何事耳，今併附見。至是投所軍中。時河東經制副使傅亮軍行才十餘日，伯彥等以爲逗遛，復命東京留守宗澤節制，使即日渡河。亮言：「今河外皆屬金人，而遽使亮以烏合之衆渡河，不知何地可爲家計？何處可以得糧？恐誤大事。」綱爲之請，潛善等不以爲然。上依違者累日，綱留身，極論其理，且言：「潛善、伯彥力沮二人，乃所以沮臣，使不安職。臣每念靖康大臣不和之失，凡事未嘗不與潛善、伯彥熟議而後行，不謂二人設心乃如此。如亮，事理明白，願陛下虚心觀之。」上曰：「竢批出如元指揮可也。」既而潛善有密啓，翊日上批：「亮兵少，不可渡河，可罷經制司，赴行在。」是日辛未。綱留御批再上，上曰：「如亮人材，今豈難得？」綱曰：「亮謀略知勇，可以爲大將。今未嘗用而遽罷之，古人之用將，恐不如此。」因求去，上不語。綱以御批納上前曰：「聖意必欲罷亮，乞以御批付潛善施行。臣得乞身歸田里。」綱退，聞亮竟罷，乃再章求去，上猶以不允答之。於是殿中侍御史張浚亦論綱⑥，以爲：「綱雖負才氣，有時望，然以私意殺侍從，典刑不當，有傷新政，不可居相位。」又論綱杜絶言路，獨擅朝政，士夫側立不敢仰視，事之大小隨意必行，買馬之擾，招軍之暴，勸納之虐，優立賞格，公吏爲奸，擅易詔令，竊庇姻親等十數事。浚素與宋齊愈厚，且潛善客也。是日甲戌。上召綱入對，諭曰：「卿所争細事耳，胡爲乃爾？」綱曰：「人主之職在論一相，宰相之職在薦進人材。方今人才以將帥爲急，恐不可以爲細事。若以爲細，臣以去就争之，而聖意不回，臣亦安敢不去？」因再拜曰：「潛善、伯彥自謂有攀附之功，方虚位以召臣，蓋已切齒。及臣至，而議論僞楚、建請料理河東北兩路、謂車駕宜留中原，皆不與之同，宜其媢嫉無所不至。臣東南人，豈不願陛下順流東下爲安便哉？顧一去中原，後患有不可勝言者，故不敢雷同衆説，以誤大事。望陛下勿以臣去而其議遂改也。」因泣辭而退，遂上第三表札。客或謂綱曰：「公決於進退，於義得矣。顧讒者不止，將有患禍不測，奈何？」綱曰：「大臣以道事君，不可則止。吾知全吾進退之節而已。畏禍患而不去，彼獨不能諷言者詆訾而逐之哉？天下自有公議，此不足慮。」是夕，上召禮部侍郎兼直學士朱勝非草制，責綱：「以狂誕罔悛，謀謨弗效。既請盡括郡縣之私馬，又將竭取東南之民財。以喜怒自分其賢愚，致賞罰弗當於功罪。出令允符於清議，屢抗執以邀留；用刑有拂於羣情，必力祈於親札。以至帖改已畫之旨，巧蔽外姻之奸。茲遣防秋之師，實爲渡河之援。預頒告命，厚賜緡錢，賞踰百萬之多，僅達京師而止，每敦促其速進，輒沮抑而不行。設心謂何？專制若此。」時浚章不下，綱所坐皆潛善密以傳勝非。翌日，遂罷綱爲觀文殿大學士、提舉杭州洞霄宮，仍加恩。綱在相位凡七十五日。綱以六月己未入朝，八月癸酉免去。日曆綱免相在八月二十日。綱行狀云：「八月十八日告廷。」汪伯彦時政記亦同，從之。呂中大事記曰：「初論水災於宣和之時，而爲宣和大臣所斥。建守城之策，陳邀擊之謀於靖康之時，而爲靖康大臣所擠。建炎之初，公爲首相，慨然以修内攘外爲己任，而爲潛善、伯彦所沮。一人之身，三定大策，而三受重謗。然謗之所至，名亦隨之。使公之言用於宣和之初，則城都必無虜迫之憂⑦；用於靖康，則國家必無顛覆之危；用於建炎之時，則中原不至於淪没也。以高宗即位之初，召於貶所而任以台衡，待之非不專，而公亦以一身任天下之重，邊防、軍政，已略就緒。中山之功未成，而謗書滿篋矣。公之去就甚輕，而關於天下之安危者甚重。綱在位，則措置兩河，兵民稍集；綱去，則兩河無兵，而夷狄横矣⑧。綱在位，則僞臣叛黨，稍正典刑；綱去，則叛臣在朝，而政事乖矣。綱在位，則必主幸襄鄧之策，必從宗澤還京之疏；綱去，則維揚有警，而翠華南幸矣。當時猶以靖康京城之禍、建炎維揚之禍歸咎於綱，小人之無忌憚，一至於此哉！」右正言鄧肅言：「人主之職，在論一相。陛下初登九五之位，召李綱於貶所，而任以台衡，待之非不專也。然綱學雖正而術踈，謀雖深而機淺，陛下嘗顧臣曰：『李綱真以身徇國者。』今日罷之，而責詞甚嚴，臣所以疑也。且既非臺章，又非諫疏，不知遣詞者何所據而言？臣若觀望，豈爲愛君？且兩河百姓雖願效死，而數月間茫然無所適從。及綱措置不一月，而兵民稍集。又僞楚之臣紛紛皆官於朝，綱先逐邦昌而叛黨稍正其罪。今綱去，則二事將何如哉？兩河無兵則强敵驕，叛臣在朝則政事乖。綱於此不可謂無一日之長也。」肅尋與郡，而言者極論其罪。上曰：「肅亦何罪？」然猶送吏部。尚書右丞許翰亦言：「綱忠義英發，舍之無以佐中興。今綱罷，而留臣無益。」因力求去。上未許，然潛善等皆怒，有逐之之意矣。

15 丙子，浙東安撫使翟汝文以兵七千渡江。先是，杭賊陳通等紿汝文來受降，汝文至城下，賊不聽命，汝文復還越州。於是通等盡刺城中强壯爲軍，有衆數萬。

16 丁丑，隆祐太后發南京。侍衛親軍馬軍副都指揮使、遂安軍承宣使郭仲荀落副字，部禁旅從太后行，且制置東南諸盜，應江、淮、荆、浙、閩、廣諸州皆爲所隸。仲荀請經制使已下並受節制，許之。日曆書殿前都指揮使郭仲荀明年七月自馬帥再除副留守，恐誤。

尚書吏部侍郎錢伯言爲龍圖閣直學士、知杭州，吏部題名伯言除顯直、知鎮江，今從日曆。本路軍馬並聽節制。

17 己卯，詔曰：「近者大臣以擅朝誤國去位，而小人在外，乃謂請還京師，争執而去。未燭厥由，可檢會李綱乞都江寧府奏狀榜示，以解衆惑。」綱之奏曰：「臣蒙恩復官，見取真揚便路赴行在，勘會都城，實難安守，宜有遷都之議，以從一時之權。江寧江山雄勝，實爲帝王之宅，自六朝以來多都之。今天下形勝之地，惟西有長安，逼近夏戎，與河東土壤相接，非有昔時阻固之利，則建康之都，理無可疑。願斷自淵衷，早定其議，然後控扼沿河、江、淮之險，保有東南，制御西北，任使材智，養民訓兵，此最急務。」此奏議與綱元議不同，當考。

初，綱嘗請減上供之數，以寬州縣；修鹽茶之法，以通商賈；剗東南官田，募民給佃；倣陝西弓箭刀弩手法，養兵於農；籍陝西保甲、京東西弓箭社免支移折變，而官爲教閱。上命中書省條具。會綱去位，皆不果行。至是，黄潛善、汪伯彦共議，悉奏罷綱所施行者。

是日，罷諸路買馬，惟陝西諸州各買百匹。其勸民出財助國指揮勿行。已而傅亮以母病歸同州，張所亦以罪貶，招撫經制司皆廢矣。亮二年正月丁酉降金。何俌龜鑑曰：「綱之言雖忠，綱之謗愈多。顔岐，邦昌黨人也，於公未至而沮之；宗尹，嘗仕邦昌者也，於公已至而沮之；宋齊愈，又嘗豫立邦昌議也，及與公議國事，又從而沮之。君子難進易退也如此，加之藩邸舊人公肆排毀，並相之命下，而綱之權已分；經制之司罷，而綱之去已決。中山之功未成，而謗書盈篋。綱之秉政凡七十五日，而所以共治者，他有人矣。當時挽而留之者，不投之散地，則寘之極典。公之去就甚輕，而關於天下之安危者甚重也。」

18 庚辰，詔賜杭州黄榜，招諭作過軍民。若能率衆歸降，當赦其罪，一切不問；仍審量事狀情理，命以官資。若敢抗拒，仍舊爲惡，則掩殺正賊外，父母妻子並行處斬。如大兵會合，已到城下，即今來改過出降、放罪推賞指揮更不施行。仍令監司召募土豪，自率鄉兵會合討蕩，亦許先次借補官職。建炎後，以黄榜招安叛兵，自此始。

19 辛巳，徽猷閣待制、提舉亳州明道宮顔岐復爲御史中丞，辭不拜，改工部尚書。

20 壬午，斬太學生陳東、撫州進士歐陽澈於都市。先是，上聞東名，東已見正月辛卯。召赴行在。東至，上疏言宰執黄潛善、汪伯彦不可任，李綱不可去，且請上還汴，治兵親征，迎請二帝。其言切直，趙甡之遺史云：「東疏中有云：『上不當即大位，將來淵聖皇帝來歸，不知何以處此。』」按，東書本不傳，今且附此。章凡三上。潛善等憾，欲以伏闕事中東，然未有間也。會澈亦上書，極詆用事者，其間言宮禁燕樂事。上諭輔臣，以澈所言不審。潛善乘是密啓誅澈，併以及東，皆坐誅。東始未識綱，特以國故，至爲之死，行路之人，有爲之哭者。上甚悔之。東死年四十二。中興姓氏録云：「東、澈伏闕上書，黄潛善、汪伯彦及諸内侍譖於上，驅東、澈於市斬之。識者哀其忠直，且知喪亂未已也。」此所云内侍，不知謂誰，當考。東、澈三年二月己亥贈官。

21 甲申，給事中許景衡爲御史中丞，中書舍人朱勝非試尚書禮部侍郎仍兼直學士院，起居郎滕康、起居舍人汪藻並遷中書舍人，康仍召試。後省題名除舍人在九月，蓋召而後命也。

奉直大夫寇庠知單州。庠已見今年二月癸酉。

進士王茂、麟州鄉貢進士何洋並補迪功郎，以言利害可採也。洋，青神人，舊游河朔間，陝西轉運使、直龍圖閣何漸言其有文武才，召對，獻河防守禦圖，言利害五十一事，故有是命。

22 乙酉，遣使往諸路撫諭。時以金人内犯，朝廷命令隔絶，盜賊踵起，民不奠居，乃議遣朝臣分往諸路，體訪官吏廉汙、軍民利病。命殿中侍御史馬伸使湖廣，吏部員外郎黃次山使京東西，兵部員外郎江端友使閩浙，監察御史寇防使江淮，皆持詔書撫諭。按寇防等四人同日受命，而日曆於明年九月庚寅又書以監察御史寇防爲江淮四路撫諭，不知何故。時祠部員外郎喻汝礪往四川剗刷錢物，而王瓌、馬忠經制河東北，錢蓋在陝西，因就命之。尋詔撫諭官所至決獄，即死罪當議者，許酌情減降以聞。以道路不通，用端友之請。次山，南昌人也。許決獄在九月丙午，今併書。

御史中丞許景衡言：「臣聞議者多指開封尹宗澤過失，未知所指何事。若只拘留金國使人，此誠澤之失也，然原其本心，但激於忠義，未審國家事體耳。臣自浙渡淮，以至行在，聞澤之爲尹，威名政術，卓然過人。誅鋤强梗，撫循善良，都城帖然，莫敢犯者。又方修守禦之備，歷歷可觀。臣雖不識其人，竊用歎慕。以爲去冬京城之內，有如澤等數輩赤心許國，相與維持，則其禍變未至如此其酷也。今若較其小疵，便以爲罪，不顧其盡忠報國之節，其不恕亦已甚。且開封宗廟社稷之所在，苟欲罷澤，别選留守，不識今之縉紳，其威名政績亦有加於澤者乎？伏望聖慈，上爲宗社，下爲億萬生靈，特賜主張，厚加任使。」先是，論者多以澤爲非，景衡入朝，以病未得見，首上疏辯之。疏入，上大悟，詔朝廷别無行遣，亦無臣僚章疏。仍封景衡奏示澤，由是澤賴以安。景衡又言：「南陽無險阻城池，而密邇盜區，且漕運不繼，不如建康天險可據，請定計巡幸。」凡八上疏言之。

23 丙戌，尚書右丞許翰充資政殿學士、提舉臨安府洞霄宮。陳東死，翰謂所親曰：「吾與東皆争李相者，今東戮都市，吾在廟堂可乎？」乃力求去，故有是命。翰之罷，日曆在乙酉，今從熊克小曆。

是月，監察御史盧臣中守右正言。臣中除正言，諫院題名在六月，御史臺題名在七月，日曆無之。按此月鄧肅始罷右正言，臣中當是代肅，今且移附此，俟考。

京西轉運判官程昌寓爲尚書吏部員外郎。昌寓，昌弼兄也，初爲鄧洵武使臣，其後皆换授。昌寓之除，日曆不載，此據家傳。

博州卒宮儀聚衆數萬人，迤邐寇萊州。至是，據即墨縣。時又有潰卒李汲、劉三將合數千騎犯萊州，儀利其馬，紿之神霄宮與之會，伏兵擊殺之，盡併其衆，軍勢甚盛。

通問使傅雱、馬識遠至雲中。金左副元帥宗維在草地未還，左監軍完顔希尹遣其大理卿、昭文館學士李侗館伴，問雱使指，雱以二帝表及國書授之，凡六日乃得見。希尹與右監軍耶律餘覩、知樞密院事時立愛席地重氊，參坐堂上，兵部尚書高慶裔立其傍，雱跪聽其語。希尹先言本朝不割三鎮事，又言通問之初，安可遽及二帝？即不得請，殆以兵取之耶？雱遜謝再三，乃罷就舍。立愛，其先臨洺人，石晉之亂，徙涿之新城。立愛事遼，爲太子少保。侗，燕人，粗知書。宣和末，避地中山，詹度以侗知飛狐縣，間爲雱言：斡離布與南朝有善意，黏罕、悟室堅持之，繇是二帝北遷之舉決矣。

校勘記

① 彝新州　「州」，原作「之」，據叢書本改。

②差王淵張俊領人兵前去擒討　「俊」，叢書本誤作「浚」。

③上遣御營前軍統制張俊奉迎　「俊」，原作「浚」，四庫本已改作「俊」，且作按語：「原本作張浚，今從宋史改。」今删。

④通問使傅雱等至河陽　「使」，原闕，逕補。

⑤亦有託以自售於時而識真者寡矣　「自」、「識」，叢書本作「是」、「誠」。宋史全文卷一六上同底本。

⑥於是殿中侍御史張浚亦論綱　「浚」，原作「俊」，館臣已改正，且附按語：「浚字原本誤作俊，今改正。」按語今删。

⑦則城都必無虜迫之憂　「虜」，原作「匱」，據皇朝中興大事記講義改。

⑧而夷狄横矣　「夷狄横」，原作「中原没」，據皇朝中興大事記講義改。

建炎以來繫年要録卷九

1 建炎元年九月戊子朔，衛尉少卿衛膚敏爲起居舍人。

詔諸軍團結五人爲伍等指揮並罷。

2 己丑，建州軍亂。先是，調建卒往守滑州，爲金人攻退，故例當得卸甲錢，轉運司不時與。是日大閱，軍校張員等作亂，殺福建轉運副使毛奎、判官曾仔，執守臣直龍圖閣張勤、提舉常平公事直秘閣王浚明，嬰城固守。提點刑獄公事陳桷檄朝請郎王淮將土軍射士討之，不能克。後詔奎、仔各官子孫一人。奎，西安人；仔、勤，侯官人；浚明，金華人；桷，永嘉人也。

御營使司同都統制范瓊至京西，屢與李孝忠戰，敗績。會諸郡兵皆至，瓊與統制官喬仲福及孝忠戰於福州之雲澤，大敗之，斬其首。其黨張世立其弟孝義以拒王師。

3 辛卯，尚書都官員外郎、權太常少卿滕庚請巡幸所過，遣官祠名山大川。從之。庚，康兄也。

4 壬辰，詔有司涓吉巡幸淮甸。以御史中丞許景衡言「諜報金人侵河陽、汜水等處，逼近東京，乞車駕南巡，以慰人心」故也。既而有司請用十一月朔日，從之。

河北經制使馬忠貶秩二等，坐逗遛不進也。

先是，金左副元帥宗維自草地還雲中，遂起燕京、西京、中京、上京、東京、平灤、遼西、長春八路民兵，付諸萬户，遣保静軍節度使楊天吉約夏國内侵。天吉，諸書不見其官。要盟録問罪書中有之，今增入。夏國主乾順許之。金人民兵之法有二：一曰家户軍，以家産高下定之；二曰人丁軍，以丁數多寡定之。諸稱家户者，不以丁數；論人丁者，不以家業。每簽軍，則元帥府符下諸路帥司，帥司次第下節鎮、支郡、諸縣，縣籍户口、家業定訖，乃諭民間以所當軍數多寡，然後市鞍馬，置器械，備餱糧。或親丁不足，則募人代行。貧者稱貸於人以應軍役。俟其足備，然後選千户、百人長等部之以行。其屯戍，則人自營田以供糧，無田者月給七斗粟。每出疆，不以遠近，人持一月糧。將戰，各以所負米造飯而食，食罷而出。故其國平時無養兵之費，行軍無餽運之苦，此其大略也。

初，金太祖旻之正室生二子，宗浚、宗朝，宗浚早死。繼室立，亦生二子，長曰宗傑，次曰宗雋。其庶長子曰宗幹，次曰宗輔，次曰宗弼，次曰宗敏①。金主旻既建國，舍其子而傳其弟晟。晟嗣立，復以其季弟斜也爲諳板勃極烈都元帥②，金人謂大爲諳板，謂官人爲勃極烈③。昔金主旻自是官而稱帝，故相承以爲儲副之名焉。始，宗傑等既陷京城，斜也嘗謀盡誅南人而未果。及是卒。時宗浚已死，其妻爲宗幹所納，故其子梁王亶養於宗幹家。金主晟遂以亶爲諳板勃極烈都元帥，宗輔爲右副元帥。宗浚即勝果，宗雋即婆盧火，宗幹即斡本，宗輔即窩里嗢④，宗弼即兀朮也。此據苗耀神麓記。於是宗弼尚少，乃以女真萬户婁宿爲陜西諸路選鋒都統。

先是，河東之民心懷本朝，所在出攻城邑，皆用建炎年號。金兵之在河東者，稍稍北去。金之兵械亦不甚精，但心協力齊，奮不顧死，以故多取勝。然河東之民與之稔熟，略無所懼，又於澤、潞間劫左副元帥宗維寨，幾獲之，故金捕紅巾甚急。然真紅巾終不可得，但多殺平民，亡命者滋益多，而紅巾愈熾。朝廷先遣王瓔、馬忠經制河東北，及聞敵且至，又命帶御器械鄭建雄知河陽府，而龍神衛四廂都指揮使、保寧軍承宣使、主管侍衛步軍司公事閭勍助之。勍本以班直換授，至是管軍。時瓔頓軍陝府，忠逗遛不前，故坐貶秩。於是黄潛善、汪伯彦共政，方決策奉上幸東南，無復經制兩河之意矣。

秘閣修撰黄叔敖落職與監當，坐失襄陽也。

朝奉郎江南東路轉運副使劉蒙、朝奉郎提舉常平公事陸友諒奏翁彦國亡，請加優恤。上以其觀望李綱風旨，命削蒙、友諒二官。中書舍人汪藻言：「向使綱未逐，而蒙等之計得行，其爲綱所擢何疑？今既敗露，而所黜止於如此，則國家號令賞罰將何所恃？所有録黄，未敢書行。」乃貶秩各五等。蒙，濱州人也。未幾，追奪彦國寶文閣學士。其後蒙以嘗舉劾彦國不法事訴於朝，復其官。彦國奪職在十一月庚子，蒙自訴復官在明年五月癸巳，今併書之。

言者謂：「去歲京城之破，將士弛慢，嬉戲城上，坐觀填濠，縱敵攻城，公然逃遁。請命留守宗澤於金人登城之所，考驗將士效命與逃遁者而誅賞之。」詔以付宗澤。

直徽猷閣、京東轉運副使程昌㝢貶秩二等，坐舉錯專恣，爲知青州曾孝序所劾也。

武翼郎、知麟州韓嗣忠爲將士所逐，詔鐫秩罷之。

朝奉郎方聞降兩官銜替，坐前提點江東刑獄，不討江寧軍賊也。

起居舍人衛膚敏言：「東南之地，繁華富庶，甲於天下，金人所知。其航海而可至者，無慮數處，明、蘇、秀、楚、海等州是也。東南城壁不修，屯戍單弱，彼若以數千兵奄忽而至，何以禦之？望特詔州縣增修城壁，撥封樁錢米，仍勸誘民户以助其役，兼招募民兵弓手勤加訓練，遣使按視而賞罰之。不惟金人不能窺，而盜賊亦不能竊發矣。」

詔江、池、饒、建州所鑄錢以「建炎通寶」爲文。

5 甲午，命知揚州呂頤浩修城池，發運副使李祐、淮南轉運副使李傳正並爲隨軍轉運使，以將南巡也。熊克小曆下巡幸詔及修揚州城併附此月己酉，今依日曆，各附本日。

徽猷閣待制席益坐棄河中落職。

直龍圖閣、江淮發運副使向子諲罷，仍奪職。制略曰：「私擁衆而多耗官財，擅補官而不繇王命。」子諲爲李綱所喜，故黃潛善斥之。

初，命兩浙提點刑獄公事周格、高士瞳督捕杭寇。士瞳，戚里子也，欲招安之。浙東安撫使翟汝文奏：「今浙東軍與經制司槍仗手合萬人，兵勢已盛，而憲臣意在黨賊，已受其降。昨嚴賊有倪從慶者，止十數輩跳踉山谷，朝廷不責帥臣誅討，苟就招安，致人無所畏。今杭賊悖甚，至於主帥橫屍，漕臣斷首，而反寵以官，是誘人作賊也。」時帥臣葉夢得但爲賊所拘，而誤報已死，故汝文之語如此。賊乃遣其黨往秀州，誘士瞳及轉運判官顧彦成來杭州受降，復刧寓居朝奉郎李光至秀，約士瞳以甲午素隊入城。比士瞳纔至，賊百餘騎突出，欲執以入，賴鮑貽遜下槍仗手在北門，士瞳跳奔獲免。繼而格亦領兵至，士瞳與格始別議，約日進兵。然諸軍爲賊誘去者甚衆，人無鬭志。又諸處所集皆鄉夫，不識金鼓，故遇賊輒敗。先是，御營統制官辛道宗奉詔討賊，軍行至鎮江府，守臣趙子崧犒賜甚厚，道宗掩有之。行次嘉興縣，始命給軍士人五百錢，衆皆怒。是夜，其衆自潰，亂而去者六百人，道宗挺身得小舟奔還鎮江。衆推高勝爲首，勝者，太行山之盜也，謂之高托天。亂兵攻秀州，守臣直龍圖閣趙叔近城守，人遺以四縑，賊乃北趨平江府。叔近，魏悼王元孫，榮良孝公克類子也。秀州軍亂，未見本月日。按李綱行狀云：「九月半抵鎮江府，聞辛道宗之兵變於秀州。」以地理考之，必九月上旬事也。日曆附書於十四日辛丑，蓋不得其本日。今併繫此，當求他書參考之。

是日，東京留守宗澤引兵至河北視師。時真定、懷、衛間金兵甚盛，州郡有乘城固守者，金大治兵，爲攻拔計。澤乃自游家渡過河，會河西忠義統制等議所宜。翌日以聞，且乞罷講和，仍修武備。

6 丁酉，詔：「荆、襄、關、陝、江、淮皆備巡幸，並令因陋就簡，毋得騷擾。凡所過與所止之處，當使百姓莫不預知。朕飲食取足以養氣體，不事豐美；亭傳取足以庇風雨，不易卑陋。什器輕便，不求備用；供張簡寡，不求備儀。可賫以行，皆毋取於州縣。橋梁舟楫，取足濟渡，道路毋治，官吏毋出，一切無所追呼。有司百吏敢騷擾者，重寘於法。惟是軍馬芻糧必務豐潔，將士寨柵必令寬爽，官吏毋得少懈。播告諸道，咸使聞知。」

7 戊戌，杭賊陳通自小堰門出兵萬餘，先衝浙東安撫司，兵潰。次攻鮑貽遜，貽遜率將士迎敵，殺七百餘人。

詔勒停人葉著復朝奉大夫。著，蔡京子婿也，靖康初自顯謨閣直學士斥去，至是用赦復之。

8 己亥，皇子旉爲檢校少保、集慶軍節度使，封魏國公。

詔内外官司用元豐、嘉祐敕，以俟新書。

9 庚子，道君太上皇帝、淵聖皇帝自燕山徙居中京。中京者，在燕山之北千里，金謂之霫郡，蓋古奚國也。二帝既至，即相府院居焉。時嗣濮王仲理等千八百餘人尚在燕，金人計口給糧，監視嚴密，宗室之死者甚衆。中書侍郎陳過庭亦在燕，左副元帥宗維議縱遣之，俄押赴顯州，令厚加養濟。此以北狩行録及趙子砥燕雲録參修。

是日，宗澤自河北引兵還京師。

10 辛丑，杭賊夜劫直秘閣、兩浙路提點刑獄公事周格寨，殺之。提刑司所統蘇、秀兵遂入杭，與賊合。時格所部淮南兵不肯從，盡爲浙兵所害。賊復以金帛遺人誘諸郡不逞，使據城相應。浙東安撫使翟汝文慮變生肘腋，遂引兵還越州，賊勢愈熾。

11 壬寅，詔遣官具舟奉迎太廟神主赴揚州。就命徽猷閣待制、從衛提舉一行事務孟忠厚幹辦禮儀公事，合用禮器，隨宜充代，薦新物令本州酌量應付。

直秘閣、河北西路招撫司參謀官王珪陞招撫判官，代張所也。於是所落直龍圖閣，嶺南安置，死貶所。張所罷招撫月日及貶嶺南事，皆不見，此據岳飛奏狀修入。所紹興九年十月丙辰追復。

新除左司員外郎辛炳守朝奉大夫致仕，從所請也。

起居舍人衛膚敏言：「今二聖北狩，鑾輿未復，寰宇痛心，況陛下抱父兄之念爲何如哉？惟陛下至誠克己，處心積慮，不忘報雪之志。處堂陛則思二聖乖温清之宜，御飲食則思二聖失膳羞之節。念土地有所未復，念人民有所未安。日慎一日，深自貶損。卑宮室，菲飲食，惡衣服，減嬪御之數，斥聲樂之奉。以至歲時上壽，春秋賜燕，一切罷之。雖享郊廟，亦不用樂，必俟奉迎二聖歸復宮庭，然後修禮之常。庶幾孝悌之誠，上有以格天，下有以感人，人心得而天意孚，則我之所向，無有不遂矣。」

12 甲辰，勒停人劉僩復承議郎。僩，宣、政間以大晟府道籙院屬官遷徽猷閣待制，靖康初廢，至是乃復之。日曆無此，今以紹興五年六月二十一日僩乞復職狀修入。

13 乙巳，詔沿河控扼州縣，團結民兵，明遠斥堠。若金人欲乘船渡河，先使善没水手鑽穴其舟，併力掩殺，上下應援，毋爲自守之計。有能没兩舟者，白身與進義副尉。沿海州軍依此。

東京留守宗澤復上表，請車駕還京師。時澤募義士守京城，且造決勝戰車千二百乘，每乘用五十有五人，運車者十有一，執器械輔車者四十有四，回旋曲折，可以應用。汪伯彦中興日曆云：「宗澤戰車，初是劉浩創造，每一兩以二十五人爲左角，二十五人爲右角，二十五人爲前拒，二十五人爲後拒，共四隊，凡一車用百人。」今按澤車制甚備，與伯彦所記殊不同，疑伯彦得於傳聞，今不取。又據形勝，立二十四壁於城外，駐兵數萬。澤往來按試之，周而復始。沿大河鱗次爲壘，結連兩河山水寨及陝西義士，開五丈河以通西北商旅。京畿瀕河七十二里⑤，命十六縣分守之。縣各四里有奇，皆開濠深廣丈餘，於其南植鹿角。又團結班直諸軍及民兵之可用者。乃上表曰：

臣聞君陳之尹東郊，深敕謀猷之告后；宋璟之守京兆，極明得失而進言。皆所以啓沃君心，箴規政闕。矧荷聖神之知眷，有懷宗社之安危。敢忘斧鉞之誅，仰瀆冕旒之聽。中謝。竊以天子居九重之奧窔，不可蒙塵；京師爲諸夏之本根，當思奠枕。儻值艱虞之會，未詳利害之幾，或輕萬乘以遠巡，致駭四方之羣聽，則本根斯弱，華夏奚安？遠稽唐室之浸微，實乃商鑒之可擬。越自啓運炎宋，卜都大梁。宅中而包三萬里之幅員，創業以貽二百年之基緒。重熙累洽，端拱垂衣。非緣三歲之親祠，曷見六龍之遠御？曩值澶淵之役，或陳楚蜀之巡，賴有直臣，卒排異議，星奔一鏃，膽落四陲。豈圖奸蠹之擅朝，繼被强鄰之犯闕。二聖既以北狩，中都幾至内訌。所幸人無離心，市不易肆，日徯真人之繼統，心傾我后之來蘇。果致宗廟降靈，上穹賜福。

皇帝陛下，天縱上聖，運叶中興，載纘璇圖，增光火德。親屈鑾輿，以冒犯霜露；躬整師旅，以恢復封疆。然行在久留於别都，清蹕未回於魏闕。敵師尚熾，羣盜繼興。比聞遠近之驚傳，已有東南之巡幸。此誠王室安危之所繫，天下治亂之所關。仰祈聖慮之深詳，宜戒屬車之輕動。且以中國之倚恃，實爲兩河之盛彊。前自敵騎長驅，列城畏遁，獨懷忠憤，糾進義兵，力抗敵鋒，率多俘馘。然久闕王師之助援，已深民庶之睽疑。近者雖時遣將徂征，渡河深入，尚闕膚功之奏，先傳南幸之音。慮增四海之疑心，謂置兩河於度外。因成解體，未諭聖懷。儻金人乘之而縱横，則中國將何以制禦？

臣叨膺委寄，代匱留司。兹緣密託於雲天，偶遂敉寧於畿甸。遽報翠華之移幸，深虞中外之難安。願罄孤忠，冀回淵聽。昔奉春委輅建策，猶止洛陽之都；張禹驛馬抗章，尚返江陵之駕。矧丁聖世，曷愧前修？伏望陛下秉虞舜察言之明，體成湯從諫之聖，輟巡南服，回駕汴都，以安東北兵民之情，以慰溥率雲霓之望。則人神悦豫，中外謐寧，邊陲指日以肅清，盜賊不令而衰息。咸資睿斷，用杜危機。瀝悃扣閽，罔避龍鱗之觸；傾都拭目，佇迎天仗之還。願俯徇於愚誠，誓益堅於忠憤。臣無任。

不報。澤又上疏曰：

臣聞聖人中天下而立，定四海之民。夫中原，天下之中也。京師，又中原之中也。我太祖、太宗受天景命，始基於汴，肇造無疆大歷服，固欲傳之億萬世。偶去冬今春信憑敵人欺詐，遂致二聖蒙塵。陛下不得已應天順人，纂承寶緒。四海生靈，謳歌忭舞，自西自東，自南自北，罔不率俾以俟，庶績咸熙，萬邦嘉靖。陛下既即位，乃宴安南京，四方聞之，懷疑胥動，遞相鼓扇。聞諸州縣間，有驚劫傷殘之患。蓋是小民無知，因疑致憂，因憂致變，旋相踐蹂，弗奠攸居。兹無他，由陛下寅畏過當，駐蹕別都，俯徇奸謀，豫圖遷幸，使狡獪皇惑，敢爾横肆，盜據竊發，因循跼蹐。有闕文⑥。以歸畎畝，以操耒耜，鑄劍戟爲農器，思不犯於有司爾。若陛下敕翠華之御，俾千乘萬騎回復輦轂，奠枕九重，臣竊謂可垂衣裳而天下治，可以坐視天民之阜，王室自然再造，大宋可以中興。尚何敵患之足憂，盜賊之足慮乎？古先哲王，凡有大疑，必詢之左右，又詢之卿士，又詢之國人，又詢之卜筮。臣蒙陛下矜憐顧遇，待罪開封。臣夙夜思念，竊恐陛下所親信左右輔弼之臣，於對揚獻納之際，不思祖宗創業之艱難，與致一統之匪易，輕徇臆説，有誤國家大計。所以狂妄冒死，觸犯天威。臣不勝憂憤戰慄激切之至。取進止。

再不報，又上疏曰：

臣恭惟我大宋深仁厚德，滲漉方夏，幾二百年。一旦金人邀迎二聖，京師士民，皇皇無依，嗷嗷無告，若窮民無所歸者，若嬰兒而失其慈母者。忽聞陛下龍潛於濟，於是謳歌竭蹷，交走道路。茲乃祖宗湛德浹洽，得其心故也。陛下紹登寶祚，尚留南都。臣自到京師，聞道路籍籍，咸曰陛下何不認我宗廟乎[7]？何不眷顧我朝廷乎？何故使我社稷無所依乎？何輕捨我生靈，使我未有所仰乎？是都人之望陛下也，切切如此。臣願早回六龍，俾人感翠華之至，深慰其心。臣前札具奏，以謂得其民，當得其心，其所欲與之聚之，所惡弗施爾也。若陛下回鑾汴邑，是人心所欲也，願陛下與之聚之。陛下聽奸邪畏避强敵之言，妄議遷幸，是人心之所惡也，願陛下勿施爾也。老臣血誠，言不盡意。取進止。

又不報，遂抗疏言：

臣學問膚淺，不能式是古訓，對揚天休。今再瀝悃誠，干冒睿聽，以臣耳目所親聞見事一一疏進，伏望陛下哀憐，特賜俞允。伏覩國家嘗變更三舍之法以取士[⑧]，意謂臯、夔、稷、卨皆自此塗出，卒之迫於月試，剽竊時文，罔有稽古者，是三舍果不足以取士也。又嘗尊崇道教以奉真，亦謂神仙、莊、老皆自此塗出，卒之誕謾譎怪，汙染成風，罔有成就者，是道術果不足以奉真也。又嘗進貢花石以昭享上，卒之驕淫矜誇，蠹耗財計，無有紀極，是貢花石果不足以享上也。又嘗結好金人，欲以息民，卒之邀迎二聖，劫掠侵欺，靡所不至，是守和議果不足以息民也。當時行之，固有阿意順旨，作爲歌頌，以叨富貴者。其間亦有毅然獨立，不相詭隨，以鯁亮獲罪者。陛下觀之，昔富貴者爲是乎？被罪者爲非乎？臣每思之，宗廟社稷岌業如是者，盡由奸邪憸人鼓唱四事，俾民病敝，幾不聊生，所以致有今日之患。詩曰：「殷鑒不遠[⑨]，在夏后之世。」兹覆轍正陛下蕭牆之鑒。今之言遷幸者，猶前日之言四事爲可行，阿諛諂佞，動爲身謀，翕翕訿訿，更相助成。今之言不可遷幸者，猶前日之言四事不可行而罹其罪者也。且我京師，祖宗二百年積累之基業，是天下大一統之本根，陛下奈何聽先入之言輕棄之，欲以遺海陬一敵國乎？臣觀河東、河西、河北、京東、京西之民，咸懷冤負痛，感憤激切，想其慷慨之氣，直欲吞此强敵。陛下何忍恬聽諛順，而不令剛正之士率厲同心，痛雪此耻乎？今東京市井如舊，上下安帖，但嗷嗷之人，思望翠華之歸，謁欵宗廟，垂衣九重，不啻饑渴之望飲食，大旱之望雲霓也。臣竊謂陛下一歸，則王室再造矣，中興之業復成矣。陛下如以臣爲狂率誕妄，願延左右之將士試一詢之。昔周勃入北軍，使左袒、右袒以卜劉、呂，蓋非獲已也。臣區區誠意，願陛下以遷幸大計，不獨謀之一二大臣，當與億萬之衆同之。臣忠憤不勝涕淚交下，激切屏營之至。取進止。

澤每疏奏，上以付中書省，黄潛善、汪伯彦皆笑，以爲狂。張愨獨曰：「如澤之忠義，若得數人，天下定矣。」二人語塞。

14 丁未，中書舍人劉珏言：「伏聞聖旨擢黄潛厚爲户部尚書，臣竊以潛厚乃右僕射潛善之親兄，祖宗以來，未有弟爲宰相，兄爲八座，而同居一省者。惟蔡京、蔡卞、蔡攸則不然。方紹聖間，卞爲右丞，則京爲翰林承旨，蓋有所避也。及京既專政，無所忌憚。京爲左相，則卞爲元樞。京領三省，則攸領密院。其説則曰：『出於上意，不可辭也。』當是之時，雖使蔡氏門人一言及此，上皇必以爲異論，蔡氏必以爲背己，必斥逐竄殛之而後已，其肯聽之乎？如其聽之，則國家當無金人之禍，蔡氏當無嶠南之患矣。竊聞潛厚、潛善皆有章疏力辭。潛善身爲宰輔，必不肯私其兄以壞祖宗之法。潛厚身爲法從，必不肯冒榮進而負天下之公論。從而允之，亦所以全其謙抑守法之美，而不置之於有過之地。陛下必以爲潛厚通於財計，熟於邊事，不若優與之職名，使之總計巡幸財用，或命之密院都承旨，亦足以示恩眷之厚於舊僚，示法之公於天下也。」潛厚之初除也，珏以寒疾在告。至是造朝，首及之。疏入，上遣同知樞密院事張愨諭旨曰：「卿所論固當，但以潛厚明於國計，姑從權宜可也。」珏言不已，於是潛厚卒改命。

直秘閣、新知真州侍其傳充集賢殿修撰，知杭州。

特進、提舉西京嵩山崇福宮慶國公白時中薨於鎮江府。

15 戊申，監察御史齊之禮罷，坐奉使江淮，催促綱運，數月不還，且無措置故也。之禮罷御史，日曆及本臺題名記皆不書，今從會要。

李孝義、張世引步騎數萬襲德安府，詐稱來受招。守臣陳規登城視其營壘，曰：「此詐也。」中夜，孝義引兵圍城，規已爲之備，大敗之。孝義遁去。

河北招撫司都統制王彥率裨將張翼、白安民、岳飛等十一將，以所部七千人渡河，與金人戰，破之。是日遂復新鄉縣⑩。

16 己酉，詔諜報金人欲至江浙，可暫駐蹕淮甸，捍禦稍定，即還京闕，不爲久計。應合行事件，令三省樞密院措置施行。先是，禮部侍郎兼直學士院朱勝非嘗言：「睢陽特以基命，故列聖建別都，而要非用武之國。脱有緩急，大駕一動，則河之南、淮之北皆盜區矣。今敵騎充斥，兩河雲擾，雍、洛不可卒至，惟襄陽接蜀漢而引江淮，可以號令四方。乞鑾輿幸之，控制南北，以圖中原。」執政不納。中書舍人劉觀亦言：「今兩河爲金所躪，獨有渡江而南，駐蹕金陵，而別詔老將總六師，據長江以自衛，徐觀金人所向，然後設奇出伏，以攻其南北，使金兵不專，則其勢易乘，而吾可以得志。今陛下不念天下之大勢，而遲遲於睢陽，以幸一日之安，臣所不取。」其言與執政合，至是，決策幸維揚，乃下此詔。

詔申嚴斥堠，通報平安。除在京已有御史臺外，應天府、泗州各留監察御史一員，督責傳報，仍令察視軍政等事。其後不果留。

直秘閣、知秦州趙點勒停，坐獻馬於李綱也。上初令奪職，而中書舍人汪藻言：「點奴事閹官，所至輒以贓敗。乃者以進馬爲名，而擇其良者獻於相府，卓然居羣馬之上。附下背上，罪當誅竄。」詔點特勒停，尋又坐不勤王，責全州居住。點再責在明年正月己丑。

募民入資授官，自迪功郎以下凡六等，尋命每路以監司一員董其事。命監司在二年六月乙卯，今併書之。紹興元年六月己巳可參考。

是日，軍賊高勝等入常州。先是，勝等過平江，守臣奉直大夫趙研乘城爲備，募舉人出城外招安之。勝坐舉人於木驢，碎之城下。研乃誘勝使入，即臠之。衆懼而退，推其徒趙萬爲首，至無錫縣，觀文殿大學士李綱時方寓居，懼及，出家財散之，賊乃去。熊克小曆云：「至無錫縣，知縣郗漸單馬造賊中，大言曰：『聖駕幸東南，先驅且至，知之乎？』皆言不知。漸曰：『若等無他，宜於此時轉禍爲福。』衆瞿然相視，不敢動。遂送之出境。」此蓋據孫覿所作郗漸墓誌，恐未必果然，今姑附此，俟考。至常州，守臣朝散大夫何衮恬不爲備，厚以金帛犒之，賊入城，呼娼女痛飲，大掠三日，執通判州事曾緯而去。緯，布子也。布，南豐人，建中初右僕射。

17 庚戌，始通當三大錢於淮、浙、荊湖諸路，用同知樞密院、提舉措置户部財用張慤請也。政和舊法，當三大錢止行於京畿東西及河東北，由是東南小平錢甚重而物輕，西北反是。慤爲上言：「大錢始不行於東南，慮私鑄耳。其後改當十爲當三，則自無私鑄之利矣，何爲而不可行？況財貨多出於東南，常慮錢實不足於交易。望特詔三省參論，以革因循之弊。」從之。時更軍旅之後，諸道財賦亡於兵火，委於川途，乾没於胥吏者，不可勝計。自中都府藏迄於州縣倉庫，往往毁按籍，匿印章，出納之際，謾無稽考。慤在河朔時，雅以心計爲上所知。自長地官至於執政，上獨委以理財之事。慤嚴明通敏，論錢穀利害，猶指諸掌，文移所至，破奸若神。東南諸路，皆惕息承命，國用賴以毋乏。然慤在中書，至於自作酒肆，議者或以爲苛碎焉。慤自作酒肆，此據朱勝非秀水閑居録附入。熊克小曆載大錢通用在戊申，今從日曆。

18 辛亥，詔自今京畿府縣官初到任，並進秩一等，任滿無遺闕，亦如之。此事日曆不書，今以紹興二年三月十七日淮南通判酬獎指揮增入。

19 壬子，詔責授昭化軍節度副使張邦昌賜死。始，李綱議誅邦昌，黃潛善、汪伯彦皆持不可。及是聞金以廢邦昌爲詞，復侵界，張匯節要云：「高慶裔語宗維曰：『吾君以邦昌廢逐⑪，故再有河南之役。』」又云：「金人入犯山東，止以邦昌爲名。」蓋金人憑陵，姑附此爲説耳。今删潤修入。上將南幸，而邦昌在長沙，乃共議賜邦昌死，以其事付湖南撫諭官馬伸。詔曰：「張邦昌初聞以權宜攝國事，嘉其用心，寵以高位。雖知建號肆赦，度越常格，優支賞錢數百萬緡，猶以逼於金人之勢，其示外者，或不得已。比因鞫治他獄，始知在内中衣赭衣，履黃裀，宿福寧殿，使宮人侍寢。心迹如此，甚負國家，遂將盜有神器。雖欲容貸，懼祖宗在天之靈。尚加惻隱，不忍顯肆市朝。今遣殿中侍御史馬伸問狀，止令自裁。全其家屬，令潭州日給口券，常切拘管。」伸至潭州，邦昌讀詔已，徘徊退避，不忍自盡。執事者共迫之，乃登平楚樓而縊。蔡條百衲叢談云：「邦昌死於平楚門下官舍。」王明清揮麈録餘話云：「平楚樓在天寧寺。」今從之。邦昌之誅，日曆全不載，不知何謂。於是高州流人王時雍亦坐誅。此據僞楚録附見，不得其日。建炎四年七月壬子，時雍妻潘氏乞歸葬狀云：「亡夫得罪朝廷，死於貶所。當來行遣之時，即無不許歸葬指揮。今累經赦恩，欲遣親人收拾殘骸，歸埋丘隴。」得旨：「王時雍元無不許歸葬指揮，令本州照會。」此可見時雍行遣次第，今附見，以補史闕。邦昌死年四十七。

20 癸丑，詔曰：「朝廷以連年兵革，國勢未强，所以長慮却顧，巡幸淮甸。訪聞小人樂於僥倖，撰造言語，妄唱事端，意在扇惑軍民，成其私計，不可不治。應敢妄議，欲摇動朝廷者，許人告。有官人轉五官，白身人補保義郎。同謀或爲首始謀之人，能自首者免罪。依此推恩。其同謀及知情曾見聞不告之人，並行處斬。」

21 甲寅，詔行在及東京百司官，如擅離任所，並停官根捕，就本處付獄根勘。以尚書省有請也。

22 乙卯，詔成都、京兆、襄陽、荆南、江寧府、鄧、潭州皆備巡幸。帥臣修城壘，治宫室，漕臣積錢糧。

京城留守宗澤上疏言：

伏覩朝廷前遣翁彦國營繕金陵，比有詔復欲遣官奉迎太后六宫以往，且謂朕當獨留中原。臣伏讀詔書，私竊疑之。此必有進言者，勸陛下過江避敵，而不思天下大計，託爲愛君之迹，以濟其不忠。臣願陛下察其利害之實，斷自淵衷，早賜定論。重念本朝提封萬里，京師號爲腹心。以祖宗都此垂二百年，宗廟社稷所在，而民人依之以居者，無慮萬萬計。今兩河雖未敉寧，猶一手臂之不伸也。而乃遽欲去而之他，非惟不能療一手臂之不伸，并與心腹而棄之，豈祖宗所以付託之意，與天下睽睽萬目所以仰望之心哉？彼進言之臣，談何容易？且利害之端，曉然可見。臣乞陛下且駐蹕南都，未可輕議舉動。臣雖老矣，尚當躩鑠鼓勇，立辦禦敵之具，以圖萬全之舉，然後掃除宮禁，嚴備扈從，奉迎鑾輿，謁見九廟。非特使神祇祖考安樂之，庶幾中原增重，不失天下之大勢也。不然，則是徒爲走計爾，示敵以弱，非唯不恤兩河，抑又不恤中原，且去宗廟社稷而不顧，陛下豈忍乎？臣重爲陛下惜者此爾，故敢直輸血誠，幸陛下留意無忽。昔景德間，契丹犯澶淵，警報一聞，中外震恐。是時王欽若江南人，即勸章聖幸金陵；陳堯佐蜀人，即勸幸成都。惟寇準毅然闢之，請帝親征，卒用成功。顧臣庸謬，何敢望準？然事適相類，不敢不以章聖望陛下也。臣又自期，既已奉迎鑾輿還都，即當身率諸道之兵，直趨兩河之外，親迎二聖以歸，庶雪靖康一再之耻，然後奉觴玉殿，以爲聖天子億萬斯年之賀，臣之志願始畢矣。竊自謂愛陛下者，無踰老臣，然不知臣者，必指臣以爲狂妄。臣亦非所恤也，伏望陛下觀事之宜，察臣之心，則知臣之忠於爲國。取進止。此繫澤第九奏。

是時，宗廟宮室臺省，澤皆營繕略備，又以東門乃回鑾奉迎之地，特增修之。徽猷閣直學士、知成都府盧法原奉詔修城，費九縣市易、常平錢八萬緡有奇。時苗役羡錢，自市輕賫，勤王及撫諭官根刷之餘，猶存此數。修城明年二月畢工。

河北招撫司都統制王彦及金人戰於新鄉縣，敗績。兵潰，彦奔太行山聚衆。準備將岳飛引其部曲去，自爲一軍。初，彦既得新鄉，傳檄諸郡，金人以爲大軍之至也，率衆數萬薄彦壘，圍之數重，矢注如雨。彦兵寡，且器甲踈略，疾戰輒不利，乃決圍以出，其衆遂潰。敵盡鋭追擊，彥與麾下數十人馳赴之，所向披靡，轉戰十數里，弓矢且盡，會日暮得免。他將復渡河以還。彥收散亡，得七百餘人，保龔城縣西山，常慮變生不測，夜即徙其寢所。部曲感其義，乃皆刺其面，曰「赤心報國，誓殺金賊」八字⑫，以示其誠。彥益自感勵，與士卒同甘苦。未幾，兩河響應，忠義民兵首領傅選、孟德、劉澤、焦文通等皆附之，綿亘數百里，俱受彥約束。金人患之，列戍相望，間遣勁兵撓彥糧道。彥每勒兵待之，斬獲甚衆。岳飛聞彥軍復振，單騎扣壁門請罪，左右勸彥斬之，彥壯其勇而惜其才，賜飛巵酒而罷。自是兩人始有隙。

是日，賊趙萬入鎮江府境。守臣延康殿學士趙子崧遣將逆擊於丹徒，調鄉兵乘城爲備，禁居民毋出。良久，府兵敗歸，鄉兵驚潰，子崧率親兵保焦山寺，賊踰城而入，縱火殺人，莫知其數，萬遂據鎮江。

是月，降授朝請郎、提舉亳州明道宮鄧雍勒停，以言者復論其棄城之罪也。此以紹興元年八月癸巳刑部檢舉狀修入。

初，通問使傅雱既見金元帥府左監軍完顏希尹於雲中，留彌月。會河北經制使馬忠、制置使張換、招撫使張所繼遣兵渡河，皆失利，換爲亂軍所殺。金以用兵責使者，雱遜謝，希尹乃以國書授雱等還。書中索河東北人之在南者，及爲夏人請熙豐以來侵地。又欲於河陽置榷場以通南貨。雱受書以歸，金人無聘幣，伴使李侗自以乳香、白金等贐之。此據雱通問録修入。

金人遣直史館王樞持册使高麗。此據趙子砥燕雲録。

校勘記

①金太祖旻之正室生二子……次曰宗敏　此處所述金太祖諸子，與金史全不同。金史卷一九世紀補及卷六九太祖諸子傳，謂太祖第二子爲嫡子，名宗峻，本名繩果，與豐王烏烈、趙王宗傑同爲太祖聖穆皇后唐括氏所生。而卷五九宗室表，謂太祖庶長子遼王宗幹，又有庶子宋王宗望、梁王宗弼、陳王宗雋等以及爲世宗尊爲睿宗之宗堯。李心傳所記與此全不合。

②復以其季弟斜也爲諳板勃極烈都元帥　「斜也」，原作「賽音」。應指完顔杲，即斜也。金史卷三太宗紀謂杲於天輔三年十月以諳班勃極烈領都元帥。

③謂官人爲勃極烈　「勃極烈」，原作「貝勒」，然金人地名考證謂安班貝勒原作諳板勃極烈，故「貝勒」二字不改作「孛堇」，而改作「勃極烈」。金史所附金國語解亦謂「諳版勃極烈，官之尊且貴者」。

④宗雋即婆盧火宗幹即斡本宗輔即窩里嗢　「婆盧火」，原作「博勒和」，「斡本」，原作「固倫」，據金史卷七一婆盧火傳、卷七六宗幹傳改。「窩里嗢」，原作「諤爾昆」，據金人地名考證改。

⑤京畿瀕河七十二里　「瀕」，叢書本作「瀨」。宋名臣言行録別集卷下五宗澤傳、宋史全文卷一六上均同底本。

⑥有闕文　此小注三字，忠簡集卷一乞回鑾疏原文如此，故予保留。

⑦咸曰陛下何不認我宗廟乎　「咸」，原作「或」，據叢書本及忠簡集卷一乞回鑾疏改。

⑧伏覩國家嘗變更三舍之法以取士　「嘗」，原作「當」，據叢書本及忠簡集卷一乞回鑾疏改。

⑨殷鑒不遠　「殷」，宋人避太祖父弘殷諱，一般均改爲「商」。

⑩是日逐復新鄉縣　「新鄉縣」，各本及宋史全文卷一六上作「新興縣」，據後乙卯日記事「初彥既得新鄉」，及三朝北盟會編

卷一一三改。

⑪ 吾君以邦昌廢逐　「逐」，原作「遂」，據叢書本改。

⑫ 曰赤心報國誓殺金賊八字　「誓殺金賊八字」，原闕。宋史卷三六八王彦傳：「相率刺面，作『赤心報國，誓殺金賊』八字，以示無他意。」因據補。

建炎以來繫年要録卷十

1 建炎元年冬十月丁巳朔，上登舟幸淮甸。翌日，發南京。

2 戊午，隆祐太后至揚州。初，太后過高郵，聞叛兵焚鎮江，乃遣兵扼瓜洲渡。及是入城，駐於州治，名州之正衙曰車駕巡幸駐蹕之門。

3 庚申，詔諸路官司及寄居待次官，或非王命備補之人，以勤王爲名擅募民兵、潰卒者，並令散遣。有擅募者，帥、憲司按劾以聞。

東京留守宗澤復上疏論其治兵，且言：

臣契勘京城四壁濠河樓櫓與守禦器具，其當職官吏協心併力，夙夜自公，率勵不懈，增築開濬，起造緝理，浸皆就緒。臣又製造決勝戰車一千二百兩，每兩用五十有五人，一卒使車，八人推車，二人扶輪，六人執牌輔車①，二十人執長槍隨牌輔車，十有八人執神臂弓弩，隨槍射遠。小使臣兩員，專幹辦閱習車事。每十車差大使臣一員總領，爲一隊。見今四壁統制官日逐教閱坐作進退，左右回旋曲折之陣，委可以應用。又沿河十六縣與上下州軍相接，作聯珠寨，以嚴備禦。臣見使王彥、曹中正在河西攻擊，收復州縣。西京、河陽、鄭、滑等州，同爲一體，把截探伺次第，敵人畏襲，已不敢輕動冒犯。

臣自到京，奉揚陛下仁風，布宣陛下德意。今街巷市井人情物態皆已忻悦，敉寧嘉靖同祖宗太平時。顧臣犬馬之齒六十有九，比緣陛下委付之重，常患才力不任，惕惕憂懼。近日頓覺衰瘁，萬一溘先朝露，辜負陛下眷恤憐憫之意，臣死目不瞑。儻使臣與官吏士民望翠華回輦之塵，瞻仰天顔，俯伏百拜，然後臣填溝壑，如生之年，死骨不朽。論語曰：「爲政以德，譬如北辰，居其所而衆星拱之。」京師乃我祖宗基命，肇造二百年大一統基業本根之地，陛下奈何偏聽如張邦昌輩邪佞之語，以巡幸爲名，輕去其所，使四海來享來王之人徜徉道路，於偏僻州軍作朝宗之地乎？臣果得以此老身俯伏道左，迎陛下千乘萬騎，垂拱九重，奉陛下指揮號令，强敵可以消弭，寇盜自然平蕩，王室於焉再造，大宋中興可必。若誕妄之人言臣欲以敵國之患貽君父憂，即臣自頂至踵甘俟斧鉞。

臣已修整御街御廊、護道杈子，平整南薰門一帶御路。聞萬邦百姓寓於京師者，日夜顒顒，望陛下迎奉祖宗之主與隆祐太后、皇后、妃嬪、皇子天眷歸安大内，以福天下。臣夙夜憂思，眷眷念念，繼之以泣。願陛下憐臣孤忠，矜臣衰暮，惟恐心力不逮，或有誤陛下國家大計。今年河流不冰，惟陛下斷自淵衷，毋惑羣邪之議。書曰：「惟克果斷，乃罔後艱。」臣不勝激切之至。取進止。

始，宗澤條上五事曰：

近者有旨，樁占器甲，不得擅支。今命將出師，而樁占軍中當用之物，此可疑一也。近募兵於四城守禦，今樞密院問所募人繫何色額。如此則古人使貪使愚，皆不可矣，此可疑二也。臣爲平常防河，止以數千卒沿河分布，如有數騎侵越，即奔潰不支，故開濠札寨，亦似允當，而樞密院乃用陝西例，令三分出戰，七分出助軍錢。今京畿殘破，民未復業，勞來安集，猶恐散去，又何以助軍錢抳之使速去邪？此可疑三也。今守禦之具與夫城池雖已粗辦，尚多鹵莽，而三省樞密院指揮，所雇工役，不令支錢，此可疑四也。臣竊見僕射黄潛善福建人，樞密汪伯彦徽州人，内張慤雖是北人，然無公識，無遠見，議論偏頗，皆欲贊陛下南幸，此可疑五也。

既而澤見詔書有「竢四方稍定，即還京闕」之語。

4 壬戌，澤上表以謝，表曰：

臣今月六日承遞報，車駕將還闕者。恭聞明命，肅詔回鑾，歡騰率土之謡，和浹中天之氣。里閭喜悦，如嬰孺之將見慈親；道路光輝，若翳霾而忽瞻白日。人情至此，天意可知。中謝。竊以列聖格言，先王垂裕，天難諶而聰明自我，人至衆而好惡匪殊。但觀自我之是非，可驗匪殊之鄉背。是知人所欲者，自然天亦從之。所以君子不務小同，然後天下能成大順。恭惟皇帝陛下以道觀政，以德行仁，密韜神武之機，獨斡乾剛之斷，整齊萬乘，來歸九重。宇宙澄鮮，預想屢豐之慶；廟堂肅穆，式隆宏濟之休。昊穹降福以穰穰，寰海來崇而濟濟。六軍有雷動雲行之勢，四方蒙風驅電掃之威。赫奕重光，崇高再造。列辟駿奔而抃舞，寰區竭蹶以欽承。臣無任。

又上表曰：

恭膺明命，肅詔回鑾。下蘇徯后之情，仰對在天之意。葱葱佳氣，增光二百年之休；勉勉遠猷，駿惠大一統之盛。佇觀丕應，聿享咸寧。中謝。竊以太祖肇基，奕世嗣服。並據本根之地，宏施實德之風。宅四表而率服吾君，奄九有而來崇真主。曩緣辰告，暫聽時巡。知人久戀於睿慈，聚議獨形於英斷。欲繼志而述事，遂斡乾而轉坤。時方奉於詔書，顧忽聞於雷震。是天喜悅，爲人音聲。想衆懽呼，應時舞蹈。河伯安流而迎駕，雨師灑道以清塵。兒童爭提携於壺漿，父老願治平於道路。里閭皥皥，田野熙熙。收兩河山寨之心，鎮遠徼人民之聽。然後御端門而肆赦，滌舊染以惟新。欵宗廟而告歸，儼威容而如在。憂勤祖述，恭儉緝熙。大成有截之功，永以無疆惟恤。臣無任。

先是，羣盜王再興以兵數萬人，王貴萬餘人，往來河上，王善以車百乘寇濮州。楊進兵尤衆，連擾京西諸郡，至德安府，守臣直龍圖閣陳規晝夜不解甲，晝則與戰，夜劫其營，相持凡十有八日，而進技窮，乃以百餘人自衛，直抵濠上求和。規即出城，與進交臂而語，進感其至誠，折箭爲誓，明日引衆去，圍光州甚急。澤遣使招之，皆聽命，即以進爲留守司統制，且擇其軍中老弱萬人釋之。進明年二月乙丑補官。

澤理財有方，凡兩河及京東西諸郡求軍須者，皆輟東京所有與之，不以爲間。上遣中使撫問。既而澤聞上已南幸，又上疏請還京：

臣聞易於涣之卦曰：「涣汗其大號。」此言人君發號施令如汗焉，一出而不可反也。臣竊觀陛下踐膺大寶，權時之宜，駐蹕近甸。天下之民延頸企踵，日望鑾輿之歸，經理中原，以建中興之業。故乃者親降詔書，即將還闕，恭謁宗廟，延見父老。中外聞之，莫不鼓舞相慶，以謂陛下英斷如此，何事不立？何功不就？何浮言之可惑？何强敵之足憂？太平基業，正在此舉。下詔之後，日復一日，尚未聞千乘萬騎涓日啓行，民心不能無疑焉。臣愚，竊意陛下乾剛不撓，離明並照，洞見安危之機，必不肯失信於天下。是必有奸臣誤陛下，負失信之謗也。伏見邇者河陽水漲，斷絶河梁。有姓馬人妻王氏者，率衆拒敵，敵勢窮窘，不知所爲，此天亡之時也。夫天與不取，反受其咎。臣欲因此時遣閭勍、王彦各統大兵，乘其危孤，大振軍聲，盡平敵壘。伏願陛下亟還京闕，以繫天下之心，則孰不用命？且投機之會，間不容穗，願陛下毋惑於奸臣之言，斷自淵衷。臣自謂茲舉可保萬全，無可疑者也。或奸謀蔽欺天聽，未即還闕，伏願陛下從臣措畫，勿使奸臣沮抑，以誤社稷大計。陳師鞠旅，與之決戰，掃盡邊塵，肅清海宇，然後奉迎鑾輿，歸還京闕，以快天下之心，以塞奸臣之口。臣蒙陛下知遇，誓效死節，區區愚忠，不能自已，伏望聖慈特賜睿斷，天下幸甚。取進止。

上優詔答之。澤條上五事在戊午，今牽聯書之。

徽猷閣待制、提舉西京嵩山崇福宫陸藻卒。藻已見七月甲午。

5 癸亥，募羣盜能併滅賊衆者授以官。

6 甲子，觀文殿大學士、提舉杭州洞霄宫李綱落職，依舊宫祠。時殿中侍御史張浚論綱罪未已，大略言：「綱杜塞言路，獨擅朝政。所陳敷奏之語，無非殺戮之事。蓋欲陰爲慘毒，外弄威權。當時臺諫如顔岐、孫覲、李會、李擢、范宗尹，重者陷之以罪，輕則置之閑散。若非察見之早，而養成其惡，則宗廟之寄，幾敗於國賊之手，可不爲之寒心邪？向使綱之輔相，止於任職，不堪當此危難，尚當借綱行法以示懲戒，矧其得罪於宗廟百姓，與夫不道之蹟顯著如此，願早賜竄殛，以厭士論。」章再上，乃有是命。

龍圖閣直學士錢伯言移知鎮江府。

初，兩浙提點刑獄周格既死，直龍圖閣、知秀州趙叔近權提刑司事，招杭賊陳通降之。賊聞槍仗手屯秀州界，其兵精，遂聽命。是日，叔近以素隊數十人入城，通等猶不解甲，叔近與通等相見置酒，推心腹待之，使皆馴伏，以待朝廷授官之命，城中稍定。

7 乙丑，詔帥府、輔郡、要郡等招置新兵，初不計合用錢糧，止仰度牒、紫衣之屬，及許雜兵改刺，紊亂紀律，爲害甚大，其罷之，水軍準此。三年二月壬午，又置新軍。

8 丁卯，御營使司都統制王淵爲捉殺杭州盜賊制置使，仍賜銀帛萬匹兩爲軍費。

有內侍自京賫內府珠玉二囊來上，上投之汴水。翌日，以諭輔臣，黄潛善曰：「可惜。有之不必棄，無之不必求。」上曰：「太古之世，擿玉毁珠，小盜不起，朕甚慕之，庶幾求所以息盜耳。」

9 庚午，上次泗州。

10 辛未，幸普照寺，賜度僧牒、金鉢盂。

11 壬申，升揚州天長縣爲軍，以其近行在也。

12 丁丑，侍御史王賓試右諫議大夫。

詔東南諸州縣所樁私茶鹽礬賞錢，每處各以千緡計，綱赴行在。用都省請也。按奏狀，江東一路起五萬八千緡，則通諸路爲三四十萬緡，未知後來所收如何。

户部言：「諸路所收民間助國錢，乞令計置輕賫赴行在。」從之。

詔自今獲到强盜罪至死，情理巨蠹者，更不申提刑司詳覆，令本州一面依法處斷，俟盜賊衰息日仍舊。

初，太祖少子秦康惠王生英國公惟憲，惟憲生新興侯從郁，從郁生華陰侯世將，世將生東頭供奉官令譮，令譮生子偁，中進士第，至是爲嘉興丞。一夕，其妻張氏夢神人，自稱崔府君，東漢崔瑗廟在磁州，封嘉應侯。擁一羊，謂之曰：「以此爲識。」已而有娠。戊寅，生子伯琮，是夕，赤光滿室，如日正中。或聞庭下馬嘶劍甲之聲。

13 己卯，上次寶應縣。御營後軍作亂，孫琦者爲之首。左正言盧臣中從駕不及，立船舷叱賊，爲所逼，墜水死。上命求臣中所在，得之水中，拱立如故。殿中侍御史張浚以爲雖在艱難中，豈可廢法？乃劾統制官定國軍承宣使韓世忠師行無紀，士卒爲變。詔世忠罰金。中書舍人劉珏言：「無以懲後。」浚再上章論，且乞擒捕爲變者，乃降世忠觀察使。朱熹張浚行狀云：「浚劾世忠，上爲奪世忠觀察使。」按世忠在南京已除承宣使，行狀恐誤。今改作降字，庶不牴牾。上下聳然，始知有國法。又詔臣中知無不言，而死於非横，特贈左諫議大夫，賜其家銀帛百匹兩，官子孫二人。臣中贈官在此月乙丑，今併書之②。

承議郎李則言：「舊制，閩廣市舶司抽解舶貨，以其貴細者計綱上京，餘本州打套出賣。大觀後始盡令計綱，費多而弊衆。望復舊法，仍許商人赴行在納錢，執據往本州償其數。」從之。

自罷常平司，而諸路提舉官多以未受命爲詞，居職如故。僞黨之被竄逐者，往往不行。又崇、觀以後，因父兄得貼職之人，用近旨當追奪，而所在自如。言者以爲：「國家再造之初，所恃以號令天下，振起中興之業者，威信而已。今稽違王命，無所忌憚如此，不可以不申戒。」乃詔帥臣、監司體量罷奪，其竄斥人護送貶所，有隱庇者重坐之。

14 庚辰，命奉國軍節度使、御營使司提舉一行事務劉光世討鎮江府叛兵。武功大夫、達州刺史趙哲提舉兩浙路巡社兼提點刑獄公事。

15 辛巳，以劉光世爲滁、和、濠、太平州、無爲軍、江寧府界招捉盜賊制置使，御營統制官苗傅爲制置使司都統制，從光世行。熊克小曆於此日書遣王淵捕浙西諸盜，誤也。淵此月丁卯先除制置使，庚辰乃命光世耳。日曆六月癸亥書趙哲除浙西巡社兼提刑，亦誤。巡社乃八月丁卯方立法，安得兩月前先除提舉官耶？況是時浙憲已有周格、高士曈二員，史官重疊差誤，今不取。

朝請郎李棫提舉廣南西路左右兩江峒丁公事。棫，邕州人，時自廣西經略司幹辦公事代還，而尚書户部郎中葉宗諤奏言：「廣西峒丁，自來止差使臣提舉，位卑體輕，往往不爲遠人信服，致賬籍開落失實，教閲廢弛。棫智謀深遠，材術優長，備知峒丁情僞，乞特差充提舉官，請給人從，依市舶官例。」故有是除。既而中書舍人劉珏不書録黄，論宗諤於修復成憲之時而改變法度，減省官吏之際而添置監司，恐峒丁驚疑，或致生事。望仍舊用使臣，仍令監司一員譏察。不從。日曆云：「降旨闕。」按紹興元年六月三十日，廣西轉運司申經略司牒：「近奉聖旨，減罷提舉峒丁官，撥隸本司。」則知此時未嘗罷也。

16 癸未，上至揚州，駐蹕州治。舊制，三衙管軍未嘗内宿，至是，始日輪一員直宿行宫。紹興三年八月己亥所書可參考。

詔内侍不許與統兵官相見，如違，停官送遠惡州編管。時入内内侍省押班康履以藩邸舊恩用事，頗忽諸將，諸將多奉之，而臺諫無敢言者。

17 丙戌，詔廣西沿邊無得受安南逃户，仍令監司譏察。以交阯郡王李乾德有請也。

是日，兩浙制置使王淵率統制官張俊等領兵至鎮江府，軍賊趙萬等不知其猝至，皆解甲就招。時辛道宗前軍將官苗翊猶在叛黨中，乃委翊統之，衆心稍定。翊，傅弟也。淵尋紿賊以過江勤王，其步兵先行，每一舟至岸盡殺之，餘騎兵百餘人戮於市，無得脱者。日曆以此事爲劉光世，林泉野記、熊克小曆等書皆作王淵，今從之。蓋淵領兵往杭州在光世之先，故因過鎮江而遂平之也。

李孝義既攻德安府不能下，統制官喬仲福遣人招之。

是月，孝義行至蘄州，張世斬之以降。擇其徒彊壯者隸軍，餘老弱失業者皆還之。

1 十有一月丁亥朔，以揚州路滑，始聽百官乘轎。

2 戊子，銀青光禄大夫、提舉杭州洞霄宫李綱鄂州居住。時殿中侍御史張浚等論綱罪狀未已。浚言：「綱邪險不正，崇設浮言，足以鼓動流俗。非竄之殛之，上無以謝宗廟，下無以謝生民，次無以嚴君臣之分，而國是紛紛，陛下黜陟之典終不能明於天下，況誣罔不根，事有可恨者。惟綱不學無術，始肆彊忿，首議遷都於金陵，陛下固嘗寢其請矣。而乃狠戾輕狂，施設大繆，故爲反覆，以惑衆心。如前所謂括馬、招兵、勸納民財之政，此最大者。夫馬可盡括而有，兵可彊招而用，民財可驟斂而得，使三者果如其言，人必大怨，國本先困矣。逮其易詔令以庇翁彦國之親黨，捐金帛以資張所、傅亮之妄費，奸跡謬狀，不逃聖鑒。是以乾剛獨斷，斥去不疑。事之可稽，皎如日月。而反覆之論輒爾肆行，徒取細民目前之譽，以幸虚名。不知朝廷經遠之謀，是爲失計③。人臣之忠於國家，固如是乎？臣嘗歷考綱之所爲：當靖康初，力請淵聖皇帝留京師，雖無制敵之策、遠慮之明，亦可爲奮身以徇國矣。而乃小器易盈，不知涵養，貪名自用，競氣好私，忠義日虧，浸失所守。謂蔡京之罪可略，蔡攸之才可用，交通私書，深計密約，凡蔡氏之門人，雖敗事誤政，力加薦引。綱之負宗廟與夫存心險惡，抑亦有素，若不早加竄殛，臣恐非所以靖天下。」言者又奏：「綱之用心，在於專營小人之譽。靖康之初，綱知小人之情在於懷土，故倡爲守城之計。卒之二聖北遷，至今未復者，綱之所致也。和議之後，綱知小人之情在於憤敵，故倡爲劫寨及解太原之圍。覆師蹶將，怨結兵拏，敵再犯城闕者，又綱之所致也。逮陛下中興，綱來自江淮，知巡幸東南爲便，既抗章力陳矣，及至行在，聞小人有不樂東去者，即遽爲幸鄧之計。當是時，雖三尺童子，知其不可，而綱決爲之。蓋綱之心，急於盜名，雖使國家顛沛，一切不恤。賴陛下聖明，灼知其奸，亟行罷黜，不然，禍亂可勝計哉？頃綱之入相也，至南京之日，於政事未有所問，先差登聞鼓院并理檢院人吏，蓋欲引羣不逞之徒以譽己耳。綱以小人譽己則己尊，己尊則朝廷可以脅制，而政令皆由己出，甚者至於造成伏闕之事，雖人主不得而令，此淵聖皇帝所以謂其跋扈也。訪聞近日辛道宗叛兵自蘇秀而來，綱傾其家貲數千緡，并製造緋巾數千，遣其弟迎賊，不知其意安在？今陛下駐蹕維揚，人情未安，綱居常州無錫縣，去朝廷不三百里。綱既素有狂愎無上之心，復懷怏怏不平之氣，而常州閭閻風俗淺薄，知有李綱而已。萬一盜賊羣起，藉綱爲名，臣恐國家之憂，不在金人而在蕭牆之内。以爲李綱者，陛下縱未加鈇鉞之誅，猶當寘之嶺海遐遠無盜賊之處，庶幾國家可以少安。」故有是命。中書舍人汪藻草制，曰：「朋奸罔上，有虞必去於驩兜；欺世盜名，孔子首誅於正卯。」言者又奏承議郎、知無錫縣郗漸嘗郊勞綱，且與之燕。漸坐除名。漸，臨清人也。此據漸墓誌，日曆無之。

呂中大事記曰：「張浚平生忠肝義膽，不與秦檜共事，不與虜俱生④，而初年之見，反黨汪黄而攻李綱不已，何哉？使其移攻李之筆而攻汪黄，豈不快公議哉？善乎！胡安國之疏曰：『賞罰政事之綱，必先核實。而核實必自大臣與臺諫始。渡江以前所任相，其賢否則有公論矣。而言者獨攻綱爲甚，一言而罷相，再言而罷職，又再言而投諸邊鄙⑤，施於綱者，亦甚峻矣。然人心未服，則以所毁亂真，而不核實。如昔防江⑥，復令招刺諸州，勸納發招討司，未有以爲非者。在綱行之，則謂失人心，在他人行之，則獨以爲可，此不核實者一也。自仲尼大聖，猶待三年有成，而乃責綱以一時未聞報政。孫覿嘗草降表，貶薄二聖，死有餘責，得貶輕矣。乃以爲杜塞言路，此不核實者二也。綱既放於鄂渚、澧陽之後⑦，若如言者所論，國家宜少安矣，而李成、張遇、丁進縱横淮甸，所在如織，此不核實者三也。虜陷京城⑧，邀請二帝，乃何㮚操權，郭京用事，綱方遠貶，不預戰守之謀，而固欲黜綱前日回鑾之功，指以爲罪，此不核實者四也。綱本以建州禦敵守城之策，爲孝慈皇帝所知，擢與機政，而以爲欺君要功不貸之罪，此不核實者五也。劫寨之事，人以爲姚平仲講於帷幄，种師道、李綱之所不與也。而乃謂綱之用心，欲寘君於何地，此激怒爲不貸之罪，此不核實者六也。』胡安國之疏如此，然以親而庇翁彦國之罪，以怨而抵宋齊愈之死，此不待核實而綱有餘責矣。大臣之用心，不可不公如此。」

初，既行巡社法於諸路，而通判亳州鄧浚明乞鄉村三丁點一以爲民兵。至是，朝議大夫、知宿州李孝揚言其相妨，乃止。孝揚，迪孫，迪，鄄城人，天聖中宰相。宣和間嘗爲宗正丞。

是日，張遇入池州。遇本真定府馬軍，聚衆爲盜，號一窩蜂。自淮西渡江，水陸並進，至是犯池州。守臣朝請郎滕祐棄城走，遇遂入城縱掠，驅彊壯以益其軍。始，遇驅民爲兵，民辭以不習戰。遇曰：「吾教汝。」即命二人取器械相擊，殺一人乃止。曰：「此戰勝法也。能殺彼則汝可活耳。」

3 己丑，詔諸路無額上供錢依舊法更不立額，自來年始。

4 庚寅，詔以二聖母后未歸，有忠信宏博，可使絕域，及智謀勇毅，能將萬衆者，詣檢鼓院自陳。其後得宇文虛中、二月二日壬戌。劉誨、三年二月丁丑。楊應誠、二年三月丁未。劉正彦，二年二月戊寅。皆擢用之。

尚書禮部侍郎兼直學士院朱勝非爲翰林學士。

徽猷閣直學士、知揚州呂頤浩試尚書户部侍郎兼權知揚州。頤浩嘗入見，上言：「竊觀天下之勢，以撥亂爲急。撥亂必先任賢退不肖，信賞必罰，理財節用，積粟訓兵，裁抑恩倖，毋令撓朝廷之權，搜選將帥，大開諫路，總攬羣策，則何爲不成，何戰不勝？」上稱善。

給事中王綯試尚書禮部侍郎仍兼直學士院，中書舍人劉珏試給事中，降授承務郎、充徽猷閣待制孫覿復朝奉郎，試中書舍人。初，張浚因劾李綱罪，論覿不當貶，由是復用。覿爲張浚所訟，略見李綱劾疏。今以覿文集與人書增入。

延康殿學士、新知婺州何志同坐棄潁昌奪職，提舉杭州洞霄宮。

5 辛卯，詔政和以來，諸慶節號真元、寧貺、天成、天符、天應者皆罷之，惟開基節如故。

詔諸路守臣勤王在道者，並與進貢恩澤。

金人圍磁州。此據建炎二年正月河東北路制置司奏狀。

朝奉郎王倫爲大金通問使。時河東軍前通問使宣教郎傅雱、副使閤門宣贊舍人馬識遠至汴京，詔趣還，問所得金人意。復遣倫與閤門宣贊舍人朱弁見左副元帥宗維議事。熊克小曆云：「時又得王倫，授以朝官，爲通問使。」按倫、弁五月初已授命，但未成行。逮雱歸而始遣耳，克亦小誤。雱見留守宗澤，諭使縱遣所拘北使，澤不從。雱至揚州，以金國書對於後殿，爲上言：「兵交使在其間，今留之不足以壯威，徒使鄰國交惡。」上納其言，擢雱朝請郎、尚書考功員外郎。雱除命在此月辛亥，今並書之。

6 壬辰，詔自今雜犯死罪有疑及情理可憫者，許酌情減降，斷訖以聞。俟道路通行日如舊。

7 甲午，詔福建路招募槍仗手已行住罷，今後非被受朝旨，輒敢撥諸司錢物，及以勸誘爲名抑勒民間出錢者，並不得施行。仍具職位姓名申尚書省。以本路常平司言，自鮑貽遜等起發軍兵，凡用本司錢米銀五十二萬貫石兩，他司錢不與，公然隱落，會問不報，故條約之。

8 乙未，同知樞密院事張慤守尚書左丞兼御營副使，兼提舉户部財用。工部尚書顏岐同知樞密院事。日曆十月己未，中丞顏岐除右丞。十一月乙未，右丞許翰資政殿學士，宮觀。並誤。

初，河北招撫司都統制王彥聚兵西山，常慮糧儲不繼。一日，盡發軍士運粟，會有亡告金人者，金乘虛擊之，衆稍却，彥大呼鼓勇，士卒皆奮，且以彊弩、飛石齊發，金人乃退，遂圍之，絶彥餽運者旬餘。彥檄召諸寨兵大至，圍乃解。

9 丙申，曲赦南京、宿、亳、泗、楚、揚州、高郵軍，以上巡幸所嘗過也。

10 丁酉，詔江淮發運司幹辦公事鮑貽遜以福建槍仗手移屯江寧。給事中劉珏言：「杭寇猖獗，今已數月。翟汝文之師既無功於前，高士曈之兵又潰散於後，唯貽遜之師屹然不動，蓋杭卒頗有窺浙西之心，所以未敢大肆者，以槍仗手爲之捍蔽也。羣寇之説⑨，欲遣散槍仗手，乃就招安。趙叔近已令退舍，而寇猶未降，則其説果可信乎？念陛下深念二浙生靈，方以成算授之王淵，令其招捉。彼槍仗手久屯於彼，望有尺寸之功，今乃遣之江寧，萬一怏怏不滿，復有反側，是又生一寇也。設或槍仗手已來江寧，而杭寇未肯就招，不知淵之兵果能殄滅之乎？當是時再欲遣來應援，如其遲疑不前，又將何以處之？昔唐裴度平蔡，李光顔等六人各以師會，今淵豈不能容數千槍仗手而用之乎？願且令在杭州同共討捕，候至錢塘蕩平，然後遣屯江寧，或令歸福建，皆未晚也。」從之。日曆云：「降旨闕。」會要云：「劉珏乞申命王淵，且令槍仗手在杭州同共討捕。從之。」今增入。

11 甲辰，河北經制使馬忠落龍神衛四廂都指揮使，降充經制副使。忠全軍退舍，故有是命。

初，户部尚書黄潛厚建請諸路監司、郡守計置輕賫金帛勤王，至是知濠州、徽猷閣待制連南夫言：「剗刷到軍資庫紬絹二千匹有奇，欲輸行在。」詔軍資庫物帛本非上供，當留以爲軍衣之用。諸路視此者悉歸之。

南夫，安陸人也。

12 乙巳，詔：「自今被受中使傳宣者，當時密具所得旨實封以聞。如事有未便者，許執奏。」又詔：「凡宣旨及官司奏請事，元無條貫者，並中書樞密院取旨，非經三省樞密院者，官司無得受。」復舊典也。熊克小曆載此旨因衛膚敏所奏，非是。詳見今年十二月戊辰注。

13 丙午，尚書左丞張慤守中書侍郎，兼知如故。熊克小曆云：「上委慤理財。元豐舊制，中書專取旨，大臣所擬者，慤輒屏不奏。」按此時黄潛善以右揆兼中侍，慤安能獨屏之？況自元豐之末至建炎之初，凡進呈，皆三省同上，已革官制之舊久矣。或者慤獨進呈財用司事，而行狀修潤失實，日曆附傳又從而因之，克不深考耳。今不取。

14 丁未，户部尚書黄潛厚請許淮、浙鹽入京東，每袋納借路錢二千，許之。東京⑩，舊東北鹽地分也。時濱海道不通，金部員外郎吴直夫以爲言，潛厚因請令商人特納借路錢，就行在送納，别儲之以待用焉。

15 戊申，同知樞密院事顔岐守尚書左丞兼權門下侍郎，御史中丞許景衡守尚書右丞。先是，景衡陳十事，謂方今人材未備而政事不立，法度未修而宿弊尚存，浮費不節而國用空虚，賦役煩重而民力困敝，命令不行而事多壅滯，賞罰未明而人無懲勸，盜賊繼作而吏民被害，邊境危急而武備弗嚴，奸贓未逐而貪暴滋多，公議未伸而親黨害政。上歎息曰：「真今日之急務。」未幾，遂擢爲執政。日曆：「十二月庚午，許景衡除尚書右丞。」熊克小曆：「樓鑰宰輔題名：『十二月丙子，許景衡除右丞。』」二書不同。按御史臺題名，王賓今年十一月自右諫議大夫除中丞，實代景衡。日曆十二月庚申，起居舍人衛膚敏除右諫議大夫，實代賓。庚申在庚午前十日，在丙子前十六日，不應併除右諫二員。蓋景衡實以十一月遷也。又按，今年十二月朔日，詔置講讀官，而王普奏議以爲其父賓爲中丞時所請，則景衡、賓之除，皆在十一月無疑。詳考其故，景衡右丞之命當在十一月二十二日戊申，而記事者皆誤繫之十二月二十一日丙子，日月互差一字故也。兼日曆於十二日庚午書顏岐左丞，許景衡右丞，則二人同除自可知。今移附此，以正諸書之誤。

刑部尚書郭三益同知樞密院事，右諫議大夫王賓試御史中丞，賓之除實代景衡，日曆不載，御史臺題名在此月。尚書吏部侍郎周武仲試刑部尚書。熊克小曆武仲及顏岐、郭三益之除並在丙午，蓋誤。

初，責授安化軍節度副使趙野行至密州，衆推野領州事。時山東羣盜縱横，劇寇宫儀據即墨不退，野患之，是日棄城去。

16 己酉，樞密院言：「昨翁彦國爲經制使，令江西轉運司認定錢百萬緡，而本路諸州軍食不給。」詔蠲之。

初，上至龜山，而御厨人員賀進等求索民間難得之物，所受贓以萬計，至是曲赦獲免。言者論其有害聖德，請特不原赦，仍鏤板傳布四方。從之。

婺州蘭溪縣僧居正乘亂據松山以叛，民不逞者争附之，其衆漸盛。

17 庚戌，杜彦據密州，趙野將輜重家屬棄城而去。軍民偶語，兩日不定。彦，守衛軍校，與軍士李逵、吴順謀曰：「方今盜賊縱横，一州生靈豈可無主？」乃自稱權知州事，而逵、順左右之，追執野於張蒼鎮。後三日，彦坐黄堂上，數野以棄城之罪，命臠之，而分其室，梟其首於市，惟一子學老得脱。彦盡刺城中人，以益其軍。野四年八月追復。

18 辛亥，中書舍人汪藻言：「今中外所當推行者，固非一事，然軍政不修，則無以立國。望特詔侍從官以上各以所見，考古軍制可行於今者，條具以聞，不得泛爲迂闊之論。陛下與大臣詳擇其中。幸今冬敵騎不來，汲汲爲備，毋使歲月廢於因循，有後時之歎。」從之。

朝奉大夫郭太沖行尚書吏部員外郎。太沖，茂恂子也，嘗用李彦辟通判秀州。吏部尚書路允迪率同列薦於朝，乃有是命。既而言者以爲太沖嘗爲允迪買妾，用是得薦，遂罷之。太沖罷命在十二月壬午，今併書之，此爲允迪明年罷吏書事始。

是日，金人陷河中府。初，黄潛善去河間，以兵馬鈐轄孫某權府事。金人至城下，盡力禦之。高陽關路走馬承受官李某者，屢率兵與金人戰，軍民服其忠勇。至是，城西北角破，城内爲月城以護之。凡築月城三重，與雲一營相近。會營中遺火喧亂，金渤海萬户大撻不也督將士乘亂攻之，城遂陷，二人皆爲金殺。

知秀州、權兩浙提刑司事趙叔近言：「杭卒初無叛心，止緣葉夢得不時支賞，遂致紛争。今已就招，請官其徒二百二十人，自修武郎至校尉，乞降告身書填。」許之。給事中劉珏言：「今盜賊數殘郡縣，其勢未即殄滅者，以招安之説誘之也。金陵黥徒既被厚賞，錢塘之兵、建安之卒、道宗之師又襲是跡而動，今湖又見告矣。其視殺漕憲守倅若刈草菅，然非徒無罪，且有子女金帛之獲，紫袍象簡之寵。此風一煽，人人有富貴之心。今之爲監司、將帥者，不亦難乎？今叔近所乞，乃郡盜逼作此奏，皆不可從之事。如欲加誅責，即乞留此奏不下；或欲令招安，即乞量給官告三二十道。彼見朝廷重於與之，當亦有信朝廷之心。」御史中丞許景衡亦言：「官吏無罪而被誅責，軍卒有罪反受爵命，其爲賞罰不亦倒置乎？」上用二人言，至是寢其命。熊克小曆載叔近奏請在十二月戊午，與日曆不同，當考。

是月，湖州軍士有謀作亂者，爲其徒沈賓所告，捕斬之。詔以賓爲保義郎。此以紹興四年九月一日臣僚上言修入，蓋即劉珏疏中所云也。

初，壽春卒丁進被罪而竄，遇亂復還鄉里，聚衆於蘇村，後至數萬，皆面刺六點或「入火」二字，進自號丁一箭，遂圍壽春府。守臣直秘閣康允之悉取銀帛以賞將士，士皆效死。允之以城危，急募進士吕某權安撫司幹辦公事，出城見進，許以金幣犒師。進怒，殺使者，盡取士卒家屬之在城外者戮之。圍城二十五日，不能拔，乃引去。其後軍張勝以所部自趨光州，進不能禁。允之，淮寧人也。

江淮制置使劉光世討張遇於池州。光世至近郊，行伍不整，或請嚴爲之備，光世曰：「遇烏合之寇，見官軍則自潰矣。」命速進兵奪城。將士叩南門，賊望之曰：「官軍少且不整，可破也。」自城西出。時湖水涸爲平地，賊越湖，占長堤，遶出官軍之背。官軍亂，遂敗績。光世遁去，幾爲賊所執，前軍統制官王德救之，得免。遇率衆循江而上，光世亦整兵追之。

校勘記

① 六人執牌輔車　「車」字原脱，據宗忠簡集卷一乞回鑾疏（第八次奏請）及歷代名臣奏議卷八五補。

② 今併書之　此下有四庫館臣校語：「按己卯是廿三日，前此初九日是乙丑，後無丑日，此字恐誤。」

③是爲失計　「失」，原作「大」，據叢書本改。

④不與虜俱生　「虜」，原作「金人」，據皇朝中興大事記講義改。

⑤又再言而投諸邊鄙　「邊鄙」，原作「海島」，據皇朝中興大事記講義改。

⑥如昔防江　「昔」，原作「西」，叢書本同。此從續宋編年資治通鑑卷一改。

⑦綱既放於鄂渚澧陽之後　「鄂渚」，原作「鄂州渚」，叢書本同。據續宋編年資治通鑑卷一改。

⑧虜陷京城　「虜」，原作「金」，據皇朝中興大事記講義改。

⑨羣寇之説　「羣」，原作「郡」，據叢書本改。

⑩東京　據上文，「東京」似當作「京東」。

建炎以來繫年要録卷十一

1 建炎元年十有二月丙辰朔，詔：「朕朝夕延見大臣，咨訪庶務，羣臣進對，隨事盡言。退閱四方奏牘，少空則披覽載籍，鑑觀前古。獨於講學，久未遑暇。念雖羽檄交馳，巡幸未定，亦不可廢。其以侍從四員充講讀官，萬幾之暇，就内殿講讀。」先是，御史中丞王賓乞開講筵，上納其言，故有是旨。王賓乞開講筵，此以紹興十三年正月二十四日王普所奏修入。

詔諸路轉運司類省試以待親策。先是，諸州發解進士，當以今春試禮部，會國難不果。上以道梗難赴，乃命諸路提刑選官，即轉運司所在州類省試。每路選官六員，臨期實封，移牒漕臣一員監試，不得干預考校。仍用省額統計，率十有四人而取一人。省試之有類，蓋自此始。

2 丁巳，詔：「朕罔好游畋，有以鷹犬輒稱御前者，流海島。」

以朝請郎王翿爲兩浙路提點刑獄公事①。

3 戊午，詔省臺寺監百司官，各有存留在京員數，如全闕官，止差一員通管職事，見權官並罷。以言者論留守司違法差權官數多，又便文往諸路倍請添給故也。其已給者，皆追還之。此又與三年二月張澂劾二相章疏所云全不同，當考。

庚申，起居舍人衛膚敏試右諫議大夫。

4 辛酉，詔應焚劫州縣，令監司巡歷，一歲再徧，具所措置以聞。將考其當否而陞黜之。

初，命侍從、監司、郡守各舉所知一人。至是，悉令赴都堂審察，除應待報人外，皆罷之。白身人送中書省試策一道，取旨。三年二月丁卯推恩。

是日，御營使司都統制王淵入杭州。初，淵至秀州，下令治兵十日乃行。杭賊陳通等聞之，爲備稍緩。及是，淵與統制官張俊馳至城下，傳呼秀州趙龍圖來。通出不意，遂出迎，淵慰勞之。後二日，乃諭以朝廷遣賜告身，令通等祗授，通等皆喜。淵、俊入州治，命軍士分守諸門，通等三百人立於譙門之外。淵召其首三十人至庭下，遽執之。通呼曰：「已受招安，何爲乃爾？」淵曰：「我受詔討賊，不知其他。」遂執其餘黨於門外，悉要斬之，凡百八十餘人。百姓皆相賀。俊取杭州角妓張穠以歸。淵誅陳通在此月癸亥，今從日曆，附辛酉入城之日。

5 壬戌，資政殿學士、京東東路經略安撫使兼制置使、知青州曾孝序爲亂兵所殺。先是，臨朐土兵趙晟聚衆爲亂，孝序付將官王定兵千人捕之，大衄而歸。孝序令毋入城，且責以力戰自贖，不則將議軍法。定自知不免，乃以言撼敗卒，奪門斬關而入。孝序度力不能制，因出據廳事，瞋目罵賊，遂與其子宣教郎訏皆遇害，年七十有九。詔贈五官，爲光禄大夫，謚曰威。龔頤正中興忠義録作威愍，會要無愍字。

6 癸亥，金人犯汜水關②。初，左副元帥宗維聞上幸維揚，乃約諸軍分道入寇③。宗維自河陽渡河，攻河南。十二月入西京。右副元帥宗輔與其弟宗弼自滄州渡河，攻山東。明年春陷青、濰。陝西諸路選鋒都統婁宿與其副撒離喝自同州渡河④，攻陝西。明年正月戊子陷長安。撒離喝者，金主晟從弟也。撒離喝或作撒里曷，今從金國詔本。撒離喝爲晟從弟，不見於他書。明庭傑吴玠功績記云：「紹興二年春，國主弟撒離喝犯梁洋。」按晟弟斜也先死，故知爲從弟⑤。

時西京統制官翟進扼河清白磊⑥，帶御器械鄭建雄守河陽，敵不得濟。宗維乃屯重兵於河陽北城，以疑建雄，而陰遣萬户銀朱自九鼎渡河，背攻南城。銀朱陷南城⑦，建雄遂潰。西京留守孫昭遠既罷西道都總管，所謂西師，以非所隸，悉引去。昭遠數以洛無城池而彊敵對境侵軼之狀聞於朝，且遺其子書曰：「今日捍禦甚難，若假一歲，庶幾可保。吾四男二女，今不復念，要爲忠義死耳。」乃遣驍將姚慶拒之於偃師縣，軍敗，慶死之。昭遠知城危，即命其將親衛大夫王仔奉啓運宮神御，間道赴行在。既而金人大入，昭遠引餘兵南去，翟進率軍民上山保險。宗維據汜水，引軍東，命銀朱分軍犯京西。先是，知階州董庠以勤王兵入援，潰散無所歸。東京留守宗澤以庠知鄭州。澤聞金兵入境，遣將劉達援之，未至，庠棄城走。是日，銀朱至鄭州，不入城而去，遂徑如京西，中原大震。

7 甲子，徽猷閣待制、提舉亳州明道宮邢焕爲光州觀察使，用右諫議大夫衛膚敏疏也。先是，膚敏上疏論三事：

一曰守法度，二曰慎爵賞，三曰正紀綱。何謂守法度？本朝列聖，莫不盡循祖宗之法，后族戚里不得任文資，恐撓法而干政也。欽聖憲肅之父向經，嘗爲尚書郎矣，乃改授貴州防禦使。逮至崇、觀、宣和間，奸臣秉政，戚里、内侍公然請託，内降御筆日以十數，三省奉行文書而已。故皇后之父至爲太師，帝女之夫乃作侍從。其他妃主之家，如王義叟之徒亦登從班，錢端義之徒並爲寺監，其他不可以數舉。前此所以産亂招禍者，實基於此，固陛下所親見也。是宜痛掃崇、觀之積弊，悉復祖宗之成憲。而乃者，邢焕除徽猷閣待制，孟忠厚除顯謨閣直學士，士大夫莫不驚駭。比來又降中旨，王義叔與郡，王義叟除太府寺丞，以片紙録閼，親屈宸翰以行之。於是物議大喧，以至相視失色。陛下若欲敦椒房之重，奉太母之歡，則當撫其家可也，時有賜賚可也，若以公朝爵位私之，則不可也。惜夫大臣無有如杜衍者，執之以爲不可，致使陛下不得已屈法以從之，豈能不仰累聖政哉？伏願斷自宸衷，改正焕及忠厚官職，悉從舊法，及罷義叟差遣，且重立法禁，以止絶干求請託之門，庶幾惟新之政，醇而無疵矣。

何謂慎爵賞？人君之於慶賞，所以厲世磨鈍者也。比年以來，羣奸擅朝，近習用事，戚里、道流干政撓法，固有不繇科舉而命官賜第者，又有虚作隨軍治河、因權倖保奏而改京秩者，又有因賄賂權倖而傳宣賜帶、因父兄秉政無出身而得貼職者。前此臣僚論列，固已降指揮，悉行追奪矣。而有司奉行不虔，其僥倖得官及改秩者，不唯未有褫奪，往往以赦恩而轉行者多矣。至於帶職名、服章服者皆如是，故朝廷之命不行於下也。害治之大，孰甚於此？願申命有司，悉行檢舉，一洗而去之。庶幾爵位重於朝廷，而天下知所勸矣。

何謂正紀綱？比年以來，人或玩法，將相侍從出典州郡，多以貴傲自恃，監司欲振舉其職業，往往違戾而不肯從。又將領之於士卒，平日黷貨，恣行侵削，不復明階級之法，至簡省其教閲，養成其驕惰，少有責罰，則悖慢無禮，無所不至，或至殺州將、掠居民而無所畏憚。朝廷旋即招安，而命之以官，此何理也？又宗室承寇盜侵軼之際，誣州縣與賊通，因而殺之。此又不可長也。願特降睿旨，今後監司規畫事理可行，而諸州違戾不從者，重加之罪。若士卒違犯將帥所統之官，則申明階級之法，使斷者不疑。若殺州將、掠居民者，不許行招安之策，必孥戮而後已，庶爲將來之戒也。至於處宗室於外，非祖宗之舊制，始於崇、觀間耳。其在外也，至於椎牛釀酒，窩藏竊盜，甚則有羣聚殺人之事⑧。今若日給錢米而散處於東南，庶不爲蘇、常二州之蠹。至於聚衆殺人，則當重寘於罪，不可以皇族而貸也。此三者，皆當今之切務，而不可移者。惟陛下加誠意而留聖念，天下幸甚。

疏入，上以隆祐太后故，未忍奪忠厚職名，乃詔：「歷考祖宗朝，后父無任文臣侍從官者，朕欲尊依舊制，以復祖宗平治之時，豈可以近親違戾彝憲？邢煥可特換光州觀察使。」於是膚敏所言數事，皆次第行之。羲叔，開封人，其兄女爲龍德宮婕妤，宣和末累遷户部侍郎、殿中監，靖康初省。羲叔之母，隆祐太后女兄弟也。故至是復有此命。日曆：「紹興元年六月四日，隆祐上仙，特恩數內，親姨之子通直郎王羲叟等並轉一官⑨。」

詔入內高品趙舜輔、揚州兵馬都監徐洪並日下監押出門。

8 乙丑，諫官衛膚敏言：「比來王羲叟除命，旨自中出，用御寶以行下，既不由宰臣之進擬，又不由銓部之差注，議者咸謂因戚里佞幸干請而與之。舜輔及洪，初不由臺臣之彈奏，又不由部使者之糾劾，議者咸謂因近習讒譖而逐之。此二事者若甚微，而所繫於國體者甚大。前此所以召亂致禍者，皆由於此，在今日不可不戒。願特詔有司，自今除授并行遣有罪之人，並須經由三省及宰執進呈，方得施行。或有干求請託，乞御寶以行下者，並重寘於法，令御史臺覺察以聞。庶幾政事之本一出朝廷，而天下治。」從之。

9 丙寅，張遇寇江州，守臣承議郎陳彥文視事始十日，固守不下，遇引去。江淮制置使劉光世截其後軍，破之。彥文，絳曾孫，絳，莆田人，故右諫議大夫。政和間嘗爲顯謨閣直學士。

10 丁卯，詔諸路都總管司走馬承受公事使臣依舊法隸屬帥司。先是，政和中改走馬承受爲廉訪使者，其權與監司均敵，朝廷每有所爲，輒爲廉訪所雌黄，樞密院藉以摇宰相。靖康初復舊，尋命且依見行條法施行。及是，樞密院以爲言，乃復舊制。

11 戊辰，右諫議大夫衛膚敏上疏論營繕、工作、内降、錫賚等四事。時先朝嬪御皆至行在，乃建承慶院以處之。又置升暘宮，以治兵器及服御所須之物於其間，而使内侍典其役。上在禁中，下有司取金幣，或母后戚里之家有所干請，間以内批御寶行之。膚敏言：「此數事各有所因，蓋非得已，而議者鬨然，以爲禁中修造復興，御前生活復作，宮中費用復廣，内降指揮復出，蓋護視工役屬之内侍，而除授不由中書，此人言所以籍籍也。望以承慶營繕之役付之揚州，升暘造作之事歸之有司，特降明詔，戚里内侍有所干請，過例者勿復降出，違礙者勿復進呈。申明三省，每奏執[10]。其服御之用，則令有司依故事共進，其錫賚之費則朝廷量功效支賜。如此，則籍籍之論不戒而自孚矣。」給事中劉珏亦奏疏，論内降、營繕二事，上皆嘉納之。熊克小曆略載此事於十一月末。按膚敏十二月五日方除諫議大夫，繫之前月者，誤也。珏十一月三日已除給事中，而克以爲中書舍人，亦誤。克又載：「膚敏奏語云：『其有戾祖宗之法者，許大臣執奏。大臣不正救者顯黜之。』」按此乃汪藻撰膚敏墓誌中所云，與本奏不同，今不取，仍依日曆附此月戊辰。但十一月乙巳，已先有奏執内降等指揮，此時膚敏未爲諫官，或者因珏先建言，而黄潛善等不能遵用。然膚敏三奏全不云已有此指揮，不知何故。今附此，更須詳之也。

金人圍棣州，守臣朝奉大夫姜剛之率軍民拒守，圍城一十有七日，不拔而去。此據紹興三年正月剛之妻管氏陳乞贈官狀增入。

是日，婁宿渡河，拔韓城縣。初，京兆府路經略制置使唐重在關中，以將官曲方爲沿河安撫使。方老而繆，統兵屯韓城，日以飲酒蹴鞠爲事，未嘗治軍政也。時河東經制使王𤩽在陝府，遣人渡河劫寨，婁宿遂自慈隰引兵而南。重遣兵馬都監、武功大夫、貴州刺史劉光弼賫金帛至河上犒師，光弼至華州，聞敵逼河，遂留不進。婁宿至河中府，官軍扼蒲津西岸。婁宿患之，夜潛由上流龍門清水曲履冰渡河，方猶飲酒，以告者爲妄。婁宿出龍門山，並河而南，距韓城四十里，方始覺之，乃引兵遁去。光弼聞之，不歸長安，而走邠、岐間。先是，武功大夫、榮州團練使陳迪自瀘南安撫司走馬承受公事還行在，重以敵兵逼近，奏留迪提舉軍馬，措置民兵以備敵。又有嘉州軍事推官王尚被檄過岐下，重辟尚主管機宜文字，留長安。時京兆餘兵，皆爲經制使錢蓋調赴行在，重度敵且入，以書別其父克臣曰：「忠孝不兩立，義不苟生，以辱吾父。」克臣報之曰：「汝能以身殉國，吾含笑入地矣。」重聞敵已濟，復移書成都漕臣趙開，屬以身後，見者皆義之。光弼，光世弟。尚，青神人也。日曆：建炎元年六月二十五日癸未，中侍大夫、明州觀察使陳迪召赴行在。紹興五年十一月八日丁丑，陳昌謂狀：「父迪在武功大夫、榮州團練使、瀘南安撫司走馬承受公事⑪，在任召赴行在，十二月内到永興軍，制置使唐重與諸司奏充提舉永興路兵馬，措置民兵。」今併附此，按迪以死事，故宣撫處置司便宜加贈横行遥察，而日曆乃誤以爲生前官職書之，今不取。

12 庚午，除名勒停人李志道復内客省使、保慶軍承宣使、添差入内内侍省都知。志道，憲養子，憲，祥符人，元豐中爲熙河制置使。志道名犯上嫌名，以字行⑫。宣和末爲檢校少保、慶遠軍節度、醴泉觀使、直保和殿。靖康末坐典礟失職，有旨俟解嚴日遠竄，至是復用之。右諫議大夫衛膚敏言：「志道在上皇朝用事最久，其弄權怙寵，勢可炙手，一時達官貴人，多出其門。撓法害政，以亂天下，其惡不在童貫、譚稹、梁師成之下。今縱未能竄逐，奈何用赦復之？」上亟寢其命。志道寢命，在是月癸酉，今併書之。

13 壬申，直龍圖閣、知秀州趙叔近罷，仍奪職，以直龍圖閣朱芾代之。時叔近既招降杭寇陳通，而言者論其嘗受賊金，由是免官，拘繫於郡。著此爲明年秀州軍變張本。芾，益都人也。

14 癸酉，詔諸路贍學錢令轉運司拘收，許移用。

15 甲戌，婁宿犯同州⑬，守臣直秘閣鄭驤死之。先是，驤聞上幸維揚，上章請自楚、泗、汴、洛以迄陝、華各募精兵鎮守，有急則首尾相應，庶幾敵勢不得衝決。奏上不報。至是，敵及韓城，驤帥兵扼險擊之。師小却，敵乘勝徑至城下，通判以下皆遁去。驤獨曰：「所謂太守者，守死而已。」翼日，同州門閉，驤赴井死。日曆附傳云：「城陷，敵知驤威名，堅逼使降，驤慷慨言曰：『吾窮五月之力，不能爲朝廷守，死，命也。』卒不屈，遂死之。」趙甡之遺史云：「秦檜當國，驤之親屬爲檜客，情意深密，驤以死節贈通議大夫，猶以爲未足，又録其叱駡金人之節⑭，加贈及謚。驤赴井時，金人猶未傳城，初無固守及呵叱之節⑮，可謂詭冒矣。」按驤附傳甚美，乃秦熺爲秘書少監時所修。驤子靄，最爲檜所厚故也。日曆驤死在二十一日丙子。疑丙子是城陷之日，今依遺史，附甲戌。軍民猶上城守禦，而喧亂無法。婁宿呼城中人與語，衆推承節郎、前知沙苑監周良，良立青蓋於城上，金人諭令趣降，良曰：「苟無殺戮，當聽命。」婁宿許之，即授良定國軍節度使、知同州，惟遣十數騎入州學，取書籍而歸，餘無所擾。州人感驤之義，斂而葬之，後贈樞密直學士，謚威愍。呂中大事記曰：「祖宗百年禮義廉耻之化，其所以涵養士大夫者至深遠矣。然以熙寧以來，羣小相師，滅理窮欲，六十年矣，士大夫酣夢之餘⑯，心志潰爛，不可收拾。宜其禍變危迫，而皆不知以爲憂；敗衄迎降，而皆不知以爲恥；棄君叛父，奉賊稱臣，而皆不知以爲辱也。而兩河之帥守主將，其爲睢陽、許遠、顔真卿者，不可勝數，是雖人之秉彝不容泯没，亦祖宗所以涵養斯人之澤也。所可惜者，朝廷規模不立，措置乖方。當建炎之初，河北惟失真定等四郡，河東惟失太原等六郡，其他固在也。胡舜陟四鎮之説不行乎前，李綱招撫經總之事復沮於後，故當時無連衡合從相援之勢。虜兵方盛⑰，又非一州之所能敵，既破一州，又取一州，使忠臣義士守孤城以待盡，非虜殺之也，實朝廷殺之也。觀徐徽言奏使土豪復故地，使之世襲，而虜憚之，則胡舜陟、李綱之計不行，豈不惜哉？」

同州既陷，河東經制使王𤫉之軍潰亂不能整。先是，閤門祇候張昱棄慈州，奔𤫉，𤫉乃留昱治陝，而率衆由金、商西入蜀，州縣震恐，欲閉關拒之。利州路提點刑獄公事張上行破衆議，迎𤫉屯興元府，且供其衣糧。時叛賊史斌僭號興州，將攻興元府，𤫉遣統制官韋知幾、統領官申世景領兵拒之，復興州。此據申世景功狀附見，但日曆載於今年七月丁巳，實甚誤矣，此時王𤫉未離南京也。既而𤫉留屯久，軍餉不繼，成都府路轉運判官趙開等乃率兩川民間助軍錢以佐之，又以便宜截用遞歲應輸陝西、河東三路綱，川陝屯西兵自此始。率助軍錢及截三路綱，據紹興間劉長源奏議增入，他書蓋無有也。奏議云：「建炎二年春，河東制置司兵始至蜀。」蓋𤫉以今冬入蜀，而明年春始取糧於内郡耳。今併附見。

初，直龍圖閣、知黄州趙令峸奉詔修城，及是始畢。會張遇自江州西上，招令峸出城相見，且酌酒飲之，令峸一舉而盡，曰：「固知飲此必死，願諸君勿殺城中軍民。」遇大驚曰：「酒誠有毒，然先以此試公耳。」更取毒酒潑於地，地裂有聲，羣盜皆重令岪之器識，乃引軍東去。未幾，丁進及羣寇來犯，令岪皆擊却之。

16 乙亥，命守令勸農賑乏，罷借及獻助錢物，監司察官吏不如詔者，重黜之。

17 丙子，詔侍讀官於所讀書内或有所見，許讀畢具劄子奏陳。用翰林學士朱勝非請也。

宣政使、昭慶軍承宣使容機落致仕，與外宮觀。機，淵聖隨龍内侍也，圍城中乞致仕，至是復起。中書舍人汪藻既草詞，而右諫議大夫兼侍講衛膚敏言：「自古宦官用事，未有不爲國家患者。帝王作興，當蒐求賢俊以自輔，如晉起謝安於既廢，唐用李靖於已老，故命下之日，識者交慶。未聞有求閹宦於閑退之中而進用之者，況機爵尊禄厚，方時艱危，則引身而去，王室再造，乃有媒進之心。徇利不忠，孰甚於此？」命遂格。膚敏嘗入對，因及崇、觀政事，上曰：「崇、觀以來，所以變亂祖宗之法者，皆由宰臣持禄固寵，惟恐忤上皇之顔色也。故於政事，未嘗少有可否，所以致前日之禍。自今當以爲戒。」

親衛大夫、寧州觀察使、知東上閤門事韋淵言：「横行五司，尚未遵元豐舊制，乞併引進司歸客省，東、西上閤門合而爲一，以省冗費。」從之，遂命淵同管客省、四方館、閤門公事。

18 丁丑，詔宗室歸朝官添差者勿罷，已去任者復還之。始議以軍興，悉罷州縣添差官，以紓民力，至是惟二者得留。

19 戊寅，言者請以臺諫論奏繫國之治亂、民之休戚，有裨今日政事，可以爲鑒誡者，陳諸黼扆之側。詔：「自來年正月爲首，置簿，令大臣擇其已施行者編寫進入。」

京西轉運副使李茂誠請令諸路撫諭官點檢忠義巡社。從之。

20 己卯，詔：「自今年五月以前，非專奉朝旨，及五月朔以後借補之人，並拘收付身。其有繫盜賊招安者，命帥司驗實以聞。」自軍興，諸路帥臣、監司率以便宜借補官資，議者以爲濫故也。

是日，銀朱陷汝州。初，金右副元帥宗輔既渡河，議先攻汴京，且分兵趨行在。而東京留守宗澤增修守禦之備，城外千里無糧可因。敵擾瀕河州郡，諸將請斷河梁，嚴兵自固。澤笑曰：「去歲城破，正坐此爾，尚可襲其軌乎？」命統制官劉衍趨滑州，劉達走鄭州，各率車二百乘，戰士二萬人，且戒衍毋得輕動，極力保護河梁，以竢大軍北渡。金人聞之，夜斷河梁而遁。完顏宗弼乃遣使告左副元帥宗維，謂獨力難攻。宗維將輟西京之行，併圍汴京。既而知澤未可圖，遂已。時孫昭遠既棄河南去，西京殘民無主，乃開門出降。宗維入西京，未見本日，當求他書修附。以叛臣李嗣本知河南府，自屯西京大內，與澤相持。嗣本者，燕人，宣和末以都統制守代州，宗維入代，義勝軍執之以降，因爲金用。金人既陷汝州，將兵挾京西北路提點刑獄公事謝京以遁，金人擊殺之。州民王氏二婦，爲金兵所得，擁置舟中，遂投漢江以死，尸皆浮出不壞。此據陳恬手記。軍校王俊收集潰兵，後據繖蓋山，有衆數萬。

21 庚辰，詔：「除京畿東西、河東北、陝西等路依元降指揮置巡社外，後來增置路分並罷。」以言者論州縣追呼點集，致農民失業，殊乖朝廷立法本意故也。

給事中劉珏試尚書吏部侍郎，右諫議大夫衛膚敏試中書舍人，仍兼侍講。初，膚敏受命纔兩旬，言事至十數，黄潛善等忌之。會膚敏論孟忠厚未已，殿中侍御史張浚⑱亦言：「忠厚才氣中常，無聞士路，況論思之官，天子所藉以補朝廷之闕失，非重德宿望，有功在人，豈可輕以除授？今葭莩姻親，無故得之，孰不解體？」珏言：「忠厚與邢焕皆爲戚里，陛下因臣僚論列，易焕以廉察之秩，而釋忠厚不問。臣嘗究觀歷世之君，睠私后家以撓法者，比比皆是，未有能隆恩於諸母之黨，而行法於中宫之家如陛下者。然臣竊謂，憲度者，祖宗所以維持天下，列聖奉之而不敢違者。陛下欲承隆祐太后之意，而拂於祖宗之法，臣恐非所以爲孝也。忠厚與焕均以外戚而被超擢，均以文資而得法從，今一則易爲廉察，一則尚仍舊授，豈惟焕之不服，天下聞之，亦必悵然不平。臣恐非所以爲公也。蓋漢以禄、莽，閻、梁亂天下，唐以武、韋、楊氏撓王政。故祖宗深監於此，未有后之侄而爲法從者。雖韓琦之子嘉彦，本文資也，神祖既令尚主，則授以右列，況肯與之法從乎？論者如以高遵惠嘗權侍郎，向宗旦嘗歷卿寺，則有説矣。考遵惠、宗旦之世業，則高瓊、向敏中乃將相之家，而遵惠、宗旦又宣仁欽聖之踈屬也。論其資歷，則遵惠、宗旦皆登進士第，乃其後來自以材奮，非緣二后之恩寵也。忠厚烏得援以爲例哉？」疏入，詔：「邢焕，朕之后父，即令换武。忠厚，繫隆祐太后之親，兼前朝太后父亦有任文臣者，宜體朕優奉太后之意。」書讀行下，於是潛善等以上意諭珏，珏堅持不可。膚敏奏：「昔司馬光論張方平不當參知政事，自御史中丞除翰林學士。光言：『臣言是，則方平當罷；若以爲非，則當貶。今兩無所問而遷臣，臣所未諭。』臣不肖，固不敢望光，但事有近似，故輒援以言之。況忠厚乳臭小兒，目不知書，一旦以外戚子擢之從班，撓累聖之法，害中興之政，此臣所以不能自已也。願陛下察臣所言是非而行之。若臣言是，則當罷忠厚法從之職；臣言非，則當正臣妄言之罪。」詔：「朝廷以次遷除，非繇論事。」膚敏力辭。時珏亦論户部尚書黄潛厚當避親，乃以潛厚爲延康殿學士、提舉醴泉觀，同提舉措置户部財用。潛厚之除，日曆於九月丁未書之。按是時珏雖建言，其實未嘗改命，故日曆於今年十一月載通東南監事，潛厚猶繫舊銜。至明年正月壬辰，乃繫新銜耳。但史失其月日，而熊克小曆於明年正月附書之，亦誤。户部題名潛厚改除在十二月，故且附此，俟求其本日。膚敏既移官，遂與珏俱謁告不出。

徽猷閣待制、提舉西京嵩山崇福宫楊時試尚書工部侍郎，時年七十五矣。時入見，建言自古聖賢之君，未有不以講學爲先務者。上深然之。熊克小曆時之除在丙子，今從日曆。

中書舍人劉觀試給事中。觀嘗言：

今日之患在中國不在外敵，在朝廷不在邊鄙，在士大夫不在盜賊。天下之人皆以黏罕、斡離布兩人者爲吾中國之患，臣獨以爲非也。黏罕、斡離布生大漠之北，足未嘗踐中國之地，目未嘗識中國之人，所以能爲吾患者，中國有以來之也。今不治中國而欲治外敵，不治朝廷而欲治邊鄙，不治向之士大夫而欲治盜賊，臣竊以爲過矣。日者，郡縣之間有不肖之人，乘時射利，進其身於朝廷，人皆知其汙佞，蠹國害民，爲天下毒孽久矣。朝廷曾不加罪，往往百姓、盜賊共起而攻之，至掠其家，奪其財，執而戮諸市，曰：「此宣和誤國之人也。」夫朝廷不戮，而使百姓、盜賊得以誅之，國柄倒置，主命下移，如此而欲治外敵、邊鄙、盜賊，豈不難哉？臣願陛下委諫官、御史，取崇寧以來饕餮富貴最亡狀之人，編爲一籍，已死者著其惡，未死者明其罪，且曰：「此以開邊用兵進者也，此以花石應奉進者也，此以三山河賞進者也，此以刻剥聚斂進者也，此以交結宦官、貨賂權倖進者也。」如此之類，列爲數十條，概其罪惡，疏其名氏，有司鏤板，播告天下，與衆棄之。如此，外敵聞之莫不畏，盜賊聞之莫不服，然後忠賢安於朝，而太平中興之業可得而定。今不早正其罪，使晏然自以爲得計。陛下踐祚踰半歲，臣謂緩急先後之序，幾且失矣。

疏奏，上嘉納，遂命臺諫具名以聞。三省樞密院參酌，省臺各録副本，不許堂除及任守令，後不果行。日曆載此事於二年二月庚午。按二年正月辛亥，已有衝改指揮，不應許建請乃在其後。觀奏狀云「陛下踐阼踰半歲」，則非明年所上明矣。今因觀改除，參酌附此，竢考。

武翼大夫、閤門宣贊舍人丁進特放罪，仍還二官。進既去壽春，東京留守宗澤遣使招進，進遂納款。澤以便宜補授，言於朝，招進充京城四壁外巡，以所部赴京城四面屯駐。

初，温、杭二州上供物寄留鎮江，其間椅桌有以螺鈿爲之者，守臣龍圖閣直學士錢伯言奏發赴行在，上惡其靡，亟命碎之通衢。

22 癸未，直龍圖閣、提舉杭州洞霄宮張悫復右文殿修撰，除名人魏伯芻復朝奉大夫。悫，金壇人，嘗爲中書舍人。伯芻，開封人，故省吏也，王黼用爲徽猷閣待制、提舉在京榷貨務，宣和末爲蔡京所廢，至是並用赦復之。

23 乙酉，詔百官言闕失。詔曰：「自今服采在職，其各悉心極言。凡言動舉措之過差，暨軍旅財用之闕失，人情之逆順，政事之否臧，號令不便於民，法制無益於國，若時施設，咸得指陳。切至而有根原，忠鯁而無顧忌，亟當奬擢，昭示勸旌。」中興聖政：臣留正等曰：「忠言之於國，猶脈理之於身也。脈理通而後身安，忠言用而後國治。否則首足不相爲用，君臣不能無異意矣。漢高祖、唐太宗俱以能聽言而開創大業；武帝奢縱，能容一汲黯；武后淫虐，能容一狄仁傑，而不至於亂亡。言之有益於人之國也如此。太上皇導臣使言，委曲開諭，無所不至。三紀之間，博謀兼聽，見於施設者，不可勝紀。間有逆耳咈意之論，自敵以下受之所不能堪者，亦欣然聽用而不拒，非甚盛德，其何能爾？中興之功，有光前代，端自是而致之。」

帶御器械張俊自杭州移兵討蘭溪僧居正，破之。

是月，奉議郎張守爲監察御史。守，晉陵人，宣和末爲是官，以憂去。至是免喪，復用。

初，建卒張員等既叛，統制官、朝請郎王淮雖駐兵城下，未能破賊。有軍校魏勝者，獨不從亂，頗能調護其黨。至是，有詔招安，員等聽命。守臣張動、提舉常平公事王浚明皆坐失職罷去。會淮持喪，乃起復故官，知建州，使之撫定，而以勝爲承信郎，權本州兵馬監押。時員等雖開門，然軍情猶未定也。淮之除，史及諸書不見，日曆明年正月丁亥，詔持服人王淮前降起復知建州指揮更不施行。故附見於此。

是歲，御史臺檢法官王鄰爲監察御史。鄰及張守之除，並據御史臺記。

保靜、南渭、永順州番人彭儒武等詣澧州獻方物，以道路未通，且令回峒。此以紹興四年四月二十二日湖北安撫司奏狀修入。

校勘記

① 以朝請郎王翿爲兩浙路提點刑獄公事　「以」，原闕，據叢書本補。

②金人犯汜水關　「犯」，原作「至」，據叢書本改。

③乃約諸軍分道入寇　「入寇」，原作「來侵」，據叢書本改。

④陝西諸路選鋒都統婁宿與其副撒離喝自同州渡河　「撒離喝」，原作「薩里罕」，據小注及金國人地名考證改。下同。

⑤國主弟撒離喝犯粱洋按晟弟斜也先死故知爲從弟　「斜也」原作「撒也」，據金史卷七六杲傳改。此注後四庫館臣原有按語：「薩里罕、賽音名，今改正，姑存原注。」今删。

⑥時西京統制官翟進扼河清白磊　「河清」，原作「清河」。三朝北盟會編卷一一四：「翟進扼河清白磊。」據改。河清縣屬河南府。

⑦銀朱陷南城　原作「南城遂陷」，此據叢書本改。

⑧甚則有羣聚殺人之事　「聚」，原闕，據叢書本補。

⑨親姨之子通直郎王羲叟等並轉一官　以下原有四庫館臣按語：「按宋史職官志，靖康元年罷殿中省六尚局。」今删。

⑩每奏執　此句語意不全。宋史卷三七八衛膚敏傳作「又奏：凡黜陟自中出者，皆由三省，乃得奉行。或戾祖宗成憲者，皆許執奏」。以無從銜接，故不補改。四庫館臣此後有按語：「此句疑有脱字。」今删。

⑪陳昌謂狀父迪在武功大夫榮州團練使瀘南安撫司走馬承受公事　「公」後原衍「文」字，逕删。

⑫志道名犯上嫌名以字行　此後有四庫本按語：「志道名彀。」叢書本闕，今删。按：志道名彀，岳珂寶真齋法書贊卷二欽宗皇帝御押内藏御筆：「内藏庫支錢一萬貫付李彀，充應副道君皇后修造使用。」其後有珂按語：「帖中内臣李某，中興後更名志道，蓋避建炎諱云。」

⑬ 婁宿犯同州　「犯」，原作「侵」，據叢書本改。

⑭ 又録其叱罵金人之節　「叱罵金人」，原作「抗聲拒敵」，據叢書本改。

⑮ 初無固守及呵叱之節　「呵叱」，原作「抗拒」，據叢書本改。

⑯ 士大夫酣夢之餘　「酣夢之餘」，原作「甘爲之役」，據皇朝中興大事記講義改。

⑰ 虜兵方盛　「虜」，原作「金」，據皇朝中興大事記講義改。下同。

⑱ 殿中侍御史張浚　以下原有四庫館臣按語：「原本作張俊，今從宋史改。」已删。

建炎以來繫年要録卷十二

1 建炎二年歲次戊申。金太宗晟天會六年。春正月丙戌朔，上在揚州。

2 丁亥，詔録兩河流亡吏士。又於沿河給官田、牛種，以居流民。中興聖政：詔略曰：「河東河北郡縣，自太原、真定失守之後，皆困攻圍①，官吏軍民，誓以死守。在昔兵火之際，有以城固守不下，則褒載信史，夸耀後世。今數千里之廣，億萬之衆，無一人忍負國者，忠義之俗，前古未有。訪聞失職之吏、失次之軍、失業之民渡河東南者，未有所歸。其令帥臣、監司悉心措置，分布收係②。」臣留正等曰：「親之於子也，有無窮之恩，故子之愛親，亦無窮。君之於民也，有無窮之德，故民之戴君也，亦無窮。舜禹之民，謳歌獄訟者皆歸，非私於舜禹也，私其德也。國家一祖八宗，聖聖相承，深仁厚澤，固結民心。兩河千里之廣，億萬之衆，遭罹兵禍，所以寧忘死以捍賊，而不忍偷生以負君。聖詔失職之吏、失次之軍、失業之民皆在所恤，則其德愈厚，而民之戴之也愈固。雖其地未即歸版圖，臣知人心之猶在，恢復之功無難矣。」

朝散大夫陳珹知建州。珹，瓘弟也。時建州亂軍甫定，故更命珹守之。

直龍圖閣、知德安府陳規言：「近以羣賊日滋，府司遂措置印造被俘人出首免罪公憑，給令歸鄉井，嚴禁捕盜人等，不得妄加損害。節次據張世黨内陳智等三百餘人皆執本府文榜，前來投首。乞下諸路有盜賊州軍，準此施行。」從之。

詔廣南東路轉運判官尹忠臣、徐庚同根括鄭良寶貨以聞。初，廣東帥闕，轉運使、直龍圖閣陳述攝行帥事。述所爲貪酷，朝廷命顯謨閣待制陳邦光知廣州，至則發其奸贓，遂詔廣西提刑司劾治。始，述以御史出使，有訴廣東西漕臣、右文殿修撰鄭良奸利者，朝廷即以述爲代使，併治之。良，英州賈人，素事宦者以進。獄甫上，而良死，籍其貲以鉅萬計，述頗私有之。御史以爲言，故有是命。會庚亦奏述贓狀，且言其賊殺不辜以百數。述遁去，詔捕獲者補保義郎。既而送獄窮治，述坐除名，英州編管，死貶所。邦光，石城人也。陳述事，見王明清揮麈後録而不甚詳。日曆全無首尾，今參考修入。述除廣漕并罷免，史皆不見。靖康元年十月，述以監察御史使嶺外，不知何時改除。建炎元年十二月庚辰，除都官員外郎尹忠臣爲廣東轉運判官，此必代述。今年正月丁亥，令徐庚同根括。二月辛酉，又除右文殿修撰趙億爲廣東轉運副使，當是代庚。四月甲子，庚、述互奏，詔押述赴勘。八月乙卯，立賞捕述，自後遂不見行遣。今以明清所記增入。明清又云：「述鞫治良，施以慘酷，良即承罪，錮押往英州聽敕，敕未下而良死，旅殯僧寺。述復奸利不法，爲人所訟。制勘得情，除名，英州編管，縱步所寓僧舍廊間，覩良旅櫬在焉，驚悸得疾而卒。」按洪邁夷堅甲志：「良字少張，英州人。」邁父嘗貶英州，此必不誤。明清云：「良仕至秘閣修撰③。」宣和詔旨良七年自秘撰陞右文，今從詔旨。但甲集稱良建炎二年代還，復以他事爲轉運使許君所劾，下廷尉，與日曆不同，當考。

3 戊子，女真萬户銀朱陷鄧州。初，觀文殿學士、京西南路安撫使范致虚既受命，會河東制置使趙宗印引兵自商山出武關，欲趨行在，與致虚會於方城，因將其軍偕至。致虚之未至也，轉運副使、右文殿修撰劉汲攝守事，營繕儲峙，所以待乘輿之具甚備。時中原俶擾，汲初受命，即遣家屬還鄉，益治兵爲戰守計。至是，銀朱壓境，州兵不滿萬人，致虚聞風亟遁，汲除安撫使，汲家傳云：「爲京西轉運使。高宗即位，就拜右文殿修撰、知鄧州，兼京西南路安撫使。」日曆亦於九月壬寅書劉汲知鄧州。今按趙甡之遺史，則致虚以去年十二月初到官，敵至乃遁，而汲權帥，與史及家傳不同。然乾道六年太常寺擬汲賜謚狀亦云：「權京西安撫使。」則是甡之所云非誤也。中興會要汲死於直龍圖閣，而家傳云陞右撰，必得其詳，今從家傳。語諸將曰：「國家養汝曹久，不力戰無以報。且吾不令汝曹獨死也。」士皆感奮，汲募敢死士，得四百餘人，乃遣兵馬都監戚鼎以兵三千出東門迎敵，靳儀以兵八百出南門，趙宗印以兵三千出西門掎之。汲以牙兵四百登陴以望，見宗印遁，即自至鼎軍中，麾其衆陣，以待敵至。士争死鬬，敵爲却。俄而儀亦敗，敵以二軍夾乘之，矢如雨。軍中請汲去蓋，汲不許，曰：「使敵知安撫使在此，樂爲國致死。」敵大至，汲死之。宗印率軍民自房陵奔襄陽。事聞，贈汲太中大夫，後謚忠介。趙甡之遺史云：「汲帥將兵二千人及兩都監出南門，聲言欲出戰，或以爲出奔，爲金人所掩。汲及兩都監被拘執。或曰：登時被殺。」今從家傳。甡之又云：「宗印奔襄陽，銀朱乃陷城。」而家傳所書差詳，今從之。

是日，金陝西諸路選鋒都統婁宿圍長安。先是，河東經制副使傅亮自陝府歸馮翊，會唐重除永興帥，因與亮俱西。城中兵才千人，重悉以授亮，嬰城固守。金益兵攻之。

4 己丑，直秘閣謝貺提點京西北路兼南路刑獄公事，專切總領招捉賊盜。先是，有撰勸勇文者，揭於關羽廟中④，論敵兵有五事易殺：「連年戰辛苦，易殺；馬倒便不能起，易殺；深入重地力孤，易殺；多帶金銀，易殺；作虚聲嚇人，易殺。各宜齊心協力，共保今歲無虞。」貺得而上之，詔兵部鏤板，散示諸路。

5 辛卯，詔：「自今武臣未至武功大夫，不得除遥郡。雖係軍功特旨，亦不施行。」以中書有請也。户部侍郎兼知揚州吕頤浩轉對，論：「官軍所至，争取金帛之罪猶小，劫掠婦女之禍至深。願申諭將帥，自今有犯，必罰無赦。昨鎮江城中婦女，有尚在軍中者，亦乞速令放歸。」詔以付諸將。

6 壬辰，龍圖閣直學士、知鎮江府錢伯言奏：「已依處分，螺鈿椅桌於市中焚毁。萬姓觀者，莫不悦服。」上曰：「朕早來語御史張浚曰：『還淳返朴，須人主以身先之，天下自然嚮化。』」黄潛善曰：「誠如聖訓。」

詔併真州榷貨務都茶場於揚州，以行在務場爲名。以延康殿學士、同專一措置財用黃潛厚言真州地近行在，而兩處給鈔引非便故也。潛厚在維揚，率遣人於近州村坊市酒入都城鬻之，得息至倍，議者誚之。此以紹興二年十月丙午劉棐論潛厚四罪章疏修入，不得其年月，因事附見。去年九月庚戌，張愨自作酒肆，或與相關，當考。

徽猷閣待制、提舉南京鴻慶宮劉安上卒。安上，永嘉人，事上皇爲給事中。

是日，金人犯東京⑤，至白沙鎮，留守宗澤遣兵擊却之。初，金以知滑州王宣善戰，不敢窺其境，乃遣兵自鄭州抵白沙，距京才數十里，都人甚恐。澤方與客對奕，僚屬請議守禦之策，澤不應。諸將退，布部伍，撤吊橋，披甲乘城，都人益懼。澤聞之，命解甲歸寨，曰：「何事張皇？」時統制官劉衍、劉達將車二百乘在鄭、滑間，此據澤遺事。附傳云：「劉衍等又撤去城中吊橋，開掘陷馬坑，都人愈恐。澤聞，召衍等欲斬之。」與遺事不同，附傳恐誤。澤益選精鋭數千助之，下令張燈如平時，民始安堵。

7 癸巳，復置明法科，嘗得解或被貢人許就試，用大理少卿吳瓌請也。初，本朝取士之制，自進士外有諸科，而明法在其中。熙寧中，既罷諸科，而獨存明法，然以舊科但取記誦之學，故更號新科。崇寧初，併其額歸進士。至是，瓌以法官闕人爲請，遂從之，然未及行。紹興十一年七月庚子可參考。

朝請郎季陵守尚書右司員外郎。陵，龍泉人也。

秘閣修撰呂源爲兩浙路轉運使，直秘閣姜仲謙副之。源，升卿子也。升卿，晉江人，故贈寶文閣待制。既而中書舍人汪藻論源以貲結林靈素、孟昌齡、梁師成而得監司，仲謙奴事譚稹而陞延閣。今兩浙人心未定，豈堪二小子擾之？於是源、仲謙皆改命。

朝奉大夫謝亮行尚書主客員外郎。亮初以余深門客恩補官，後從童貫軍，因得調，宣和末用爲尚書郎。至是懼當討論，乃求使絶域，遂有是命。詔應崇寧以來諸寺院改爲宫觀者，自天寧觀外，餘悉還之。

8 甲午，上詣壽寧寺，謁祖宗神主。殿中侍御史張浚論：「兵部尚書董耘，自布衣諂事童貫，陛下總師濟、鄆，夤緣獲進，蓋有所自。尚書高選，耘邪佞有素，豈可濫居？」詔以耘爲延康殿學士、提舉杭州洞霄宫。

迪功郎、御營使司準備使喚周公彦言：「今兹正二月之交，乃太一正遷之日，宜於禁中設壇望拜。」上以問輔臣，黄潛善曰：「太一所遷之方，災祥應之。如設壇望拜，不可爲也。」許景衡曰：「修德愛民，天自降福。」

停官人崔穆復朝奉郎。穆，張閣子婿也。大觀間，蔡京責太子少保，閣爲翰林學士，草制詞明著其罪，京憾之。開封尹盛章阿京意，劾穆不能事母，文致其罪。至是，穆母沈氏訴於朝，中書侍郎張慤因白其事。上曰：「抱冤者獲伸，則人心悦而天意格矣。如此等事，卿能助朕行之，豈不賢於周公彦築壇望拜之禱乎？」閣，河陽人也。

移揚州宗室於泰州、高郵軍，命秘閣修撰趙令廌苦謗切。知西外宗正事，主管泰州宗子；皇叔洺州防禦使士從添差同知西外宗正事，主管高郵軍宗子。令廌，燕懿王元孫，舒益公世逢子；燕王生昌州團練使惟固⑥，惟固生楚安禧公從信，從信生世逢。士從，仲湜子也。

刑部尚書兼侍讀周武仲上言：「前朝得罪黨人既已復官，宜並還其恩數。」上納之，乃詔係籍及上書人令其家自陳，當與贈謚、碑額，其致仕遺表恩澤皆還之。

盜據宿遷縣。日曆無此，今以正月十五日臣僚上言增入。

是日，簽書武勝軍節度判官廳公事、權鄧州李操叛降於金人。初，劉汲既死，金得穰縣小吏格某，使入城招諭曰⑦：「銀朱大王兵十萬，取今日巳時攻城，城破，雞犬亦不留。惟速降，可以免禍。」有士曹參軍趙某者欲投拜，操不可，曰：「當死節。」趙曰：「豈不知盡節爲忠？顧死無益，奈一城生靈何？」操許諾，乃偕見銀朱於城外。銀朱折箭爲誓，遂入城。操，河南人也。

9 乙未，詔：「自今犯枉法自盜贓人，令中書省籍記姓名，罪至徒者，永不叙用。按察官失於舉劾者，並取旨科罪，不以去官原免。」時議者以爲崇、觀以來，贓吏甚衆，其害民甚於盜賊，故條約之。

初，武經大夫、濰州團練使、東平府兵馬鈐轄孔彦威與帥臣權邦彦不和，彦威嘗私宗室女，邦彦欲按之。彦威叛去，邦彦率兵追及，彦威射中邦彦，邦彦乃還。既而彦威更名彦舟，聚衆漸盛，遂引兵之淮西。至是犯黄州，圍其城，守臣趙令峸率軍民拒之，凡六日乃解。此據隆興元年七月本州乞爲令峸立廟狀增入，他書蓋無有也。狀以爲建炎二年正月十日事，故附此日。

10 丙申，金萬户銀朱陷均州，守臣楊彦明遁去，添差武當縣丞任雄翔以城降。雄翔，燕山人也。趙甡之遺史曰：「先是靖康初，金人入河北州縣，軍民皆殺歸朝燕官。均州有添差武當縣丞任雄翔者，燕山人，三世及第，有智算。聞亂，即率燕人之家所有器刃及有馬者皆納之，以明不反。知州事楊彦明信之。未幾，有潰兵犯州境者，令雄翔措置，每出必勝，均人亦賴之，隨付以器甲兵馬，使防境內。雄翔嘗與彦明曰：『國家忘戰久，士卒偷惰不可用。若金人至，必不能當。前者邊事初動時，若國家盡取歸朝燕人，使之防邊，馭之有道，猶可支梧。今國家兵馬，更十年後恐或可用。』及金人入境，百姓流徙而去，彦明計窮，雄翔乃以其衆送彦明全家上武當山，復還城中。金人到，雄翔迎入城。於是歸朝燕人盡隨金人北去。」

11 丁酉，朝議大夫李楫行監察御史。

是日，金人陷房州。

12 戊戌，言者論：「數十年來，奏功冒濫。請自今循襲前轍，保奏不實者，官員坐欺罔之罪，軍曹司等編管遠惡州軍，仍令御史臺覺察。」從之。

右武大夫、高州防禦使、環慶路兵馬副總管王機除名，象州編管。坐開邊隙也。

是日，婁宿陷長安，守臣天章閣直學士、京兆府路經略使唐重死之。初，金人在河中，重上疏言狀，且乞五路兵自節制，不報。馬步軍副總管、武功大夫、貴州刺史楊宗閔嘗爲重謀曰：「今河東諸州皆非我有，敵距此纔一水，而本路兵弱，宜急繕城塹爲守禦計，以待外援，捨此無策。」重以秦民驕，不欲擾之而止。及金人至境，重不知所爲，貽書轉運使李唐孺曰：「重平生忠義，不敢辭難。始意迎車駕入關，居建瓴之勢，庶可以臨東方。今車駕南幸矣，關陝又無重兵，雖竭盡智力，何所施其功？一死報上不足惜。」逮婁宿圍城彌旬，外援不至，於是直秘閣、前河東路經制副使傅亮以精鋭數百奪門降金。時地大震，敵因其勢以入，城遂陷。重尚餘親兵百人，與敵戰，諸將扶重去，重曰：「死吾職也。」戰不已，衆潰，重中流矢死之。趙甡之遺史云：「重自縊死。」今從劉岑所作墓誌。陝府西路轉運副使直秘閣桑景詢⑧、判官曾謂、京兆府路提點刑獄公事奉直大夫郭忠孝、經略司主管機宜文字王尚及其子建中，與宗閔皆死。提舉軍馬、武功大夫、榮州團練使陳迪猶率餘衆巷戰，嘔血誓衆。敵大入，死之。重部曲有感其德者，求舊棺於僧舍，掘地瘞藏之，時年四十六。重之未歿也，李唐孺以其書聞，俄而死節報至，上哀之，贈重資政殿學士，建中中侍大夫、明州觀察使，皆謚恭愍；宗閔右武大夫、貴州防禦使，後以孫貴，謚忠介。他贈官推恩有差。宗閔，沂中大父。沂中已見元年正月辛卯。會要云：「宗閔，靖康間爲永興軍路總管。西北番兵併來攻寨，全家被害。」此蓋其子震死事，會要誤也。景詢，懌孫，懌，雍丘人，故涇原路兵馬都監。介直有守，尚氣節。童貫用事時，州縣官皆迎肩輿，望塵而拜，景詢獨不屈，坐罪循州羈管，議者多之。忠孝，逵子，嘗事伊川程頤，授其易與中庸、大學。金人至長安，或勸云：「監司出巡，可以免禍。」忠孝不答，遂被害。熊克小曆以謂爲本府通判，蓋承會要之誤。日曆紹興三年四月庚戌，宣撫處置司奏狀亦稱永興通判曾謂死事不屈，或是未受命也。汪藻外制集又稱謂除轉運副使，恐太驟，當考。

13 己亥，秘閣修撰、河南尹、西京留守、京西北路安撫制置使孫昭遠爲叛兵所殺。初，金至西京，昭遠率麾下南去，行至陳、蔡間，潰兵滿野，昭遠猶欲安集之，而麾下單弱，乃欲擁之以行。昭遠罵之曰：「若等衣食縣官，不以此時報國，南去何爲？」叛兵怒，擊昭遠死焉。事聞，贈徽猷閣待制，後謚忠愍。

龍圖閣直學士葉夢得落職，提舉江州太平觀，坐守杭州軍變故也。日曆、會要夢得並自待制落職。按夢得去年已復舊職爲雜學士，不知何故。

先是，言者論顯謨閣學士、知越州翟汝文總兵臨城，不肯會戰。詔令分析。汝文言：「自杭賊作亂，首提孤軍與賊鏖戰，而諸將悉爲憲臣所制，除鮑貽遜槍仗手在城下與臣相聞外，無單車一介以爲掎角，不知使臣與誰會合？兼前後請討賊奏牘具在，焉可誣也？」詔降汝文爲顯謨閣直學士。

14 庚子，主客員外郎謝亮爲陝西撫諭使兼宣諭使，持詔書賜夏國主乾順，從事郎何洋爲太學博士偕行。亮兼宣諭，日曆不書。此以亮紹興三年九月十六日乞差遣狀修入。何洋事迹不見他書，今以通義志增入。志云：「奉使西夏，加太學博士。使還，循承直郎。未幾再使。樞密張公宣撫川陝，公爲屬從入關中。」按史，西夏未嘗再遣使，洋蓋從亮行。其云「未幾再使」者，當是建炎三年，亮從張浚至秦州準備出使，而洋又與之俱，其實未嘗出疆也。今略修潤附入。

朝奉大夫、通判濟南府張柬進秩一等⑨，以喬仲福捕斬李昱，柬應副錢糧有勞也。柬後爲劉豫僞相，故於此著其始。

金游騎至京城下，見宗澤不之備，疑不敢入。是日，統制官劉衍與金人遇於板橋，敗之，追擊至滑州，又敗之，金人引去。

是日，張遇陷鎮江府。初，遇自黄州引軍東下，遂犯江寧。江淮制置使劉光世追擊之，遇乃以舟數百絶江而南，將犯京口，既而回泊真州，士民皆潰。將作監主簿馬元潁妻滎氏爲賊所得，滎氏厲聲罵賊，爲所害。滎氏，嶷女弟也。翌日，遇自真州攻陷鎮江，守臣龍圖閣直學士錢伯言棄城去。時秦魯國大長公主避地南來，其中子右金吾衛上將軍愕爲賊所戕，頗掠其家人而去。王明清揮麈録載此事甚詳。日曆：「正月戊戌⑩，張遇寇江寧府，劉光世破其後軍，追襲至江州湖口縣，大捷。」此據劉光世所申，非其實也。

15 辛丑，入内内侍省押班邵成章除名，南雄州編管。時金人攻掠陝西、京東諸郡，而羣盜起山東，黄潛善、汪伯彦皆蔽匿不以奏。及張遇焚真州，去行在六十里，上亦不聞。成章上疏條具潛善、伯彦之罪，曰：「必誤國。」及申潛善，使聞之。上怒詔成章不守本職，輒言大臣，故有是命。日曆不言成章得罪本末，但坐批旨云：「輒論大臣。」今以趙甡之遺史增入。馬伸劾潛善章亦云：「成章緣上言遠竄。」則甡之所云當不妄也。按史，成章南雄州編管，而甡之云貶吉州，當考。中興聖政：臣留正等曰：「自古人君求言之路至廣也，上自公卿百執，下逮芻蕘庶人，惟宦官、女子不與焉。豈以其皆無能言者歟？直以其非所當言爾。非所當言而言，借曰有益，已爲非宜，況其未必有益，而常至於黨邪害正者乎？唐明皇時，雲南數喪師，邊將擁兵太盛，在朝之臣無一敢言。高力士一日獨爲明皇言之，可謂切矣，而論者猶以爲朝廷無賢，百官失職，而至於宦者言天下事，蓋深爲明皇不取也。邵成章言大臣之失，未必非衆人之所難言者。太上皇帝謂祖宗以來所未有，蓋以爲非所當言而言，故斷然竄黜之，可謂深得聽言之道矣。且內侍毀大臣，固在所當責，而其輒爲之譽者，亦豈免妄言之罪？或毀或譽，俱不由於左右近習，而以至明來天下之公論，不亦善乎！」

右文殿修撰鄧紹密依舊知興仁府。初，濟南闕守，而新知府事張悅遲留不行，乃以紹密知濟南府。至是，紹密留興仁，更命中奉大夫劉豫。豫，阜城人，世爲農，至豫始舉進士。宣、政間仕至殿中侍御史，提點河北西路刑獄，後掛冠去，避亂真州。靖康末，落職致仕，召還，道梗不能赴。及是，中書侍郎張慤與豫有河北職司之舊，力薦於朝，除知濟南府。時山東盜起，豫欲易江南一郡，而執政厭其頻數，皆拒之。豫痛憾而去。此據楊堯弼所作僞豫傳增修。日曆不載豫濟南之除。按紹密以正月己亥除知濟南，辛丑仍舊除知興仁，故遂附見。但豫傳以爲豫爲兩浙察訪，至儀真丁父憂，因家焉。建炎二年起復，除中奉大夫、知濟南府，代張悅行。此則差誤，據史，豫以宣和六年十二月甲寅自朝請大夫新判北京國子監，除河北西路提刑，不知何時致仕。召赴闕非丁憂起復也。今略删潤，令不牴牾。

是日，金人陷鄭州，通判州事、直秘閣趙伯振率兵巷戰，爲流矢中，墜馬，金兵剖其腹而殺之。後贈五官，爲朝請大夫，官其二子。伯振，靖康末爲鄭州司録事，捍禦有力，故就用之。至是，金圍城八日而陷。此以紹興元年六月戊寅其家乞贈官狀修入。狀云建炎二年正月十六日城陷，故係此日。

16 癸卯，直龍圖閣黃唐傳守起居郎，尋遷中書舍人。黃潛厚之除延康也，言者論其無名進職，而唐傳行詞，極其稱美，故潛善擢之。唐傳初見元年二月，其遷中書舍人，日曆不載，而後省題名繫之此年八月。按史，今年三月壬寅，康執權除起居郎。執權既遷，五月乙卯又除周望，則唐傳之遷，不容在八月矣。馬伸論黄潛善疏云：「一日逐三舍人，乃取諸羣小以掌絲綸。」而無唐傳名，則唐傳之遷，又當在其先，不知何以不與策士之列，皆不可考。張澂劾潛善疏第十三事云「中書舍人黄唐傳行潛厚誥詞」云云，潛厚以去年十二月遷延康，其出誥當在正月，不知唐傳已爲舍人，或但以左史攝行也。今併書之，更俟參考。

是日，金人陷濰州。時右副元帥宗輔引兵犯山東⑪，而京東無帥，士大夫亦皆避地。朝議大夫周中世居濰州，獨不肯去，率家人乘城拒守。中弟辛家最富，盡散其財以享戰士。城陷，中闔門百口皆死。此以紹興六年三月周聿乞贈官及閤臯保明狀修入。狀稱：「建炎二年正月十八日城陷。」故繫於此日。守臣奉直大夫韓浩亦遇害。浩，琦孫也。此以紹興元年十一月二十七日浩侄貽胄陳乞死事推恩狀修入。

宗輔又陷青州，知臨淄縣、奉議郎陸有常率民兵拒守，死於陣。知益都縣承議郎張侃、知千乘縣丞迪功郎丁興宗亦死。後贈有常朝散郎，録其家三人；贈侃、興宗二官，官一子。完顔宗弼至千乘縣，市民率土軍、射士、保甲及濱州潰兵葛進等擊敗之。敵棄青、濰去。

婁宿自長安分兵犯延安府，會鄜延經略使王庶在鄜州寓治，於是敵陷府東城，權府事劉選率軍民據西城以守。趙甡之遺史作權府劉洪，據今年十一月城陷時，權府乃劉選，疑甡之字誤。

17甲辰，直秘閣、知壽春府康允之奏丁進解圍。上謂輔臣曰：「此郡守得人之效也。卿等六人，宜廣詢人才，若人得二人，則列郡便有十餘守稱職。然須參議，不可徇私。」張慤曰：「崔祐甫嘗謂非親非舊，安敢與官？今日當問所除當否耳。」尋遷允之直龍圖閣。允之除直龍圖在二月壬戌。時進既受閤門宣贊舍人、京城外巡之命，遂引所部屯京城，往參留守宗澤。將士疑其非真，主管侍衛步軍司公事閭勍等請以甲士陰衛。澤曰：「正當披心待之，雖木石可使感動，况人乎？」及進至，澤拊勞甚至，待之如故吏，進等感服。翌日，請澤詣其壁，澤許之不疑，進益懷感畏。後其黨有陰謀以亂京師者，進自擒殺之。初，進既受招，其所刺良民有復還鄉里者，允之請刺填諸軍闕額，上許之。

18 乙巳，新除中書舍人孫覿充顯謨閣待制、知平江府。初，覿有除命，即上疏辭，且言：「在靖康中，首論蔡京、蔡攸罪狀，又論蔡行父子棄官而去，又論李綱不知兵，太學諸生誘衆伏闕爲亂，大臣之政專務姑息，於是京、攸之黨，逃棄官守之人，行營司官屬，太學諸生，朝廷大臣，莫不惟臣之怨，積致中傷，以陷大難。乞一宫觀差遣。」故有是命。日曆三年正月己亥再書覿與郡，恐誤。

中奉大夫耿自求行都水使者。自求，河南人也。

初，大臣有薦瀘州草澤彭知一者有康濟之略，隱居鳳翔。得旨，令津發赴行在所。既入朝，乃以所燒金及藥術爲獻，上手札付三省，曰：「朕不忍燒假物以誤後人，其遣還之。」仍毁其燒金之具。

19 丙午，武翼郎、閤門宣贊舍人單世卿提舉荆湖南路巡社兼提點刑獄公事。時揚州有稱頓放御前金玉而占官屋者，浙路有稱御前收買海味者，上聞，命有司劾治之，仍令尚書省榜諭。

20 丁未，詔曰：「自頃奸臣誤國，邊隙既開，兵禍及於黎元，烽塵暗於京闕。軍以傷殘而散潰，民因侵軼而流亡。遂假勤王之名，公爲聚寇之患。朕駐蹕淮甸，欲還故都，興言及兹，痛憤良切。凡今日奪攘縱暴之侶，皆異時忠義向方之人。白日照臨，明爾遷善之意；皇天覆幬，監予止殺之誠。一應盜賊回心易慮，散歸田里，或失業不能自還者，令所在官司條具以聞，朕當區處。其日前罪犯，一切不問。」著此爲宗澤論詞臣失職事始。

中興聖政：臣留正等曰：「民流散而至於奪攘，皆非其本心，苟生朝夕，失計而爲之也。從而殲之，不爲無罪。要非先以化誨而使之自新，聖人不忍遽絶之也。斯詔之頒，勉其遷善之意，諭以止殺之誠，丁寧懇惻，亦云至矣。昔周之於頑民，勿庸殺而姑教之⑫。且曰：『惟我一人⑬，弗恤弗蠲乃事，時同於殺。』蓋言民爲亂，而我不哀恤之，不蠲潔之，雖民以罪致死，與我殺之何異？周之待頑民如此，卒能致其保受威命明德，同於友民。忠厚之風，詩人歌之。竊讀斯詔，豈非所謂忠厚之至歟？」

北京留守兼河北東路制置使杜充奏磁、洺解圍。詔尚書省榜諭。遂以皇叔右監門衛大將軍、貴州團練使、權知洺州士珸爲洺州防禦使。士珸復洺州，見去年七月甲午。其除洺防，日曆不書，附傳云：「明年移蹕揚州，以功轉洺州防禦使。」當在此時，故附於捷奏之後。

東京留守宗澤復奉表，請上還京師。且曰：

臣聞易曰：「天下之動，正夫一⑭。」孟子曰：「天下惡乎定？曰定於一。」恭惟京師是我太祖皇帝肇造大一統之本根也，奕世聖人，繼繼承承，於此坐視天民之阜，所以自西自東，自南自北，莫敢不來享，莫敢不來王，薄海内外，莫不率俾。陛下天錫勇智，入紹寶緒，天下之人竭蹷稽首，咸曰一哉王心。今既奄有九有，實萬世無疆之休。陛下奈何不念四海生靈切切徯后之意，乃偏聽奸邪之言，託爲時巡，駐蹕淮甸，不思我宗廟朝廷，祠享報上，垂拱視下，又不思我二聖后妃親王天屬蒙塵，朝夕懷想迎取之志，又不思我諸帝諸后陵園廟貌，以時祭祀，所以貽厥子孫之情⑮。臣竊謂陛下若於二月間詔敕回鑾，登樓肆赦，則天下皆知一人來歸九重，强者當革心遠罪，弱者當屏迹復業，必無憂疑聚爲盜賊，諸軍將士，震奮感激，願敵所愾。書曰：「時哉弗可失。」臣若有毫髮誤國大計，臣有一子三孫，甘被誅戮，以謝天下。臣竊恐州縣狃於騷擾，百姓煽摇不能耕桑。果耕桑失時，則衣食之源盡廢。衣食不給，使諸大臣中，雖有臯、夔、稷、契、伊尹、周公，亦不能善其後矣。願陛下以祖宗二百年大一統基業爲意，不可憂思過計，而信憑奸佞自爲身謀者之語，早勅回鑾，則天下幸甚。臣犬馬之齒已七十，於禮與法，皆合致其事以歸南畝。臣漏盡鐘鳴，猶僕僕不敢乞身以退者，非貪冒也。實爲二聖蒙塵北狩，陛下駐蹕在外，夙夜泣血，惟恐因循後時，天下自此失我祖宗大一統之緒。所以狂妄，屢有敷奏，非臣好爲此激訐，恭望睿慈委曲詳察。取進止。」遣開封府判官范延世以聞。此係澤第十二奏。張嵲擬留守司請回鑾表：「習祥而征，自潛消夫彊敵；振旅以入，宜復幸於奥區。敢控忱誠，仰干睿聽。竊以衆人以宴安爲意，咸思克定於厥家；王者撫艱難之時，蓋或不常於厥邑。是以漢祖之戰京索，時歸幸於櫟陽；光武之復東京，亦暫休於河内。皆匪定都之會，實爲行衛之區。眷此臨安，久稽大駕。雖宮室卑陋⑯，弗稱於九重；而井邑夥繁，粗羸於七校。況官寺之有所，復廟祏之已安。儻回曦馭之臨，允慰斯民之望。恭惟皇帝陛下遠稽古昔，下順黎元，鑒瀆武之無庸，知從欲之盡濟⑰。詔太僕而效駕，命髦頭以先驅。回軫旋衡，壹賜經行之録；復勞休士，聊稱告至之觴。」

21 己酉，詔：「沿邊將兵避難入蜀者，並放罪，限半月赴行在。仍於大散關置關使二員，自今官員入蜀，審驗告敕，無僞者聽過。」自兩河失守，兵官之敗散者，多在興、鳳間招集潰兵入蜀，朝廷聞之，故有是禁。此事日曆不載，今以建炎三年十月戊寅利路轉運司申樞密院狀修入。

22 庚戌，中書舍人汪藻言：「取會三省吏到揚州者二百五十八人，乞推賞。」先是，詔：「在京三省樞密院省臺寺監百司當行人吏，隨到駐蹕處，先轉一資，事定，别推賞。不到者勒停編管。」至是進呈，上曰：「不到者何不具？此賞未可行，竢見當罰人數，乃可。」執政皇恐而退。

23 辛亥，詔曰：「近緣臣僚論列，乞以崇寧以來無狀之人編爲一籍，已降指揮，候諫官御史具到，令三省樞密院參酌施行。然念才行難於兼全，一眚不可終廢，當宏大度，咸俾圖新。除參酌到罪惡深重、不可復用人外，並許隨材選任。如顯有績效，可以補前行之失者，因事奏陳，特與湔洗，仍許擢用。」

是日，兩浙制置使王淵招賊張遇降之。遇自金山寺進屯揚子橋，衆號二萬。會淵還行在，自將數百騎入其寨招之。遇見淵器械精明，惶懼迎拜。淵曰：「汝等賴我來晚，故得降，不然，已無遺類矣。」淵奏以遇爲閤門宣贊舍人。守臣錢伯言乃得還其府，遇猶縱兵四劫，扈從者危懼。户部侍郎兼知揚州吕頤浩、帶御器械御營使司前軍統制韓世忠聯騎造其壘，曉以逆順禍福，執其謀主劉彦磔於揚子橋，縛小校二十九人送淵戮之，餘黨怖而釋甲，得其軍萬人隸世忠。

24 壬子，顯謨閣直學士、提舉醴泉觀孟忠厚爲常德軍承宣使，用臺諫給舍六章論列也。初，新除中書舍人衛膚敏既坐論忠厚故徙官，力辭不拜。翰林學士朱勝非言：「陛下即位之始，四方拭目以觀新政，今乃坐外戚而去諫臣，非所以示天下。」會劉珏不書録黄，殿中侍御史張浚章繼上，中書舍人汪藻亦言：「隆祐太后盛德著聞天下三十年，今一旦以忠厚之故，使陛下屈法而隆私恩，臣恐海内之人，不能無疑，非所以成隆祐遠嫌之德。」膚敏復言：「事母后莫若孝，待戚屬莫若恩，勸臣下莫若賞。今陛下順太后以非法，非所謂孝；處忠厚以非分，非所謂恩；不用臣言而遷其官，非所謂賞。陛下一舉而三失之矣。況陛下事大母猶母也，子之於父母，可則從之，其不可者不從也。故孔子曰：『從父之令，又焉得爲孝乎？』蓋有天下者，當以大義滅親，豈可徇家人之私情，害祖宗之成法？至假外戚以名器，而示天下以不公，矧中書乃根本之地，而舍人所掌在於論列可否，獻納是非，不特演論而已。臣叨居諫垣，已試無補。若更貪榮冒寵，超擢詞掖，則不移之愚，難聽之語，又復妄發，其獲罪愈重矣。」前一日，執政進呈，上問何以處此，中書侍郎張慤流涕言曰：「陛下政事盡循祖宗成憲，惟忠厚冒居論思之職，至今諫官卧家幾月，有傷公道，臣竊惜之。」同知樞密院事郭三益曰：「陛下屈法於忠厚，爲太后也。慤流涕而請，爲天下也。願陛下從慤言。」宰相黄潛善、知樞密院事汪伯彦亦言：「忠厚當換武。陛下儻重違太后意，即請以言者論疏納東朝。」上曰：「不若以章疏付忠厚，令自爲謀，則兩全矣。」既而太后令與忠厚易武。上以諭輔臣，仍詔后族自今不得任侍從官，著爲令。中興聖政：臣留正等曰：「臣聞章獻明肅太后垂簾時，外戚馬季良爲待制。仁祖親政，於明肅之政無大變更，獨季良即日易武弁，以爲祖宗之制不可以私恩廢也。太上皇帝奉隆祐太后至矣，而不敢抑言者以私忠厚。嗚呼！此我宋家法，萬世所當守也。」

詔以京師乏糧，出榷貨務錢五十萬緡付留守司，召江、淮、兩浙商人入中。時京師米斛十二千，上聞之，故有是旨。

是日，金人焚鄧州。初，上既用李綱議營南陽，於是截留四川輕賷綱及聚芻粟甚衆，城破，悉爲金有。金又需百工技藝人及民間金幣，如根括京城之法，凡再旬乃盡。至是將退師，使人諭城中富民，令獻犀象金銀，以謝不死。城中人既出，銀朱諭曰：「大金欲留兵十萬屯於鄧州，爾當供其芻粟。」衆曰：「鄧州多水，非屯兵地。」銀朱曰：「爾曹既已投拜，皆大金之民矣，今引兵而去，後有他盜若何？」衆莫對。銀朱令竭城北遷，士大夫許調官，緇黄歸寺觀，商賈使居市，農家給田種作。城中傳聞，皆大慟。少頃，金兵四面縱火，盡驅城中人入木寨中。後四日，擁之而去。中塗量給食，細民之死者殆盡。

25 癸丑，太學生魏祐上書，論黄潛善、汪伯彦誤國十罪。不報。此據趙甡之遺史，其書未見。

詔非泛假日並權住，更不休務，俟邊事平息依舊。用提舉淮南西路茶鹽公事吕伸請也。

26 甲寅，浙東安撫使兼知越州翟汝文言：「本州禁卒不滿千人，皆侏儒不及等尺。近者杭州兵卒作亂，婺州盜賊繼作，本州臨時不過募槍仗手禦賊，而槍仗手皆村民乍募，不習戰鬭，動輒傷敗。伏見武經郎王政見押回本路軍兵一千餘人，分還管下六州。其人昨戍河北⑱，稍習邊面，欲乞盡屯駐在越州，合爲一軍，則兵勢稍衆，可以鎮壓一路，豫備不虞。」從之。

是月，太學録万俟卨爲樞密院編修官。卨，陽武人也。此據樞密院屬官題名及墓誌。

金人陷潁昌府，守臣孫默爲所殺。初，劉汲之未死也，檄承事郎裴祖德權通判府事。祖德時丁母憂，默奏起復。會金人入犯⑲，默乞退保郾城。既而巡檢趙俊密報祖德，金人不來，祖德以挈家爲詞，紿默暫歸陽翟，乃妄申留守司，言默遁去。宗澤信之，以祖德權府事。默大怒，劾於朝，未報。俄金人再至潁昌，默被殺，澤乃假祖德直秘閣、知潁昌府。潁昌之陷，諸書不見，今以紹興四年八月十三日臣僚章疏修入，不得其年月，故且附金人破唐鄧之後，更須詳考。

婁宿既得長安，即鼓行而西，進陷鳳翔府，隴右大震。夏人諜知關陝無備，遂以宥州監軍司檄至延安府，自言大金以鄜延割隸本國，須當理索。若敢違拒，當發兵誅討。鄜延經略使王庶口占檄詞，報曰：「金人初犯，本朝嘗以金肅、河清畀爾[20]，今誰守之？國家以奸臣貪得，不恤鄰好，一至於此。貪利之臣，何國蔑有？豈意夏國躬蹈覆轍。比聞金人欲自涇原徑擣興、靈，方切爲之寒心，不圖尚欲乘人之急。幕府雖士卒單寡，然類皆節制之師，左枝右梧，尚堪一戰。果能辦此，何用多言？」徑檄興中府，因遣諜間其用事臣李遇，夏人竟不出。此據趙甡之遺史附見。甡之以爲春初事，故附見此月末。

時金主晟居淶流河御寨，而左右供奉半皆南人。是月，數千人同謀以入山採薪爲名，盡置長柯大斧，欲劫晟入山據嶮，然後結集南兵，挾之渡河以爲質。既而爲其徒所告，首謀者皆坐誅，遂寢。此據趙子砥燕雲録修入，以洪皓記聞考之，當有是事。皓所記附三年正月。

校勘記

① 皆困攻圍 「困」，原作「因」，據叢書本改。

② 自「詔略曰」至「分布收係」共一百十四字，宋史全文卷一六下爲大字正文。

③ 良仕至秘閣修撰 「仕」，原作「任」，據叢書本改。

④ 揭於關羽廟中 「羽」，原作「侯」，據叢書本改。

⑤ 金人犯東京　「犯」，原作「侵」，據叢書本改。

⑥ 燕王生昌州團練使惟固　「固」，原作「圖」，據本書卷三七建炎四年九月丙辰日記事、宋史卷二四四燕王德昭傳改。下文同改。

⑦ 使入城招諭曰　「曰」，原闕，據叢書本補。

⑧ 陝府西路轉運副使直秘閣桑景詢　「使」，原作「史」，據叢書本改。

⑨ 朝奉大夫通判濟南府張柬進秩一等　「張柬」，原作「張東」，據宋史卷四七五劉豫傳改。後同改。

⑩ 日曆正月戊戌　「戌」，原作「辰」，據叢書本改。按：建炎二年正月丙戌朔，戊戌爲十三日。是月無戊辰。

⑪ 時右副元帥宗輔引兵犯山東　「犯」，原作「侵」，據叢書本改。下同。

⑫ 勿庸殺而姑教之　「勿」字據宋史全文卷一六下補。

⑬ 惟我一人　原作「我惟一人」，據尚書酒誥乙。

⑭ 正夫一　「正」，原當作「貞」。四庫館臣有按語：「此句以避宋仁宗諱，故改貞爲正。」今删。

⑮ 所以貽厥子孫之情　「子孫」，原作「孫子」，據宗忠簡集卷一乞回鑾疏（第十二次奏）及歷代名臣奏議卷八五乙正。

⑯ 雖宮室卑陋　「卑」，原作「庳」，據張嵲紫微集卷二二擬留守司請回鑾表及叢書本改。

⑰ 知從欲之盡濟　「欲」，原作「政」，據張嵲紫微集卷二二擬留守司請回鑾表及叢書本改。

⑱ 其人昨戍河北　「北」，原作「此」，據翟汝文忠惠集卷七乞留浙東軍兵屯駐越州狀改。

⑲ 會金人入犯　「入犯」，原作「來侵」，據叢書本改。

⑳ 金人初犯本朝嘗以金肅河清畀爾　「初犯本朝」，原作「南侵時」，據叢書本改。

建炎以來繫年要録卷十三

1 建炎二年二月乙卯朔，言者請令羣臣入對，具所得上語，除機密外，關治體者悉録付史官。從之。

直秘閣、京東轉運判官柴天因爲本路轉運副使兼知青州，主管京東東路安撫兼提刑司公事。天因，開封人。天因見洪邁夷堅乙志。時金已陷青、濰，而朝廷未知也。

2 丙辰，詔太史局天文自今除報御前外，並不許報諸處。日曆無此，今以紹興三年七月秘書省申明狀增入。

吏部尚書路允迪罷爲資政殿學士、提舉杭州洞霄宮。時言者復論允迪薦郭太沖事，以爲欺君。允迪因乞祠，而有此命。

詔録韓琦子孫可任使者。

是日，金再犯東京①，宗澤遣統制官李景良、閻中立、統領官郭俊民等領兵萬餘趨滑、鄭，遇敵，大戰，爲敵所乘，中立死之，俊民降金。景良以無功遁去，澤捕得，謂曰：「勝負兵家之常，不勝而歸，罪猶可恕。私自逃遁，是無主將也。」即斬之。既而金令俊民持書招澤，俊民與金將史姓者及燕人何祖仲直抵八角鎮，都巡檢使丁進與之遇，生獲之。澤謂俊民曰：「汝失利就死，尚爲忠義鬼，今乃爲金游説，何面目見人邪？」捽而斬之。謂史某曰：「上屯重兵近甸，我留守也，有死而已，何不以死戰我，而反以兒女語脅我邪？」又斬之。謂祖仲本吾宋人，脅從而來，豈出得已？解縛而縱之，諸將皆服。

3 戊午，詔責授單州團練副使耿南仲係淵聖皇帝二十年宮僚，免過嶺，移臨江軍居住。

詔諸路有警報，鄰近三百里内州軍，不拘路分，互相策應。用宣教郎馮鐸請也。

劉衍自滑州引兵還汴京。

是日，銀朱陷唐州，遂縱焚掠，城市一空。

4 己未，詔兩浙武臣提刑於鎮江府置司。

5 辛酉，刑部尚書周武仲遷吏部尚書兼侍讀，尚書户部侍郎兼知揚州呂頤浩遷户部尚書，御史中丞王賓遷刑部尚書仍兼侍講。朱勝非秀水閑居録云：「建炎二年春夏之交，政府闕員，周武仲獻之吏書②，予在翰林，王賓元將中司，同司讀講。元將經營甚力，至一旬九對，或一日再對，早朝以中丞職事，午間經筵留身。予與獻之累遭指摘，不敢求對。如是兩月，元將忽遷刑部，頗不樂，謁告十餘日。上遣人敦諭，始起。又數日，予忝右轄之命。」按史，路允迪以二月丙辰罷簽樞，王賓除刑書前五日，勝非所謂政府闕員，當指此也。然實不在春夏之交。勝非五月戊子除右丞，去此已遠，亦不應云「又數日予忝右轄之命」也。若指今年五月許景衡去位時，則賓已不在中司，勝非小誤。

時寇盜稍息，而執政大臣偷安朝夕。武仲請對，引孟子言：「『國家閒暇，及是時，明其政刑，雖大國必畏之。』今不乘時爲無窮之計，何以善其後？願詔二府條天下大事，與取人才、紓民力、足國用、選將帥、强兵勢、消盜賊之策，講究而力行之。」又言：「今宿將無幾，後來以武略稱者，未見其人。請詔武臣郡守、路都監以上，各舉可爲將者。」會議者言，三省舊合爲一，文書簡徑，事無留滯。乞循舊以宰相帶同平章事。詔侍從、臺諫議，武仲曰：「今敵兵尚熾，軍防兵政所宜討論者甚多，何暇講求省併條例？莫若且依元豐官制元立吏額，及行遣日限，庶無冗員滯事，而得省併之實。」翰林學士朱勝非亦言：「唐制，僕射爲尚書省長官，奉行兩省詔令而已，今爲相職。如復平章事，則三省規制與昔不同，左右丞以下官曹職守，以至諸房體統綱目，皆合改易，典故散亡，未易尋繹。儻輔佐得人，官稱異同，似非急務。矧今行朝事無巨細，皆三省樞密院日再進呈，同稟處分，兵機國政，宰相實已平章矣。請俟休兵日議之。」議遂寢。此以武仲墓誌及勝非閒居録參修，不得其時，且附武仲遷吏書之後。

龍圖閣學士鄭修年、顯謨閣直學士劉阜民、徽猷閣待制余日章、白彦暉，並奪職。始用元年七月己亥詔也。初，李綱既建議而去，修年與其弟顯謨閣直學士億年至行在，皆用雜學士乞見，朝廷亦不問而許之。中書舍人汪藻嘗以爲言，不報。王賓之長御史也，又疏言之。久之，乃有是命。獨億年以進士甲科領職如故。修年，居中子；阜民，正夫子；日章，深子；彦暉，時中子也。

龍圖閣直學士、知洪州胡直孺奏江西軍民五害，如經制司抛科灰塼；提刑司科配吏民，以私財助國；此事去年八月己卯李綱罷相後，黄潛善等已將指揮住罷，不知何以依舊勸誘不已，疑是黄潛厚又有申明，當考。諸州受納苗税加耗太重，有一斛而取五斗者；又朝廷所須，郡縣率取之等第及行户，而無錢以償；監司巧爲犒設之名，務收恩保家，由此摇動軍情，愈益驕恣。望特下寬恤之詔，除此五害，以固人心、寬民力。先是，翁彦國爲經制使，籍民輸建康修城塼數百萬，其人踰虔、吉、南安諸郡，陸負水運，率千錢致兩塼。江西提點刑獄公事留㤿勸民出私財助國，乃督責州縣以等第厚賦於民，欲以求進。江西民苦二役，皆愁恨無聊。直孺以爲言，詔嘉奬。於是諸役並罷。

秘閣修撰、新兩浙路轉運使呂源知揚州，直秘閣、新兩浙路轉運副使姜仲謙移廣南西路，朝散郎、新荆湖北路轉運副使范沖移兩浙路。先是，汪藻論源、仲謙小人，不可用，執政不樂，故仲謙改，而源更有是除。沖正月癸卯自虞部員外郎除湖北漕，今併書之。

朝奉大夫辛炳落致仕。

奉議郎、主管亳州明道宫張潁直秘閣。潁，滕縣人，父孝純，靖康末以資政殿學士守太原，城破不降，爲金所執，故有是命。

6 壬戌，責授安遠軍節度副使、韶州安置宇文虚中復中大夫，乘驛赴行在。以虚中應詔使絶域也。虚中之貶也，上疏自陳：「元議與金人三鎮及金帛，遣沈晦送誓書，皆正月事。臣自拱州與李邈收召東南兵入援。二月朔，姚平仲劫寨失利，金人復攻城。翌日得旨，宣召微臣入對，被命出使，明劫寨非朝廷本意，且令迎奉陛下還闕。當時所與物，止鞓帶四百條，水銀、硼砂十許斤而已。若不剖析，恐身首異處，家族殄滅，亦未足以消弭人言。」疏入不報，至是始召。

鴻臚卿康執權爲起居郎，尚書禮部員外郎董逌爲宗正少卿③。逌在圍城中權國子祭酒，不知何以獨不貶謫，恐是靖康間已權，當考。

7 癸亥，罷在京及諸路市易務，以其錢輸左藏庫，惟抵當庫仍舊。自熙寧初剏市易法，及是，言者以爲所入不償所費，遂罷之。

越州觀察使、提舉萬壽觀高世則爲保靜軍承宣使，宣教郎蘇符爲國子監丞。符，軾孫，軾，眉山人，元祐禮部尚書。自選人特改京官，而有此命。

8 甲子，金人犯滑州。東京留守宗澤聞之，謂諸將曰：「滑衝要必爭之地，失之則京城危矣。不欲再勞諸將，我當自行。」右武大夫、果州防禦使張撝曰：「願效死。」澤大喜，即以鋭卒五千授之。

9 乙丑，開封府判官范延世奉宗澤表至行在，上諭以旦夕北歸之意。澤復上奏以謝，言：

今月二十四日，準范延世等齎降詔命，車駕將欲還闕者。比遣屬僚，仰輸誠欵。洊瀆蓋高之聽，益懷履薄之憂。睿眷矜憐，特賜回鑾之詔；愚忠戀慕，倍增徯后之誠。中謝。竊以萬乘來歸，六龍扈從，雨伯前驅而灑道，河神迎駕以安流。不煩夾道之壺漿，自有隨師之甘露。人情皞皞，如聽南風；天意昭昭，乃回西顧。再斡乾坤之造，重增宇宙之光。赫有宋之中興，奄多方而大定。想瞻原廟，應加肅穆之儀；爰御端朝，愈見鬱葱之氣。雍容對越，駿惠緝熙。宏收率土之歡，誕作普天之宥。下有欲者，上必從之。

恭惟皇帝陛下踐祚應天，時巡淮甸。備履艱難之事，盡敦勤儉之風。謂京師爲諸夏本根，而元后作斯民父母。念本根不宜摇動，謂父母自合依歸。茲俄奉於詔音，衆但知於抃舞。願陛下繼志述事，整頓萬機；願陛下命將出師，邀迎二聖。平蕩兵戈之擾，保全疆場之封。坐視穆清，時躋仁壽。臣無任。

時楊進初以軍降澤，澤奏於上，授進武功郎、閤門宣贊舍人，充留守司統制。日曆，進補官在乙丑。

降授宣教郎、充秘閣修撰、知廬州胡舜陟特遷一官。先是，濟南僧劉文舜聚黨萬餘，盤據合肥境内，舜陟至，即退保舒州之投子山，縱兵剽掠。朝廷患之，遣將趙俊討捕。俊大衄，舜陟曰：「文舜既敗王師，勢必熾，不若以誠招納，比其來，又可用，何至久勞兵也？」乃遣介招之，文舜聽命。時丁進、李勝合兵爲盜，光、蘄、壽久被圍，舜陟命文舜及其將悉破之，得勝所取列聖御容以歸。張遇自濠州掩至梁縣，遠近震讋。舜陟命毁竹里橋，伏兵河西，遇果結栰渡河，伺其半濟而擊之，遇敗去。此據沈長卿所撰記增入。以時考之，皆建炎元年事，不得其月日，且附此俟考。朝廷以舜陟措置民兵，防扼有勞，故有是命。

10 丙寅，光州觀察使、提舉亳州明道宫邢焕充樞密院都承旨。

朝奉郎周離亨充京城留守司參謀官。離亨，宣和六年八月除起居郎，七年正月責監烏鏊鎮税務，未知今自何官除，當考。

11 丁卯，復延康殿學士爲端明殿學士、述古殿直學士爲樞密直學士，從舊制也。

進士胡昭特補登仕郎，何烈、王彦、詹至並將仕郎，用從官、部刺史薦也。先是，詔舉草茅才德之士，得昭、烈、彦、至、朱敦儒等五人，令中書省策試。敦儒，河南人，靖康中嘗召至闕，命以初品官，與學校差遣，辭不就。至是，淮西部使者薦其有文武全才，乃再召之，敦儒卒不至。昭，潭州人；彦，江州人；至，撫州人也。烈已見元年正月丙午④。時烈所對策用廷試體稱臣，上以烈踈遠寒士，不知體式，命一體推恩，故有是命。

朝散大夫、知濮州楊粹中直秘閣，以金人圍城，固守不下也。

12 己巳，張撝至滑州，身率將士與金迎。敵衆且十倍，諸將請少避其鋒，撝曰：「退而偷生，何面目見宗元帥？」鏖戰數合，日暮，敵少却，澤遣統領官王宣以五千騎往援，未至，撝再戰，死之。後二日，至滑州，與金兵大戰於北門，士卒争奮，敵出不意，退兵河上。宣曰：「敵必夜濟。」收兵不追，半濟而擊之，斬首數百，所傷甚衆。澤即命宣權知滑州，且令載撝喪以歸，爲之服緦，厚加賻恤，仍請於上，贈撝拱衛大夫、明州觀察使，録其家四人。金自是不復至東京矣。

13 辛未，殿中侍御史張浚試侍御史。時浚方上疏論，秘書省正字胡珵：「挾諂媚之姿，躬奸回之性，沾沾可鄙。自託李綱，服童僕之役，而出入其寢室，朝夕交結，陰中善良。逮綱遭逐，營爲百計，密招羣小，鼓唱浮言。陳東之書，珵實筆削，意欲使布衣草萊之士，挾天子進退大臣之權。一時閧然，幾致召亂。按珵罪狀，天地不容，願褫奪官爵，投之荒裔，永爲臣子立黨不忠之戒。」珵是月己卯勒停。

詔自今犯枉法自盜贓抵死者，籍其貲。時議者以爲：「贓吏之盛，所在填溢，願明詔有司，應緣贓得罪，及曾經按發跡狀明白，並毋得與堂除及親民。自今有犯者，仍籍其貲，即監司、守倅失按郡縣，及監司失按守倅，與失於互察者，並科違制之罪，不以去官原免。或謂當今使貪、使過之時，恐難以概廢。竊謂貪贓之人，惟可用於軍旅，不可用於臨民。況其天資好賄者，雖死不變。借令才力可以辦事，而結怨民心，爲害甚大。」上酌其言，乃詔贓情俱重者籍没，餘從之。

秘書監李朴卒。朴，贛縣人，少力學，慷慨有大志。舉進士、國學、禮部皆第一，爲虔州州學教授，坐元祐學術廢。靖康初，自外五遷爲國子祭酒，以疾不能至。上即位，除秘書監，趣召，會卒，年六十五。贈寶文閣待制，官其家二人。朴操履勁特，不以貧富貴賤死生易其守。自爲小官，天下高其名。蔡京將彊致之，俾其所厚道意，許以禁從，朴力拒不見，京怒形於色，然終不害也。

14 壬申，中書舍人汪藻、滕康、衛膚敏並罷爲集英殿修撰、提舉江州太平觀，用諫官李處遯疏也。處遯言：「後省比試四方薦士，而何烈用廷試策體，數處稱臣，陛下貸其草茅陋學，不加以罪則可矣，而臣子戴上之分，詎宜如此？望將烈黜落，併正元考官鹵莽之罪。」詔降烈爲下州文學。於是，三舍人俱罷。處遯，淑孫也。淑，彭城人，參知政事若谷子。仁宗時翰林學士。按史，處遯宣和七年十月自朝奉郎、京西北路提舉常平與郡，未知今爲何官。其除諫官，日曆不載。以馬伸劾疏考之，恐是與張浚同命。浚此月辛未自殿院遷侍御史。或曰：膚敏等在後省數論事，爲黃潛善所惡，故因事斥之。

起居郎康執權兼權中書舍人。

詔建州作過軍民既已受招，已前所犯，不論輕重，可並赦免，令尚書省降敕榜曉諭。用知福州、充本路兵馬鈐轄江常奏也。

癸酉，銀朱陷蔡州。初，金人自唐州北歸，守臣直秘閣閻孝忠聞之，先遣其家往西平依土豪翟沖以避寇，而自聚軍民守城。金圍之數日，城陷於東南隅，居人自東奔者皆達，其餘皆死。知汝陽縣丞郭贇朝服罵敵，不肯降，敵執之，贇罵不絕口而死。金人遂焚掠城中而去。孝忠爲所執，金人見其貌陋而侏儒，不知爲守臣，乃令荷擔。孝忠乘間奔西陵。

15 甲戌，詔曰：「自來以內侍官一員兼鈐轄教坊，朕方日極憂念，屏絶聲樂，近緣內侍官失於檢察，仍帶前項，可減罷，更不差置。」中興聖政：臣留正等曰：「聖人之憂樂以天下，不先天下而樂、後天下而憂也。建炎之初，方開中興之業，以天下之大，太上皇帝之所深憂，而聖意篤於孝悌，其憂益遠矣。典樂之官實已廢，其名尚存，心猶有所不忍也，而亟罷去之。其屏聲樂，豈非誠意也哉？」

16 乙亥，言者論兵興以來借補官資之弊，以爲：「所借皆給使、伎術，下至屠沽之人。望委逐路憲、帥司，依弓馬所格法比試，合格人申省部，給進武、進義校尉兩等文帖。進武日給百錢，進義七十錢，並籍定準備軍前使喚，不得充州縣、監當等差遣。竢立邊功，或捕盜有勞，即與補正。如兩試不中者，追毀元帖入官，許令自便。」詔比試合格人發赴御營使司審試，餘從之。此事雖極細，不足辱書，然軍興借補之弊⑤，至今有之，亦足爲公私之蠹，故摘取修入。

朝奉大夫、知棣州姜剛之直秘閣。初，金人圍棣州，剛之固守不下，金人引去。至是，遣使臣杜移忠以蠟書告於朝，故有是命。日曆不書剛之除職。按紹興三年正月，剛之妻管氏乞贈官狀云：「二月二十一日，三省同奉聖旨除直秘閣。」故附此。

17 丙子，金人陷淮寧府，知府事、起復中散大夫向子韶死之。先是，子韶爲京東轉運副使，以父喪免，居於淮寧。會蔡州缺守，蔡人願得子韶三年，部使者上其事，而蔡已除新守矣。乃起復子韶知淮寧府，至半歲，銀朱犯淮寧，子韶率諸弟城守，諭士民曰：「汝等墳墓之國，去此何之？吾與汝當死守之。」時郡有東兵四千人，第三將岳景綬欲棄城，率軍民走行在，子韶不從。景綬引兵迎敵而死，敵晝夜攻城，子韶親擐甲冑，冒矢石，遣其弟子率赴東京留守宗澤乞援兵。未至，城陷，子韶率衆巷戰，力屈，爲所執。金帥坐城上，欲降之，酌酒於前，左右按令屈膝，子韶直立不動，戟手罵，遂殺之。其弟新知唐州子褒等與闔門皆遇害，惟一子鴻得存。事聞，再贈通議大夫，官其家六人。後謚忠毅。子韶，子諲兄也。按子韶死事甚偉，而日曆乃無一字及之，獨會要略載其恤典。今以楊時所作子韶墓誌修入。趙甡之遺史云：「金人犯陳州，知州向子褒固守。第三將岳景綬以將兵迎戰，不勝，軍亂，殺子褒。其家屬或散或亡，既而城陷。」按陳守乃子韶，甡之誤記也。甡之記子韶死事，與時所作墓誌全不同，疑傳聞不詳，今從墓誌。金兵既去陳、蔡，東京留守宗澤檄知尉氏縣陳長寧權淮寧府、武經郎張某權蔡州。蔡領十縣，民牒浩繁，張不能辦。時閤孝忠已罷去，郡人詣部使者，乞以孝忠權知州，從之。此據趙甡之遺史。按此時京西南路帥臣劉汲已死，監司權提刑陳芾一人，當考。

18 丁丑，詔諸路帥司以所部禁軍數聞。自軍興，諸路不奏兵籍，故有是命。

國子祭酒黃哲爲起居舍人兼權中書舍人。

直秘閣、提舉江州太平觀歐陽懋試衛尉卿。懋，修孫也。修，廬陵人，嘉祐參知政事。

朝奉大夫向子諲知襲慶府，道梗不能赴。

奉直大夫致仕王旣特補朝奉郎，以將北使也。初，開封人劉廷者，嘗從張懷素倡左道於真州，懷素敗，廷即國門外亡去。至是更名誨，上書自薦，願應募使金國。召對，以爲宣教郎，王明清揮麈第三録云：「誨願使金，補京官，直秘閣以行。」而日曆誨除職在明年七月丁酉，明清恐誤。假户部尚書，充大金軍前通問使，旣假拱衛大夫、合州防禦使副之。晛，本醫工，初以進頌補從事郎，積遷至是官，靖康中例行追奪。上既遣晛，命復舊官。言者以爲不可，乃有是命。誨、晛至京師，留不進，黄潛善等奏趣之，上曰：「朕觀誨等稽遲如此，益知王雲忠義。」乃命趣進。王明清揮麈録云：「思陵中興應天，誨上書出使。」而汪伯彦中興日曆云：「上即位之二年，遣劉誨奉使金國。」則非應天所遣也。趙甡之遺史誨行在宇文虚中之後。按虚中以五月丙申受命，而王晛以二月丁丑補官，則誨行在先。蓋虚中以二月壬戌被召復官，但未行耳。遺史恐小誤。三年正月乙丑使還。

19 戊寅，責朝議大夫趙子崧爲單州團練副使，南雄州安置⑥。初，子崧與御營統制辛道宗有隙，道宗得子崧靖康末檄文上之，詔監察御史鄭轂置獄京口，究治得情，上震怒，然不欲暴其罪，乃坐子崧前棄鎮江，責官安置。先是，龍圖閣直學士、知鎮江府錢伯言亦以失守待罪。前一日，詔以伯言當殘破之後，到官未久，大盜遽至，而伯言不出府界，保聚軍民，量貶二秩。轂尋遷右司諫。此以日曆及王明清揮麈録餘話參修。子崧傳檄事已見元年四月壬戌。明清所云，雖無他書可以參考，然以建炎三年胡寅封事觀之，不爲無據。轂遷諫官，不見於日曆，諫院題名在今年春，附傳亦云：「鞫獄還，稱旨，遷司諫。」今且附此，俟考。

20 己卯，詔：「秘書省正字胡珵交結權要，傳導風指，諷諭狂生，扇摇國是。可特追所有官，勒停，送梧州編管。」用張浚章疏也。浚疏已見是月辛未遷侍御時。按日曆，浚此疏尚繫殿中御史，蓋其未遷時所上，或者黄潛善先遷浚而後行出也。今各附本日。

朝奉大夫、新通判虔州劉正彦爲武德大夫、威州刺史、知濠州。正彦初見元年六月庚午。初，御營都統制王淵爲熙河經略使劉法部曲，法器之。方法之死事也，正彦自閤門祗候易文資，至是，援舊恩從淵求官。淵薦諸朝，以正彥應詔使絶域，故有是命。未幾除御營右軍副統制，淵自以所將精兵三千授之。

21 庚辰，捧日天武四廂都指揮使、保大軍承宣使、真定府路馬步軍總管、御營使司都統制王淵爲嚮德軍節度使，以平杭賊功也。會要，淵建節在去年七月平杜用之後，日曆亦於八月庚申書楊惟忠、劉光世、王淵並除節度使，而此日又書之，且有制詞。按野記及熊克小曆皆云：「淵平杭賊還，建節。」今附此，更須詳考。

禮部請令曾得解及免解武舉人，就淮南轉運司附場類省試。從之。

少府少監方承知建州。承，莆田人也。

初，武功大夫、和州防禦使馬擴聚兵西山，既爲金所執，因之真定。事見去年四月甲子。會右副元帥宗傑自京師歸北，義而赦之，欲授以官，擴辭不受，請給田以養其母。既而又言：「耕田不即得食，願爲酒肆以自活。」宗傑許之。時武翼大夫趙邦傑聚忠義鄉兵保慶源五馬山寨，擴因此雜結往來之人，復與山寨通耗。辛巳寒食節，擴僞隨大姓送喪，攜親屬十三人奔山寨。先是，皇弟信王榛既亡去，更稱梁氏子，爲人摘茶。擴等陰迎以歸，遂奉榛總制諸山寨，兩河遺民聞風響應，願受旗榜者甚衆。

22 壬午，殿前都虞候、奉國軍節度使、御營使司專一提舉一行事務、都巡檢制置使劉光世，以平張遇功，加檢校少保。

詔募河南北、淮南士人有名籍者爲振華軍，以六萬人爲額，即不足，聽募兩河流移之衆，毋得過三分，皆於左鬢刺「某州振華」四字。

徽猷閣直學士、知成都府盧法原奉詔修羅城，是月始畢。城周二十五里三百六步，高二丈二尺，廣二丈八尺，用工四十六萬有奇。

初，羣盜冀德、韓清乘金人入犯⑦，嘯聚不逞，出没於汝、洛之間，有衆萬人，屯留山寺及艾蒿坪。至是，西京留守司統制翟興以輕騎襲之，一擊而潰，德爲興所擒，清脱身遁去。獲財物甚衆，皆給麾下；婦女數百，悉縱還其家。

金人既去鄧州，有巡檢官陸某者，自羽山率其徒入城以守。隆德之陷也，攢司譚兖脱身南遁，鄉人之奔竄者，推兖爲首，間關渡河，屯灰堆山。兖聞敵去，引衆殺陸某，自據鄧州，以收復報朝廷，因授兖武功郎、知鄧州。

婁宿既陷同州，繫橋以爲歸路，西陷陝、華、隴、秦諸州。秦鳳經略使李復生降，陝右大擾。鄜延經略使王庶檄召河南北豪傑，共起義兵擊賊，遠近響應。旬日間，以公狀自達姓名者，孟迪、种潛、張勉、張漸、白保、李進、李彦仙等，兵各以萬數。勝捷卒張宗自稱觀察使，亦起兵於南山下。彦仙時爲石壕尉，陝府既下，彦仙獨不去。民知彦仙在，稍稍至，彦仙因以軍法部勒之，於是月中破敵五十餘壁。彦仙初見元年三月。

校勘記

① 金再犯東京　「犯」，原作「侵」，據叢書本改。本卷下「犯」字同。

②周武仲獻之吏書　獻之當係武仲字，諸書皆作「憲之」，如墨莊漫録卷三謂「宣和間周武仲憲之使敵」即是。然此作獻之亦不能謂誤，蓋宋人字頗有音同字不同者。

③尚書禮部員外郎董逌爲宗正少卿　「郎」，原闕，據叢書本補。

④烈已見元年正月丙午　此後有四庫館臣按語：「原注無元字，查元年正月十六日有諸生何烈上書，今補入。」現删。按：叢書本有「元」字。

⑤然軍興借補之弊　「借」，原作「備」，據叢書本改。

⑥南雄州安置　「雄」，原作「雍」，據叢書本改。宋史卷二四七宗室四趙子崧傳：「降單州團練副使，謫居南雄州。」

⑦羣盜冀德韓清乘金人入犯　「入犯」，原作「南侵」，據叢書本改。

建炎以來繫年要録卷十四

1 建炎二年三月按是月乙酉朔。丙戌，端明殿學士、東京留守宗澤爲資政殿學士，寶文閣直學士、北京留守杜充爲樞密直學士。時河北東路提點刑獄公事郭永嘗畫三策以遺充，一日見充，問其目，充曰：「吾未暇讀也。」永面數之曰：「人有志而無才，好名而遺實，以此而當大任難矣。」充大慚。一日，天雨紙錢於營中，厚約寸許，人皆以爲不祥。明日，與金人戰於城下，敗績，充遂閉門不出。此不得其時，因除職附見。按充今年七月甲辰自降充顯謨閣待制復密直，移東京，未知何時降職，或緣此敗也，但無書可考耳。

先是，執政以山東盜賊踵起，建炎初敕榜東京，其詞有云：「遂假勤王之名，公爲聚寇之患。」詔見正月丁未。澤恐豪傑解體，是日上疏言：

臣聞人主中天下而立，定四海之民。恭惟太祖皇帝肇造區夏，以今京師爲天下中，故創業垂統，欲傳之億萬世。太宗、真宗、仁宗、英宗、神宗、哲廟，奕世聖人，傳以相授，皆以京師爲本根之地。所以高拱穆清，坐視天民之阜，必於天下之中也。惟莫枕於京，則自西自東，自南自北，莫敢不來享，莫敢不來王矣。偶緣玩習太平之久，文武恬嬉，狃於驕淫矜誇，忘戰守之備，遂致强敵稱兵，殘破州縣，圍閉京城，劫迎二聖、后妃、親王與諸天眷，蒙塵北去，僑寓沙漠。此忠臣義士所以夙夜涕泣，繼之以血。自陛下即位應天，四海萬方，歡欣鼓舞，垂髫鮐背，山農野叟，咸以手加額，仰面謝天曰：天下有真主矣。萬世永賴，實天祚明德，爲無疆之休矣。四方帖然，若遠若近，並無盜賊。洎陛下偏聽奸邪與敵爲地者之語，移蹕淮甸，諸處兇惡强盜，如蝟毛起，如蜂鬨聚，縱火殺掠，所在猖獗，罔有悛懼。以謂朝廷在遠，無所依歸，遽至是爾。臣於二月十八日祇授降到黄榜詔敕云：「遂假勤王之名，公爲聚寇之患。」如是則勤王之人皆解體矣。

臣竊謂自金人圍閉京城，天下忠義之士，憤懣痛切，感厲争奮。故自廣之東西，湖之南北，福建、江、淮，梯山航海，越數千里，争先勤王。但當時大臣無遠識見，無大謀略，低回曲折，憑信誕妄，不能撫而用之，遂致二聖北狩，諸親骨肉皆爲劫持，牽聯道路。當時大臣不出一語，使勤王大兵前往救援，凡勤王人例遭斥逐，未嘗有所犒賞，未嘗有所幫助，饑餓流離，困厄道路，弱者填滿溝壑，强者盡爲盜賊。此非勤王之人罪，皆一時措置乖謬耳。比來奸邪之臣，方爾横肆，敵兵自然得勢，强梁惡少，無緣殄滅。竊念國家聖子神孫，繼繼相承。湛恩盛德，滲漉人心，淪浹骨髓。今河東河西自保山寨者，不知幾千萬人。諸處節義丈夫，不顧其身，而自黥其面，争先救駕者，不知幾萬數也。今陛下以勤王者爲盜賊，則保山寨與自黥面者，豈不失其心邪？此語一出，自今而後，恐不復肯爲勤王者矣。噫，得天下有道，在得其民。得其民有道，在得其心。陛下若駐蹕淮甸，俾顒顒之望，皇皇之情，未有所慰安此人之心也。願陛下勿阻遏之，以失人心。

臣仰詳詔語，豈陛下之意？皆詞臣失職，不能敷繹之過。臣願陛下黜代言之臣，别降罪己之詔，許還闕之期，以大尉元元激切之意。陛下還京，登樓肆赦，則天下之人盡皆遷善遠罪，不犯於有司，豈復更有爲盜者？王室再造，大宋中興，在此一舉。願陛下睿斷而力行之。若以臣言上咈陛下之意，誅之赦之，惟陛下命。

不報。時有王策者，本遼舊將，善用兵，金以千餘騎付之，往來河上。澤密遣統制官王師正擒之，釋縛解衣，坐之堂上，爲言：「契丹本我宋兄弟之國，汝何不悟義協討，以刷社稷之耻？」策感泣，誓以死報。澤時呼策與語，策具言敵中虛實，澤又益喜，大舉之計遂決。熊克小曆云：「有金人之舅王策者，拘因在東京。」與宗澤遺事不同，今不取。

天章閣待制、知東平府權邦彦陞寶文閣直學士，尚書工部侍郎楊時兼侍講。

2 辛卯，金人陷中山府。時金人圍久，城中糧絶，人皆羸困，不能執兵。城陷，金見居人瘦瘠，歎而憐之，兵校千餘人皆不殺。中山自靖康末受圍，至是三年乃陷。

3 壬辰，詔諸路官吏並聽安撫使便宜節制。

4 甲午，詔經筵讀資治通鑑，遂以司馬光配饗哲宗廟庭。光配饗，當求降旨日別書之，且附此。時上初御經筵，侍講王賓講論語首篇，至「孝弟爲仁之本」，因以二聖、母后爲言。上感動涕泣，左右侍臣莫不墮淚。此據紹興十三年正月王普所奏附見。

侍讀周武仲進讀通鑑，上掩卷問曰：「司馬光何故以紀綱爲禮？」武仲敷述其義甚詳，因爲通鑑解義以進。每至安危治亂之機，必旁搜遠紹，極其規諫焉。侍讀朱勝非嘗言：「陛下每稱司馬光，度聖意有恨不同時之歎。陛下亦知光之所以得名者乎？蓋神宗皇帝有以成就之也。熙寧間，王安石創行新法，光每事以爲非是，神宗獨優容，乃更遷擢。其居西洛也，歲時勞問不絶。書成，除資政殿學士，於是四方稱美，遂以司馬相公呼之。至元祐中，但舉行當時之言耳。若方其争論新法之際，便行竄黜，謂之立異好勝，謂之沽譽買直，謂之非上所建立，謂之不能體國，謂之不遵稟處分，言章交攻，命令切責，亦不能成其美矣。」上首肯久之。

5 丙申，言者論：「當今所宜置司討論者，凡三事：一軍政，二財用，三官吏，望命諸大臣詳議而行之。」詔軍政委樞密院都副承旨及編修官討論，申本院；財用委户部討論，申提領措置官；官吏委左右司郎官討論，申本省；宰執參定取旨。後不果行。

承議郎、知江州陳彦文復龍圖閣待制，以江淮制置使劉光世言其守城之功也。

中奉大夫聶宇提點京西北路刑獄公事，朝奉郎許亢宗知壽春府，朝奉郎李光知江州。亢宗，樂平人，靖康初爲起居舍人。光已見元年六月甲子。既而言者論二人皆附蔡攸以擢要近，及吴敏爲相，引蔡黨爲助，遂除亢宗右史，光南榻。淵聖察其朋比，故因言章罷亢宗而逐光，天下皆知其爲蔡氏，如谷永之附王鳳也。乃詔亢宗、光並主管西京嵩山崇福宮。二人得祠，在此月乙巳。

直秘閣向宗恕知真州。宗恕，敏中曾孫也。

6 丁酉，初立大小使臣呈試弓馬出官格凡五等，自今武臣蔭補親屬，必於狀内稱某人或習韜鈐，或便弓馬，委自本州先行閲試，然後保明申奏補官。用議者請也。

尚書祠部員外郎、四川撫諭喻汝礪勒停。初，汝礪奉詔劾刷四川歲羨，欲盡取常平所儲錢。徽猷閣直學士知成都府盧法原、轉運判官趙開、靳博文、提點刑獄公事邵伯温皆持不可。汝礪曰：「常平錢者，朝廷五六十年之儲蓄也。今朝廷多故，天子狩於淮甸，而二三大夫持必不移，沮格詔旨，此謂之忠乎？」乃作檄以諭之。其略曰：「明皇狩蜀，宫室峻壯；德宗幸梁，儲偫豐備。安有六騑在行，淹薄風露，取諸外府，以饟軍食，而謂吾人忍有不令之詞乎？」又曰：「今人主威柄移於帥臣之頑扈，朝廷號令奪於監司之狂率。」法原等怒，共奏汝礪騷擾生事。汝礪亦奏劾刷歲計外，得錢七百三十餘萬緡，又欲增川秤一銖，與法秤合。會宰相黄潛善以汝礪附李綱不遷都之論，惡之，乃以汝礪干求差遣，營私自便爲言，而有此命。譚篆撰汝礪年譜云：「黏罕輕兵趨淮甸，金人入城，潛善先騎馬走。公賦『黄花看欲落』詩以譏之。黄見之大憾，有排公意。」按汝礪文集，此詩叙揚州失守事，當在明年，蓋停官後所作，非潛善見詩而排之也。今不取。

7 己亥，東京留守宗澤復上疏，乞車駕還京。時澤招撫河南羣盜聚城下，又募四方義士合百餘萬，澤遺事云：「時京城内外所屯兵凡一百八十萬人。」恐未能實及此數，今但云百餘萬人，更俟考詳。糧支半歲。澤聞兩河州縣金兵不過數百①，餘皆脅服，日夜望王師之來，即召諸將②，約日渡河，諸將皆掩泣聽命。澤乃上疏：

臣聞范仲淹云：「天下之事，有二黨焉，一黨曰發必危言，立必危行。王道正直，何用曲爲？一黨曰遜言易入，遜行易合，人生安樂，何用憂爲？」天下之治亂，在二者勝負耳。大抵危言危行，是用致君於無過，置民於無怨而已，天下豈有不治者乎？若夫遜言遜行之徒，阿諛曲折，隨意所嚮，逢迎苟合，君施恩於上而下弗被，民懷怨於下而上弗知，如是，天下豈有不亂者乎？今之士大夫志氣每下，議論卑陋，上者不過持禄保寵，下者不過便文自營，曾不能留心惻怛，爲陛下思承祖宗二百年大一統基業爲可惜，又不爲陛下思父母兄弟與至親天眷蒙塵沙漠，翹翹徯望天兵救援之意，又不曾爲陛下思祖宗西京園陵寢廟爲敵所占，今年寒食節未有祭享之地，又不曾爲陛下思京師是天下之本根，宗廟朝廷百司倉廩儼然如舊，又不曾爲陛下思河北、河東、京之東西、陝右、淮甸百億萬生靈之衆，罹屠劫殘破之苦，但朝進一言，暮入一説，計較泛舟，冒大風險，欲南幸湖外，此奸邪之謀耳。臣嘗思之，是一欲爲敵人方便之計，二爲奸邪親屬皆先已津置在南。嗟乎，爲臣不忠不義，乃至於此！孔子所謂「苟患失之，無所不至」，正謂是也。

臣夙夜痛心泣血，瀝竭愚忠，爲陛下保護京城，自去年秋冬，今春又三月矣。農務是時，陛下不早回九重，則天下靡有定止。臣不勝憤懣激切，再瀆天聽，狂妄干冒，甘俟鼎鑊。

時上遣中使譚燦賫詔書茶藥撫諭，澤上表謝，又疏請上還京師。且言：

易曰：「幾者動之微，吉之先見者也。君子見幾而作，不俟終日。」孟子曰：「雖有鎡基，不如待時。」蓋天下之事見幾而爲之，待時而措之，則事無不成。苟或失焉，必至汗漫委靡而不振矣。方今輦轂之下，民俗安靖，宗廟社稷儼然如故，以致收復伊、洛而金人過河，捍蔽滑臺而敵騎屢敗。河東、河北山寨義民，數遣人至臣處，乞出給榜旗，引領舉踵，日望官兵之至，皆欲戮力協心，掃蕩强敵。以幾言之，則大宋中興之盛，於是乎先見矣。以時言之，則敵國敗歸之期，於是乎可必矣。惟在陛下見幾乘時，早還華闕，與忠臣義士，究圖事功，則萬舉萬全，可以驅强敵而成中興也。

或者以謂，自揚至汴，時有小寇，慮屬車之來，途中不能無虞。臣謂造此言者，乃奸憸小人，自爲身謀爾。殊不知盜賊所以作者，誠緣法駕久寓外郡，國勢未强，天下不能定於一，故時有竊發之事。乃若六龍來復，宅中圖大，則比屋歡呼，人各歸業，彊不陵弱，衆不暴寡，豈復有盜賊耶？此事甚易明，此理甚易知，然而奸邪之蔽於營私，往往不肯開陳，而力爲陛下詳説者，惟老臣而已。臣所以再三言之者，豈好辯哉？恭念祖宗二百年舊都，不忍爲奸臣委去也③；恭念陛下聰明齊聖之資，不忍爲奸臣蔽蒙也；念赤子之嗷嗷，不忍爲奸臣坐視而不救也；念敵騎縱横，不忍爲奸臣縱敵而不殺也。伏願陛下念茲在茲，斷自淵衷，速回鑾輿，上以對祖宗之神靈，下以慰黎元之懷想，外以平强鄰之侮拂，則天下大定，指日可期。書曰：「敕天之命，惟時惟幾。」望陛下留神而三復之。臣今遣僚吏呼延次升及臣之子穎詣行闕以聞。

又疏曰：

臣得范瓊書，敘説所統軍兵，有海内招安使臣水軍，奉聖旨，令於儀真駐劄，教習水戰，控扼上流。於三月八日已到真州。臣讀此語，而不知扈蹕之臣誰爲陛下建此議也？且王者無外，其規模約束，當使守在四夷。昔楚人城郢，史猶鄙之。況陛下奄有九有之時，可規規孑孑爲偏霸之事乎④？茲豈憸人之欲虚張敵勢，以爲可防，其意望遷延六龍進發之期爾。殊不知此聲一傳，則四方驚愕，必以爲中原不守，遂爲江寧控扼之計。如是，則何以綏安四海之聽乎？蓋天子爲君萬邦，而元后作民父母。陛下回鑾，登樓肆赦，則普率之人欣欣而相告曰：天子宅中圖大，則萬邦罔不率俾矣。元后正位丕承，則兆民騤騤於變時雍矣。夫如是，臣將見强敵不足滅，而中興之功與天地比崇。若使范瓊教習水戰，是聖心猶豫，尚緩還期，則中外播聞，愈自慴怯，萬國何自而咸寧乎？此臣所以拭目注望屬車之塵，不忘夙夜。伏願陛下明詔范瓊，即日整促人馬，不須更習水戰，祗備扈駕歸御京闕，毋使羣黎百姓齎咨涕泣，則豈惟老臣之幸，實天下萬世之幸。

又表曰：

臣言：屢奏囊封，疊干宸扆。聖主未頒於明命，愚臣敢避於嚴誅？謹攄悃愊之誠，再瀆高明之聽。願從人欲，以格天庥。中謝。竊以京師爲諸夏本根，元后作斯民父母。本根如已深固，則枝葉自爾扶疎。父母若未安寧，則子孫無緣泰定。兹實簡編之成理，蓋非里巷之浮言。始陛下踐祚於應天，萬方皆欣其有主。近陛下駐蹕於淮甸，百姓因此而致疑。何前日之郡縣靖共，而近時之盜賊荒擾？由勤王者弗恤，與救駕者靡憐。贊主上遠父與兄，乃巡南服；助奸臣瀆婿與子，欲棄中原。百爲秖肆於誕謾，一事罔由於誠實。迹狀如此，情意可知。伏望陛下斷自淵衷，早回法駕。據本根而致治，體父母以視民。俾民人自勉勉以來王，天亦穰穰而降福。澤霈端門之赦，歡收寰宇之心。俗既遠罪以歸農，敵亦望風而遁跡。王室自兹再造，大宋由是中興。黎民時雍，萬世永賴。果臣有飾非之語，則臣甘誤國之誅。狂妄奏陳，憤懣流涕。臣無任。

8 庚子，河南統制官翟進復入西京。先是，金人所命陝西諸路選鋒都統孛堇婁宿入犯⑤，既得秦川，隴右大震。熙河經略使張深厲軍民爲城守計，遣兵馬都監劉惟輔將三千人騎禦之。自千秋潰歸之餘，兵籍失八九，僅有惟輔一軍可用。金前軍逾鞏州，距熙纔百里。惟輔留軍熟羊城，以千一百騎夜趨新店。金兵自入陝西，所過城邑輒下，未嘗有迎敵者，故恃勝不虞。黎明軍進，短兵相接，殺傷大當。會惟輔舞矟刺其先鋒將孛堇黑殺⑥，明庭傑吴玠功績記云：「惟輔刺其帥黑風大王。」張鈎績中興忠義録作黑殺大王。二書不同。張滙節要云：「建炎元年，黏罕以萬户婁宿爲陝西都統，又以萬户撒離喝、孛堇黑殺副之。」即此人也⑦。墮馬死，敵爲奪氣。惟輔，涇州人也。深聞婁宿退，更檄隴右都護張嚴往追之。時上命御營左翼軍統制韓世忠爲京西等路捉殺盗賊，將所部及閤門宣贊舍人張遇軍萬人赴西京。左副元帥宗維聞張嚴東出，自河南西入關，遷西京之民於河北，盡焚西京而去。由是進得以其衆自山寨復入西京。東京留守宗澤言於朝，即以進爲閤門宣贊舍人、知河南府，充京西北路安撫制置使。趙甡之遺史：「翟興、翟進與權京西北路制置使苗便⑧，遇金人於福昌及三鄉間，苦戰終日，金人敗北。興、進取龍門路⑨，收復洛城。金人擁鐵騎數千，相拒於龍門石道中，興、進麾將士，力戰破之。金人退保洛城，官軍乘勝轉戰，奪長夏門以入，與金人巷戰，遂復洛城。時金人益出精兵，自河陽南城至白馬坡，營壘相望，距洛不遠十數里，復欲窺伺。興遣麾下斷河橋，自是金人稍稍退去。」按進入河南，因黏罕之去，乘虚取之，所謂轉戰之兵，恐是金人所留小將耳。今附著此，更須參考。宗維留完顏宗弼屯河間府，左監軍完顏希尹、右都監耶律餘覩屯河南白馬寺，以待世忠之至，且與進相持。既而深以功陞端明殿學士。

9 癸卯，京東東路轉運副使、權知青州柴天因兼權本路制置使。初，葛進之掠濱、棣二州也，其衆皆面刺字曰「不負趙王」，以示忠赤。進自稱統制濱州軍。有朝散大夫劉洪道者，益都人，中進士第，靖康中自吏部員外郎除主管成都等路茶馬，未行，爲金所執。進攻潞縣之金寨，得之。時洪道方持喪，進假洪道起復朝議大夫、直顯謨閣，爲統制司計議官，權知青州。言於朝，乃改天因權制置使，而以洪道知青州，主管本路安撫司公事。趙甡之遺史：「洪道嘗監六部架閣庫，爲金人所執。進得之，言於東京留守杜充，以洪道知青州。」按史，洪道久歷清顯，此除乃出於朝命。又杜充亦未在東京，皆本誤也。今修潤，令不抵牾。洪道三年正月始至青州。

河東制置使趙宗印自襄陽移屯郢州，守臣席益請之也。

10丙午，尚書右僕射兼中書侍郎何㮚爲觀文殿大學士、提舉成都府玉局觀，中書侍郎陳過庭爲資政殿大學士、提舉江州太平觀，同知樞密院事聶昌爲資政殿學士、提舉西京嵩山崇福宮。時㮚已没於金，而朝廷未知，昌亦爲絳人所殺久矣。過庭四年六月，昌紹興元年四月癸亥，㮚元年四月己巳贈官。

11丁未，兩浙東路馬步軍副總管楊應誠假刑部尚書，充大金、高麗國信使。應誠，景宗曾孫。景宗，郫縣人，章惠皇后弟，仕至建寧軍留後。宣和間，嘗爲部使者。至是，爲安撫使翟汝文所抑，不能堪，乃應詔使絶域。謂嘗隨其父任邊吏，熟知敵情。若自高麗至女真，其路甚徑，請身使三韓，結雞林以圖迎二聖。汝文奏：「應誠欺罔君父，自爲身謀。若高麗辭以大國假道以至燕雲，而金人却請問津以窺吳越，將何詞以對？決辱命取侮遠方。臣已檄明州，若應誠至，毋濟其行。」不報。應誠聞之，遂與副使韓衍、書狀官孟健，自杭州登海舶以往。健，海州人，時爲太學博士。

監察御史張守守殿中侍御史。

12 辛亥，捧日天武四廂都指揮使、定武軍承宣使、御營使司同都統制范瓊權同主管侍衛步軍司公事。瓊自京西還，朝廷令屯真州，刱造戰船，故有是命。

詔：「前降蔡京父子及王黼恩澤授官，本宗有服親不許注授親民差遣指揮勿行。」前旨未見。

初，金國知樞密院劉彦宗建議試河北舉人於燕山，傳檄諸州搜索，又蠲其科役以誘之。命官即竹林寺校試，北人以詞賦，南人以經義、詞賦及策論。是日始揭榜，得者甚衆。彦宗云：「第一番進士，寬取誘之。」此據趙子砥燕雲録。張滙節要云：「靖康元年冬，劉彦宗勸斡離布試真定儒士七十三人，授以恩命。」與此不同。按子砥此時在燕，又其所記頗詳，當不妄。子砥又云：「二月十七日引試北人，二十八日引試南人，三月二十七日開院，北人四百人取六分，南人六千七十人取五百七十人，並皆推恩。」恐南人就試者無緣有如許人，必子砥所記有誤。今不盡取。

是月，石壕尉李彦仙復陝州。初，彦仙既聚兵，會金人用陝降者守陝，使招集散亡，彦仙陰納士數百，至是乘虚趨陝南郭，夜濳師自河薄東北陬，因所納士以入。金兵敗，棄陝去。吏行文書，請州印章。彦仙曰：「吾以尉守此，第用吾印，吾敢佩太守印章耶？」事聞，即以彦仙知陝州兼安撫司事。彦仙以信義治陝，不營毫髮之私，與其下同甘苦，由是人多歸之。邵興在神稷山，聞彦仙得陝州，乃以其衆來歸，願受節制。彦仙辟興統領河北忠義軍馬，屯三門。邵興初見元年五月末。三門鎮屬平陸縣。

信王榛既倡義起兵，即遣使聞於朝，猶慮其不達，乃與武翼大夫趙邦傑留居五馬山，而遣武功大夫、和州防禦使馬擴赴行在。榛奏略曰：

自金人劫遷二聖，舉族三千餘口，悉驅而北。臣至慶源府，謀竄得免，今在五馬山。臣竊見邦傑與擴累與金戰，皆獲小捷。其忠義之心，堅若金石。臣自陷金營，頗知其虚實。敵今稍惰，皆懷歸心，且屢敗於西夏，而契丹亦出攻之。今河北、河東十陷七八，惟山西一帶諸寨鄉兵約十餘萬，力與敵抗。但晝夜暴露，民事失時，率皆困窘，兼闕戎器。臣多方存恤，借補官資，使忠義之徒竭節不變。惟望朝廷早遣兵來援，不然，久之恐反爲敵用，則河南難保。宜乘此時，速取所失州縣，以副民望。臣願陛下念祖宗創業之艱，二聖播遷之難，於布衣小官中，選其先公後私，爲國家效死之人，付以事權，即下明詔，委臣總大軍與諸寨鄉兵，約日齊舉，決見成功。仍給空名誥敕二萬道及河東河北兵馬元帥印，付臣佩之。臣粉骨碎首所不敢憚，況於陛下，以禮言則君臣，以義言則兄弟，其憂國念親之心，恭想無異。興言及此，不覺流涕。

先以其疏附東京留守宗澤以聞。

校勘記

① 澤聞兩河州縣金兵不過數百　「百」，叢書本作「萬」。宋名臣言行録别集下卷五、宋史全文卷一六下亦作「百」。疑「百」字是。

②即召諸將　「召」，原作「詔」，據叢書本改。

③不忍爲奸臣委去也　「忍」，原作「恐」，據宗忠簡集卷一乞回鑾疏（第十六次奏請）及歷代名臣奏議卷八六改。

④可規規孑孑爲偏霸之事乎　「霸」，原作「羈」，據宗忠簡集卷一乞回鑾并罷習水戰疏（第十七次奏請）及歷代名臣奏議卷八六改。

⑤金人所命陝西諸路選鋒都統孛堇婁宿入犯　「犯」，原作「秦」，據叢書本改。

⑥會惟輔舞矟刺其先鋒將孛堇黑殺　「黑殺」，原作「哈藩」，三朝北盟會編卷一一六作「黑峰」。據小注，原文或是黑風，或是黑殺。查元陳桱通鑑續編卷一三謂黑風大王於建炎二年九月爲岳飛所殺。因復其原名爲「黑殺」。

⑦又以萬户撒離喝孛堇黑殺副之即此人也　此注後四庫館臣原有按語：「哈藩名今改正，姑存原注。」此所改正之原名，必注中之黑殺也。今删此注。

⑧翟興翟進與權京西北路制置使苗便　「翟興」二字據下文及三朝北盟會編卷一一六補。「便」，三朝北盟會編卷一一六作「搜」，未知孰是。除此二書外，史無載其人。

⑨興進取龍門路　「興」，謂翟興，見三朝北盟會編卷一一六。

建炎以來繫年要録卷十五

1 建炎二年夏四月甲寅朔，磁州統制官趙世隆以所部詣宗澤降。世隆本磁州書佐，澤在磁，以爲中軍將。澤既去磁，以州事付兵馬鈐轄李侃。金人圍磁州急，州有禁兵，有民兵，民兵甚衆，禁兵恐其勢盛，將校郭進乃作亂。世隆與進謀，遂殺侃，以通判趙子節權州事。耿延禧建炎中興記云：「宗澤起兵，盡取磁之府庫金銀以行。磁倅趙上書訟之，乞元帥王旨，追取數萬緡金銀赴本州，以爲守禦之具。上命札付澤，澤不從。至南京，亦不聞澤以軍實輸官。」按澤去郡，既以李侃權州，則子節所云，恐未必信。今不取。至是，世隆與其弟世興將三千人歸澤。將士頗疑之，澤曰：「世隆吾一校耳，必無他，有所訴也。」乙卯，世隆入拜，澤面詰之，世隆辭服。澤笑曰：「河北陷没，而吾宋法令、上下之分亦陷没耶？」命引出斬之。時衆兵露刃於庭，世興佩刀侍側，左右皆懼。澤徐語世興曰：「汝兄犯法當誅，汝能奮志立功，足以雪耻。」世興感泣。會滑州報敵騎留屯城下，澤謂世興曰：「試爲我取滑州。」世興忻然受命。

2 丙辰，詔：「文臣從官至牧守，武臣管軍至遥郡，各薦所知二人，置爲二籍，一留禁中，一付三省樞密院。遇監司帥守、將官鈐轄有闕，於所舉人内擢用之。犯贓連坐，即罪廢及法不當得之人，皆毋得舉。」用議者請也。此未知即周武仲所請否，當考。武仲建請，已附今年二月辛酉。

3 戊午，趙世興至滑州，掩敵不備，急攻之，斬首數百，得州以歸，宗澤復厚賜之。時有降寇趙海者屯板橋，輒塹路以阻行者。管軍間勍芻者八人過其壘，海怒而斃之。覘事者以告，澤召之。海以甲士五百自衛而入，澤方對客，海具伏，即械之繫獄。客曰：「彼甲士甚衆，姑徐之。」澤笑謂其次將曰：「領衆還營。」明日誅海於市，聞者股慄。統制官楊進屯城南，王善者有衆二千餘，皆山東游手之人，先進來降，屯城北。二人氣不相下，一日，各率所部千餘，相拒於天津橋，都人頗恐。澤以片紙諭之曰：「爲國之心，固如是耶？當戰陣立功時，勝負自見。」二人相視，慚沮而退。

4 己未，詔除京畿東西、河東北、陝西路許置巡社外，餘路依先降指揮並罷。時言者以爲：「巡社之設，利於西北而不利於東南。蓋西北俗尚彊悍，今遭敵兵侵掠，人思用命，皆有鬭志。今春濱州以八萬餘人力拒金人，殺獲頗衆，因此稍長國威，則河北之效已可見矣。如東南創置，人多不願，州郡彊使入社，亦非樂從，逼於官司驅率，勢莫能免。今日駐蹕淮甸，恃東南以安，民心未宜騷動。欲望將先降存留指揮更不施行，及於武臣提刑銜內，除去所帶四字。」故有是命。先是，杭、温二州言已就緒，詔許存留，至是亦罷。熊克小曆：「己未，詔陝西、河北巡社依舊，餘路並罷。」而不言京畿東西，誤也。克又云：「時杭、温二州已就緒，請存留，亦不聽。」按日曆稱杭、温二州願存留指揮更不施行，則前此蓋許之，今又令罷，非此時始請也。又按，罷諸路巡社，乃是去冬指揮，今但不許陳乞存留耳。克失於詳考，故所書差誤。

是日，宗澤復上表請上還京。表曰：

臣某言，易謂省方，書言輯瑞，是天子或時巡於下土，邦人可瞻仰於至尊。然古今之事勢有殊，宜觀會通而制治。況上下之人情至切，思聞詔命以回鑾。故老臣再瀝於血誠，願聖主早形於睿斷。意狂罪大，語出涕零。中謝。臣伏聞，先有格言，事必師古。藝祖應天而受成命，太宗繼志以集大勳。列聖所以繼繼承承，諸福所以穰穰簡簡，皆在京師本根之地，以爲寰宇朝覲之天。端拱而坐九重，穆清而朝萬國。陛下纂承寶緒，紹述丕圖，當奄九有而有爲，體三無而無外。奈有奸臣之臆説，與憑敵國之誕辭，忘周宣之中興，循晉惠之往轍。天下之勤王者使去，義夫之救駕者弗知。兩河保山寨之忠民，四方作草竊之賊子。皆緣陛下久駐蹕於淮甸，咸思慕於翠華，懷抑鬱而籲天罔聞，致猖狂而遷善無路。果還法駕，大肆洪恩，人當澡雪以歸農，敵亦遁逃而屏跡。遹追一統之大，丕昭萬世之休。兹甚易知而易行，勿謂難測而難識。但去阿諛柔佞之語，而宏剛健中正之風，必天日之照臨，應祖宗之保祐。一人有慶，庶績其凝。臣無任。

時契丹九州人日有歸中國者，間有捕獲金衆。澤選契丹漢兒引近坐側，推誠與語，諭以期奮忠義，共滅金人①，以刷君父之耻，即給資糧遣之，且賜以公憑，竢官軍渡河以爲信驗，人令持數百本去。又爲榜文，散示陷没州縣，及爲公據，付中國被掠在北之人，因驛疏以聞。宗忠簡公文集給契丹漢兒并被掠人公據疏：「臣契勘金人一族，本大遼之臣，曩緣羣臣奸謀，苟以目前之利，相結壞亂耶律天祚，使金人假大遼之衆，侵犯中國②。竊緣契丹漢兒自與我宋盟約，幾百年，實脣齒之邦，兄弟之國。偶被金人殺掠，忿怨不已，止緣一時之勢，末由報冤。今若復盟會，但得回戈，共力破敵，一舉便可滅亡。臣已措置雕印文榜、公據，令生獲漢兒齎往傳報，自相激發。設契丹漢兒未知所措，金人知之，必相疑貳，即契丹漢兒互相併力，自分敵勢。所有本朝被掠良民，臣亦依此措置曉諭外，今繳連榜文公據共三本在前者。」澤遂結連諸路義兵，燕、趙豪傑。嘗謂人曰：「事可舉矣，必竢回鑾，當以身先之。」故請上歸京尤力。

詔御前軍器所見織戰袍工匠發還綾錦院，依限織進。初，命監織錦院姜焕擇良工，就御前軍器所專織戰袍，欲以賜有功將士。中書侍郎張慤等言於上曰：「前日中人因事輒置局，紊亂紀綱，不可不深鑒。今若以織文責綾錦院，而使少府監督其程限，則事歸有司，於體爲正。」上曰：「甚善。」故有是命。中興聖政：臣留正等曰：「臣聞明主之察治亂也審，而守法度也堅。寧逆意咈心，弗便於事，而常戒懼於細微蘖芽之間，不可忽也。夫取工於綾錦院，而織袍於軍器所，又以賞功，由常人觀之，誠若無甚害。然太上皇帝矍然改令，不俟終日，何哉？官失其官，而事奪於貴臣；司廢其舊，而利出於一切。則亂由之而作，有不難矣。嗚呼！治亂之機如此其微也，非明主，其孰察之？」

5 庚申，上諭大臣曰：「故事，端午罷講筵，至中秋開。朕以寡昧，遇兹艱難，知學先王之道爲有益，方孜孜講求。若經筵暫輟，則有疑無質，徒費日力。朕欲勿罷，可乎？」大臣皆稱善，乃詔勿罷。時上在宫中，内侍有言：「講讀官某人敷陳甚善，陛下亦必謂然。臣今擬獎諭詔書以進。」上曰：「此當出自朕意，若降詔書，自有學士。爾等小臣，豈宜不安分如此？是後不許妄言。」乃退。按，是時周武仲、朱勝非、王賓、楊時在經筵，皆名臣，而武仲久已在告，未知所指何人。

6 甲子，詔三省樞密院人吏該覃恩遷官而礙止法者，並令回授有服親。初，上登極覃恩，自朝請大夫已上，皆轉行。至是，省吏當遷，而吏部尚書周武仲言未敢擬轉。執政進呈，上曰：「吏雖該恩，豈宜與士大夫等？」乃有是命。

7 乙丑，上諭輔臣曰：「朕每退朝，押班以下奏事，亦正衣冠，再坐而聽，未嘗與之欵昵。又性不喜與婦人久處，多坐殿旁小閣，筆硯外不設長物，静思軍國大事，或閲章疏。宫人有來奏事者，亦出閤子外處分，畢而後入。每日如是。」上恭己勤政如此。中興聖政：臣留正等曰：「閹寺之禍著矣。佞柔側媚，以狗馬聲色惑其君，禍之小者也。剽略書傳，誦説古今，以才藝自售，則其爲禍豈易測哉？建炎之初，天子勵精求治，而宦者投隙肆言，猶敢如此，亦可謂奸人之雄矣。非聖武英斷，絶其萌芽，則基亂貽禍，將何所不至？嗚呼！方其伺顔色，售方藝，能赫然拒絶之，固已難矣。又暴其情狀，盡告大臣，豈不甚難哉？至於清心寡欲，屏遠聲色，皆中興之本。臣是以論著之特詳焉。」

8 丙寅，京西北路制置使翟進襲金人於河南，敗績。時御營左翼軍統制官韓世忠至西京，會進及大名府路都總管司統領官孟世寧、京城都巡檢使丁進，與金戰。進夜襲右監軍完顔希尹營③，金兵先知，反爲所敗。進又導世忠與金戰於文家寺。會丁進失期，而統領官、閤門宣贊舍人陳思恭以後軍先退，王師敗。金乘勝追擊至永安後澗，世忠被矢如棘，其將張遇以所部救之，乃力戰得免。思恭，世儒孫也。世儒，南昌人，故相執中子。世忠還東京，詰先退者，一軍皆斬左右趾以徇。於是世忠與丁進不和，軍士相擊無虚日。世忠慮有變，遂收餘兵數千人南歸。希尹復入西京。

宗澤奏以保寧軍承宣使、主管侍衛步軍司公事閭勍爲保護陵寢使。時隴右都護張嚴追婁宿及鳳翔境上，嚴鋭意擊賊，而熙河兵馬都監劉惟輔不欲聽嚴節制④，乃自別道由吴山出寶雞，獵敵游騎。嚴擁大兵及敵於五里坡，婁宿知之，伏兵坡下。嚴與涇原統制官曲端期而不至，徑前遇伏，戰不利，嚴死之。惟輔自石鼻寨遁歸。先是，端治兵涇原，招流民潰卒，所過人供糧秸，道不拾遺。至是，端屯軍麻務鎮，聞嚴死，敵遊騎犯涇原⑤，遣第十二副將、秉義郎吴玠據清溪嶺逆拒之。將戰，其牙兵三百餘人皆潰，玠率餘兵奮擊，大破之，金兵乃去。端，鎮戎人，知書善屬文，且長於兵略。玠，隴干人，初以良家子從征西夏、方臘，戰屢有功。左副元帥宗維聞嚴死，自平陸渡河歸雲中。右監軍完顔希尹、右都監耶律餘覩聞宗維渡河，亦棄西京去，留萬户茶曷馬戍河陽⑥。

言者論：「近日帥守之棄城者，習以成風。如鄧雍之於荆南，何志同之於潁昌，趙子崧之於鎮江，皆擁兵先遁，今則安居薄責，而未正其罪。如康允之之於壽春，陳彦文之於九江，以數千之疲旅，捍十萬之彊寇，而允之止遷一職，彦文才復舊官，議者惑焉。願詔有司，嚴立期限，使條具靖康以來，凡棄城逃遁者某人，保城力守者某人，書其功罪，著其賞罰，庶幾守土之臣有以懲勸。」詔諸路監司限半月條具以聞。

9 丁卯，詔諸州刺配罪人斷遣訖，權送本處重役營分收管，俟道路通快日遣行。日曆無此，今以紹興四年正月五日吉州申審狀修入。

集英殿修撰、知杭州侍其傳移知宣州，顯謨閣直學士、知宣州魏憲試尚書吏部侍郎。憲，吴江人，宣和間嘗爲是職，至是復用之。憲之除，日曆不載，吏部題名在今年四月。按憲，靖康元年二月除知宣州，侍其傳之除，當是代憲，故併繫此日。

是日，金人犯洺州⑦。初，皇叔洺州防禦使士珸既引兵入城，金圍之甚密，栽鹿角，治濠塹，欲以持久困之，軍民終不投拜。至是，金侵京西、陝右、河朔内虚，守者稍怠，衆以糧盡不可守，乃擁士珸出城，自白家灘往大名府，金人遂入城。

自二帝北狩，兩河州郡外無應援，内絶糧儲，悉爲金所取。惟中山、慶源、保、莫、祁、洺、冀、磁、相、絳久而陷之。士珸洺州事跡，日曆全不載，獨附傳有之，而無月日。趙甡之遺史洺州之陷在三月庚戌。按士珸以去年七月六日甲午入洺州，而附傳云：「凡二百七十四日，大小五十七戰。」以日計之，當是四月十四日丁卯，故附於此日。紹興六年四月癸丑，韓璜奏：「叔奉直大夫璆，通判洺州，代王麟權州，死事。得旨，贈一官，與一子恩澤。」未知璆之死的在何時，今附注此，或可移附去年七月甲午士珸入城時。

10 戊辰，尚書工部侍郎兼侍講楊時以老疾求去，章四上。既而除龍圖閣直學士、提舉杭州洞霄宮。時之罷，日曆不書。工部題名：二年八月除知台州。按時文集乞出第四劄子注云四月十五日上，故且附此，俟考。

河北招撫司都統制王彦與金人戰於太行山，敗之。

11 己巳，詔郡縣天申節錫宴，以二聖未還，勿用樂。

是日，東京留守宗澤復抗疏請上還京。且言：

臣竊見漢光武用寇恂爲潁川太守，因從車駕擊隗囂，潁川盜賊羣起，帝顧謂恂曰：「潁川迫近京師，當以時定，獨卿能平之。」恂對曰：「潁川惡少輕剽，奚能爲哉？但聞陛下有事隴蜀，故乘間竊發耳。若乘輿南向，賊必惶怖歸死。臣願執鋭前驅。」帝即日命駕南征，盜賊悉降，遂建東漢中興之業。臣竊見近日有招安到丁進者數十萬衆，願爲陛下守護京城。又李成願扈從還闕，即渡河剿絶强敵。又没角牛楊進等領衆百萬，亦願率衆渡河，迎取二聖。兹三頭項人馬，非潁川比也。今皆披瀝肝膽，同寅協恭，共濟國事。臣聞得道者多助，多助之至，天下順之。果陛下千乘萬騎來歸九重，遹追我太祖、太宗奕世聖人二百年大一統基業，則天下必心悦而誠服，庶績其凝，萬國咸寧矣，尚何盜賊之足慮乎？臣敢瀝悃誠，再冒天聽，伏望裁赦。

澤以他日迎奉二聖還京，先修龍德宫，以備道君皇帝臨御，以淵聖皇帝未有宫室，奏修寶籙宫爲之。不報。澤奏寶籙宫事在此月丁丑，今併書之。

12 壬申，寶應潰兵孫琦等焚隨州。

13 甲戌，徽猷閣待制、知濠州連南夫請令諸路州縣於近城十里内開鑿陂湖，以備灌溉，使春夏秋三時嘗有水澤，則良民有豐年之望，敵騎有還濘之苦。方冬水涸，即令耕犁磽确，則敵騎又有歷塊之患。其自來不係種稻地分，即乞令依倣雄州開鑿塘濼，亦有菱芡、蓮藕、魚蝦之利可以及民。仍免一年租賦，以爲人工之費。詔諸州相度。後不行。

初，鴻臚寺丞趙子砥從軍至燕山，久之，欲遁歸，乃結歸朝官忠翊郎朱寶國、承信郎王孝安至中京，得上皇宸翰。是日，子砥發燕山。八月庚申至揚州。

14 辛巳，有羣盜號九朵花，焚漢陽縣。

15 癸未，孫琦拔唐州。

是月，秘書省正字富直柔爲校書郎。此據本省題名。

皇弟檢校太傅、慶陽昭化軍節度使、信王榛爲河外兵馬都元帥。初，馬擴自五馬山以麾下五百人渡河，至東京見宗澤。至是始赴行在，從者不滿百人。擴既見，出榛奏事。黃潛善等皆疑非真，天子識其字，即有是命。制詞略曰：「覽封章之近奏，知行役之獨留。慨然壯懷，副朕本旨。宜就顓於節制，俾盡總於營屯。以迎二聖之還，以慰兩河之望。」於是擴自武功大夫、和州防禦使特遷拱衛大夫、利州觀察使、樞密副都承旨、元帥府馬步軍都總管。擴將行，上奏，略曰：「臣踈遠小人，陛下斷以不疑，付以閫外之事，願鑒前世之成敗，明當世之嫌疑，俾臣得效愚忠，畢意攻取。今王師大舉，機會神速，軍期文字，不可少緩。若依常制，下都堂等處，然後以達天聽，則事涉疑似，或欲規避者，定逡巡藏匿，不以進呈。望令專置一司，不限夤夜晝時通進。」又言自唐以來，用中貴人監軍，奪權掣肘，每致敗事。伏望聖斷，罷差中貴監軍，及選給器械凡四事。上皆從之。又許廣過河，得便宜從事。時潛善與汪伯彥終以爲疑，乃以烏合之兵付擴，且密授朝旨，使譏察之。擴行，復令聽諸路帥臣節制。擴知事變，遂以其軍屯於大名。熊克小曆載信王除河外元帥在八月。按紹興元年五月，馬擴屬官万俟篪家乞恩澤狀云：「建炎二年七月，河北節制應援軍馬馬擴申奏，起復從軍前去，至當年八月到大名府館陶縣駐劄。」詳此，則信王除帥當在七月矣。而紹興五年七月五日，臣僚上言：「吏部取會到馬擴公文，稱建炎二年四月内恭稟聖訓，渡河討賊，責任成功，許便宜從事。至大名府館陶縣，方準朝旨，不得渡河。」據此，則信王之除蓋在四月也。今移附此，更當求他書參考。

1 五月甲申朔，宗澤再上表乞還京，且言：

臣聞孟子曰：「雖有鎡基，不如待時。」故君子不先時而起，不後時而縮，當其可而已。易曰：「幾者動之微，吉之先見者也。」故「君子見幾而作，不俟終日」，亦適當其可而已。恭惟我國家，曩緣金人侵犯郊畿，殘破州縣，恣爲誕妄，百端邀求。今天意悔禍，人心助順，考時與幾，實陛下中興之會也。古聖人敕天之命，惟時惟幾者，蓋以時哉不可失，而知幾若神故也。臣觀京師城壁已增固矣，樓櫓已修飾矣，池濠已開濬矣，器械已足備矣，寨柵已羅列矣，戰陣已閱習矣，人氣已勇鋭矣，汴河、蔡河、五丈河皆已通流，泛應綱運，陝西、京東、滑臺、京、洛敵兵皆已掩殺潰遁矣，天下萬邦與畿甸生靈，夙夕祈天而請者，嚮南懇禱而願者，但望陛下千乘萬騎，號令風伯雨師，清塵灑道，翠華回輦，歸御九重，爲四海九州作主耳。且一人有慶，兆民賴之。兹其時也，兹其幾也。臣願陛下無聽奸邪之言，而忽其時，忘其幾，天下幸甚。果怠兩河山寨之心，與沮萬民敵愾之氣，則天下危矣。願陛下毋循東晉既覆之轍。臣老矣，不勝至誠惻怛懇切之至。願陛下哀憐之。

奏未至⑧，會尚書右丞許景衡建請渡江，宰相黃潛善持不可。朝廷既得信王榛奏，或言榛有渡河入京城之謀。

2 乙酉，下詔還京。略曰：「朕即位之初，踟躕近服。會李綱上江左之章，繼執南陽之議⑨，鳩工蕆事，寖失時幾。旋爲淮甸之行，就弭寇攘之患。守中原而弗遠，見朕意之所存。昨稽時措之宜，默辨言旋之計。設施有序，播告未先。或者不知，尚乃有請。可無委積，以謹備虞。宜令發運司盡起淮、浙入京物料及軍須輜重等物，以次發遣赴京師。朕將還闕，恭謁宗廟，仍令三省樞密院、御營使司條具合行事件。應臣寮將士，自應天府扈從至揚州者，並進官一等。」遂罷景衡爲資政殿學士，提舉杭州洞霄宮。景衡之執政也，凡有大政事，必請間極論榻前，黃潛善、汪伯彥惡其異己，每排抑之。至是，因下詔還京，而有此命。

盜孫琦破宿山縣。

3 丙戌，詔後舉科場講元祐詩賦、經術兼收之制。中書省請：「習詩賦舉人不兼經義，習經義人止習一經，解試、省試並計數各取，通定高下。」禮部侍郎王綯請：「前降舉人兼習律義、孫子義等指揮勿行。」從之。自紹聖後，舉人不習詞賦者近四十年，綯在後省，嘗爲上言：「經義當用古注，不專取王氏説。」上以爲然，至是，申明行下。

詔人户養馬，官司毋得拘籍差雇，俟其漸盛，以優直市之。

秘書省正字馮檝獻書於黄潛善曰：「伏覩昨晚出黄榜降詔，欲擇日還闕。東來從衛官吏士無不欣喜，西兵尤以近鄉，倍極踴躍。以檝計之，闕未可還，萬一鸞到東京，而金人秋後再來，不知吾兵何以當之？吾兵或不可當，而復爲避地計。今蔡、汴兩河已漸湮塞，其或被其斷絶水道，雖避地亦不能，此不得不慮也。假如今日駐蹕維揚，亦未爲得策。儻主上堅欲以馬上治之，不許遷徙，但當留兵將及宰執中諳練邊事軍籌帷幄之人，從鸞居此，專務講武，以爲戰守之備。其餘宗廟百官，盡令過江，於建康置司。至於財用百物，除留贍軍費用外，亦盡藏之建康府庫，庶幾緩急遇敵，可戰則戰，可守則守，度不可戰守而欲動，則動亦易行，而無牽制之累。」檝，遂寧人也。

4 戊子，翰林學士朱勝非守尚書右丞。始，上欲擢吏部尚書周武仲爲執政，及是，武仲以病在告，上諭知閤門事韓恕曰：「武仲若出，可先期以聞。」而武仲不能朝矣。

詔東南諸路贍學錢且令發運司拘收，充糴本一年。

秘閣修撰、知揚州吕源添差江淮等路制置發運副使，中大夫黃願直龍圖閣、知揚州。願，漳州人，靖康中嘗爲司農少卿，罷去。至是，黃潛善薦用之。願之除，日曆不載，今因吕源改命，遂書之。蓋願實代源，此時維揚不容一日闕守也。願事迹不見於史。詔旨，宣和四年四月乙酉，願以福建運判奏乞回避産業，自云貫漳州，後爲户部倉部郎官、太府、司農少卿⑩。靖康元年八月罷。未知此時爲何官，今所書官職，用紹興元年十月癸未刑部檢舉復官狀參考修入。熊克小曆源除發副在甲午。今從日曆。

己丑，詔自今應給驛馬遞卒者，並權住。此以紹興三年七月丁卯湖南安撫司奏狀修入。

是日，宗澤再奏：「乞掃洒龍德而改建實録宫，使天下知陛下孝於父而悌於兄，乞自御前處分。」不報。

澤又上疏言：

臣聞孟子言：「術不可不慎也。矢人惟恐不傷人，函人惟恐傷人。巫匠亦然。」臣因斯語，始知人心所存之邪正，與所作之是非。若以道概之，了然區分，如辨黑白。夫忠義之人，動容周旋，無非忠義，而不忠義之事，無自入焉。故其於上下愛戴保護，不啻函人惟恐其傷之也。彼不忠不義之人，動容周旋，亦無非不忠不義，而忠義之道，無自入焉。故其於上下毁裂擯棄，不啻矢人惟恐其不傷之也。恭惟我國家，曩緣强敵肆横⑪，殘破州縣，圍閉京城，劫掠邀求，靡有紀極，以至强迎二聖后妃親王與諸天眷，蒙塵北去。凡忠義之士，莫不痛心疾首，泣血奮厲，佐佑陛下，張皇六師，震耀神武，總領貔貅之士，掃蕩沙漠⑫，迎奉二聖來歸京師，俾中原生靈，還定安集，罔或流散。愛戴其上，保護其下，夙夜念念，如函人焉，惟恐其或傷之也。其不忠不義者，但知持禄保寵，動爲身謀。謂我祖宗二百年大一統基業不足惜，謂我京城宗廟朝廷府藏不足戀，謂二聖后妃親王天眷不足救，謂諸帝諸后山陵園寢不足護，謂周室中興不足紹，謂晉惠覆轍不足羞，謂巡狩之名爲可效，謂偏地之伯爲可述。儲金幣以爲敵資，椿器械以爲敵用。禁守禦之招募，慮勇敢之挫敵也；掊保甲以助軍，慮流移之安業也。欺罔天聽，凌蔑下民。凡誤國之事，無不爲之，猶矢人焉，惟恐其或不傷之也。臣願陛下驗已試之迹，以道概之，則人心所存之邪正，與所作之是非，自然區分，無足疑矣。

臣衰老孱懦[13]，誤蒙陛下識擢，俾留守京城兼開封尹。臣砥礪瀝竭，知無不爲，惟恐失措，有誤國家大計。然臣每所申奏，若非陛下察臣斷斷孤忠，憐臣悄悄見愠，體天地之大德護覆，廓日月之大明照臨，臣與血屬，當膏砧斧，虀粉萬狀矣，尚安能爲陛下保釐尹正，使京城市井里巷安居樂業，熙熙皞皞如我祖宗太平之時？臣之至此，豈止謗書盈篋而已耶？臣願陛下六龍萬乘，早歸大內，下慰四海生靈瀝血懇切之望。臣之言此，實出悃誠，痛切憤悶，所以不避奸邪詆誣[14]，不避冒犯誅戮。臣願陛下降臣此言，榜之朝堂，俾應在朝臣僚實封章疏，指摘臣言。如臣言稍涉狂妄，乞正典刑，明臣罪惡。如臣言果符忠義，乞降詔敕，明告回鑾之期，庶安天下之聽。此事甚大，恭俟睿慈洞察，勿貳勿疑。取進止。

又疏曰：

臣犬馬之年已七十矣，陛下不以臣衰老無用，付之東京留鑰。臣自去年七月到任，夙夜究心，營繕樓櫓城壁，掃除宮禁闕廷，分布柵寨，訓練士卒，教習車陣。比及終冬，諸事稍稍就緒，都城帖然，風物如舊。人人延頸跂踵，日徯望聖駕還闕。臣以故自今年正月、三月⑮，兩次遣屬吏及臣之子，捧表遠詣行在投進，祈請車駕西上，歸肆大赦於宣德門，使天下曉然皆知陛下言旋舊都，再造王室。命令用是通達，盜賊用是消弭，無復有方命阻兵之患，然後容臣爲陛下條畫措置，造膝陳請，遣一使泛海道入高麗，諭以元豐搆好之舊⑯，令出兵攻金人之西。又復遣官從間道趨河東，諭折氏修其舊職，以固吾圉，使三面交攻金人，令彼應敵不暇。吾方大舉六月之師，一道由滑、濬，一道出懷、衛，涉河並進，北首燕路，訪大遼子孫，興滅繼絶，約爲與國，則燕、薊之感恩荷德，不患不爲吾用。如此，則金人勢必孤弱，自可撫而臣之。二聖天眷，自此決有歸期。兩河故地，自此決可收復。而況兩河之人，感祖宗二百年涵養之澤，雖陷敵踰年，而戴宋之心初無攜貳。使吾大兵渡河而戰，則東北人民，必有背敵歸我，前徒倒戈，攻於後以北，誰不願爲吾死？

孟子曰：「雖有知慧，不如乘勢；雖有鎡基，不如待時。」今時則易然也。臣嘗以今日時勢觀之，天意悔禍，人心固結，雖三尺童子，爭欲奮臂鼓勇，又況當六月宣王北伐之時，機會間不容髮，陛下何憚而不亟還京師，使臣獲奉咫尺之威？請借節以籌。黄帝書曰：「日中必熭，操刀必割。」此言時不可失也。諺曰：「當斷不斷，反受其亂。」言決之貴早也。今日之事，臣願陛下以時果斷而行之，毋惑讒邪之言，毋沮忠鯁之論。儻陛下以臣言爲是，願大駕即日還都，使臣爲陛下得盡愚計。若陛下以臣言爲非，願陛下即日放罷老臣，或重竄責，臣所不辭。惟明主可與忠言，臣故昧死以聞。

上優詔答之。

6 辛卯，陜西、京東諸路及東京、北京留守並奏，金人分道渡河。詔遣御營左軍統制韓世忠、主管侍衛步軍司公事閭勍率所部迎敵。命宗澤遣本司統制官楊進等援之。先是，澤聞河北都統制王彦聚兵太行山，即以彦爲武功大夫、忠州防禦使、制置兩河軍事。彦所部勇士萬數，以其面刺八字，故號八字軍。彦方繕甲治兵，約日大舉，欲趨太原，澤亦與諸將議六月起師，且結諸路山水寨民兵，約日進發。上奏曰：

臣聞詩於小雅，載六月宣王北伐之事。蓋玁狁以弓矢馬騎爲先，而當六月歊蒸之時，皆難於致用。故宣王乘時行師，終於薄伐玁狁，以建中興之功。臣自留守京師，夙夜匪懈，經畫軍旅。近據諸路探報，敵勢窮促，可以進兵。臣欲乘此暑月，遣王彦等自滑州渡河，取懷、衛、濬、相等處，遣王再興等自鄭州直護西京陵寢，遣馬横等自大名取洺、趙、真定，楊進、王善、丁進、李貴等諸頭項，各以所領兵分路並進，既過河，則山寨忠義之民相應者，不啻百萬。契丹、漢兒，亦必同心抵禦金人。事纔有緒，臣乞朝廷遣使，聲言立契丹天祚之後，講尋舊好，且興滅繼絶，是王政所先，以歸天下心也。況使金人駭聞，自相携貳邪？仍乞遣知幾辯博之士，西使夏，東使高麗，喻以禍福。兩國素蒙我宋厚恩，必出助兵，同加掃蕩。若然，則二聖有回鑾之期，兩河可以安貼。陛下中興之功，遠過周宣之世矣。臣犬馬之齒，今年七十矣。勉竭疲駑，區區愚忠，所見如此。臣願陛下早降回鑾之詔，以繫天下之心。臣當躬冒矢石，爲諸將先。若陛下聽從臣言，容臣措畫，則臣謂我宋中興之業，必可立致。若陛下不以臣言爲可用，則願賜骸骨，放歸田里，謳歌擊壤，以盡殘年。頻煩上瀆天聽，臣無任。取進止。疏入，黃潛善等忌澤成功，從中沮之。澤歎曰：「吾志不得伸矣。」因憂鬱成疾。澤尹京二歲，修城池，治樓櫓，不擾而辦，屢出師以挫敵鋒。其抗疏請上還京，凡二十餘上，言極切至。潛善與汪伯彥等雖嫉之深，竟不能易其任。靖康小雅云：「建炎二年有旨，遣韓世忠之師屯伊、洛，又令滄帥劉錫密結河陽之人，自青州絶河進兵，命澤總大衆自滑州而北，期集於中山府。澤聞命欣躍，賫金銀兵械，纖悉畢具。行有日矣，而黃潛善、汪伯彥恐澤成功，又以奸計從中止之。澤大憤懣，鬱鬱久之，疽發背而薨。」此事史及澤遺事皆無之，姑附此，更須參考。

7 甲午，以金人入犯，曲赦河北、陝西、京東諸路。初，陝西制置使錢蓋聞金人陷長安，檄集英殿修撰、鄜延經略使王庶兼節制環慶涇原兵討賊⑰，既而義兵大起，金人東還，庶以金人重載，可尾襲取勝，移文兩路，各大舉協力更戰。而環慶經略使王似、涇原經略使席貢自以先進望高，不欲受其節度，遂具文以報，而實不出兵。金游騎上清溪，既爲涇原裨將吴玠所扼，至咸陽，望渭河南義兵滿野，不得渡，遂循渭而東。其右軍入鄜延，攻康定，圍龍坊，庶急遣將斷河橋，又令將官劉延亮屯神水峽，斷其歸路，金人遂去。於是婁宿盤礴於馮翊河中，扼新河橋，以通往來，人情大恐。涇原統制官曲端乘敵退，復下秦州，而鳳翔、長安皆爲義兵收復。會經制司統領官劉希亮自鳳翔歸端，端斬之。端雅不欲屬庶，及聞孟迪、李彥仙等受事鄜延，皆不樂，遂揭榜，稱金人已過河歸國，農務不可失時。乃盡散渭河以南義兵。庶亦斂兵保險，猶以書約似、貢，欲逼金人渡河。至於再三，似不應，貢許出兵四萬，亦遷延不行。時鄜延人以秋深必被兵，多避地者。道出環慶，吏民皆惡其驚徙，所在掠其財而殺之，閭里蕭條矣。

8 乙未，詔蘇軾立朝，履歷最爲顯著，追復端明殿學士，盡還合得恩數。時軾孫司農寺丞符，以軾政和中復職未盡訴於朝，乃有是命。軾，眉山人，元祐禮部尚書。黨籍，待制以上第一名，昌化軍安置。元祐中追復龍圖閣待制。王明清揮麈後録云：「靖康中東坡追復元職，時汪彦章在掖垣，偶不當制。舍人不學而思澀，彦章戲曰：『公無草草，渠家焚黄。』二字藻慚而怨之。」按藻今年二月已罷舍人，明清實甚誤也⑱。

江淮發運副使吕源請下虔、吉、衡、潭四郡及沿流諸州，造綱船二千艘。從之。以源言本司舊有運舟六千，今所存不逮半也。

福建路轉運判官謝如意執建州叛卒張員等六人誅之。初，員等雖受招，而桀驁如故。會如意自職方員外郎出領漕事，乃議除之。如意至建陽，陰遣勇士離其黨與，遂與本路兵馬都監黄濤、本州兵馬監押魏勝密謀，紿員等至濤官居，俾受宣札，因禽戮之。後數日，如意入城，人情稍定。既而餘黨懷疑，如意幾爲所執。時新知州事、通直郎方承賫敕榜諭叛卒，至建陽聞之，留不進。如意，邵武人也⑲。

9 丙申，大中大夫宇文虚中復資政殿大學士，提舉萬壽觀，充大金通問使，武臣楊可輔副之。尋改虚中爲祈請使。

京東西路提點刑獄公事程昌㝢言：「州郡間軍器乏少，請各以堅韌之木廣置棍棒。蓋鐵騎箭鏊不能犯，惟棍棒可以禦，且不日可辦。」從之。

賊斬賽破光山縣。

10 戊戌，河北制置使王彥以八字軍屯河南。時宗澤以彥孤軍無援，不可獨進，乃以書延彥計事，彥遂合諸寨兵萬餘人，以是日濟河。後五日，彥至京師，澤大喜，諭以京師國家根本，宜宿兵近甸，遂命其軍屯滑州之沙店。

11 壬寅，中書侍郎兼御營副使、提舉措置户部財用張慤薨。慤立朝諤諤，有大臣節，不可干以私。惟善許景衡與許翰，論事頗合。自爲執政，諫諍愈切，無所顧避。時黄潛善當國，專務壅蔽。自汪伯彥而下，皆奴事之，不敢少忤其意。惟慤以直道自持，事必力争，雖言不行，而不少屈。秉政未踰歲，遽薨於位，士民皆痛惜之。此以慤附傳及靖康小雅參修。上以慤河朔人，無家可歸，常賻外賜田十頃，第一區，後謚忠穆⑳。

12 癸卯，朝奉郎、大金通問使王倫始渡河。按倫紹興三年正月乞券錢狀云：「建炎二年五月二十日過河。」遂與其副閤門宣贊舍人朱弁至雲中，見左副元帥宗維計事。金留不遣。時進武校尉朱勣從弁行，宗維賜以所掠内人，勣陽受之，逃去。宗維怒，追而殺之。朱勣事不得其年，據紹興十三年朱弁奏狀附見。

13 甲辰，婁宿陷絳州。權知州事趙某率軍民巷戰，凡六日。

14 乙巳，詔諸路走馬承受使臣自今於帥府用申狀，其入謁如屬官禮。時入内寄資東頭供奉官蘇淵爲熙河路走馬承受公事，用元豐舊制，移牒帥司，就廳下馬。經略使張深奏：「淵尚習故態，陵轢帥臣。」故有是旨。

資政殿學士、提舉杭州洞霄宮許景衡薨。景衡罷政而歸，至瓜洲，得暍疾，及京口疾甚，端坐自語曰：

「陛下宜近端人正士，以二聖、蒼生爲念。陸宣公奏議盡之矣。」遂薨。景衡性孝友，兄死，事其嫂如母。博通經史百家書，而其要歸於孔孟。嘗曰：「孔門自掃洒應對而上，皆入中道。」以故修身行己，雖細必矜。平居無事，與朋友言，怡怡辭氣，惟恐傷之。及公言廷爭，正色直前，視權倖若無有者。薨年五十七，後謚忠簡。

15 丙午，徽猷閣待制劉阜民落職。初，阜民與其兄大中大夫阜民皆以覃恩乞進秩，言者論其進由恩倖，法當討論，乞罷阜民職，而降阜民爲中大夫。詔罷阜民，而阜民遷官如故。

16 丁未，復置兩浙福建路提舉市舶司，賜度牒直三十萬緡爲博易本。以尚書省言：「市舶公私兼利，非取於民。自併歸漕司，虧失數多，市井蕭索，土人以併廢爲不便。」故有是旨。其後遂併廣司復之。

17 戊申，兵部尚書盧益直學士院。初，益自閑廢中請至揚州治其私事，黄潛善許之。至則除尚書，至是復有此命。此據黄潛善劾疏增修。益除兵書，不得其日。熊克小曆：「二月丙申，兵部尚書董耘罷，遂召徽猷閣待制、知東平府盧益爲兵部尚書。」按史，益元年五月乙巳自顯謨閣直學士、知東平府落職奉祠，當二月間，權邦彦已知東平府。克蓋誤。

起居郎康執權試給事中，起居舍人黄哲試中書舍人，太常少卿周望守起居郎，司農卿林安上守起居舍人。望初受命出使，會金帥宗傑死，遂輟行。執權除命，後省題名有之，今因望除左史，併著於此日。

18 己酉，秀州軍亂。初，直龍圖閣、知秀州趙叔近既免直龍圖閣，朱芾代之。芾頗肆殘虐，軍民怨憤。是日，茶酒卒徐明率衆囚芾，迎叔近復領州事。叔近撫定明等，且請擇守臣於朝。奏未至，詔御營中軍統制張俊以所部討之。

19 庚戌，增天下役錢，以爲新法弓手之費。初，汪伯彦既建請，乃以免役寬剩、廂禁軍闕額、裁減曹掾等錢供其庸直。元年七月癸卯。至是，所增偏於東南諸路，遂詔：「不受庸者，人給田三十畝，馬軍增三之一。」議者恐費不給，乃請官户役錢勿復減半，而民役錢概增三分。從之，故有是詔。新法弓手三年六月丙寅，役錢三年七月己丑可考。

詔：「自今見任官有涉疑異志者，止許經不礙官陳告。如徑行殺戮，事雖有實，亦坐擅殺官吏之罪。即妄殺平人以爲奸細者，從軍法。」自軍興，所在奸民殺官吏、害良善者甚衆，朝廷恐其生事，至是下詔條約之。

20 癸丑，罷借諸路職田。自軍興始有拘借之命，靖康元年、建炎元年。而逋負甚衆。至是，江淮發運副使呂源奏留其半，庶可養廉，且令用心催理。詔：「圭田，士大夫貧者仰以養廉，國用雖乏，豈可取此？自今毋得借。」熊克小曆略載此事於七月壬子，而日曆繫之此日。按今年九月丙子，臣僚上言，亦云「五月三十日聖旨，圭田更不拘借」。克所書實誤。

詔：「持服人蔡莊罷徽猷閣待制，其告令所屬收掌，候服闋日給付。其餘前宰執子弟見帶職人，令吏部限十日條具申省。」莊，確子也。言者論：「確之子懋，既以欺罔誕謾，交結權幸，致身執政，而又擢其弟爲待制，士論憤鬱。莊比守潁昌，奴事李彦，無所不至，尤當竄斥，以爲人臣不忠之戒。」故有是命。

校勘記

① 共滅金人　「滅」，原作「擊」。「金」，原作「敵」，據叢書本改。

② 侵犯中國　「犯」，原作「掠」，據宗忠簡集卷一奏給公據與契丹漢兒及被擄之民疏、叢書本改。

③進夜襲右監軍完顔希尹營　「右監軍」，原作「右軍監」，誤，叢書本作「左監軍」，亦誤。據金史卷七三希尹傳，希尹乃右監軍，據改。下同。

④而熙河兵馬都監劉惟輔不欲聽嚴節制　「惟」，原作「維」，下文作「惟」，因據改。

⑤敵遊騎犯涇原　「犯」，原作「侵」，據叢書本改。

⑥留萬户茶曷馬戍河陽　「茶曷馬」，原作「察罕瑪勒」，據金人地名考證改。

⑦金人犯洺州　「犯」，原作「侵」，據叢書本改。下同。

⑧奏未至　「未」，原作「來」，據叢書本改。

⑨繼執南陽之議　「議」，原作「義」，據叢書本改。

⑩後爲户部倉部郎官太府司農少卿　「太」，原作「大」，叢書本同。逕改。

⑪曩緣强敵肆横　「肆横」，原作「稱兵」，據叢書本改。三朝北盟會編卷一一六「强敵肆横」作「賊虜横肆」。

⑫掃蕩沙漠　「掃蕩」，原作「願靖」，據叢書本改。北盟會編同叢書本。

⑬臣衰老孱懦　「懦」，原作「儒」，據宗忠簡集卷一遣少尹范世延機幕宗潁詣維楊奏請回鑾疏及歷代名臣奏議卷八六改。

⑭所以不避奸邪詆誣　「所」字原脱，據同上條校記補。

⑮臣以故自今年正月三月　下「月」字原作「日」，據宗忠簡集卷一乞回鑾疏(第二十三次奏請)改。

⑯諭以元豐搆好之舊　「搆」，叢書本作「講」，按，此字犯諱，然宗忠簡集卷一乞回鑾疏原文如此，故仍舊文。

⑰檄集英殿修撰鄜延經略使王庶兼節制環慶涇原兵討賊　「討賊」，原作「進攻」，據叢書本改。

⑱ 彦章戲曰公無草草渠家焚黄二字藻慚而怨之按藻今年二月已罷舍人明清實甚誤也　「明清實甚誤也」，原闕，據叢書本補。原注後有「按注有脱誤」五字，爲四庫館臣按語，今删。查四庫全書文淵閣本揮麈後録卷八所載蘇軾追復原職條所載，「公無草草，渠家焚黄」之後，爲「三字慚而怨之」數字。

⑲ 如意邵武人也　此句後原有四庫館臣按語：「宋史繫甲午日。」今删。

⑳ 後謚忠穆　此句後原有四庫館臣按語：「宋史繫癸卯日。」今删。

建炎以來繫年要録卷十六

1 建炎二年六月甲寅朔，朝散郎余應求知岳州，承議郎陳公輔知南劍州。李綱之得政也，二人自外除郎，未入而綱罷，至是，始以郡守處之。

2 乙卯，成都府路轉運判官靳博文權罷邛州鑄鐵錢，以其歲用本錢二十一萬緡，而所鑄才十一萬緡，得不償費故也。先是，成都府錢引務每届書放錢引一百二十五萬餘緡，崇、觀間西事既起，由是泛印，增多至二千六百萬餘緡，而引法大壞。朝廷知之，乃詔以天聖爲印所準。事見大觀三年七月十二日。至是，博文以利州路增屯西兵，此恐是王瓔之兵。軍食不繼，權罷鼓鑄，不待報遂行，復以便宜增印錢引六十二萬緡。自後，諸大臣相繼視師，率增印矣。

尚書省言：「檢會靖康元年已降指揮，人户願將金帛錢糧獻助者，計價依條補授名目。除河北、河東路已降官告外，餘路未曾給降。」詔：「尚書省度量給付逐路，每路差監司一員，專一提舉，委官勸人户獻納，依隨處在市實價，如納已七千貫補承節郎，六千貫補迪功郎，依已降指揮，並不作進納人。願繳元授付身貼納數中，以十分爲率，更減一分，亦不作進納所納之物。內京東東路並隨處樁管，餘路計綱起發上京。不係沿途去處，變兑易輕賫物色赴元豐庫送納，並須召人情願，不得抑勒科配。」

3 丙辰，建州軍再亂。先是，張員等既誅，餘黨復懷反側。會朝廷調威果卒三千人入衛，未行，軍士葉濃等相與謀，互殺妻子以爲變。是夜，縱火焚掠，盜本州觀察使印，突城而出，進犯福州。葉濃之亂，日曆、會要皆云六月一日，而今年七月臣僚上言，乃云六月十日。惟熊克小曆繫之丙辰，丙辰，初三日也。今從小曆①。

4 戊午，尚書禮部侍郎兼直學士院王綯試御史中丞。黃潛善以綯柔懦無能，故薦爲臺長。此據趙甡之遺史，綯除中丞，日曆亦不載。

5 己未，詔右文殿修撰、前知通州胡安國已除給事中指揮更不施行。初，安國數上疏乞祠，詔不許，仍趣赴行在。安國因放免奏有言曰：「臣賦性踈拙，全昧事幾。前當贊書，積日雖淺，適緣六押，兼管兵刑。所降詞頭，苟有未便，不敢觀望，迷誤本朝，須至盡忠，逐件論執。遂因繳奏，遍觸貴權，貽怒既多，幾蹈不測。今陛下撥亂返正，將建中興，而政事人材，弛張升黜，凡關出納，動係安危。聞之道途，揆以愚見，尚未合宜，臣切寒心。而況鎖闥，典司封駁，儻或隱情患失，緘默不言，則負陛下委任之恩，其罪至大。若一一行其職守，事皆違異，必以戇愚妄發，干犯典刑，徒玷清時，無補國事。臣所以不敢上當恩命者也。」疏入，黃潛善大怒，言者因論：「安國被命經年，託疾不至。朝廷之召愈切，而安國之辭愈堅。要流俗之譽，失人臣之禮。臣聞臣之事君義也，不擇事而安之，忠之盛也。昔孔子君命召，不俟駕而行。孟子去齊，三宿而王不追，然後浩然有歸志。士之所學，孔孟之遺耳。孔孟之所以事君者如此其欽，而安國如此其慢，何所恃哉？蔡謨有重望於晉，然固拒司徒之命，至免爲庶人，況安國素無美名者乎？且朝廷之所以召安國者，不過以其早乞致仕，不就薦對爵禄，高尚其事而已。然安國當吴敏用事之際，則幡然而起，亟遷給舍，何鄉者奉命之速，而今日從命之緩乎？方陛下中興，王業號令之出，當如雷霆震動，四方罔不丕應，而不能行於一安國，豈不損國威令之甚？況安國子寅，自郎曹謁告不至，已降三官。安國責以臣節，則事君不以禮，責以父道，則教子不以忠，如此而欲成政事，厚風俗，不亦難乎？望罷安國新除，特賜黜責，以爲人臣不恭上命者之戒。」安國遂罷。

6 庚申，侍御史張浚充集英殿修撰，知興元府。浚好謀，有大志，數招諸將至臺，講論用兵籌策。浚本黄潛善所引，至是，因請汰御營使司官屬，又論無謂金不能來，當汲汲修備治軍，常若敵至。潛善始惡之。浚以母在蜀中求去，故有是命。未行，留爲尚書禮部侍郎。浚入對，上諭曰：「卿在臺中，知無不言，言無不盡。朕將有爲，政如欲一飛沖天而無羽翼者，卿爲朕留，當事任用。」浚頓首謝。浚出守及再留，日曆全不見，今據行狀增修。以禮部題名考之，浚除侍郎在今年六月，而無其日。按史，王綯奏上語有云：「臣與浚同官兩日，而浚以秘閣修撰罷。」綯以此月戊午入臺，則浚出臺當在庚申，故繫於此日。御史臺記：「建炎二年空月，張浚直龍圖閣、知興元。」浚除職，諸書俱不同，今從行狀。綯奏語見日曆四年三月辛酉。

7 癸亥，以盜賊未衰，命諸路武臣提刑專管捉殺。

8 甲子，疏決行在揚州及四京繫囚雜犯，死罪已下減一等，釋杖已下。其後，建康府、越州亦如之。紹興二年五月甲申，始申臨軒疏決。

9 乙丑，徐州觀察使、御營使司中軍統制張俊引兵入秀州，前知州事中大夫趙叔近爲所殺。初，御營都統制王淵在京師，狎露臺娼周氏，亂後爲叔近所取，淵銜之。及俊辭行，淵謂之曰：「趙叔近在彼。」俊諭其意。

前一日，俊總兵至郡，叔近以太守之禮逆諸城北沈氏園。俊叱令置對，方下筆，羣刀遽前②，斷其右臂。叔近呼曰：「我宗室也。」衆曰：「汝既從賊，何云宗室？」語未畢，已折首於地。秀卒見叔近死，遂反戈嬰城，縱火毆掠。江東西路經制司書寫機宜文字辛安宗在城中爲所害。翼日，俊破關，捕徐明等斬之，取周氏以歸。淵以予俊，俊不受，乃遺韓世忠。此段據王明清揮麈第三録增入。周氏，彦古母，後封蘄國夫人③。熊克小曆俊入秀州在六月戊辰。日曆：「張俊申十一日到秀州，十二日巳時收復，十五日申到。」今從日曆。俊以功遷武寧軍承宣使。叔近子朝奉郎交之，亦坐受賊所獻玩好，降六官勒停。後十餘年，御史言叔近之冤，始贈集英殿修撰。趙交之停官事，以紹興四年十二月丙申本人乞改正狀增入。叔近贈職在紹興九年。

10 丁卯，國信使楊應誠、副使韓衍至高麗，見國王楷諭旨，楷拜詔已，與應誠等對立論事。楷曰：「大朝自有山東路，何不由登州以往？」應誠言：「不如貴國去金國最徑，第煩國王傳達金國。今三節人自賫糧，止假二十八騎。」楷難之，已而命其門下侍郎傅佾至館中，具言金人今造舟將往二浙，若引使者至其國，異時欲假道至浙中，將何以對？應誠曰：「女真不能水戰。」佾曰：「女真常於海道往來，況女真舊臣本國，近乃欲令本國臣事，以此可知强弱。」後十餘日府燕，又數日復遣中書侍郎崔洪宰、知樞密院事金富軾來，固執前論。且言二聖今在燕雲，不在金國。館伴使知閤門事文公仁亦曰：「往年公仁入貢上國，嘗奏上皇以金人不可相親，今十二年矣。」洪宰笑曰：「金國雖納土與之，二聖亦不可得，大朝何不練兵與戰？」應誠留高麗凡六十有四日，楷終不奉詔。應誠不得已，與楷相見於壽昌宮門下，受其所拜表而還。此據應誠所上語録修入。按録，應誠以六月丁卯見高麗國王楷，楷令傳佾議事及送衣帶。己卯，府會。壬午，遣崔洪宰等至館。七月丙戌，文公仁等云云。戊子，應誠以病求醫。壬寅、甲辰、八月戊午，連趣應誠復命。壬申，拜表。九月初，放洋。今併附此，餘見九月癸未、十月甲寅。

11 戊辰，詔諸路應輸内藏庫錢帛，經由揚州行在者許兑撥。用端明殿學士、同提舉措置財用黄潛厚請也。

初，東川布衣崔子方治春秋，紹聖間三上疏，乞置博士，不報，乃隱居真州六合縣。子方剛介有守，雖衣食不足，而志氣裕然，杜門著書三十餘年而死。至是，兵部員外郎江端友請下湖州取子方所著春秋傳，藏於秘書監。從之。

12 己巳，葉濃破古田縣。

13 甲戌，入福州，掠特進致仕、衛國公余深家金帛，欲縱火焚城，守臣顯謨閣待制江常不知所出，提點刑獄公事李芘防脂切。登城諭之，留十餘日乃去。官軍追擊之，不利。芘，安陽人也。熊克小曆以芘爲閩縣人，今據芘遺事。大抵芘亦僑寓者，克多隨今户貫書之。

14 丁丑，命京畿、淮甸捕蝗。

15 己卯，言者以爲：「東南武備利於水戰，如張遇乃河朔潰卒，未嘗習舟楫之利，一旦有急，即劫舟張帆，蔽江東下。金人既破唐、鄧、陳、蔡，逼近淮、漢，去大江直一間耳。爲今之策，宜於大江上游，如采石之類凡要害處，精練水軍，廣造戰艦，仍泊於江之南岸。緩急之際，庶幾可倚。」詔江浙州軍措置，限一月畢。

是月，以集英殿修撰、知延安府王庶爲龍圖閣待制，節制陝西六路軍馬。涇原經略使司統制官曲端爲右武大夫、吉州團練使，充節制司都統制。詔書有曰：「儻不靖難於殘暑之前，必致益兵於秋涼之後。」先是，温州觀察使、河東經制使王𤫊既遁歸，朝廷除𤫊知鳳翔府。東京留守宗澤承制以庶權陝西制置使，端權河東經制使。會主客員外郎陝西撫諭使謝亮西入關，庶移書曰：「大夫出疆，有可以安社稷、利國家，專之可也。夏國爲患，至小而緩，金人爲患，至大而迫。方敵兵挫鋭於熙河，奔北於本路，子女玉帛，不知紀極，占據同、華，畏暑休兵。閣下能仗節督諸路協同義舉，漕臣應給糧餉，争先並進，雖未能洗雪前耻，亦可以驅逐渡河，全秦奠枕，徐圖恢復。夏人秋稼未登，饑餓疲困，何暇興兵？庶可保其無他。」亮不聽，遂自環慶入西夏。夏國主乾順已稱制，倨見之。亮留夏國幾月，乃與約和罷兵，更用鈞敵禮，乾順許之。此據建炎三年七月癸未張浚奏西夏通書禮數，及紹興元年二月庚寅謝亮乞存恤家屬狀參修。亮歸，夏人隨之以兵，掩取定邊軍。明年，亮乃還行在。初，王𤫊之潰也，其屬官王擇仁以衆二萬入長安，復爲經略使郭琰所逐。祠部員外郎、四川撫諭喻汝礪嘗言：「今朝廷已專命王庶經制中夏，竊聞五路全不稟庶節制，望擇久歷藩方，曉暢軍事，近上兩制，節制五路，招集潰兵，勞徠流徙，式遏寇盜。仍以臣所刷金帛八百餘萬緡爲軍糧犒設之費，庶可以繫二京、兩河、山東、陝西五路父老之心。若謂四川錢物不當應副陝西，臣謂使此錢自三峽、湖、湘平抵建康④，固爲甚善。萬一中途爲奸人所窺，適足資寇。臣又聞王擇仁所統，皆三晉勁勇之餘，今關輔榛莽，軍無見糧，故其人專以剽掠爲事。若得上件財帛養之，則秦晉之民皆爲吾用矣。」時庶已擢待制，而汝礪停官，然皆未受命也。自王𤫊除鳳翔至喻汝礪乞留川綱，必非一月間事，以諸書皆不見日月，故且牽聯附書之。當更考求，各附本月日。

復置諸州學官四十三員。此以紹興二年十月九日給舍看詳狀增入。

初，二帝既徙中京，御史中丞秦檜實從。既而聞上中興，上皇欲作書貽左副元帥宗維，與約和議。大略言：「唐太宗復突厥，而沙陀救唐；冒頓單于縱高帝於白登，而呼韓賴漢。近世耶律德光絶滅石氏，而中原灰燼，數十年終爲他人所有。其度量豈不相遠哉？近聞嗣子之中，有爲人之所推戴者，蓋祖宗德澤之在人，至深至厚，未易忘也。若左右欲法唐太宗、冒頓單于受興滅繼絶之名，享歲幣玉帛之好，當遣一介之使，奉咫尺之書，諭嗣子以大計，使子子孫孫，永奉職貢，豈不爲萬世之利？」上皇草書已，諭駙馬都尉、深州防禦使蔡鞗曰：「爲我示秦檜，更潤色之。」檜讀書嗚咽，即厚遺本路都統達於宗維，宗維有慚色。鞗，京子也。此以王若沖所著道君北狩行録修入。臣謹按，紹興日曆：秦檜、張邵奏及曹勛所獻書本，乃云檜代作，與此不同。或者檜嘗草具此書，而上皇又親製之也。行録以此書爲在中京所遣，而無年月。檜書首云：「季夏極熱。」臣按，上皇以去夏去燕京，今秋移韓州，則在中京過夏，必是此年，故附著於此。世傳檜在金國已倡和議，因是得歸，而未有以爲之證。以是書考之，疑金人知檜爲上皇草書，度其肯任此事，是以歸之耳。朱勝非秀水閑居録云：「檜自京城隨金北去，爲大帥撻懶郎君任用。」此則云：「秦檜北遷，時撻懶方圍中山府。」檜何由在其軍中？意者因草此書而撻懶移之黏罕軍中，爲歸之之張本耳。北狩行録上皇書：「某自北來，衆所鄙棄，獨荷左右見憐，故知英雄度量，與凡俗自不同也。嘗欲通書於左右，而自卜自疑⑤，因循至今。某聞惟大英雄之人，然後能聽大度之言。敢略陳固陋，惟左右留神省察。古之君子，莫不以濟世安民爲己任，故有國士者，止能安一國之人，有天下之士者，然後能安天下之人。是以堯、舜、禹、湯之君，而輔以臯、夔、稷、禼之臣，則日月所照，風雨所及，莫不被其澤，載在典籍，昭然可考，不在一二陳也。且以近事言之，昔唐之太宗，起自晉陽，奄有天下。征伐荒外，西破高昌，北禽頡利，可謂黄帝之師，莫强乎天下也。而遠思長久之計，知突厥稽首戴恩⑥，常爲北藩。故唐之衰也，終得沙陀，以雪國耻。又匈奴冒頓單于圍漢高祖於白登，七日不食。當時若取之，如俯拾地芥。冒頓單于不貪近利，以爲遠圖，使高帝得歸，以奉祭祀，故得受繒幣，舉中國珍異玉帛，奉約結好。後匈奴國亂，五單于爭立，終得宣帝擁護呼韓。近契丹耶律德光責石氏之失約，長驅至汴，舉石氏宗族遷之北荒。然中國之地，亦不能守，以至糜爛灰燼，數十年之間，生靈肝腦塗地，而終爲劉知遠所有。比之唐太宗、冒頓單于，其英雄度量，豈不萬萬相去遠哉？先皇帝初治兵於遼東，不避浮海之勤，而請命於下吏，蒙先皇約爲兄弟，許以燕、雲，適平山妄人嘯聚不逞，某之將臣巽懦，懷首鼠之兩端，某亦過聽，惑於謬悠之説，得罪於大國。問罪之初⑦，深自刻責，黜去大號，傳位嗣子，自知甚明，不敢怨尤。近聞嗣子之中，有爲彼方之人所推戴者，非嗣子之賢，蓋祖宗德澤在人至厚至深，未易忘也。不審左右欲法唐太宗、冒頓單于，受興滅繼絶之名，享歲幣玉帛之好，保國治民於萬世耶？抑欲效耶律德光，使生靈塗炭而終爲他人所有耶？若欲如此，則非某所知。若欲如彼，當遣一介之使，奉咫尺之書，諭嗣子以大計，使子子孫孫永奉職貢，豈不爲萬世之利也哉？伏惟左右以命世之才，當大有爲之時，必能聽大度之言也。昔人有爲趙使秦者，秦王問趙可伐歟，趙使對曰：『里人有好色者，好色之患，世所共知，而母言之則爲賢母，妻言之則爲妬婦。』今日之事，大類是矣，惟麾下多賢，必能審處。言欲盡意，不覺覼縷。伏望台慈有以照察，幸甚。」日曆：「紹興十九年四月丁卯，御前降下曹勛所藏秦檜向在金國代徽宗皇帝所作書藁：『某啓，季夏毒熱，伏惟元帥郎君台候動止萬福。某居處幸安，實賴庥庇。離汴京已踰年矣，鄙懷千萬，久欲聞於左右，常恐犯不韙之咎。今閱日既久，則復慮後時之悔。又數蒙存問，審知英雄大度，可感以誠，敢悉布腹心。頃自大聖皇帝治兵之初，某即承命於下吏。先皇帝惠然顧懷，結爲兄弟，載在盟書，永以爲好。某之敝邑，仰荷威德，怡然無事，又盡得前代故地，顧此恩紀，未知報所。適會妄人嘯聚不逞，某之將臣巽耎畏事，懷首鼠之兩端，某亦惑其謬悠，得罪大國，自知甚明。故於問罪之初，深自克責，不敢抗兵。亟去位號，委國計於嗣子，亦蒙大國沛然寬宥，許之自新，復遵前好。而嗣子愚弱，不閑於理。小人貪功，要取民譽，妄有交搆，遂重獲罪於大國。禍皆自取，悔將何及？某向自傳位以來，退處道宮，不復干預國事，事無大小，並不預聞，此非敢妄爲之説，天下之人所共知也。凡諸往事，姑置勿論，請以今之事勢言之。夫南北之俗有異，因其君長而臣屬之則可，若混一之理，自古以來，無是事也。昔契丹耶律德光皇帝遷徙石氏，拘於北方，南朝遂爲劉知遠所有，終不臣屬。且石氏有天下方二世，本乃篡立，初無德澤，知遠所以能攘其位而有之。趙氏自太祖不血刃取天下，仁恩結人深矣。

厥後六宗，世世修德，不忝前人。百餘年間，不識兵革。斯民仰事俯育，衣食無憾。乃以異姓易之，此在某實難言。天下之人，自知其不可。今若因而存之，則世世臣屬，年年輸貢，得失可見矣。必欲拏舟交廣，馳馬閩蜀，躡關陝，決大計於金鼓之間，就使一一如志，欲所得之利盡歸公上，則莫若歲歲受金幣，使他人守疆，則莫若因舊姓而屬之。在郎君，宜熟計而審處。聞嗣子有在南方爲彼人所依，此祖宗恩德在人，未易忘也。如蒙郎君以某前所言爲然，望賜采擇。某欲遣專介諭嗣子以大計，郎君可不煩汗馬之勞，而坐享厚利。伏惟麾下多賢，通知古今，諳練世故者不爲少，想當裨贊成畫，笑談而定。瞻望旌棨，鶴立俟報。不宣。』」

1 秋七月癸未朔，詔京官到行在者，並令吏部審量，非政和以後進書頌及直赴殿試之人，乃聽參選⑧。用吏部請也。靖康初，用御史胡舜陟言，大治濫賞。元年四月癸丑。已而遽罷。其年九月辛未有旨，可更不問。至是，提領茶鹽司奏辟朝奉郎鄭待問充準備差遣，湖州用赦薦舉宣教郎、新江東茶鹽司幹辦公事張體純，論者以爲二人皆以進頌得官，法當討論。悉罷之，而有是命。體純，金壇人。待問，江山人，嘗通判湖州，坐朱勔黨銜替。至是，梁揚祖辟用之。審量事，十月丙子又改⑨。

資政殿學士、東京留守、開封尹宗澤薨。澤爲黄潛善等所沮，憂憤成疾，疽作於背。至是疾甚，諸將楊進等排闥入問，澤矍然起曰：「吾固無恙，正以二帝蒙塵之久，憂憤成疾耳。爾等能爲我殲滅强敵，以成主上恢復之志，雖死無恨。」衆皆流涕曰：「願盡死。」諸將出，澤復曰：「吾度不起此疾。古語云：『出師未捷身先死，長使英雄淚滿襟。』」遂薨，年七十。是日風雨冥晦，異於常日。澤將没，無一語及家事，但連呼「過河」者三。遺表猶贊上還京，先言「已涓日渡河而得疾」，其末曰：「囑臣之子記臣之言，力請鑾輿亟還京闕，大震雷霆之怒，出民水火之中。夙荷君恩，敢忘尸諫？」澤自奉甚薄，方謫居時，饘粥不繼，吟嘯自如。晚年俸入稍厚，亦不異疇昔，食不兼味，衣敝不易。嘗曰：「君父當側身嘗膽，臣子乃安居美食耶？」所得俸賜，遇寒士與親戚貧困者輒分之，養孤遺幾百餘人。死之日，都人爲之號慟，朝野無賢愚皆相弔出涕，三學之士千餘人爲文以哭澤。初，澤既拘留金使，上屢命釋之，澤不奉詔。至是，資政殿大學士、充大金祈請使宇文虛中至東京，而澤已病，虛中攝留守事，遂歸之。時上已除澤門下侍郎兼御營副使、東京留守，命未下而訃聞，詔贈觀文殿學士，進六官爲通議大夫，後謚忠簡。澤門侍之除，史及他書不見，惟遺事及靖康小雅有之。熊克小曆云：「澤謚威愍。」與史不同，蓋誤⑩。呂中大事記曰：「自古未有內外不相應而成功者，有張仲孝友主於內，而後吉甫得以專征於外。孔明欲出師於外，則必任禕、允於內。建炎之初，綱在內，澤在外，此正天擬二人以開中興之治也。使二人得盡行其志，必能復君父之讎，雪宗廟之耻，伸神人之憤。惜夫！綱相則澤之志行，綱去則澤之計沮。蓋汪、黃二人既用事於中，則宗澤安能措手於外？二人既主幸東南之議，則宗澤還東京之請，雖二十疏而何益？縱使渡河而北，指日成功，亦安能免後患哉？嗚呼！東京之地，宗廟在焉，陵寢在焉，爲人子孫，烏可置祖宗而不問？爲人父母，烏可棄遺黎而不思？且向也元帥府方開之始，宗澤請解京城之圍⑪，而伯彥則謂不可使虜知元帥所在⑫，今也還京之請屢上，而汪、黃則謂上皇之子三十人，今所在者惟聖體耳。自外而觀，汪、黃之計可謂忠矣，宗澤之計可謂危矣；以義而論，則君父不可視之如路人，中原不可棄之如土梗。天祚吾宋，則將有主矣。天所興者，誰能敗之？此豈汪、黃乳嫗護赤子之術所能爲哉？澤之志不獲伸於前，又不獲伸於後，徒使後之人，聞『出師未捷身先死，長使英雄淚滿襟』之歎，而爲之致無窮之恨也。」

2 甲申，葉濃自福州引兵破寧德縣，復還建州。

3 丙戌，中奉大夫、福建路提點刑獄公事李芘勒停。時言者論芘擁兵數萬，費官錢二百餘萬緡，專務招安，不能平寇。停其官，責使捕盜，以尚書吏部員外郎林杞代之。有宣義郎、御史臺檢法官謝嚮者，靖康末，嘗奉詔至閩中募武勇之士，乃命嚮爲本路捉殺官。尋又遣御營使司中軍統制張俊、兩浙路提點刑獄公事趙哲，將卒二千人偕往討捕。杞，永嘉人。嚮，建安人也。謝嚮爲臺法，史蓋不書，據御史臺記繫之建炎二年空月，在王綯除中丞之前。按綯以六月除中丞，故附於此。杞元年六月甲子以朝請郎除吏外。既而濃又破政和、松溪二縣。濃破政和在八月辛未，破松溪在其月壬申，今聯書之⑬。

4 丁亥，御筆：「國步多艱，人才爲急。如蔡京、王黼當國日久，孰不由其擬授？果賢且才，豈可不用？自今毋得分别，使自奮忠義。仰三省遵行之。」時宰相黄潛善本王黼門人，故多引黼親黨以進，議者非之。此爲三年二月己巳張澂劾疏張本。

詔諸郡發歸朝官赴行在。時所在多囚禁歸朝官，有疑則加殘害，一郡戮至千百人。上憫之，故有是命。中興聖政：臣留正等曰：「古人有殺一不辜，而得天下弗爲者也。彼奸雄忍酷之言，至曰『寧我負人』。嗚呼！人之用心，何止天壤之異哉？方建炎之初，所在盜起如蝟。窮荒絶漠之人，錯諸郡縣，有司爲之禁防，或未過也。而太上皇帝推天覆地載之德，視中外之民皆吾赤子，惻然哀矜，形於聖訓，凜然有三代王者之風。漢高帝之恢廓大度，不足言矣。」

吏部尚書兼侍讀周武仲充龍圖閣學士、提舉江州太平觀。初，武仲以疾亟求去，上曰：「如武仲者，未見其比。雖病，固當留。」最後，同知樞密院事郭三益爲之請，乃有是命。

5 戊子，幹辦内東門司王嗣昌送吏部，坐與邵成章爲死黨，好大言議國政故也。

詔自今士卒有犯並依軍法，不得剜眼刳心，過爲慘酷。令御營使司行下，衆皆鼓舞感戴。中興聖政：史臣曰：「愛而不能令，厚而不能使，亂而不能治，此兵法之患也。治軍固不能不嚴，然治之自有常法，若師出以律，孰敢不畏者？而諸將過爲慘酷，豈撫軍之道哉！」

6 乙未，侍衛馬軍都指揮使郭仲荀爲京城副留守，朝廷聞宗澤薨故也。初，澤以便宜假統制官楊進榮州防禦使、知河南府，會澤死，進遂輟行。林泉野記：「宗澤爲京城留守，招降諸大寇，王善、楊進、丁進等兵勢甚盛。澤有渡河迎請二帝之意，黄潛善、汪伯彦疾其成功，又疑其爲變，遂以郭仲荀爲副留守以察之。」按日曆，二年七月十二日甲午，開封府言宗澤卒。十三日乙未，郭仲荀充京城副留守，蓋潛善等聞澤死而後除之，非以察澤也。熊克小曆删取其語，附於元年七月澤初除留守時，亦誤。是時，楊進、丁進皆未降，汪、黄胡爲疑之？按仲荀兩爲東京副留守，其初除，日曆不載，但於今年八月正除騎帥時，繫副留守銜。克於仲荀再除時却不書，是以展轉繆誤，今並不取。

朝請郎、提舉杭州洞霄宫謝克家上疏，自辯不受張邦昌僞命，且嘗奉國寶至濟州。其言引資政殿學士呂好問爲證，大略謂：「圍城士大夫恃陛下在外，共爲後圖。好問不能獨任其責，遣人起諸退人，臣始見邦昌，面決行日。則臣之復出，爲陛下出也。」疏入，遂召克家及顯謨閣待制、知平江府孫覿赴行在。

7 丁酉，殿中侍御史馬伸言：「克家、覿趨操不正，奸佞相濟，小人之雄者也。在靖康間，與李擢、李會、王及之、王時雍、劉觀七人者結爲死黨，附耿南仲倡爲和議之説，助成敵謀。有不主和議者，羣起而辱罵之，欲執送金營，人皆畏其險而不敢校也。陛下即位之初，照見情狀，逐之是矣。近者不知誰爲之援，皆得被召，將復進用，人情危駭，莫知所謂。望賜寢罷，竄之遠方。」

8 戊戌，詔好問開具當時因依聞奏。其後好問因自陳反正之功，由是二人復用。好問開具狀見僞楚録，誤以爲克家所奏，而徐夢莘北盟會編又因之。夢莘乃云謝克家辯事僞楚狀與吕好問所奏一同⑭。其孰爲正？蓋好問元奏云：「右臣準尚書省劄子，朝請郎、提舉杭州洞霄宫謝克家進狀，七月十六日奉聖旨，令臣開具因依聞奏。」後來傳録者減去「右臣準尚書省劄子」八字，是以差互如此。

9 己亥，秘閣修撰、知荆南府唐慤降充直秘閣。先是，承議郎、通判荆南府程千秋爲慤所忌，請避之，改通判襄陽府。未行，轉運司誘執千秋以屬吏，其弟千乘訴於朝，有詔勿治。正月丁未。慤怒，奏千乘僞造制書，上命移獄於潭州，四月癸未。而慤終不肯釋。言者謂：「方羣盜薛廣、祝靖、李孝忠相繼犯荆南，帥臣監司望風悉遁，賊既據城，與公安止隔一水，維舟絞栰，欲乘勢南來。千秋奮不顧身，率縣民禦之，使人夜渡焚舟毁栰，殺賊甚衆，遂不敢犯。岳、鄂、鼎、澧皆賴以安，民間往往繪其像而祠之。方今天下擾攘，忠義之人所在不多，朝廷所宜愛惜，有罪猶當宥死，況無罪乎？臣近聞千秋至今坐獄，存亡未可知。萬一如此，則慤亦可謂方命矣。」乃詔釋千秋，而慤有是命。

10 辛丑，詔以春霪夏旱，飛蝗爲沴，命監司、郡守條政事之未便於民者，其大水飛蝗最甚之地，令百姓自陳，量輕重捐其租焉。

11 壬寅，尚書兵部員外郎、福建兩浙撫諭江端友罷，以言者論其不練民事，所至苛擾也。

12 癸卯，詔京官知縣兩任已上，實及六考，方許關陞諸州通判。舊法不拘考數，至是申明之。此以紹興五年閏二月八日右宣教郎熊彦説劄子修入，日曆無之。

13 甲辰，降充顯謨閣待制、北京留守、河北東路制置使杜充復樞密直學士，充開封尹、東京留守，且命充鎮撫軍民，盡瘁國事，以繼前官之美；遵稟朝廷，深戒妄作，以正前官之失。自宗澤薨，數日間，將士去者十五，都人憂之，相與請於朝，言澤子宣教郎潁嘗居戎幕，得士卒心，請以繼其父任。會充已除留守，詔以潁直秘閣起復，充留守判官。充無意於恢復⑮，盡反澤所爲，由是澤所結兩河豪傑皆不爲用。呂中大事記曰：「此澤去而東京之地不可守也。宗澤在，則盜可使爲兵，杜充用，則兵皆爲盜矣。充守東京，則虜至維揚⑯。充守建康，則虜至明州。以充繼澤，何異以淵代遜？以姜維而續孔明之事功？李綱罷而汪、黃相於内，宗澤死而杜充守於外，天下事可知矣。」

河北轉運副使張益謙復直秘閣，兼權大名尹、北京留守。

14 丁未，亳州言：「本州已增修城壁，剏置樓櫓，可以禦寇。今防秋在近，乞以本州界所管新舊弓手合爲一軍，土軍合爲一軍，清河裝發合爲一軍，選才武使臣充部押官，分守要害。」從之。仍詔諸路一體州軍準此。

15 庚戌，朝請郎、提舉杭州洞霄宮謝克家試尚書吏部侍郎，朝請大夫、提舉江州太平觀葉夢得試户部侍郎。既而克家不自安，乞補郡，乃以爲龍圖閣待制、知台州。

給事中劉觀試尚書工部侍郎。觀之除，日曆及後省工部題名皆不見。紹興二年十月刑部檢舉狀云：「建炎二年七月，除工部侍郎。」故附於此，俟考。

朝散郎林之平爲監察御史。之平，莆田人也。

詔諸路應兵將捕盜等官，合應援地里内逗遛不進，許安撫司從軍法。時直龍圖閣、新知杭州康允之言：「近杭、潤、秀三州兇寇竊發，而屬邑及旁郡未聞有來赴難者，必待奏報，輒勤王師。望以軍法約束，軍民有立異功者，仍具奏聞，不次擢用，以爲勸沮。」從之。故有是旨。

16 辛亥，黄潛善言：「朝議大夫惠厚下自中京逃歸，言有傳登極赦書至上皇所者，上皇與宣和皇后相賀，聖情甚悦。」上斂容不語，久之曰：「宣和皇后天性儉約，在朕府中時，每進膳未嘗改造，侍上皇亦疎闊。所得月賜，未嘗妄用。服浣濯之衣，破則補之。望明而觀，縫處如繡，蓋非他人所能及也。」厚下，華原人，宣和中嘗知解州。

是月，禮部貢院言：「應詞學兼茂科朝奉郎袁正功合格。」詔減二年磨勘。正功，無錫人也。紹興三年七月乙未改法。

燕山人劉立芸聚衆，攻破城邑。立芸諭衆曰：「吾欲致南北太平。」所至不殺掠，但令饋糧，於是蕃漢之民歸者甚衆。

婁宿遣兵攻解州之朱家山，統領忠義軍馬邵興苦戰三日，遂敗之。陝州安撫使李彦仙授興從義郎，遷本州都統制。

校勘記

① 今從小曆　此小注後原有四庫館臣按語：「宋史繫癸亥日。」今删。

② 犟刀遽前　「刀」，原作「力」。按：宋史卷二四七宗室四叔近傳：「俊叱令置對，方操筆，犟刀遽前，斷其右臂。」揮麈三録卷二亦作「刀」，據改。

③後封蘄國夫人　「蘄」，原作「靳」，據叢書本及名臣碑傳琬琰之集上卷一三韓忠武王世忠中興佐命定國元勳之碑改。

④臣謂使此錢自三峽湖湘平抵建康　「峽」，原作「陜」，「抵」，原作「底」，據續資治通鑒卷一〇二改。

⑤而自卜自疑　「卜」，原作「訝」，叢書本作「下」，今據三朝北盟會編卷二一一所載北狩行録改。

⑥知突厥稽首戴恩　「知」，據北狩行録，應爲「致」字。

⑦問罪之初　「問罪」，原闕，據叢書本補。

⑧乃聽參選　此後原有四庫館臣按語：「宋史繫丙戌日。」今删。

⑨十月丙子又改　此注後原有四庫館臣按語：「宋史繫丙戌日。」今删。

⑩蓋誤　此注之後原有四庫館臣按語：「宋史繫丙戌日。」今删。

⑪宗澤請解京城之圍　「請」，原闕，據皇朝中興大事記講義補。

⑫而伯彦則謂不可使虜知元帥所在　「虜」，原作「金」，據皇朝中興大事記講義改。

⑬今聯書之　此注之後原有四庫館臣按語：「宋史繫甲申日。」今删。

⑭夢莘乃云謝克家辯事僞楚狀與吕好問所奏一同　「一」，叢書本作「不」。按：三朝北盟會編卷九二引吕好問開具狀，誤作謝克家辯事僞楚進狀。故應以「一」爲是。

⑮充無意於恢復　「恢復」，原作「金」，據叢書本改。

⑯則虜至維揚　「虜」，原作「金」，據皇朝中興大事記講義改。下同。

建炎以來繫年要録卷十七

1 建炎二年八月癸丑朔，復諸路常平官。時顯謨閣待制孫覿入對言：「自罷提舉官，常平之財，所存一二，猶以億萬計，皆爲他司妄用。今轉運使漕輓軍儲上供之外，無一金之藏。他時大水旱、大舉措，經畫殘破，召募軍馬，以備緩急之須，皆非轉運使所能辦。時方多事，財用爲急，望復置官講補助之政。」故黃潛善奏行之，十月壬戌討論。遂命諸路拘催青苗積次本錢，自崇寧以來，皆不得免。三年閏八月戊寅所書可參考。

2 甲寅，初鑄御寶，一曰「皇帝欽崇國祀之寶」，二曰「天下合同之寶」，三曰「書詔之寶」，自是月乙卯行使。

3 戊午，詔：「行在左藏庫湫隘，自今綱運①，令户部於江寧、平江府置庫樁管，逐府通判監視，憲臣檢點，擅用者依支封樁法加等科罪。」時户部所餘金帛尚數百萬，上以北方未寧爲慮，數諭黃潛善、汪伯彦輦致江寧，潛善等方以恐摇人心爲對，尚書右丞朱勝非獨論致揚州駐蹕地，上深納之，令户部納計郊祀之費，餘財皆運之金陵，祀事後當移蹕。而潛善力沮之，其言不行。至是，尚書呂頤浩、侍郎葉夢得乃以庫府充牣爲辭，請命江、湖、二廣綱赴江寧，閩、浙綱赴平江，惟川、陝、京東西、淮南綱赴行在。從之。

尚書户部侍郎葉夢得爲翰林學士。熊克小曆附此事於七月末，云據夢得行述。按日曆乃八月六日事，今附本日。

顯謨閣待制、知廣州陳邦光試尚書户部侍郎。邦光在廣州，嘗發轉運使陳述奸贓，却三佛齊使私覿珠貝異香文犀等直數十萬，南人以爲清。

尚書吏部侍郎魏憲復爲顯謨閣直學士、提舉杭州洞霄宮。憲嘗言維揚南枕大江，自古未有背天險而爲都者。金之勁騎，自京西不四五日可至，宜有以備之。

尚書工部侍郎劉觀充徽猷閣待制、知福州。觀言敵騎出没山東，人情危懼，望移蹕金陵。執政不樂其言，於是觀自後省移冬官，踰月不拜，故有是命。

給事中康執權試尚書工部侍郎，顯謨閣待制孫覿試給事中，集英殿修撰沈晦、張澂並試中書舍人。澂去年已爲舍人，不知何時罷，當考。魏憲、康執權除目，日曆不書，今以後省及逐部題名增入。工部題名仍全不載劉觀初除及補外，然執權之除，當是代觀，故因觀除命遂書之。恐觀之去留不盡在此日，當別求他書考證乃可。

觀文殿學士范致虛提舉中太一宫兼侍讀。致虛至行在，言者論南陽之陷，咎由致虛，乃責安遠軍節度副使、英州安置。三年九月辛酉復官。

4 庚申，殿中侍御史馬伸言：「陛下龍飛河朔，近得黄潛善、汪伯彦以爲輔相，一意委任，不復致疑。然自大任以來，措置天下事未能愜當物情，遂使敵國日强，盜賊日熾，國步日蹙，威權日削。且如二帝親屬盡室北狩，宗廟社稷不絶如綫者，繫陛下一人，而三鎮未復，不當都汴以處至危之地，此理甚明。然前日下還都之詔，以謫許景衡，至於今日，當如之何？其不慎詔令有如此者。事見五月乙酉。草茅對策，誤不如式，考官罰金可矣，而一日黜三舍人，乃取沈晦、孫覿、黄哲諸羣小以掌絲綸，其黜陟不公有如此者。事見二月壬申。又如吴給、張闇以言事被逐，給元年六月自監察御史遷左司員外郎，闇元年六月除監察御史，皆未見罷時。邵成章緣上言遠竄，今是何時？尚仍舊體，以言爲諱，其壅塞言路有如此者。成章事見正月辛丑。又如祖宗舊制，諫官、御史有闕，御史中丞、翰林學士具名取旨，三省不與，厥有深旨。潛善近來自除臺諫，仍多親舊，李處遯、張浚之徒是也。觀其用意，不過欲爲己助，其毀法自恣有如此者。又如張慤、宗澤、許景衡，公忠有才，皆可重任。潛善、伯彦忌之，沮抑至死，其妨功害能有如此者。景衡薨見五月，慤六月，澤七月。又如有人問潛善、伯彦救焚拯溺之事，則二人每曰：『難言。』其意蓋謂陛下制之，不得施設。或問陳東事，則曰：『外廷不知。』蓋謂事在陛下也。其過則稱君，善則稱己有如此者。事見元年八月壬午。又如吕源狂横，陛下逐去數月，由郡守而升發運，其强狠自專有如此者。事見五月戊子。又如御營使雖主兵權，凡行在諸軍皆御營使所統，潛善、伯彦別置親兵一千人，請給居處優於衆兵，其收攬軍情有如此者。事見元年五月丁酉。潛善、伯彦所爲類此，豈不辜陛下責望之意哉？周任有言曰：『陳力就列，不能者止。』孔子亦曰：『危而不持，顛而不扶，焉用彼相？』二人方且偃然自任，屹然不動，陛下隱忍不肯斥逐，塗炭蒼生，人心絶望，則二聖還期在何時耶？臣每念及此，不如無生。歲月如流，機會易失，不早改圖，大事去矣。伏望速罷潛善、伯彦政柄，別擇賢者，共圖大事。」疏留中不出。甲戌，仲改衛尉少卿。

承議郎趙子砥自燕山遁歸，至行在，上命輔臣召問於都堂，且取子砥所得上皇御書以進。子砥奏此事甚悉，大略言：「金人講和以用兵，我國斂兵以待和。邇來遣使數輩，皆不得達。劉彦宗云：『金國只納楚使，焉知復有宋也？』是則吾國之與金國，勢不兩立，其不可講和明矣。往者，契丹主和議，女真主用兵，十餘年間竟滅契丹。今復蹈其轍，譬人畏虎，以肉喂之，食盡終必噬人。若設陷穽以待之，然後可以制虎矣。」後半月，復以子砥爲鴻臚寺丞。已而賜對嘉獎，遂以子砥知台州。此據子砥燕雲録及紹興元年三月子砥乞差遣狀參修。

5 辛酉，詔江、淮六路量添賣酒錢，以爲造糧舟之費。用發運副使呂源請也。上色酒每升增三錢，次色酒增二錢。

6 癸亥，兵部尚書盧益言：「近世以田括丁，號爲民兵，有古鄉兵之遺意。請命提刑檢察。」從之。三年七月辛丑罷。

7 甲子，朝奉大夫、直秘閣、知棣州姜剛之進秩一等，録其守城之功也。日曆無此，今以剛之家乞恩澤狀修入。徽猷閣待制、新知福州劉觀落職，提舉亳州明道宮。以言者論其觖望也。

8 丁卯，光禄卿吴巖夫充集英殿修撰、知福州。觀除福州及罷，日曆皆不載，行狀云：「上留維揚，人情危懼，公申前議，欲上狩金陵。執政聞而間之，乃以爲待制、知福州。言者繼至，落職奉祠。」觀建明金陵之議，已於罷工侍時修入，但不知前此馬伸劾孫覿、謝克家，嘗及觀圍城中事，與此相關否？今因巖夫除命附見。

9 戊辰，龍圖閣學士、提舉江州太平觀周武仲卒於揚州，年五十三。

10 己巳，詔試學官並用詩賦，自來年始。

11 辛未，徽猷閣待制、江南等路制置發運使、提領措置東南茶鹽梁揚祖遷徽猷閣直學士，以措置就緒也。茶法自政和以來，許商人赴官買引，即園户市茶，赴合同場秤發。淮、浙鹽則官給亭户本錢，諸州置倉，令商人買鈔算請，每三百斤爲一袋，輸鈔錢十八千。閩、廣鹽則隸本路漕司，官般官賣，以助歲計，建炎四年，福建行鈔法，旋即罷之。紹興八年，二廣行鈔法。公私便之。自揚祖即真州置司，歲入錢六百萬緡。其後歷三十年，東南歲榷茶以斤計者，浙東七州八萬，紹興府、温、台、衢、婺、明、處州。浙西五州四百四十八萬，臨安、平江府、湖、嚴、常州。江東八州三百七十五萬，宣、饒、徽、信、池、太平州、南康、廣德軍。江西十一州四百四十五萬，洪、贛、吉、袁、撫、江、筠州、建昌、興國、臨江、南安軍。湖南八州一百一十三萬，潭、衡、永、邵、全、郴州、桂陽、武岡軍。湖北十州九十萬，江陵府、鼎、澧、辰、沅、歸、峽、鄂、岳州、荆門軍。福建五州九十八萬，福、建、汀、南劍州、邵武軍。淮西四州一萬，舒、廬、蘄州、安豐軍。廣東二州二千，南雄、循州。廣西五州八萬，静江府、融、潯、賓、昭州。皆有奇。合東南産茶之州六十五，總爲一千五百九十餘萬斤，通收茶引錢二百七十餘萬緡②。鹽以石計者，浙西三州一百十三萬，臨安、平江府、秀州。浙東四州八十四萬，紹興府、温、台、明州。淮東三州二百六十八萬，通、泰、楚州。廣東三州三十三萬，廣、惠、南恩州。廣西五州三十三萬，廉、高、欽、化、雷州。率以五十斤爲一石，皆有奇；以斤計者，福建四州二千六百五十六萬。福、泉、漳州、興化軍。合東南産鹽之州二十二，總爲二萬七千八百一十六萬餘斤，通收鹽息錢一千七百三十餘萬緡。此紹興二十五年數。後增至二千四百萬緡。乾道三年三月癸丑立額。而四川三十州，歲産鹽約六千四百餘萬斤，後隸總領財賦所贍軍。成都府路九州、利路二州，歲産茶二千一百二萬斤，隸提舉茶馬司買馬，皆不係版曹之經費焉。蜀茶十一月庚子，蜀鹽紹興二年九月甲申所書，可參考。

責授秘書少監、分司南京、筠州居住鄭滋復徽猷閣待制，以言者論滋爲李綱所惡，謫非其罪也。滋去年七月貶。

12 壬申，詔訪聞高麗國遣使入貢，所過許用樂送迎，其守臣譏設，以二帝未還，勿用樂。

顯謨閣待制、知潭州曾開奉祠，從所請也。

朝奉大夫辛炳落致仕，除直龍圖閣、知潭州。炳方召還，未至而有是命。

13 甲戌，上策諸道正奏名進士於集英殿。

殿中侍御史馬伸試衛尉少卿。日曆不書伸除官之日，此據趙甡之遺史。

14 乙亥，策特奏名進士。

15 庚辰，詔東京所屬官司般發祭器、大樂、朝祭服、儀仗、法物赴行在。時上將祀天南郊，命有司築壇於揚州南門內、江都縣之東南，而從行無器仗，故取之舊都焉。

16 辛巳，右武大夫、忠州防禦使、河北京東都大捉殺使李成引兵入宿州。初，成既不能渡河，朝廷恐其衆太盛，命成分所部三千人往應天府及宿州就糧，餘赴行在。有道士陶子思者，爲人誕妄，喜談兵。成道遇之，子思謂成有割據之相，勸之西取蜀，成遂有叛意，乃分軍爲二，一侵泗州，別將主之，一侵宿州，成自將之，皆約八月晦日。至是，成陳仗入城，宿人以其奉朝命來屯，初不之備。軍入未半，即有登城者，俄頃弓矢亂發，縱火焚掠，盡驅强壯爲軍。別將犯泗州者不及期，乃焚虹縣而還，復與成會。成知事不集，妄以前軍史亮反，已即時撫定告於朝，朝廷待以不疑，乃就賜鎧甲。成遂屯符離，軍勢甚盛。李成之叛，日曆不見事始，但於今年十月庚子，因劉光世奏存恤成軍中老小事，遂及之。而熊克小曆乃於元年十月乙丑書命劉光世討成，此實誤。乙丑十月九日也，蓋會要載光世以今年十月九日受命討李成，而克誤移入去年，是以差互。今從趙甡之遺史繫此。

是月，中書舍人黄哲試給事中。哲除命，日曆不書，而九月壬辰薦士具銜乃如此。按此月八日，馬伸論二相疏猶云哲掌絲綸，當是月末方遷，故且附此，俟考。

朝請郎王瞻爲殿中侍御史。此據御史臺記，無月日。按瞻當是代馬伸，故附此月。

尚書工部員外郎滕茂實既爲金所拘，憂憤成疾，至是卒於雲中。紹興二年二月甲申贈官。

初，吏部員外郎程昌寓與黄潛善論事不合，出知蔡州。郡已爲金人所破，軍馬散亡，寇盜充斥。昌寓始至郡，招集流民，簡練師旅，其命將也不限資格，惟有功者居上。日與羣盜戰，每戰必克，遂爲强兵。昌寓家傳云：「二年八月至蔡州。」不得其初除，故附見此。

金人遷二帝，自上京至其國御寨，遂移居韓州。王若沖北狩行録云：「戊申八月入見，盡徙韓州之民出而寓焉。」韓州在中京東北千五百里。去燕山二千五百里。令下之日，盡空其城，以兵驅其民，惟聽籠篋自隨，凡財穀什物之類，皆毋得賫持，諸兵因之攘劫。女户及老弱之家，有徒手而出者。

金遣晉康郡王孝騫等九百四人至韓州同處，仍給田十五頃，令種蒔以自養。駙馬都尉蔡鞗嘗勸上皇讀春秋，上皇大善之，曰：「恨見此書之晚。」時御史中丞秦檜既不與徙，遂依左監軍完顔昌以居，昌亦厚待之。上皇在韓州，思張商英忠諫，嘗爲賦詩，有「嘗膽思賢佐」之句云。此以張匯節要、王若沖北狩行録、趙甡之遺史等書參修。但甡之繫之春末，恐誤。世傳金人賜韓州供給二帝詔書，其詞鄙陋非真，今不取。四年七月乙亥，又遷五國城。

1 九月壬午朔，詔以杭州和買絹偏重，均十二萬疋於浙東西諸州。

2 癸未，新除衛尉少卿馬伸責監濮州酒務。伸以論事不行，辭不拜，且録其所劾黄潛善、汪伯彦等疏中御史臺，乞誅責。詔伸言事不實，趨向不正，送吏部與京東路監當，促使上道，死中路，天下冤之。三年二月丙子再召。

是日，國信使楊應誠等以海舟發高麗③，後五日至明州昌國縣。

3 甲申，武節大夫、閤門宣贊舍人、京城外巡檢使丁進叛，率衆犯淮西。進初受宗澤招，澤薨乃去。時韓世忠軍中有進餘黨百餘人，世忠盡斬於揚州竹西亭。斬至王權，有武臣段思者，勸世忠釋而用之。尋命御營右軍副統制劉正彦以所部收進。

4 庚寅，上御集英殿，賜諸路類省試正奏名進士李易等四百五十一人及第、出身、同出身，而川、陝、河北、京東正奏名進士一百四人，以道梗不能赴，皆即家賜第。特奏名張鴻舉已下至五等，皆許調官。鴻舉以龍飛恩，特附第二甲。易，江都人。鴻舉，邵武人也。故事，殿試上十名，例先納卷子，御前定高下。及是，御藥院以例奏，上不許，曰：「取士當務至公，既有初覆考詳定官，豈宜以朕一人之意更自升降？自今勿先進卷子。」

中興聖政：臣留正等曰：「恭惟太上皇帝當建炎之初，策士於庭，一委主司，不以一人之好惡爲之升黜，天下之至公也。及紹興中，權臣罔上，假國家之科目，以私其子弟親戚，則聖斷赫赫然，拔寒畯，抑權貴，以端仕進之路，亦天下之至公也。惟一出於至公，故静則爲天地之度，動則爲雷霆之威。傳曰：『公生明。』太上皇帝實有焉。」

翰林學士葉夢得兼侍讀。

5 壬辰，詔朝議大夫褚宗諤等二十一人，並令乘驛赴行在；秘書省校書郎富直柔、太學正王覺，並令赴都堂審察。先是，上嘗語大臣，以從官班列未富，且謂黄潛善曰：「求賢，宰相之職也，宜加意詢訪。」因命取舊從臣姓名來上，亦有召還復用者。他日，上又以人才未能廣收爲言，潛善乃請用祖宗故事，命近臣各舉所知一二人，以竢選擇。於是户部尚書吕頤浩舉宗諤，兵部尚書盧益舉朝請郎惠柔民，刑部尚書兼侍讀王賓舉新通判襄陽府程千秋，翰林學士葉夢得舉直龍圖閣新知潭州辛炳、朝散郎致仕王庭秀，端明殿學士提舉醴泉觀黄潛厚舉登州州學教授鄒潛，御史中丞兼侍講王綯舉通直郎蔡向，吏部侍郎劉珏舉前秀州崇德縣令鄧根、從事郎朱韡，禮部侍郎張浚舉直柔，工部侍郎康執權舉王覺及朝請大夫李公彦，給事中黄哲舉杭州州學教授李誼，中書舍人黄唐傳舉朝請大夫知興化軍張讀，中書舍人張澂舉從政郎致仕周虎臣等各二人。上問輔臣：「今所舉士人，卿等有識者否？」潛善曰：「臣等未識者數人，亦皆知名之士。」上甚喜。宗諤，高密人；柔民，晉陵人；潛，浩弟；根，邵武人；韡，安吉人；公彦，臨川人；誼，南昌人；讀，閩縣人；虎臣，管城人也。政和間④，虎臣爲永康令，部使者科須甚峻，虎臣争不聽，即請老，人惜其去，繪像祠之，至是得召。庭秀、炳、直柔已見，向、覺未見。

是日，葉濃入浦城縣。

6 癸巳，金人陷冀州，權知軍州事單某自縊死。初，權邦彦既以兵赴帥府勤王，有將官李政者，本雲騎卒，以軍功授官，措置守城甚有法，紀律嚴明，皆不敢犯。金人攻城，屢禦退之，或夜劫金人寨，所得財物盡散士卒，無纖毫入私，由是皆用命。一日，金人攻城甚急，有登城者，火其門樓，與官軍相隔。政曰：「事急矣，能躍火而過者，有重賞。」於是有數十人以濕氈裹身，持仗躍火，大呼力戰。金人驚駭有失仗者，遂敗走。至是，金以計誘其副將使害政，故不能保而城陷。後秦檜言於朝，贈政忠州刺史。此以趙甡之遺史及秦檜奏札參修。檜言：「政之功績，在趙立之上，是不可不書也。」政贈官在四年十一月甲子。

7 甲午，詔夔、利州守臣並依成都府條例，陞帶本路兵馬鈐轄。日曆無此，今以紹興六年九月二十日席益申明狀修入④。

8 乙未，詔諸路禁兵隸帥府，士兵射士隸提刑司，即調發，皆毋過三之一。

9 丁酉，賜新及第進士錢千七百緡，爲期集費，自是以爲故事。李易等以上憂勞，辭聞喜宴，從之。紹興十七年十一月丁卯降旨復舊。

宣教郎季洞充趙哲下參謀官。時建州叛卒未平，洞自言，方臘之亂，嘗在劍川招募民兵，防托安靖無虞，願往軍前，悉力討捕，故有是命。

詔列郡守臣帶管内安撫使者，應軍期事，並聽帥司節制。

10 戊戌，上以所書資治通鑑第四册賜黄潛善。時上退朝，日覽四方章奏，暇則讀經史。嘗取孟子論治道之語書之素屏，因爲潛善言：「論、孟乃幼年所習，讀之了無凝滯。」後五日，又出旅獒篇、大有、大畜卦以示輔臣。臣留正等曰：「人主之於學問，有出於勉强者，有得於自然者。出於勉强，則作輟有時；得於自然，須臾不能忘之矣。」

11 辛丑，陝西節制司將官賀師範及金人戰於八公原，敗績，師範死之。初，涇原統制官曲端既以留守司之命權河東經制使，即檄鄜延經略司濟其芻粟。方擬議間，會經略使王庶被朝命節制陝西軍馬，以端爲都統制。庶傳檄諸路，併召端會雍、耀間，端以未受命爲詞。不數日，走馬承受公事高中立賫端告身至自行在，庶遣人達之。諸路兵皆報應起發，庶即以鄜延兵先出，至龍坊，而端又稱嘗有公移往還，已奏乞迴避。涇原經略使席貢別遣統制官龐世才將步騎萬人來會，庶無如之何，則檄貢勒端還舊任，遂遣師範趨耀州，別將王宗尹趨白水，且令原、慶出師爲援。二帥各遣偏將劉仕忠、寇鱓來與師範會，庶欲往耀州督戰，已戒行，會龐世才兵至邠州，端中悔，以狀白庶，言已赴軍前。庶乃止，師範輕敵不戒，猝遇敵於八公原，戰死，二將各引歸。端既得兵柄，則傍徨於淳化矣。

12 壬寅，統領密州軍馬、權管州事杜彦獻赤芝。彦言：「草葉純赤，實符建炎美號；形如指掌，應股肱宣力之義。殆將有熊羆之士，窮討强敵。」蓋彦自謂也。癸卯，輔臣進呈，上曰：「朕以豐年爲瑞。今密爲盜區，且彦所獻何足爲瑞？其還之。」

13 甲辰，黄潛善等奏謝宣示親書素屏易、孟子，有旨勿拜。上曰：「自朕幼習孟子書，至成誦在口，不覺寫出。如旅獒，乃因葉夢得進讀資治通鑑及之，又欲寫無逸篇，以其字多，屏狹不能容，見別營度。」上又曰：「如孟子言，用賢與殺，皆察於國人。朕詳味斯言，欲謹守之。神交尚友，如與孟子端拜而議。」

詔福建路監司、兵官並聽兩浙提點刑獄公事趙哲約期會合。用御營都統制、按察兩浙軍兵王淵奏也。

14 丙午，詔京官已上，非責降而閑居奉祠者，俸錢並全支。去歲用李綱言省三分之一，至是遽復之。

15 丁未，東京留守司統制官薛廣及金人戰於相州，敗死。先是，宗澤命廣與統制官張用、王善會兵收復兩河。用，湯陰縣射士也，乘民驚擾，聚而呼之，民之從之者甚衆，其後受澤招安。廣前驅纔出城而澤卒，杜充不善撫馭，專務誅殺，善復叛去，而廣已渡河。時相州受圍，廣往救之，入境遇金人，與戰，廣敗死，其衆皆散。

16 己酉，同知樞密院事郭三益薨。

河外元帥府都總管馬擴既北征⑥，會五馬山寨有亡告金人者，同知真定府韓慶和、副統埽喝恐擴引兵而來⑦，言於右副元帥宗輔、左監軍昌，即大發兵至五馬山，攻朝天、鐵壁諸寨，諸寨無井，汲水於澗，爲敵斷澗道，諸寨遂陷。時擴在館陶，慶和獲其母、妻，信王亡不知所在。此據張匯節要。靖康陷金皇族數云：「信王見在五國城。」與此不同。

西京留守司將官王仔奉啓運宮神御始至行在。

校勘記

① 自今綱運　「自」，原作「目」，據叢書本改。

② 通收茶引錢二百七十餘萬緡　此語後原有四庫館臣按語：「茶引錢數，原本錯入通收鹽息錢句下，今移附於此。」今依其所移，而删此按語。

③ 國信使楊應誠等以海舟發高麗　「舟」，原作「州」，據叢書本改。

④ 政和間　「政」，原作「致」，叢書本同。雍正浙江通志卷二八載：「永康縣儒學，……政和四年，令周虎臣新之，在縣治西。」

據改。

⑤今以紹興六年九月二十日席益申明狀修入　「以」，原作「在」，叢書本同，以文義逕改。

⑥河外元帥府都總管馬擴既北征　此前原有四庫館臣所補「是秋」二字及按語：「原本繫己酉日下，宋史作『是秋，謌爾昆、達蘭破五馬山砦，信王不知所終。』一説信王在五國城。事出傳聞，難繫的日，今從史，冠『是秋』於此條之上。」按：謌爾昆即宗輔（訛里朵），達蘭即撻懶。四庫所補及按語徒亂無益，今删。

⑦同知真定府韓慶和副統埽喝恐擴引兵而來　「埽喝」，已見本書卷五乙未日記事。歷代通鑑輯覽卷八三四庫本注謂「原作韶合」。

建炎以來繫年要録卷十八

1 建炎二年冬十月癸丑，按是月壬子朔。 詔瀕江州縣官渡口並差官主之，應公私舟船遇夜並泊南岸，以御營使司都統制王淵言：「金人在河陽，恐其奄至也。」

2 甲寅，言者論維揚之城可扳援上下，其濠池可步而往來，乃詔揚州修城浚濠，仍令江淮州軍閲習水戰。浙東馬步軍副總管楊應誠使高麗還，具言王楷君臣見拒之意。 上以其負恩，甚怒。 尚書右丞朱勝非曰：「彼國與金爲鄰，而與中國隔海，遠近利害甚明。 此乃曩時待之太厚，安能責報？」右僕射黄潛善曰：「若以巨舟載精甲數萬，徑造其國，彼能無懼乎？」勝非曰：「越海征伐，燕山之事可戒也。」上怒乃解。

3 丙辰，忠翊郎、河北制置使王彦爲武翼郎、閤門宣贊舍人。 彦初自東京赴行在，上命召見。 時遣宇文虚中爲祈請使，而彦見黄潛善、汪伯彦，力陳兩河忠義民兵引頸以望王師，願因人心向順，大舉北征，犄角破敵，收復故地。 言辭憤激，大忤潛善、伯彦之意，遂降旨免對，而有是命。

4 戊午，監察御史、江淮撫諭寇防請令列郡月朔拜表如三京，以示尊君親上之意。 從之。

5 庚申，上諭輔臣曰：「内侍高邈，曾任陝西走馬，近得知陝州李彦仙書，彦仙與金人戰，再三獲捷。 又鄜延帥臣王庶節制六路，進兵同、華間，將士用命，亦屢勝敵。 朕聞之，喜而不寐。」黄潛善曰：「不審邈得彦仙書日月遠近？」上曰：「朕以其私書，不欲取觀，恐書中有不欲人見者。」潛善曰：「前代帝王，或複道窺人之私，此陛下盛德也。」熊克小曆載此事在十一月己丑，今從日曆。

命江淮制置使劉光世將所部討李成。時成犯淮西，故討之①。

6 壬戌，詔翰林學士葉夢得、給事中孫覿、中書舍人張澂討論常平法，條具取旨。始用覿奏也。時夢得屢爲黄潛善言常平之利，及是進呈：「青苗斂散，永不施行。其他條法，令從官討論來上。」上指八字曰：「此事宜先報行，令遠近知之。」潛善言：「澂詳練民事。」遂命同討論，尋又命户部尚書吕頤浩。

7 癸亥，初復鈔旁定帖錢。先是，政和間陳亨伯爲陝西轉運使，始議創經制錢，大率添酒價，增歲額，官賣契紙，與凡公家出納，每千收二十三。其後行之東南，又行之京東西、河北，歲入數百萬緡。靖康初，廢。至是，四方貢賦不能如期赴行在。會知沛縣李膺言：「方今多事，朝廷之費日廣。竊見昨來經制司酒糟、契税、頭子等錢，所收至微，所得至多，儻復行之，爲利不細。」户部尚書吕頤浩、翰林學士兼侍讀葉夢得乃請復之。夢得言：「如賣契紙、頭子等錢，皆出於民之所欲，故酒價雖增，未嘗驅民使飲；税額雖增，未嘗迫民爲商。他皆類此。而靖康初相繼遽罷，除量添酒錢，近已再行充造船外，其餘名色，有似此等，可以暫濟急闕，不至害民者②，願參取行之。」頤浩言：「其法可以助國，而無害於民，賢於緩急暴斂多矣。」量添酒錢，已見今年八月辛酉。於是先取鈔旁定帖錢，命諸路提刑司掌之，仍毋得擅用。經制錢自此始。熊克小曆云：「宣和初，因方臘之亂，江、浙殘破，諸州皆竭藏，而官兵無所資，乃詔發運使陳亨伯經制東南諸路，亨伯始創經制錢。」欽宗實録亨伯附傳亦云：「亨伯爲經制發運使，創比較酒務，及以公家出納錢量取其贏，號經制錢。後翁彥國爲總制使，倣其法，又取所謂總制錢者。至今天下有經總制錢給縣官費，蓋自此始。」按史與克書皆誤。經制之法，實建議於陝西，後乃行於東南。總制之法創於紹興，非翁彥國所立。彥國嘗爲經制使，未嘗爲總制使也。經制事三年十月戊戌，總制事紹興五年閏二月乙巳可考。

詔御營平寇左將軍韓世忠以所部自彭城至東平，中軍統制官張俊自東京至開德。以金人南侵故也。仍命河外元帥府兵馬總管馬擴充河北應援使，與世忠、俊互相應援。

是日，金人圍濮州。初，馬擴既至北京，欲會兵渡河，復陷没諸郡。次館陶，聞冀州已陷，而敵在博州，皆徬徨不敢進，其副俱重與統制官曲襄、魯珏、杜林相繼遁歸③。擴軍乏食，衆詾詾，以頓兵不動爲言，擴遂引兵攻清平縣。金右副元帥宗輔、左監軍昌、左都監瞻目④合兵，與擴戰城南，統制官阮師中⑤、鞏仲達及其子元忠皆死於陣。日向晡，清平人開門助金人，掩擴軍之背，擴軍亂，統制官任琳引衆叛去，其屬官吴銖、孫懋皆降金。擴知事不集，乃由濟南以歸。主管機宜文字、起復承議郎万俟篪與敵遇，及其子剛中死之，後贈朝散大夫。篪，陽武人，宣靖間嘗爲太學録。此據紹興元年五月己酉篪家陳乞贈官狀修入。狀云：「今年十二月，在博州逢金兵，戰死。」未詳。瞻目，金主晟從弟也。

時統制官張世昌軍失道，誤由東平。世昌途中立節制使牌，晨夕趨衙。廣之未敗也，左副元帥宗維以兵來會。宗維自雲中南出，將歷懷、衛而東，聞廣敗，遂由黎陽濟河以犯澶淵⑥，守臣王棣禦之，不能下，進犯濮州。趙甡之遺史：「十一月乙未，濮州陷。金人圍城凡三十三日。」逆數之，當繫於此日。朝廷亦聞金在澶、濮間，故遣韓世忠、張俊以所部兵迎敵，而命廣佐之，蓋未知廣敗也。既而言者以俊中軍不可遠去，遂命御營平寇前將軍、權同主管侍衛馬軍司公事范瓊代行。瓊請閤門宣贊舍人王彦與俱，乃以彦爲平寇前軍統領。彦知瓊臣節不著，難與共事，即稱疾，就醫真州。瓊并將其軍萬人而去。廣至揚州，上疏待罪，詔降三官，爲右武大夫、和州防禦使，罷軍職。

8 甲子，命常德軍承宣使孟忠厚奉隆祐太后幸杭州，以武功大夫、鼎州團練使苗傅爲扈從統制。先是，張浚爲侍御史，嘗請先措置六宮定居之地，然後陛下以一身巡幸四方，規恢遠圖。上納其言，遂命六宮從太后先往。忠厚申明應辦事，上諭大臣曰：「三省須與定色目，若倉卒索難得之物，使百姓何以供億？太后比朕雖粗留意，亦不以口腹勞人，如朕於兩膳，物至則食，未嘗問也。向自相州渡河，野中寒甚，燒柴温飯，用瓢酌水，與汪伯彦於茅舍下同食，今不敢忘。」輔臣曰：「陛下思艱崇儉，以濟斯民，天下幸甚。」熊克小曆略載此事於十一月癸巳，與日曆不同。

9 戊辰，吏部員外郎、京東西路撫諭黄次山與從行官吏皆進秩一等。以次山自言兩路並係兵火去處，與向南路分事體不同故也。日曆無此。今以紹興六年十月二十九日葉莫繳到吏部公據修入。

10 癸酉，翰林學士葉夢得言：「臣聞祭有祈有報，無事則報，有事則祈，惟其時而已。臣近因申明昊天上帝皇地祇册文，蒙旨別撰，已爲祈辭。今來合降赦書，謂宜更行推廣，歷叙天下艱危之狀，深自貶損，明示四方，無有遠近，皆知陛下爲民請命，以邀福於上下神祇之意，則雖幽遠與愚賤者，皆可以動。文辭播告，不爲無補。」從之。

是日⑦，閤門宣贊舍人、京西北路安撫制置使、知河南府翟進戰死。進與金人夾河而戰，屢破之。時東京留守杜充酷而無謀，士心不附，諸將多不安之，馬擴、王彥既還朝，餘稍稍引去。起復留守判官宗穎屢爭不從，力請歸持服。統制官、榮州防禦使楊進亦叛，以數萬衆攻殘汝、洛間。進謂其兄兵馬鈐轄興曰：「楊進兇賊，終爲國家大患，當力除之。」至是，進率其軍與楊進遇於鳴皋山下，夾伊水而軍。楊進多騎兵，興皆步卒，將士望騎兵有懼色，翟進激之使戰。進渡水先登，爲流矢所中，馬驚墜塹，進爲賊所害。賊乘勢大呼擊官軍，官軍遂敗。興收餘兵保伊陽山寨，詔贈進左武大夫、忠州刺史。初，宗澤之爲留守也，日繕兵爲興復計，兩河豪傑皆保聚形勢，期以應澤。澤又招撫河南羣盜聚城下，欲遣復兩河。未出師，而澤卒，充無遠圖，由是河北諸屯皆散，而城下兵復去爲盜，掠西南州縣，數歲不能止，議者咎之。

11 甲戌，大理少卿吴瓌言：「國家科舉兼用詩賦，而政和令命官不得以詩賦私相傳習之禁尚未删去，望令刑部删削。」從之。始命有司討論崇、觀以來濫賞，凡直赴廷試及進書頌，虚作從軍、治河，因權倖保奏推賞，與父兄秉政無出身而得貼職者，皆釐正之。至是，都省以留滯爲言。

12 丙子，詔：「令到部官自陳，有無係討論之人，仍給除名罪。如係前項色目人，並令吏部審量取旨。」事初見七月癸未⑧，四年六月辛巳再討論。

13 丁丑，資政殿大學士、大金祈請使宇文虚中始渡河。趙甡之遺史云：「先是，詔求奉使絶域者，虚中方提舉洞霄宮，乃上表自薦，遂加觀文殿學士，爲大金祈請使。」此所云官職皆誤，今不取。

是日，范瓊引兵至京師。

是月，朝散郎顧文爲監察御史。日曆不書，此據臺記。

江淮制置使劉光世敗李成於新息縣。先是，光世以統制官王德爲先鋒，與成遇於上蔡驛口橋，敗之。成奔新息，裒散卒再戰，光世以儒服臨軍，成遥見白袍青蓋者，曰：「必大將也。」併兵圍之，德潰圍，拔光世以出。光世下令，得成者以其官爵予之。士奮命争進，再戰皆勝，成遂遁走。其謀主陶子思爲官軍所執⑨。

御營前軍副統制劉正彦擊丁進，降之。正彦初至淮西，即須兵合肥，安撫使胡舜陟固拒不與。正彦檄求愈急，且屯師城下，以得兵而後退。舜陟閉關拒之踰月，正彦大怒，驛聞於朝。詔舜陟分析，舜陟亦劾正彦逗撓失事，持兵不歸，可重黜。正彦之出師也，請通直郎劉晏偕行。晏，嚴州人，在遼登進士第，宣和四年率衆數百來歸。及金人犯京師⑩，朝廷以晏總遼東之兵，謂之赤心隊，故晏以赤心騎八百從正彦行。逮至淮西，而進軍頗衆，晏曰：「兵固有先聲後實者，今賊勢甚張，當以奇計破之。」乃爲五色旗，使騎兵持之，循山而出。一色既盡，則以一色易之。賊見官軍累日不絶，旗色各異，遂不戰而請降。詔降赦進罪，分其兵隸諸軍。正彦以功，自武德大夫、威州刺史進階官武功大夫，而晏遷朝散郎，各賜金帛。晏悉以所賜分將士，將士皆悦。正彦始觖望。

1 十有一月癸未，按是月辛巳朔。初賣四字師號，每道價二百千。即犯公私罪杖非傷人及盜者，聽贖一次，用禮部侍郎張浚請也。

初，汪伯彥既去相州，金人執其子軍器監丞似、女之夫都水監丞梁汝霖，使來割地。似等至相州，而守臣趙不試固守不下，遂拘以北，至是得歸。伯彥以聞，且言二帝未還，不敢顧私，已徑令還鄉矣。上優詔勞之。或曰：「伯彥密使人贖似於金國，似後更名召嗣。」熊克小曆：「知樞密院汪伯彥有子曰似，與其女之婿梁汝霖者，嚮皆爲金人掠去，拘於湯陰縣寨中一年矣。至是，似、汝霖同日南遁，至河，偶得漁舟以濟。」按宗澤未卒前有奏疏云：「助奸臣贖子與婿之謀。」則其圖歸已久，非倉卒遁歸也。今且兩存之。似、汝霖自監丞出割地事，見伯彥中興日曆頗詳，克稱爲金人掠去，亦誤。

2 甲申，朝奉郎、知天長軍楊晟惇言：「盜賊之始，以數弓手取之而有餘；及其結集，雖衆將捕之或不足。近者增置弓手，實消寇之術也。若增而不教，與不增同；教而無法，與不教同。」乃詔州縣自辦錢造軍器，其武尉未辟者，趣令辟之。晟惇，麻陽人也。

銀青光禄大夫、提舉西京嵩山崇福宮李綱責授單州團練使，萬安軍安置。初，綱既貶，會有旨左降官不得居同郡，而責授忻州團練副使范宗尹在鄂州，乃移綱澧州居住。今年十月。至是，有上書訟綱之冤者，御史中丞王綯因劾綱經年不赴貶所，又論綱靖康中要功劫寨，結衆伏闕，覆師太原，凡三罪，請投之嶺海。疏奏，遂有是命。綱之責，日曆不書。此據綱行狀及胡安國覈實論修入。綱爲王綯所劾，惟朱勝非閒居録略及其事，未見全章，綯以此月丙戌還禮書，故且先載綱謫命於未遷之前，當求他書，附其本日⑪。

高麗國王楷遣其臣尹彥頤等入見，且奉表謝罪。詔中書舍人張澂押伴。麗使入貢，日曆不書，會要在此月。奉表謝罪，據朱勝非閒居録云爾。張澂押伴事，按日曆十月壬戌載上語云：「澂近押伴高麗人使，與賓客言，甚知體。」然此時麗使未來，或是十二月戊午澂等奏常平法時上語，未可知。麗使入朝無本日，澂以是月丙戌除中丞，故先書押伴事，俟考⑫。既見，命客省官賜酒食於殿門外，仍優詔答之。

3 丙戌，户部尚書呂頤浩試吏部尚書，翰林學士兼侍讀葉夢得試户部尚書，御史中丞王綯試禮部尚書，中書舍人張澂試御史中丞，給事中孫覿試吏部侍郎仍兼權直學士院，起居郎周望試中書舍人，右司諫鄭瑴試右諫議大夫。日曆於十一月丙戌載頤浩、夢得除命，而熊克小曆併綯、澂書之。按日曆，十二月戊午記討論常平事，夢得、澂尚帶舊銜，豈非未還時已上此奏，而後乃行之耶？按吏、户部題名，頤浩、夢得、覿之除皆在十二月，而澂十一月間常押伴麗使，則未應已爲中丞，必有一誤，以臺部後省題名參考之，頤浩、夢得、覿之除，有月而無日，瑴之除，有時而無月，澂之除，有年而無時。至綯、望之除，又全不見。按十二月五日，望奏民間習射事，已繫舍人銜，而澂實代綯，望實繼澂，則在十一月也。今因頤浩、夢得除命，遂書之，當更考求，各附本日。頤浩在版曹，嘗乞輦致左藏庫官物過江，言未及行而徙。

九女澗遞卒王安擅拆東京留守司遞角，事聞。丁亥，詔特依軍法，後有犯者視此。

4 己丑，江淮制置使劉光世還行在。李成之敗也，獲其黨之家屬，詔分養於真、泰、楚三州。至是，光世具上男女六百餘人。上謂宰執曰：「此曹身且不顧，豈恤其家？朕念作亂者非其家屬之罪，故令分養之。」黄潛善曰：「臣聞光世凱旋過楚州，降卒見家屬無恙，皆感泣，仰戴聖恩。」朱勝非曰：「郊赦中可載此，以見陛下德意。」上又曰：「昨於光世處得成所用提刀，一重七斤，成能左右手運兩刀，所向無前，惜也惑於陶子思邪説，使朕不得用之。」是日，光世俘子思詣都堂，既而以火燃於開明橋上，其軍士降者皆釋之。日曆載此事於十月九日庚申，蓋因汪伯彦時政記所云而不深考耳。其中有云：「去降赦尚半月。」蓋十一月九日己丑也。會要亦云：「光世以十月九日受命討成。」不應其日已奏捷。今各附本日，庶見首尾。時政、日曆差一月，熊克小曆又差一年，今並不取。

5 辛卯，上夢上皇在延福宮，亟往拜之。翌日，以諭輔臣，凄然良久曰：「朕何時得見上皇耶？」黄潛善曰：「近聞宇文虚中以十月二十六日過河，與金人相見議事，自兹二聖歸必有期，望少寬聖抱。」上頷之。日曆載此事於十月十一日壬戌，恐誤。今從熊克小曆，附此。

6 壬辰，金人陷延安府，中散大夫、通判府事魏彦明死之。先是，金人陷府之東城，而西城猶堅守，金人諜知都統制曲端與經略使兼節制陝西軍馬王庶不協，遂併兵寇鄜延，康定統制官王宗尹不能禦。庶在坊州，聞金入康定，夜趨鄜延以遏其前。金詭道陷丹州，丹州界於鄜延之間，庶乃自當鄜州來路，遣統制官龐世才、鄭恩當延安來路。時端盡統涇原精兵駐邠州之淳化，庶日移文趣其進，且遣使臣進士十數輩往説諭端，端不聽。庶知事急，又遣屬官魚濤督師，端陽許之，而實無行意。權轉運判官張彬爲端隨軍應副，問以師期，端笑謂彬曰：「公視端所部，孰與李綱救太原之兵乎？」彬曰：「不及也。」端曰：「綱召天下兵，不度而往，以取敗北。今端兵不滿萬，萬一若敗，敵騎長驅，無陝西矣。端計全陝西與鄜延一路輕重，是以未敢即行，不如直抵巢穴，攻其必救。」乃遣涇原兵馬都監吴玠攻華州，端自攻蒲城縣。華州、蒲城皆無守兵，玠拔華州，端不攻蒲城，引兵趨耀之同官，復迂路由邠之三水，與玠會於寧之襄樂。襄樂在深山中，去金人五百里。天大雪，寒甚，敵攻世才，世才與戰，下不用命，乃敗。自此金兵專圍西城，晝夜攻擊不息。西城初受圍，彦明與權府事劉選分地而守。彦明當東壁，空家貲以賞戰士，敵不敢犯。庶子之道，年未二十，率老弱乘城。敵晝夜攻，士多死者，閱十有三日，城之後大門陷，選與馬步軍總管馬忠皆遁去，彦明獨曰：「吾去則民誰與同死？城以外非吾所當死之地也。」敵大入，彦明帥所部力戰，坐子城樓上，敵併其家執之，諭使速降，彦明曰：「吾家食宋禄，汝輩使背吾君乎？」婁宿怒，敲而殺之。久之，詔贈彦明中大夫，官一子。彦明，開封人也。初，庶聞圍急，自收散亡往援。温州觀察使、新知鳳翔府王𤫊亦將所部發興元。比庶至甘泉，而延安已陷。庶無所歸，乃以其軍付𤫊，而自將百騎與官屬馳至襄樂勞軍。庶猶以節制望端，欲倚端以自副，端彌不平。端號令素嚴，叩其壁者，雖貴亦不敢馳。庶至軍，端令每門減其從騎之半，至帳下，僅有數騎而已。端猶虚中軍以居庶，庶坐帳中，端先以戎服趨於庭，既而與張彬及走馬承受公事高中立同見帳中。良久，端聲色俱厲，問庶延安失守狀。且曰：「節制固知愛身，不知爲天子愛城乎？」庶曰：「吾數令不從，誰其愛身者？」端怒曰：「在耀州屢陳軍事，而不一見聽，何也？」因起歸帳。庶留端軍，終夕不自安。端謀即軍中誅庶而奪其兵，乃夜走寧州，見陝西撫諭使、主客員外郎謝亮，説之曰：「延安五路襟喉，今既已失，春秋大夫出疆之義，得以專之，請誅庶歸報。」亮曰：「使事有指，今以人臣而擅誅於外，是跋扈也。公則自爲之。」端意沮，因復歸軍。明日，庶見端，爲言已自劾待罪，端乃拘縻其官屬，又奪庶節制使印而遣之。王𤫊將兩軍在慶陽，端使人召之，𤫊不應。會有告𤫊過邠州軍士擄掠者，端怒，命統制官張中孚率兵召𤫊，謂中孚曰：「𤫊不聽，則斬以來。」中孚至慶陽，而璆已去，遽遣兵要之，不及而止。璆亦不能軍，遂將其餘衆還入蜀。

金人既陷延安府，遂自綏德渡河抵晉寧軍，守臣徐徽言遣使約知府州、威武軍承宣使折可求謀夾攻敵，婁宿聞徽言與可求合，乃令人說可求，許封以關中地，可求遂降，金挾可求招徽言於城下，徽言登陴，以大義責之，且引弓射可求，可求乃去。金攻晉寧急，徽言屢敗之，斬婁宿之子。徽言，西安人也。

7 癸巳，兩浙提點刑獄公事趙哲與葉濃戰於建州城下，大敗之。濃引其兵東走，哲遣人招諭，濃遂降。其後濃至張俊軍中，復謀爲變，俊執而誅之。熊克小曆載此事於十二月庚申，今從日曆。會要繫此月十三日。

8 乙未，集英殿修撰、新知福州吳巖夫移知南劍州。此恐與十二月丁丑所書余深奏留江常事相關⑬，當考。

是日，金人陷濮州。初，左副元帥宗維自澶淵引兵至城下，意以爲小郡，甚輕之。將官姚端乘其不意，夜劫其營，直犯中軍。宗維跣足而走，僅以身免。金攻城凡三十三日，至是，自西北角登城，守陴者不能當。端率死士突出，宗維入其城。守臣直秘閣楊粹中登浮圖最高級不下，宗維嘉其忠義，許以不死，乃以粹中歸，城中無少長皆殺之。金又至澶淵，顯謨閣學士、知開德府、充本路經略安撫使王棣率軍民固守，金僞爲書至城下曰：「王顯謨已歸附，汝百姓何敢拒師？」軍民聞之，欲殺棣，棣走至南門，爲軍民所踐而死，城遂陷，經略司主管機宜文字、朝請郎鄭建古亦爲亂兵所殺。金怒其拒戰，殺戮無遺。事聞，贈棣資政殿學士，贈建古朝請大夫。建古，鉛山人也。開德之陷，史無月日。趙甡之遺史附於濮州之後，日曆紹興元年七月一日，鄭建古妻傅氏訴鉛山縣科須狀云：「建炎二年十二月，金人圍閉本府，戰守陷沒。」此必得其實，但以不見本日，故著於此。龔頤正忠義録云：「棣巷戰而死。」蓋其家陳乞恩澤狀云爾，與甡之所記不同。頤正所録，又以棣爲顯謨閣待制，亦誤。棣建炎元年已遷密直，其遷顯學，未知在何時，當考。於是有言粹中死事者，乃贈徽猷閣待制。粹中贈職，日曆、會要皆無之，惟季陵外制集有制詞，略曰：「一城之人，同日而死。汝無負者，朕實痛之。」

時相州圍久，糧食皆絶，守臣直徽猷閣、兼主管真定府路經略安撫司公事趙不試謂軍民曰：「今城中食乏，外援不至。不試宗子也，豈可順敵？諸人當自爲計。」衆不應，不試又曰：「約降如何？」衆雖悽慘，然亦有唯唯者。不試乃登城，遥謂金人，請開門投拜，乞勿殺。金人許之，不試乃具降書，啓門而納其家屬於井中，然後以身赴井，命提轄官實之以土，人皆哀之。此據趙甡之遺史。但甡之謂權知相州趙縣丞乃不字行宗室，恐誤。按不試，靖康元年十二月丙寅自朝請郎、通判相州除直秘閣、權州事。建炎元年五月升直徽猷閣、知相州，即此人也。澶、相之陷，當别求他書，各繫本日⑭。

東京留守杜充聞有金師，乃決黄河入清河以沮寇⑮。自是河流不復矣。

初，太學生建安魏行可應詔使絶域，補右奉議郎，假朝奉大夫、尚書禮部侍郎，充大金軍前通問使，右武大夫、果州團練使郭元邁副之。仍命行可兼河北京畿撫諭。戊戌，行可等渡河，見金人於澶淵。時河北紅巾甚衆，行可等始懼爲所攻，既而見使旌皆引去。元邁亦以應募出疆，朝廷各官其子弟，且廩給之。然金人知其布衣借官，待之甚薄，因留不遣云。

9 庚子，上親饗太廟神主於壽寧寺。會要云：「建炎二年不饗廟。」按此月壬寅手詔云：「逮祖廟及壇，夜氣晏温，風靄澄霽。」是則先廟而後郊明矣。今從日曆。但日曆載此手詔於元年十一月戊申，蓋差一年⑯。

初，成都府路轉運判官趙開開初見元年四月丁亥。言榷茶買馬五害，請用嘉祐故事盡罷榷茶，仍令漕司買馬；或未能，然亦當痛減額以蘇園户，輕立價以惠行商，如此，則私販衰而盜賊息矣。朝廷然之，擢開同主管川陜茶馬。是日，開至成都，遂大更茶法，官買賣茶並罷，倣政和都茶場法，印給茶引，使商人即園户市之。茶引錢，每斤春七十，夏五十，市例頭子在外，所過征一錢，住征一錢有半。置合同場，以譏其出入，重私商之禁。號合同場爲茶市，交易者必由是，而引與茶必相隨，違者抵罪。至四年冬，買馬乃踰二萬匹，引息錢至一百七十萬緡。改酒法在三年十月辛丑，改鹽法在紹興二年九月甲申。

10 辛丑，上齋於行宮常朝殿。

光州觀察使、樞密都承旨邢焕爲保静軍承宣使。焕常爲上言馬伸言事切當，宗澤忠勞可倚，再上疏論黄潛善、汪伯彦誤國，進戰退守，皆無策可施。其言多所補益。

11 壬寅，親祀上帝於圜丘，配以太祖，用元豐禮也。禮畢，赦天下，命侍從於廢放黜謫之中，舉才幹强敏之士各二人。吏民因忤李彦、朱勔被罪者，許自陳改正。先是，詔江、浙、淮南、福建起大禮賞給錢二十萬緡，金三百七十兩，銀十九萬兩，帛六十萬匹，絲緜八十萬兩，皆有奇。是日，上自常朝殿用細仗二千人詣壇行禮⑰。

中興聖政：詔曰：「朕承祖宗有道之長，賴黎獻戴宋之舊，嗣守神器，適歲當郊，祗見於皇天后土，大懼非德，弗獲顧歆。乃先事三日，繁陰凝翳，震於朕心，罔燭靈旨。逮祖廟及壇，垂象燦炳，夜氣晏温，風霾澄霽，迄用成禮。朕既獲祗事，弗敢謂幸，矧敢怠康，方恐懼修省以靈，承扶持全安之眷。股肱大臣，其同寅協恭，思難圖易，輔朕不逮，以倡百辟。耳目風憲，有言達於予聽，必忠必誠，毋奪於私。凡曰有官君子，飭躬謹行，惟職業是修。令部使者暨爾百僚，有爲有行，其必曰毋傷於民，毋害於國。中國爪牙之臣，敵愾戡難，毋貽名節羞。軍民戰士，咸奮忠力，毋至失業無依，怙終爲暴。」臣留正等曰：「大雅述文王有明德，故天復命武王。其詩曰：『維此文王，小心翼翼。昭事上帝，聿懷多福。厥德不回，以受方國。』今太上皇帝當郊見天地，而大懼菲德，弗獲顧歆，覩繁陰凝翳，震於朕心，其爲小心翼翼至矣。蕆事之夕，垂象燦炳，風霾澄霽，迄用成禮。其昭事上帝，聿懷多福厚矣。馨聞於上，既獲祗事，又且弗敢自幸⑱，益恐懼修省，下詔自警，因以戒羣臣而勵多士，則厥德不回，其誠益篤矣。故能坐收三紀乂寧之功，用傳於聖神，益恢中興之烈，其與夫天復命武王，千載同符矣。嗚呼偉哉！」

武功大夫、達州刺史、兩浙路提點刑獄公事趙哲領秀州團練使，以平葉濃之功也。

12 甲辰，金人陷德州，兵馬都監趙叔皎死之。

初，祖宗朝以廣南地遠，利入不足以資正官，故使舉人兩與薦送者，即轉運司試刑法，以其合格者攝之兩路，正攝凡五十人，月奉人十千，米一斛，滿二年則錫以真命。後增五十人，號曰待次。崇、觀後又增五十人，號曰額外，其注擬皆自漕司。建炎初，敕歸吏部，至是踰年無願就者。乙巳，吏部請復歸漕司，從之。

13 己酉，詔蔡京、童貫、王黼、朱勔墳上剎皆毁之⑲，收其田充省計。

是月，有狂人具衣冠，執香爐，携絳囊，拜於行宫門外，内侍以聞，捕赴都堂問狀，第云：「天使我爲官家兒。」囊中紙一軸，書是語也。如醉如狂，不可深詰。因露索之，右臂剜十餘字，亦是語也。送之揚州根治，則自言蘄州人，嘗見有認富家爲父者，所得甚厚，意欲效之，雖加箠楚，終無他説，且不言其姓名。衆以爲實，真狂人也，乃釋之。

尚書兵部侍郎李邴兼權直學士院。邴除兵侍，本部題名在此年而無月，除直院，本部題名在此月而無日，諸書皆無之。

上之享廟也，秘書少監林遹讀祝文而失於恭恪。遹，汪伯彦客也。臺諫欲論其罪，黄潛善遽擢遹爲起居郎。既而言者不容，乃命集英殿修撰出守。此事日曆全不見，今以張澂劾潛善等章疏修入。澂章疏無邇名。按秘書省題名，邇今年十月自少監除左史，而後省題名無之，蓋未上也。然朝獻失儀，當在十一月拜郊時，題名云十月，恐誤。

徽猷閣待制賈安宅告老，詔守本職致仕。安宅，歸安人，事上皇爲工部侍郎。此事日曆不載，今且以紹興三年正月安宅分析致仕狀修入。

陝西安撫司都統制邵興敗金人於絳州曲沃縣。

金人陷淄州。初，李成既爲劉光世所敗，遂轉寇淄州。權州事、迪功郎李某固守不下，成糧盡引去。淄人求救於知滄州劉錫，會金人來攻，騎軍至城下，淄人望之曰：「滄州救兵至矣。」乃具香花於城上，望塵歡譟。既而知爲敵至，遂出降。金人大喜，不入城而去。

涇原兵馬都監、兼知懷德軍吴玠襲叛賊史斌⑳，斬之。初，斌侵興元不克，引兵還關中。義兵統領張宗誘斌如長安而散其衆，欲徐圖之。曲端遣玠襲擊斌，斌走鳴犢鎮，爲玠所擒。端自襲宗，殺之。玠以功遷右武大夫、忠州刺史。吴玠殺史斌，趙甡之遺史繫之今年四月，明庭傑功績記繫三年冬戰青溪復華州之後，而云：「金人内侵已三載矣。」其實二年冬也。王綸撰玠碑，分此三事作二年。按三年九月，長安已陷，而綸碑乃云：「三年冬，劇賊史斌據長安，謀爲不軌。」實甚誤矣。其實戰青溪在今年之夏，復華州，擒史斌在今年之冬。但華州以十一月收復，而長安不知的在何月耳。今且附此月末。

統制濱州軍馬葛進圍棣州㉑，守臣朝奉大夫、直秘閣姜剛之與戰，城破爲所害。後贈剛之奉直大夫。剛之贈官在紹興三年正月辛酉。

初，河北制置使王彦既渡河，其前軍準備將岳飛無所屬，遂以其衆千人降於東京留守杜充。時种師道小校桑仲爲潰卒所推，亦降於充，充皆以爲將。

1 十有二月按是月辛亥朔。乙卯，隆祐太后至杭州。扈從統制苗傅以其軍八千人駐於奉國寺。日曆在壬子，今從熊克小曆。趙甡之遺史云：「傅拙直，不能曲奉内侍，故多譖之。」熊克小曆云：「傅與楊惟忠比肩，如王淵、韓世忠、張俊皆出其下。」按淵，宣和間已爲大將，傅雖世家，然自小校拔起，非惟忠、淵比也，今不取。

中書舍人周望請除鄉兵外，民有子弟願習射者，聽之，仍籍其姓名，守令每月一試，取藝高者，賞以銀絹，而最優者，如三路保甲法，量與補官。從之。令尚書省立法㉒。

2 丁巳，故朝奉大夫翁彦國追貶單州别駕，太常少卿翁彦深罷，尚書考功員外郎翁挺除名，鄰州編管。時言者論：「彦國本屠沽飲博之雄，奴事楊戩，靖康之末，阻兵觀望，與趙子崧締交結黨，以覬時變。挺素無行檢，事伶人張補及梁師成，師成父没，挺與秦湛輩縞素延客，自稱義孫，則所養可知。彦深窒塞暗昧㉓，以李綱所用，覦朝廷正綱之罪，心懷忿恚，神識如癡。望併賜罷黜。」疏奏，遂有是命。湛，觀子也。觀，高郵人，元祐館閣校勘。

3 戊午，執政進呈從官呂頤浩、葉夢得、孫覿、張澂討論常平法事。頤浩等言：「此法不宜廢，如免役坊場亦可行，惟青苗、市易當罷。」上曰：「青苗斂散，永勿施行。」夢得請選歷州縣通世務者爲提舉官。已而，頤浩請追還常平司糴本，皆從之。會戎馬南牧，未克行。還糴本在三年正月庚寅，今併書之。熊克小曆載此事在十一月壬辰，今從日曆繫此。但日曆於去年十一月癸亥亦書此事，蓋重疊差誤。

4 己未，詔諸路非見闕官，及已授人違年不赴，皆毋得奏辟。以論者言監司、帥守多私其親舊，使士人失職故也。

5 庚申，金人犯東平府，守臣寶文閣直學士、京東西路安撫制置使權邦彥遁去。時御營使司同都統制范瓊自京師引兵至東平，敵衆方盛，邦彥無兵不能守，遂棄其家，與瓊俱南歸。瓊引兵之淮西。金既得東平，又攻濟南府，守臣中奉大夫劉豫遣其子承務郎、刑曹掾麟與戰，金兵圍之數匝，朝散大夫、通判府事張柬益兵援之，乃去。金即遣人啗豫以利，豫因有邪謀，與柬偕往投拜，民遮道不從，豫遂縋城詣軍前通欵。此據僞豫傳增修。趙甡之遺史云：「李成侵濟南府界，擾於外邑，濟南堅守拒城，求救於滄州劉錫。會金人侵山東，先至濟南府，劉豫謂滄州救兵來矣，即不爲守禦備，開門納之，乃金人也，遂就投拜。」按此與諸書不同，疑得之傳聞。熊克小曆云：「黏罕遣人啗豫以利，豫遂納欵。」恐亦不然，蓋此時黏罕正圍北京，今依豫傳削黏罕名，庶不失實。豫傳載豫降在建炎三年己酉。按汪藻撰郭永傳云：「金俘東平、濟南人以令北京。」則豫降當在此時，但未知的日耳。日曆建炎四年八月丁亥，權邦彥叙官狀云：「建炎三年正月内，因金人重兵攻破東平府，衆兵救奪得出，奉聖旨疾速發赴行在。」或是次年正月，行在方知而降此旨，亦未可知。今併附此，當考。

6 壬戌，言者論福建路茶之所自出，祖宗以來，商販自便。望罷鈔法，令都茶場約本路歲額印造茶引，付茶事司實行，招誘客人入錢請買，計置輕賫赴行在；毋得抑配州縣及科率民户、僧寺出買引錢。從之。

7 甲子，金左副元帥宗維陷北京，起復朝奉大夫、河北東路提點刑獄公事郭永死之。熊克小曆載此事於十一月戊申，今從趙甡之遺史繫此。初，金人攻北京急，河北轉運副使兼權大名尹張益謙欲遁去，永曰：「北門所以遮梁、宋，敵得志則席卷而南，朝廷危矣。借力不敵，猶當死守，徐挫其鋒，以待外援。」因自率兵晝夜乘城，且縋死士持帛書詣行在告急。金俘東平、濟南人至城下，大呼曰：「二郡已降，降者富貴，不降者無噍類。」益謙與轉運判官裴億皆色動，永曰：「今日正吾儕盡節之時。」即行城撫將士曰：「王師至矣。」衆皆感泣。是日，大霧四塞，金以斷碑殘礎爲砲，樓櫓皆壞，左右蒙盾而立，至有碎首者。良久城陷，永安坐城樓上，或掖之以歸，諸子環泣請去，永曰：「吾世受國恩，當以死報。然巢傾卵覆，汝輩亦將何之？兹命也，奚懼？」益謙、億率衆迎降，金人曰：「城破而降，何也？」皆以永不從爲詞，遂遣騎召永，永正衣冠南向再拜訖，易幅巾而入。宗維曰：「沮降者誰？」永熟視久之，曰：「不降者我也，尚奚問？」宗維見永狀貌魁傑，又夙聞其名，乃以富貴啗之。永瞋目駡曰：「恨不滅爾報國，何説降乎？」宗維令譯者申諭永，永戟手駡不絶，宗維惡其言，麾之使去。永復厲聲曰：「胡不速殺我？我死，當率義鬼以滅爾曹。」大名人在縶者皆出涕，宗維令斷所舉手，并其家害之，年五十三。即日語傳，城中人皆痛哭。金兵去，相與負其屍瘞之。永爲人剛直，長七尺，美鬚髯，望之如神人。博通古今，事親孝，與人忠，輕財好義，而吏治精明。事聞，贈資政殿大學士，謚勇節。

金人既陷北京，又陷襲慶府。衍聖公孔端友已避寇南去，漢兒將啓宣聖墓，左副元帥宗維問其通事高慶裔曰：「孔子何人？」曰：「古之大聖人。」宗維曰：「大聖人墓豈可犯？」皆殺之，故闕里得全。端友，孔子四十八世孫也。自金人入中原，凡官漢地者皆置通事，高下輕重，悉出其手，得以舞文納賄，人甚苦之。燕京留守銀朱以戰多貴，不知民政，有僧訟富民逋錢數萬緡，通事受賄，詭言久旱不雨，僧欲焚身動天，以蘇百姓。銀朱許之，僧號呼不能自明，竟以焚死。

8 乙丑，金人陷虢州。

9 丙寅，户部尚書兼侍讀葉夢得兼修國史，尚書吏部侍郎劉珏、工部侍郎康執權兼同修國史。

10 己巳，尚書右僕射兼中書侍郎黄潛善遷左僕射，兼門下侍郎，知樞密院事汪伯彦守右僕射，兼中書侍郎，仍並兼御營使。二人入謝，上曰：「潛善作左相，伯彦作右相，朕何患國事不濟？更同心以副朕之意。」皆稽首謝。此據伯彦所進時政記。潛善入相踰年，當上初政，天下望治，潛善獨當國柄，專權自恣，而卒不能有所經畫。伯彦繼相，略與之同，由是敵國益無所憚。是時李綱既去，宗澤已死，大權入手，二小人爲相，其事可知。決幸東南，無復經理中原之意。呂中大事記曰：「始也獨相，綱已爲汪、黄所不悦，繼與潛善同相，則必爲潛善所排。綱於此時，懲宣和大臣不和之咎，且欲與潛善共事，豈知君子小人決無共事之理。既並相汪、黄，而高宗猶望其同心，然小人之同，不過同惡相濟爾。夫人主所職在論相，而小事因革，大臣用舍，有不與焉。」

尚書左丞顔岐守門下侍郎，尚書右丞朱勝非守中書侍郎，兵部尚書盧益同知樞密院事。

檢校少保、奉國軍節度使、御營使司提舉一行事務都巡檢使劉光世加檢校少傅，録淮西之勞也。

11 庚午，刑部尚書兼侍講王賓罷爲龍圖閣直學士。李綱之再貶也，賓忿怒不平，御史中丞張澂劾賓本綱之黨，頃在中司，無一語及綱。近盧益除樞副，翌日，賓即於經筵留身，除用偶後他人，而躁進如此。賓坐罷去。

12 辛未，金人犯青州㉔。

13 乙亥，承議郎吴給充徽猷閣待制、知東平府，朝奉郎孫億直龍圖閣、知襲慶府。初，給之在都司，以論事忤黄潛善，罷居須城。及金人既得兗、鄆二州，給與億義不臣金，率軍民據徂徠山爲寨，數下山與金戰。主管京東東路安撫制置司公事劉洪道言於朝，故有是命。億，奉符人也。

14 丙子，朝請郎王庭秀爲監察御史，用中丞張澂薦也。澂言：「僞楚時，有自列卿而爲侍從者，有自侍從而登政府者，擁騶傳呼，略無愧色。而庶官中如虞蕃、王庭秀者，初非疾病，毅然致爲臣而歸，聞者莫不嘉其爲人。願賜褒擢。」庭秀先嘗爲臺屬去，故遂擢用之。

左武大夫、明州觀察使高士曈爲江南東路提點刑獄公事，置司江寧府。

15 丁丑，特進致仕衛國公余深、金紫光禄大夫致仕薛昂並責授中大夫，守秘書少監分司，深臨江軍，昂徽州居住㉕。責授單州團練副使、臨江軍居住耿南仲再責本州別駕，資政殿學士、提舉杭州洞霄宮許翰落職。時御史中丞張澂言：「建卒之殘福州，一方騷動。深以前宰相，與提刑司都吏王宏謀，率郡人申朝廷乞留知州江常，蓋常善而易制，故爲此奸謀，以窺朝廷。杭卒之叛，昂不緣君命，自知杭州。南仲趣李綱往救河東，以致軍潰，蓋不恤國事，用此報讎。翰與綱最厚，方在樞府，則迫种師中急救太原，致其覆師。及綱作相，引爲執政。此四人者，豈可置而不問？」故有是命。未幾，南仲卒於吉州。日曆深、昂責命在三年正月壬辰，又不載翰、南仲責命，今從熊克小曆。

16 戊寅，禮部侍郎張浚兼御營使司參贊軍事。時金人横行山東，羣盜李成輩因之爲亂。金左副元帥宗維將自東平歷徐、泗以趨行在，而宰相黄潛善、汪伯彦皆無遠略，且斥堠不明，東京委之御史，南京委之留臺，泗州委之郡守，所報皆道聽塗説之辭，未嘗多以金繒使人伺金之動息。於是，淮北累有警報，而潛善等謂成餘黨，無足畏者。金諜知朝廷不戒，亦僞稱成黨，以欵我師。上以邊事未寧，詔百官言所見。吏部尚書吕頤浩上備禦十策，曰：收民心，定廟筭，料彼此，選將帥，明斥堠，訓强弩，分甲器，備水戰，控浮橋，審形勢。其説甚備。户部尚書葉夢得亦請上南巡，阻江爲險，以備不虞。上曰：「自揚州至瓜洲五十里，聞警而動未晚。」夢得曰：「河道僅通一舟，恐非一日可濟也。」夢得又請以重臣爲宣總使，一居泗上，總兩淮及東方之師以待敵，一居金陵，總江浙之路以備退保。上一日召諸軍議事，中軍統制官張俊奏：「敵勢方張，宜且南渡，復請移左藏庫於鎮江。」吏部侍郎劉珏亦言：「備敵之計，兵食爲先。今以降卒爲見兵，以糴本爲見糧，二者無一可恃。維揚城池未修，卒有不虞，何以待敵？」不報。殿中侍御史張守上防淮渡江利害六事，大率尤以遠斥堠探報爲先。別疏論金人犯淮甸之路有四㉖，宜取四路帥臣守倅銓擇能否，各賜緡錢，責之募戰士，儲芻粟，繕甲兵，明斥堠，公賞罰，使之夙夜盡力捍蔽。疏至再上，又請詔大臣惟以選將治兵爲急，凡細微不急之務，付之都司六曹。潛善、伯彦滋不悦，乃請遣守撫諭京城，守即日就道。至是，聞北京陷，議者以爲敵騎且來，而廟堂晏然不爲備。浚率同列爲執政力言之，潛善、伯彦笑且不信，乃命浚兼參贊軍事，與頤浩教習河朔長兵。浚參贊之除，日曆不見。平江記云：「十二月二十八日。」

校勘記

① 故討之　此後原有四庫館臣按語：「宋史繫戊午日。」今删。

②不至害民者　「者」，原作「皆」，據叢書本改。

③其副俱重與統制官曲襄魯珏杜林相繼遁歸　「俱」，叢書本作「任」，四庫文淵閣本三朝北盟會編卷一一八此字亦作「俱」。

④左都監瞻目　「瞻目」原作「楝摩」，叢書本作「多昂摩」，據金人地名考證改。按：瞻目，金史卷七一本傳作闍母。

⑤統制官阮師中　此後有四庫館臣按語：「北盟會編無阮師中。」今删。按：熊克皇朝中興紀事本末卷一七載：「窩里嗢、撻辣復攻敗之，擄下統制官阮師中、鞏仲平力戰而死。」

⑥遂由黎陽濟河以犯澶淵　「犯」，原作「侵」，據叢書本改。

⑦是日　此後原有四庫館臣按語：「宋史繫甲子日。」今删。

⑧事初見七月癸未　「初」，原作「祖」，據叢書本改。下同。

⑨其謀主陶子思爲官軍所執　此後有四庫館臣按語：「宋史繫十一月朔辛巳。」今删。

⑩及金人犯京師　「犯」，原作「圍」，據叢書本改。

⑪附其本日　此後有四庫館臣按語：「宋史繫辛巳朔。」今删。

⑫俟考　此後有四庫館臣按語：「宋史繫辛巳朔。」今删。

⑬此恐與十二月丁丑所書余深奏留江常事相關　「奏」，原闕，據叢書本補。

⑭各繫本日。此後有四庫館臣按語：「陷相州，宋史繫壬寅日。」今删。

⑮乃決黄河入清河以沮寇　「寇」，原作「兵」，據叢書本改。

⑯蓋差一年　此小注叢書本俱闕。

⑰上自常朝殿用細仗二千人詣壇行禮　「朝」，叢書本作「明」。「細仗二千人」，叢書本作「習儀二十人」，俱誤。文獻通考卷七二郊社考五：「建炎二年，詔行郊祀之禮。……冬至日，合祭天地，以太祖配。上自常朝殿用細仗千三百有五人詣壇行禮。」

⑱又且弗敢自幸　「幸」，原作「辛」，據叢書本改。

⑲詔蔡京童貫王黼朱勔墳上刹皆毁之　「刹」，原作「利」，據叢書本改。

⑳涇原兵馬都監兼知懷德軍吴玠襲叛賊史斌　此後有四庫館臣按語：「宋史作賨。」今删。

㉑統制濱州軍馬葛進圍棣州　「葛進」後有四庫館臣按語：「宋史作蓋進。」今删。

㉒令尚書省立法　此後有四庫館臣按語：「宋史繫十一月庚戌。」今删。

㉓彦深窒塞暗昧　「彦」字原脱，據上文補。

㉔金人犯青州　「犯」，原作「攻」，據叢書本改。

㉕昂徽州居住　此後有四庫館臣按語：「宋史：深、昂並分司，進昌軍、徽州居住。」今删。

㉖别疏論金人犯淮甸之路有四　「犯」，原作「侵」，據叢書本改。

建炎以來繫年要録卷十九

1 建炎三年歲次己酉。金太宗晟天會七年。春正月庚辰朔，上在揚州。

是日，賊貴仲正引兵犯岳州。

京西北路兵馬鈐轄翟興訴翟進死事於朝，乞遣重臣鎮守。詔以興爲河南尹、京西北路安撫制置使兼京西北路招討使。時叛將楊進據鳴皐山之北，深溝高壘，儲蓄糧餉，置乘輿法物儀仗，頗有僭竊之意，詐言遣兵入雲中府，復奪淵聖皇帝及濟王南歸，欲以摇動衆心，然後舉事。東京留守杜充遣使臣王漢詣伊陽縣見興，使圖之，且檄報進悖逆顯著，責興破賊。於是興與其子琮率鄉社擾劫之，戰無虚日矣。

2 甲申，資政殿學士、提舉杭州洞霄宫路允迪簽書樞密院事。

太府卿程邁爲起居郎。邁，歙縣人也。

3 乙酉，宣教郎、大金通問使劉誨等自河東還行在。先是，誨與其副朝奉郎王貺通問至金，金人遣之，併遣祈請使副宇文虚中、楊可輔。虚中辭曰：「虚中受命迎請二帝，二帝未還，虚中不可歸。」於是留虚中而獨遣可輔。紹興講和録兀朮第六書云：「宇文虚中祈請，係是先朝特旨，更不遣還。」與此不同。誨、貺與可輔偕至行在，上嘉其勞，以誨爲朝奉郎。王明清揮麈第三録云：「使還，除知楚州。」亦誤，誨知楚州在三年七月。

4 丁亥，金人陷青州，焚掠殆盡，權知州魏某爲所殺。又陷濰州，焚其城而去。牛頭河土軍閻皐與小教頭張成率衆據濰州，皐自爲知州，以成知昌樂縣。紹興六年二月二日吏部狀：「京東轉運副使兼知青州柴天因没王事，特與恩澤二官。」未知天因以何時死事。日曆去年十二月劉洪道奏狀已繫權制置銜，則其死蓋在去年。當考。

初，山東盜劉忠號白氊笠，引衆據懷仁縣。御營平寇前將軍范瓊在京東，遣其統制張仙等擊之，忠僞乞降。是日，仙與將佐入忠壁撫諭，忠留與飲，伏兵擊殺之，遂併其衆。瓊怒，屢與忠戰，皆敗績。忠自黥其額，時號花面獸。

5 己丑，奉安西京會聖宫祖宗御容於壽寧寺。

懷遠軍節度使、檢校太保、占城國王楊卜麻疊加檢校太傅①，大同軍節度使檢校司空真臘國王金裒賓深、懷遠軍節度使檢校司空闍婆國王悉里地茶蘭固野並加檢校司徒，皆用南郊恩也。時占城以方物來獻，因有是命。

初，朝廷聞劉誨等得歸，議更遣人使金，乃召責授果州團練副使李鄴復其官，與中書舍人周望分往河東北，而以兵部員外郎宋彦通、左武大夫貴州防禦使同管客省四方館閤門公事吴德休副之。是日，上諭宰相黄潛善草二帥書，且趣令進發。潛善曰：「國相、元帥書，自來只平文，不用四六。」上曰：「卿早來所撰與大金皇帝通問書，其詞語甚精確，能寫朕欲言之意，如此足矣，不必須四六也。」既而金兵奄至，遂輟行。

6 辛卯，陝州都統制軍馬邵興及金人戰於潼關，敗之，乘勢攻虢州，又下之。陝州安撫使李彦仙即以興知虢州。興起兵事，見元年五月末。

7 甲午，上元節，有南僧被掠至洓流河者，夜以長竿引燈毬，表出之以爲戲。金主晟見之，大駭曰：「得非星耶？」左右以實對。時有南人謀變，事泄而誅，事見去年正月末。故晟疑之曰：「是人欲嘯聚爲亂，尅日時，以此爲信耳。」命殺之。自金人興兵後，雖漸染華風，然其國中之俗如故。已而往來中國，汴、洛之士多至其都，四時節序，皆與中國侔矣。此以洪皓松漠記聞參修。皓云：「女真舊不知歲月②，如燈夕皆不曉。」按靖康二年上元節，黏罕、斡離布已即京城外張燈，不應此時猶不曉。但其國中猶未有是事，故晟以爲疑耳。今略刪潤，令不失實。

8 乙未，京城留守杜充襲其統制官張用於城南，不克。用，湯陰人，初見元年九月丁未。用與曹成、李宏、馬友爲義兄弟，有衆數萬，分爲六軍。成，外黄人，因殺人，投拱聖指揮爲兵，有膂力，善戰，軍中服其勇。友，大名農家，始以巡社結甲，夾河守禦。此據紹興元年五月辛亥友自陳功狀。用與王善皆受宗澤招安，澤薨乃去。及充爲留守，又受招安，用屯於京城之南南御園，善屯於京城之東劉家寺。又有別將岳飛、桑仲、李寶，皆屯於京城之西。充以用軍最盛，忌之，乃有圖之之意。前一日，衆入城負糧，詰旦，充掩不備，出兵攻用，令城西諸軍皆發。用覺之，勒兵拒戰，會善引兵來援，官軍大敗，李寶爲所執。

金人既棄青州去，軍校趙晟趙甡之遺史作趙勝，今從曾孝序傳。據其城，會直顯謨閣、新知青州劉洪道自濰州之官，至千乘，晟出不意，遂出迎。洪道謂晟：「但交割本州民事而已，軍馬則公自統之。」晟喜，迓之而入。洪道入城揭榜，百姓在軍中願歸者給據放還，於是晟之黨十去六七。有崔邦弼者，子弟所出身，仕青州，勤王不至而還，懼不敢出，洪道尋致之，用爲將官。

9 丙申，殿中侍御史張守試起居郎兼權直學士院。守撫諭京師還，面奏：「金人必來，願陛下早爲之圖，毋使宗廟、生靈重遭塗炭。」上惻然，遂有是命。學士院題名守以起居舍人權直院，今從日曆。起居郎程邁充集英殿修撰、福建路轉運副使，命江淮發運副使吕源往南京以來照管沿汴綱運。源至泗上，聞金人且至，遂輟行。此據紹興三年二月源乞改正狀。

10 戊戌，徽猷閣待制、提舉杭州洞霄宮晁説之告老。上曰：「是嘗著論非孟子者？孟子發明正道，説之何人，乃敢非之？可進一官致仕。」説之尋卒。

御史中丞張澂以邊事未寧，請詢於衆，爲禦敵之策。

吏部尚書吕頤浩言：「今敵騎漸逼京東，若人心一摇，則淮南望風而下。望下哀痛之詔，存拊兩路，令官吏與民入山避兵，庶免全郡俱爲魚肉。今百辟皆言，强弱不敵。臣願廟算先定，陰爲過江之備，而大爲拒敵之資，申飭諸將，訓習强弩，以俟夾淮一戰。此不易之策。夫彼之所長者騎，而我以步兵抗之，故不宜於平原曠野，惟扼險用奇，乃可掩擊。又水戰之具，在今宜講。然防淮難，防江易，近雖於鎮江之岸擺泊海船，而上流諸郡，自荆南抵儀真，可渡處甚多，豈可不豫爲計？望置使兩員，一自鎮江至池陽，一自池陽至荆南，專提舉造船，且詢水戰利害。又駐蹕維揚，當以一軍屯盱眙，一軍屯壽春，以備衝突。」户部尚書葉夢得言：「兵機事也，不度時則每爲難。今視去冬，又爲難矣。去冬金遊騎出入陝西、河北，未知總衆者何人，今主兵乃黏罕，且親至濮及開德矣。向者開德、大名、東平三大鎮鼎足而立，今惟東平巋然獨存，以當宋、魏之衝，而滄州孤絶在後。又南京最重，而敵騎已至楚丘。且靖康之失，在固守京城而不知避也。事有緩急，必當從權。伏望陛下通下情，遠斥堠，如必至於過江，則亟降詔以諭中外，則人心安矣。臣又願飭諸要郡，東則鄆、徐、南京，西則廬、壽、和州，南則唐、襄、荆渚，各立軍數，使之召募。仍命大將與帥參治，復選近臣爲總帥以節制之。又乘輿或至兩浙，則鎮江、金陵尤當先治。陛下毋以宇文虚中奉使未回，意和議爲可恃也。靖康正緣恃和議而墮敵計，今安可待萬里之報哉？」起居郎兼權直學士院張守言：「金人自去冬已破澶、濮、德、魏，而遊騎及於濟、鄆，雖遣范瓊、韓世忠會戰，而二將未可恃。臣謂今日莫先於遠斥堠。昔三國時，烽火一夕五千里，而前日北京失守，再浹始知。今之爲策有二，一防淮，二渡江。若屯重兵於楚、泗及淮陰三處，敵亦未能遽入。然恐我師怯戰，望風先潰。及舟楫拘於岸，而敵亦能斬木繫栰以濟。或以精騎間道，先絶吾渡江之路，此可患者一也。我若渡江，而宿重兵於昇、潤，敵亦未能遽侵。然去中原益遠，而民心易摇動，又行在兵多西人，不樂南去，或生意外之事。維揚亦須留兵，則扈衛勢弱，此可患者二也。惟其利害相形，遂不能決。若爲中原計而幸敵不至，則用防淮之策；若爲宗社計而出於萬全，則用過江之策。然權其輕重，勢當南渡，而別擇重帥以鎮維揚，則中原不患於摇動。明諭諸軍以禍福，則西人不患於不樂。昇、潤亦擇重帥，使當一面，則兵分勢弱，亦非所患。明詔大臣，預區處以俟探報。探報速聞，則在我之計可得而用也。」時羣臣奉詔論邊事者，黄潛善等請皆送御史臺抄節，申尚書省。

11 庚子，詔：「有警而見任官輒搬家者，徒二年。因而摇動人心者，流二千里。」由是士大夫皆不敢輕動。此據張澂劾黄潛善等疏修入。疏云：「正月二十一日降旨。」庚子，二十一日也。朱勝非閒居録云：「歲前聞金人破鄆州，黄相約諸執政曰③：『六宫先渡江，侍從百官家屬亦聽從便，惟吾曹骨肉不可動，動即軍情不安。』」勝非所記，與澂劾疏全不同。日曆：二月庚戌朔，詔士庶從便往來，官司不得妄有邀阻。此時金已渡淮，疑勝非所記非實，今不取。

京東東路安撫使劉洪道以趙晟首亂青州，賊心難制，欲殺之，乃好謂晟曰：「萊州不遭兵火，户口富饒，煩公爲守如何？」晟曰：「諾。」洪道密遣人告權知濰州閻皋、權知昌樂縣張成，使伏兵中途邀擊晟。晟以其衆行至秬米寨，不虞皋、成之圖己也，遂懈而不整，遇伏發，大敗，晟死。洪道以成知萊州。洪道既殺晟，遺民復還，軍府浸盛。統制濱州軍馬葛進以洪道得青州因己所致，欲奪之，乃與知濱州向大猷引兵至城下。洪道見其衷甲，遂闔扉不納，而縋酒肉以犒師。進怒，攻北城據之，洪道與軍民居南城以守。進遣大猷入南城計事，洪道囚之。

京城統制官張用、王善既爲杜充所疑，乃引兵去，犯淮寧府。充遣統制馬皋追擊之，用、善併兵擊皋，官軍大敗，尸填蔡河，人馬皆踐尸而渡，追至鐵爐步而還，官軍存者無幾。用以一騾送李寶歸京師，於是善整兵欲攻淮寧，用不可，曰：「吾徒所以來，爲乏糧耳。安可攻國家之郡縣？」善曰：「天下大亂，乃貴賤貧富更變之時，豈止於求糧而已？況京城已出兵來擊我，事豈無名乎？」用曰：「汝攻陳州，我當往蔡州。然兄弟之義，文字勿絶。」乃命諸軍束裝。翌旦，善鳴鼓，進雲梯、天橋，逼城下。守臣馮長寧命溶金汁灌之，焚其天橋。

用勸善勿攻，善曰：「安有小不利而遂止？當俟鴉頭變白，乃捨此城耳。」用引其軍去。善圍淮寧久之，東京留守杜充遣都統制陳淬來援，善乃退。

時知潁昌府、直寶文閣郭允迪已降金，有舉人陳味道者，與知蔡州程昌寓善，金遣味道以旗榜招之，昌寓既見味道，使人探其橐中，得金檄文，昌寓大驚，聚官屬，執味道釘之，磔於市。

12 丙午，詔保義郎田宗義追所授官。宗義者，宣和間以後苑作應奉得官，至是差監法酒庫門。吏部審量，當追奪，上曰：「討論人甚多，若宗義免追，則何以行法？宗義善造頭巾，朕當以賤役使之，豈可與官？」輔臣皆曰：「善。」

是日，金左副元帥宗維陷徐州，守臣龍圖閣待制王復死之。據復家乞恩澤狀云正月二十七日。初，宗維自襲慶引兵欲趨行在，遂圍徐州。復率軍民力戰，外援不至，城陷。復堅坐廳事不去，謂宗維曰：「死守者我也，監郡而次無預焉。願殺我，而捨僚吏與百姓。」宗維猶欲降之，復大罵求死，由是闔門百口皆遇害。城始破，武衛都虞候趙立巷戰，奪門以出，爲金兵所擊，以爲已死，夜半得微雨漸活，乃殺守者，潛入城，求復尸埋之，遂陰結鄉兵，爲興復計。宗維既去，軍民請舉人鄭某權知州事。立，張益村人也。事聞，贈復資政殿學士，謚莊節。

御營平寇左將軍韓世忠軍潰於沭陽。初，世忠在淮陽，將會山東諸寇以拒金。會左副元帥宗維兵至滕縣，聞世忠扼淮陽，恐稽師期，乃分東南道都統領兵萬人趨揚州，以議事爲名，使上不得出，而宗維以大軍迎世忠。世忠不能當，夜引歸，軍無紀律，未曉至宿遷縣，不虞金人之躡其後也。質明覺之，奔於沭陽。世忠在沭陽，夜不安寢，與其帳下謀，夜棄軍，乘潮走鹽城縣。翌日，諸軍方覺，遂潰去。其將閤門宣贊舍人張遇死於漣水軍之張渠村。熊克小曆：二年五月金人渡河，辛卯，詔韓世忠領兵迎敵。世忠至京西，爲金所敗，其將張遇死焉。按去年五月，世忠與遇偕至京西，今春遇至京東乃死。克誤也。後軍管隊官李彥先率本隊四十七人，得二舟，入海聚衆。自此輔逵聚衆於漣水，李在據高郵，皆世忠之兵也。其餘收散卒自爲徒黨者，不可勝計。宗維入淮陽軍，執守臣奉直大夫李寬而去。此據趙甡之遺史，但甡之所書無郡守姓名，今以紹興二年九月二十八日李寬家自陳狀修入。狀云：「陷陣身亡。」與遺史不同，以無他書可考，姑從遺史。京東轉運副使、朝請大夫李祓從軍在淮陽④，爲所殺，後贈中散大夫，官其家二人。寬，遵勗孫。祓，清臣子也。呂中大事記曰：「虜之陷兩淮也⑤，不惟楚州之朱琳、秦州之曾班、泗州之呂元、閻瑾、天長軍之成喜、高郵軍之齊志行、滄州之劉錫、孔德基或降或走，而韓世忠之軍亦潰矣，豈獨兩淮素無兵備哉？亦習見兩河官吏被禍而無益，故寧畏虜而不畏義也。」

13 己酉，金人侵泗州。先是，禮部尚書王綯聞敵騎且南侵，率從官數人同對，上命至都堂議。黃潛善、汪伯彥笑曰：「諸公所言，三尺童子皆能及之。」時金人自滕縣以五千騎趨臨淮，皆金裝鐵騎，白氈笠子。把隘官永州防禦使閻瑾屯泗州，遣人伺其實，或曰劉忠犯臨淮，或曰李成餘黨也。瑾以兵迎之，獲遊騎數人，乃知爲金人至。江淮發運副使呂源聞之，遣人收淮北舟船數百泊南岸，命使臣張謹焚浮橋，且貽輔臣書，乞爲宗社大計，速圖所以上安聖躬者。呂源事，並以源紹興三年二月乞改正狀修入。兵至泗州近境，瑾引軍南走。昭信尉孫榮將射士百餘人拒敵。是日也，塵氛蔽日，敵初不測其多寡，遂相拒踰半日，榮鬭死，金人乃於泗州之上數十里間，計置渡淮。是夕，泗州奏：「金人且至。」上大驚，軍中倉皇，以内帑所有通夕搬挈。

校勘記

①懷遠軍節度使檢校太保占城國王楊卜麻疊加檢校太傅　「卜」，原作「上」，本書各卷及宋史卷四八九外國五占城傳均作「卜」，故據改。又，此語後四庫館臣有按語：「宋史作檢校司空。史作楊卜麻疊。」今删。

②女真舊不知歲月　「歲」，原作「此」，叢書本同。據松漠紀聞原文改。其他如金史卷一世紀亦謂女真舊不知歲月。

③黄相約諸執政曰　「執」原闕，據三朝北盟會編卷一二六引秀水閒居録補。

④京東轉運副使朝請大夫李祓從軍在淮陽　此後四庫館臣有按語：「祓字，宋史作跋。」叢書本無，今删。

⑤虜之陷兩淮也　「虜」，原作「金」。「陷」，原作「至」，據皇朝中興大事記講義改。下同。